繪本主題教學資源手冊

第二版

吳淑玲　策畫主編

洪藝芬、陳司敏、羅玉卿　著

目　錄

繪本主題教學資源手冊

風、雲、土、空氣、水、火）、生態保護、環保

策畫主編簡介

吳淑玲

- 曾任教於台北市立教育大學幼教系，現為台中朝陽科技大學幼保系兼任講師
- 講授「兒童繪本」、「幼兒語文」、「幼兒文學與創作」、「幼兒讀物與教學」、「幼兒資訊教學與應用」、「世界文學名著導讀」、「親職教育」等課程
- 教育部專案研究、幼兒園、托兒所評鑑委員
- 全國「好書大家讀」年度總評審委員
- 各縣市故事志工培訓指導老師
- 國小及幼兒園輔導團「語文」、「性別平等」、「品格教育」行動研究指導老師
- 2006 年起，教育部五年輔導計畫公私立幼稚園、托兒所輔導老師
- 2006～2008 年台北市公立托兒所新移民及弱勢家庭語文督導
- 2007～2008 年桃園縣教育局托兒所、幼稚園、國小閱讀專案指導老師

譯著作及教學研究

- 《不信青春喚不回》（新苗文化）（兒童唐詩故事，獲行政院金鼎獎推薦獎）
- 《有效的責備孩子》（台視文化）
- 《孩子在生活中學習》（新迪文化）
- 《天下沒有壞孩子》等二十餘冊（新迪文化）
- 《幼兒詩詞教案設計》（新苗文化）
- 《帶孩子進入藝術殿堂》（新迪文化）
- 《名曲教學與遊戲——古典音樂教案》（心理）
- 《讀繪本，遊世界——著名繪本教學與遊戲》（心理）
- 《繪本與幼兒心理輔導》（五南）
- 《語文一把罩——九年一貫語文領域創意教學活動設計》（心理）
- 《繪本主題教學資源手冊》（心理）（輔導團、教師專書）
- 《品格怎麼教？圖像閱讀與創意寫作》（心理）（教師專書）
- 《繪本怎麼教？繪本創意與萌發》（心理）
- 《品格怎麼教 2？讀報與修辭寫作》（心理）（教師專書）
- 應邀中廣、警廣、教育、漢聲電台主講「繪本與幼兒心理」、「繪本視聽室」、「好書大家讀」等單元

作者簡介

洪藝芬（第一章、第三章、第七章、第九章、第十一章、第十六章）

學歷： 省立台北師專幼教科及中國文化大學家政系畢
國立台東大學幼兒教育研究所碩士

經歷： 中國大陸災胞救濟總會附設托兒所教師
台北市民權國小附設幼兒園教師兼園長
台北市民權國小附設幼兒園教師

現職： 退休教師

榮譽： 1999年榮獲台北市公私立幼稚園優良教師獎

著作： 《讀繪本遊世界——時裝、香水、模特兒》等書

陳司敏（第八章、第十一章、第十二章、第十三章、第十五章、第十七章）

學歷： 台北市立師範學院幼兒教育系畢業
國立台東大學兒童文學研究所台北學分班
國立政治大學教育學院學校行政碩士

經歷： 國民小學代課教師、托兒所、幼兒園教師、幼兒園園長
高職幼保科主任、公立幼兒園代理教師

現職： 幼兒園教師

榮譽： 台北市89學年度優良教師獎
台北市90年度幼稚園評鑑園務行政績優

最愛： 小孩和老人、童書繪本、DIY自己動手做、寫作、上學

羅玉卿（第二章、第四章、第五章、第六章、第十章、第十四章）

學歷： 台北市立大學幼兒教育研究所碩士

現職： 幼兒園教師

前言——關於「101本好書」

吳淑玲

「101本好書」由來

二○○一年教育部為「推動全國兒童閱讀計畫及相關幼教政策，規畫『幼稚園101本好書』活動」（共三百三十四冊），而於二○○二年送書至全國各直轄市及縣市公立及已立案私立幼稚園，以充實幼兒閱讀讀物。

「101本好書」計畫，主要期望國內幼兒能從小接觸閱讀，並養成持之以恆的好習慣，因此，需要藉由教師的教導與鼓勵，讓閱讀潛移默化的豐富幼兒生活，並在心靈萌芽茁壯，期待評選的優良書籍能提升幼兒閱讀品質及建立閱讀習慣，達到全國每一所幼稚園都有好書，其幼兒都可以讀好書的境界。

實際送書的冊數（三百三十四冊）與原專案計畫名稱（一百零一冊）多出許多，是出版商銷售折扣的福祉，依照經費「全數再買好書」的原則，加惠全國兒童。

關於本書

本「繪本主題教學資源手冊」乃針對之專案所做的教學研究、閱讀延伸及網路運用等多元資訊統合規畫而成。

從「101本好書」幼兒讀本的專案提議、評選到發放，著實讓各園所師生興奮與期待；接著舉辦的「教師研習」、「親子閱讀營」、「家長說故事培訓營」等，也在全國城鄉熱烈展開。很快的，我們聽到來自不同園所的需求聲音：

·有沒有「101本好書」的主題統整可參考？

繪本主題教學資源手冊

‧有沒有「101本好書」的教學延伸可參考？

‧有沒有「101本好書」之外的相關好書可參考？

答案當然是肯定的。於是該年四月發送童書後，我們的研究也正式展開，研究組員包括公立、私立及托兒所資深、專業、優秀，且對繪本有深入研究的老師：洪藝芬老師、陳司敏老師及羅玉卿老師。

本「繪本資源手冊」除以「101本好書」為主要研究對象外，全書特質有：

‧總分類表，排列次序依箱號分（共七箱）；各主題分類表，依出版公司分（按出版公司筆畫）。

‧依繪本的故事內容做主題歸類，一本書可以同時有幾個不同主題。總分類表有明顯呈現。各主題中，為避免重複介紹同一冊書，而不再做相同冊書的簡介與延伸活動。

‧各主題之下分有子題，有的子題多，則分「上下」兩篇，如「家庭」類；有的子題少，如「想像類」、「世界觀」等。

‧作繪者名字只收原文。由於不同出版公司對同一位作繪者有不同的譯名，決定統一以原文呈現。

本「繪本主題教學資源手冊」（《101好書》的教學與延伸運用）內容大致分為五部分：

一、主題分類前言：論述幼兒發展、閱讀特質及成長環境的影響。

二、針對主題故事，設計「問題與討論」。

三、設計延伸遊戲，期望能透過遊戲，將故事帶入孩子的生活中。

四、相關網站資訊引介。

五、依「101本好書」為主題分類主軸，共十六項；其次增補未入選的好書，並做內容簡介。

這是一本有趣又豐富的「繪本閱讀」統整與「教學遊戲」運用手

冊。感謝心理出版社許總經理麗玉以及林總編輯敬堯的肯定與支持，怡君編輯細心專業的編排與指正，更感謝繪本閱讀與教學線上的老師們一路並肩同行。期待全國學童都能快樂的讀繪本、聽音樂、看卡通、玩遊戲，讓世界在小小故事裡拓展，文化在小小心靈裡滋長！

繪本的視覺藝術與語文閱讀
以兒童繪本閱讀指導為主

吳淑玲

前言

圖畫書中有樂趣

　　為什麼童書需要有圖畫？Perry Nodelman在《閱讀兒童文學的樂趣》書中表示，「這個問題也許沒有答案，只有約定俗成的習慣。」（p. 247）

　　個人贊同這說法。孩子的確早在能夠解釋代表文字的視覺符號之前，常常就能夠相當老練的詮釋圖畫的語言。在閱讀文字的過程中，許多小朋友的確利用他們從圖畫中所蒐集的訊息來理解故事，因為他們讀圖不讀文字。但這並不表示圖畫書沒有文學價值。

　　圖畫和文字各自傳達不同的訊息。圖畫涵蓋的是空間，卻難以表現語言中輕而易舉就能辦到的因與果、強勢與附屬等關係；語言文字涵蓋時間，卻難呈現視覺上的整體感。

　　我們來看看台灣出版的圖畫故事書（包含中外作品），書中的圖畫和語文的搭配，所提供的獨特閱讀樂趣。

　　例如：

1. 遠流《瑪德琳》十二個住在修道院的小女孩，每天作息、散步、遊戲的城市，從文字描述看不出是哪裡，畫面卻明顯出現「凱旋門」、「聖母院」、「羅浮宮」，原來是舉世聞名的巴黎。

2. 和英《發現小錫兵》，第一頁一張地鐵車票，印有法文；小錫兵被丟棄在街道上，建築物是古老歐洲型態，下水道更是巴黎

人引以為傲的工程象徵。

3.格林《誰來我家》爸爸突然帶「女朋友」和女朋友的兒子回家。畫面上的女兒雖然只看到背面,但是面對讀者的「牆上那幅畫在冒煙」、「鬧鐘的轉軸臉形中的眼睛瞪得不能再大」!在在呈顯小女兒的「震驚」!

4.上堤《我有友情要出租》扉頁裡隱含的森林動物朋友,以及第一頁開始每頁都出現的小老鼠,讓合上書本來以為大猩猩很可憐,沒朋友和他玩的悲傷心情,突然燃起希望。其實朋友就在我們周遭,只要我們願意張開手臂接納他們。

5.格林《我爸爸》內文第一個跨頁,牆上畫了一個太陽,在接續的畫面中,爸爸走鋼索畫面中,襪子上的太陽;最後一個畫面「我愛我爸爸,而且你知道嗎?」畫面中,爸爸襯衫第一顆鈕釦上,又出現了一個太陽。「爸爸」和「太陽」相對應的圖文安排,又是作者的巧心傑作。

這就是閱讀樂趣。閱讀樂趣在於解開一個個「圖象符碼」（Picture Code）。

英國 John Rowe Townsend 在其《英語兒童文學史綱》「說故事的圖畫」一文裡提到,世界上最早的圖畫書和圖解書籍可分為兩大類:一種是深受歡迎的讀物,但不是專為兒童設計的,雖然兒童會看,而且喜歡看。另一種是特別為兒童設計的,但既無新意,也不好看。作者認為世界上最早一本專為兒童設計的圖畫書是一六五八年 John Amos Comenius 的《世界圖象》。雖然這本「世上所有主要事物和人類運用這些事物的圖與命名集」的目的是教導兒童,但是連當時的清教徒都不反對童書中有圖解。

那麼是為了給兒童閱讀的書籍,才刻意配上圖畫的嗎?非也!十

五世紀流行的《聖喬治屠龍記》、《亞瑟王》等傳奇故事，《伊索寓言》、《羅賓漢》等人物的故事和歌謠，以及訓誡兒童的《禮儀教本》，雖不是為兒童所作，兒童卻喜歡一再閱讀。到了十七世紀印刷術發達後，都先後被印製流傳，再經過文學家的溫馨洗鍊簡潔的改寫，著名插畫家的專業配圖，一本本兒童讀物才能一代傳過一代。而今，視訊傳播一日千里，有文有圖，甚至只有圖畫的圖畫故事書更跨越語言、種族、距離藩籬，因為有許多優秀、有愛心的專業作家和畫家投入，特別創作溫馨、有創意的作品，陪伴每個兒童度過豐富、歡欣、無恐懼的童年，無論是想像類、幻想類、歷史類、偵探類、文學類、兒歌童謠或無字書，都有其視覺、藝術特質與教育、遊戲傳達。

閱讀現代圖畫故事書，有一句非常貼切的形容詞，那就是：

親愛的，我把世界縮小了！

為了更了解兒童的閱讀發展，進而引領兒童一同進入圖象閱讀的豐富世界中，本文將從「兒童視覺發展」探討起，再了解「圖畫故事書的圖象符碼」及「圖象與語文結合」時，所帶給兒童的語文激盪、想像、經驗歸組與回憶。

一、兒童視覺系統的發展

視網膜的發展

嬰兒一出生，眼睛的發展就幾近成熟，映入眼簾的物體和成人一般清晰而且是彩色的，但是還沒有視覺神經的髓梢（Yakovlev and Le Cours, 1967），直到三個月大才趨於成熟。此時視覺神經缺乏髓梢，視網膜的訊息傳達相對會遲緩，影像色彩只有蒼白、清淡的顏色才會被知覺到。視網膜的發展約至十三歲才完成（Abramov, 1982）（註1）

視覺敏感度

而根據 Maurer and Maurer（1988, p.123）的研究，發現一個月

嬰兒對最粗的條紋表現出視覺偏好。六個月大的時候，能對灰色方形板中區別出最細的線條（註2）。

　　另外，讓十八位嬰兒看各種圖形：一張臉孔模型、黑白同心圓、一張報紙及彩色卡紙，測量嬰兒注視的時間。初步發現嬰兒對臉孔有特殊偏好；再進一步研究發現，成人和較大嬰兒及初生嬰兒一樣，似乎對複雜又不太複雜的刺激有視覺的偏好，嬰兒尤其對曲線有驚人偏好。於是研究學者推論：嬰兒對臉孔的偏好，並非基於「臉形」，而是基於對一個特程度的複雜性與曲線圖形的強烈偏好（註3）。

偏好的圖形

　　美國三位研究嬰幼兒發展的學者（Gail E. Walton, N.J.A., Bower and T.G.R. Brown）針對十二個出生十二至三十六小時的嬰兒做「熟悉臉孔的辨識」實驗。在嬰兒出生後，若是自然分娩，會馬上被送到媽媽的肚子上，並鼓勵媽媽餵奶，嬰兒會和媽媽待在一起一個小時；若是剖腹產，先讓嬰兒與媽媽接觸後，便被送到育嬰室，等媽媽縫合手術完成後，再送嬰兒回媽媽身邊。研究人員再將嬰兒的母親和陌生人（其髮色、眼珠顏色、膚色和髮型做相似配對條件，出現在電腦螢幕上。嬰兒藉吸吮橡皮奶頭來控制母親和陌生人的出現。結果發現，有十一個嬰兒會增加吸吮的次數看到媽媽的臉。這實驗引發許多有趣的問題，其一是嬰兒對母親的依附（attachment）行為，另一則為視覺喜好的能力顯然是從學習而來（註4）。

聽覺神經系統的發展

　　由上述研究得知，嬰兒對某些視覺有所偏好，其實對聽覺也不例外。嬰兒能夠辨認重要的刺激聲音，這種聲音是成年人多嬰兒說話時，所用的特別語調，這種特別的說話方式被稱為「媽媽調」（motherese）（註5），因為媽媽常用這種語調對嬰兒說話。弗南達（Fernald and Simon, 1985）對四個月大的嬰兒播放兩種單純的音調：一是高高

的，像媽媽的語調，另一是像一般人說話的音調。嬰兒一致選擇將頭轉去聽媽媽語調這一邊，即使這根本不像在說話。

有趣的推論出現了。嬰兒能辨認並偏好生活中常聽到的人類的聲音（有「媽媽調」者），行為也與他們的照顧者（有「媽媽調」者）相互影響。迪卡斯波和飛弗爾（DeCasper and Fifer, 1980, p.147）進行的實驗和華頓等人的吸吮率類似，他們利用聽力錄音，一個是媽媽調，一個是陌生人的聲音。結果很明顯，嬰兒可以很清楚的分辨這兩種聲音，因為聽到有「媽媽調」的聲音，他們吸吮的次數增加了。

兩位學者在一九八六年進一步要求懷孕的媽媽反覆且大聲的閱讀一篇散文。在寶寶出生後，當他聽到這篇文章和其他文章一起播放時，會表現出對這篇文章熟悉的偏好（註6）。

二○○二年，國內主政者倡導「親子共讀」是有其學理基礎與意義的。

一句廣告詞：「再忙，也要和你喝杯咖啡。」現代家長是否也該輪流放下「五斗米」，將「再忙，也要唸一段故事給孩子聽」奉為座右銘呢？因為錄音帶或旁人的陪伴，都不及有「媽媽調」的人給孩子的幫助大啊。

二、視覺圖像的閱讀

皮亞傑認為「意象是獲得知識的工具，附帶有認知的功能。」（Piaget, 1977, p.653）（註7）皮亞傑發現人類的認知發展歷程有其連續性，幼兒藉著行動適應周遭的世界。他稱為「實用智力」（practical intelligence），並把由出生到兩歲這段期間，稱為「感覺動作期」（sensory-motor period）。兩歲大左右的幼兒剛會走路，會模仿所經驗的事物或行為，或予以「內在化」（interiorized），成為「心理意象」（mental imagery）。這意象是記憶的基礎，以後並為思考奠定

基礎（同註 7，p.49）。這階段的幼兒思考，能把自身在時間與空間方面向前投射，或把自己的經驗倒回過去，這種可逆性（reversibility）的思考，是一項極重要的發展，使邏輯運思考成為可能。也就是說，幼兒運用有限的「實用智力」，內化於意象中，促成象徵（符號）思考，而意象也使記憶和語言成為可能。

利用意象，將有待記憶的對象符號化、具體化，結合自己的經驗，經過回憶的深度處理，是能增進記憶的方法之一（註 8），再運用歸組技巧（chunking）以及組織技巧（organization）（註 9）將牛、馬、豬、風箏、皮球、飛機、卡車等名稱予以歸類，分別分為動物、玩具、交通工具，則記憶效果提高不少。

《兒童的認知發展導論》書中引用蔣尼德、卡恩和羅津（Jonides, Kahn, & Rozin, 1975）對盲生和一般大學生所做的意象教學實驗，學習成對的字詞。兩位教授原以為盲生不適宜做這類意象教學，沒想到研究發現，意象教學鼓勵學生為各項目發展一種較充實、更詳細的暗碼；意象教學對盲生的助益比一般生大。另外，派米歐（Paivio, 1969）主張從「二元暗碼假設」（dual coding hypothesis）解釋意象研究結果：一為意象系統（Imagery system）儲存與生活中具體物體對應的意象；另一為語文系統（Verbal system），處理語言單位或字詞，也就是一個系統處理圖像（pictures），另一個系統處理描述（description）。兩系統各自獨立，也彼此連結。他認為若某字沒有意象（如蘋果），想記住這個字詞，必須仰賴語言系統。另一方面，一個具體的字詞或某意象若能形成圖畫，則可以儲存圖像及字詞。所以他說：「簡單而言，兩種記憶痕跡比一種好。」(Paivio, 1978, p.116)

綜上所論，閱讀圖畫故事書對兒童，不論圖象系統對記憶的加深，或加上語文的故事閱讀，對幼兒甚至成人的意象記憶，影響不可說不大！

三、圖畫故事書中的視覺傳訊

圖象記憶比文字記憶深刻

　　醫學上證明語言中樞在左腦，左腦也稱為理性的大腦。右腦較偏向想像、統合和直覺，主要功能包括圖形和視覺。幼兒階段語言行為尚未成熟，右腦發揮較大功能，對視覺、圖形等訊息反應靈敏，常憑直覺判斷事物或分類；思考方面，富於想像力，傾向以記憶中的視覺心像（imagery）為主（註10）。記憶可分為語言和非語言記憶，後者包括視覺、聽覺、嗅覺和情感等，「一般說來，非語言記憶比語言記憶強烈。」

　　《兒童的語言世界》作者趙雲在其研究中指出。兒童能使記憶中的視覺心像完整且清晰的浮現在意識中。有些學者稱為這是「遺覺」（Eidetic Imagery），所以有人說畫家是以色彩、線條和形象思考。兒童更是保有遺覺的奇異特質，他們在想像或記憶某些不在眼前的事物時，那事物就像在眼前那麼鮮明、清晰、具真實感。許多人在長大後卻逐漸消失這能力。「可能是兒童學會使用語言，開始跨進一個抽象、複雜又變化多端的符號世界。語言符號取代了以照相式記憶（Photographic memory）儲存素材的方式。」（註11）

搭配圖像的故事閱讀，早在兒童發展說話前即該培養

　　「童話的重要在於兒童能不帶恐懼的吸收各種訊息。」Neil Postman在其著作《童年的消逝》（遠流，1994）指出，閱讀習慣應在兒童發展說話時即該養成，因為等說話能力已經發展完成後再學習閱讀，通常無法成就順暢的閱讀能力。（引用Havelock, Eric, Origins of Western Literacy, Toronto: Ontario Institute for Studies in Education, 1976。此書對這觀點有相當深入的討論。）

圖畫故事書的起源

至於圖畫故事書的發展，內容從早期的宗教訓示，到認識字母，再到今日的多元主題描繪；材料從手工木刻到機器印製；色彩從單色黑白到六色印刷；時代從一六五八年 John Amos Comenius 專為兒童是第一本圖畫書《世界圖象》（註 12），到十九世紀後三十年，英國的刻畫與印刷商愛德蒙伊凡斯（Edmund Evans,1826-1905），因為他邀請三個偉大的藝術家為童書作畫：華特柯倫（Walter Crane）、倫道夫凱迪克（Randolph Caldecott）和凱特格林威（Kate Greenaway）（註 13）所出版的富有童趣插圖的圖畫故事書，已逐漸突顯出插圖形式的故事書受讀者接受且喜愛。

論及此三位童書插畫家的畫風，華特畫風溫柔優雅，倫道夫筆觸簡單多線條，凱特則清新、天真、可愛，尤其是那些需要觀察許多而非一眼看透的畫，更深深捕捉小讀者的心。發展至二十一世紀，世界已有「繪本五大獎」等童書大獎的設立（註 14），已充分顯示孩子需要書中有圖，原因有二：

1. 圖比字容易理解。圖像的形式讓孩子能直覺的了解圖畫的訊息；
2. 孩子需要圖畫的訊息來指引他們口頭上的回應。圖畫訊息讓孩子能直覺的運用語言說出自己的理解。（註 15）

上段描述為 Perry Nodelman 在《閱讀兒童文學的樂趣》的假設。可是作者認為，一般人「若覺得視覺的意象比文字更具體，因此孩子較能理解，這樣一來，我們就忘了嬰兒是先對聲音有反應之後，才對圖畫有反應，也是先會說話才會畫圖的。」Nodelman 認為「圖畫是一種表現──一組符號──企圖表達視覺訊息。」而且圖像訊息提供有趣的經驗，讓孩子進一步擁有故事所能提供的諸多樂趣。（同註 15，p. 250）

這話說到了重點，閱讀的樂趣不僅可以從文字描述中獲得，圖畫

意象也占了很大的比重啊。

四、視覺圖象 V.S.故事語言

　　美國麻州大學 Amherst 校區比較文學系梅比爾斯教授（William Moebius）在其《圖畫書符碼概論》（Introdution to Picture Code）論文中提到在大多數的圖畫書裡，一般讀者首先映入眼簾的都是單純和文字有關的感覺。「然而，最好的圖畫書，的確可以描繪出抽象和隱形的概念與想法，諸如愛、責任、超越個體的真理，以及遁逃於簡單定義的圖畫和文字之想法。」作者以《野獸國》（文圖：Maurice Sendak）為例，書中男孩的母親一直沒出現，但是最後一幅插圖出現一塊三層蛋糕、一杯牛奶、一碗冒熱氣的湯；進而翻到最後一頁，沒有插圖，只有一段文字：「它正熱騰騰的呢。」其圖象與文字是作為未言和未現的母親而存在。（註16）

　　也就是說，在文與圖之間，或在圖象之間，我們可能體驗到一種震動度。某些衝突和矛盾訊息，以及某些作繪者的意念，正悄悄的從中傳達，企圖發揮積極的連結作用。這就是梅比爾斯教授所說的「圖象符碼」（Picture Code），使圖畫書和讀者產生微妙的互動關係，合上書，似乎作繪者正在問讀者：「你，看到什麼？」

　　能看出作繪者在故事中所隱含的符碼，是種閱讀的樂趣與成就。想延續兒童閱讀的習慣與激發主動閱讀的興趣，閱讀圖象的能力有待提升。

圖畫故事書提供視覺訊息

(1)如格林《森林大熊》初冬燕子南飛的畫面，第二次出現，讓讀者回憶起故事開始，熊看到這畫面，接著就做了什麼事——冬眠去也。

(2)台英社《外公》最後一個畫面，只有外公坐的椅子，不見外

公，表示什麼呢？

(3)遠流《永遠吃不飽的貓》，一路吃吃吃，吃了男主人、女主人，吃了船長和水手，還吃了月亮和太陽，最後肚子爆炸。有沒有注意到這隻喀茲喀茲拉一頁比一頁胖，胖到一整頁都畫不下？他是不是吃太多了？

(4)信誼《胖國王》受到鼓勵，原先有國王的畫面，下一個相同的畫面，國王卻不見了，因為減胖成功的他，已經「縮小尺寸」啦。這裡採用翻掀頁，製造了視覺驚奇的「笑」果和回憶。內省國王如何瘦下來的步驟與方法，小讀者了然於心：原來這樣「吃」和「運動」才算健康！

視覺圖像提供非語言情境

1. 格林《一片披薩一塊錢》第一頁，大熊阿比的家是個披薩造型；鱷魚阿寶的家是蛋糕模樣，很快就可以捕捉到「屋主」的喜好。

2. 和英《不是我的錯》小開本黑白版的繪本，置身於繽紛炫麗的圖畫故事書海裡，有點一新耳目之感，沒想到白色書頁之後的黑色頁，竟然是殘酷戰爭的紀錄照片。戰爭的迫害，真是「非語言能形容」啊。

3. 格林《我要來抓你囉》，畫面裡大怪物面目猙獰，真可怕。沒想到到了地球，選定要捕捉的小男孩，往前一撲，嘎～只是小男孩布鞋邊那麼丁點大啊～往往我們心中的恐懼感來自自己，而不是外在因素呢。

圖畫故事書的圖像與語文結合時

1. 信誼《子兒吐吐》小豬胖臉兒不小心吃下木瓜子兒，大家揣測吃子會長樹，書頁文字「長樹？」「長樹？」有大有小的級數編排，頗有「一傳十，十傳百」的回音效果。

2. 台灣麥克《黛絲，跟我來》，小鴨黛絲貪玩，離媽媽很遠，猛然發現一隻大猛禽，她嚇壞了。這時，一陣窸窸窣窣聲「愈來愈近」「愈來愈近」，連著四次，字體級數一次比一次大，只有綠草叢和無助的黛絲在畫面角落上。

3. 格林《鐵絲網上的小花》，最後一個畫面是鐵絲網旁邊，開出一朵紅色小花，「春天來了」。作者這麼闡述，小讀者不懂。但是循著作者留下的線索：「槍聲」、「霧氣瀰漫」、「媽媽等不到女兒」……，孩子開始探索語文之外的涵意。

4. 台灣麥克《爸爸》（大師名作繪本系列），躺在病床上的「爸爸」看不見窗外的風景，問孩子：「你們可以告訴病人窗外的景色嗎？」孩子爭相描述圖裡窗外的陽光與花草。語言能力在小讀者同情心的推波助瀾下，豐富的湧現。

5. 上誼《愛取名字的老婆婆》，書中老婆婆不想為經常來要點心的小狗取名字。可是幾天不見小狗來，詢問捕狗大隊，再去被捕的狗群中尋覓，終於帶回她想找的狗。老婆婆以為她的「車」不想載狗，以為「床」不想讓狗睡……。事實上，畫面裡的車表情如何？床的表情又是什麼模樣？

6. 三之三《雨小孩》，一對老夫妻在下大雨的夜裡，聽到有個年輕人來敲門。畫面上風雨交加，「要不要開門，讓年輕人進來躲雨？並住一個晚上？」讀者心裡有點掙扎：開門，覺得有點危險，因為對方是陌生人。不開門，有點殘忍，因為外頭風雨很大。兒童在此時很快透過故事，連結自己的經驗和社會風氣，以及平父母師長的教誨，而給與不同的答案。「拿一顆夜明珠換十二個雨小孩。要不要換？」畫面上的夜明珠光彩奪目呢。又是一個認知與物欲上的難題。

7. 維京《小威向前衝》，小威是一個小精子，數學不太好，但他

是個游泳高手。游泳冠軍賽的日子到了,他從布朗先生的身體裡出發,目的地是布朗太太身體裡。與卵子相遇後,小威不見了,「奇異的事情發生了,很奇妙,很神奇。有個東西開始成長……」,這時畫面搭配的是嬰兒胚胎,「就這樣,布朗太太的肚子開始變大」,畫面上布朗太太懷孕,肚子大大的;「小寶寶誕生了(取名為小娜)─小威到哪裡去了?沒有人知道。」只見布朗先生和太太手中抱著一個小嬰兒。最妙的表現,莫過於下面這一句:「當小娜長成一個小女孩,去上學以後,(另換一頁)數學不太好,但她可是個游泳健將呢。」這些畫面和故事一開始時一樣呢。很難對孩子「說清楚、講明白」的性教育話題,可以這麼幽默簡單的用故事表達,高明啊!

Susan Engel 在《孩子說的故事》書中引申傑若米布魯諾(Jerome Bruner)的看法:「我們用邏輯和抽象的規則來認識物理的世界,用故事來認識人文的世界。」(p. 29)其實,聽故事和說故事都是文化行為,孩子在學習故事形式,也在學習自己的文化,他們經由故事塑造思考模式,建立文化。

本文嘗試從視覺圖象與語言的結合,探討故事的呈現方式,最終目的也是期望孩子能透過故事思考,建構屬於自己的文化啊。

五、結語

曾在「台北市說故事種子營」上課,與學員共讀巴貝柯爾《好事成雙》(格林)。兩個星期後,一位學員與大家分享她的感想。她說:「讀了這本書,我終於放下心中多年來的一句話,原來『爸媽離婚,不是我的錯』!」

她一直和媽媽住,媽媽總是對她說:「要不是妳,我就不會和妳

爸爸結婚，今天就不會過這樣的生活了。」而故事中，兩個小朋友的爸媽吵得厲害，他們去學校問其他同學：「你們爸媽也會吵架嗎？」其他同學都點頭，畫面上有許多孩子不同的表情。其中一段文字這麼描述：「如果爸媽的行為只有五歲，那不是我們的錯。」

說完，這位學員破涕為笑，直說圖畫故事書的影響力，不僅大小讀者著迷，還能讓她重新建構自我，實在有多元功能。

一天，我對著家長和孩子說故事，一個小男孩從頭到尾沒安靜過，小屁股一直動來動去，可是倒也沒離開會場。所以我在導讀《但願我是蝴蝶》（和英出版）時，問聽眾：「蟋蟀的好朋友蜘蛛安慰他，別在乎無聊的人對自己無聊的批評，蟋蟀心情變得好多了。於是在蜘蛛結網時，他高興的陪著蜘蛛，歌聲響亮的唱啊唱，你們猜，這時候誰飛來了？」這個問題讓那位小男孩專心的看著畫面（畫面打淡的背景是一隻好大的蝴蝶），小男孩很有精神的回答：「蝴蝶飛來了。」我把洪新富老師製作「會飛的蝴蝶」（紙藝玩具）當場送給他。散會後，小男孩要媽媽「等一下」，他想對我說一句話。我問：「你要現在說嗎？」他說等我，因為講台上滿滿都是繪本、資料和手提電腦。結果一等等了十五分鐘。我彎下身，問：「你想對我說什麼呢？」小男孩說：「老師，明天我上學，再告訴妳，我總共看到幾隻蝴蝶。」我好感動，為這句話，他等了十五分鐘！相信這個蝴蝶的故事以及這隻玩具蝴蝶，從此為這孩子打開一扇「蝴蝶之窗」。

繪本中的視覺與語文關係，在於故事提供孩子一種和自己保持距離的形式，釐清他們的感情，讓孩子清楚辨別「哪些是感覺？」「哪些是他曾經歷過的？」然後重新建構經驗。將事件以有意義的、合乎邏輯的順序加以編排。提高孩子解讀圖象符碼的能力，延續孩子閱讀興趣，實在是值得投入的研究啊。

繪本主題教學資源手冊

註

1. 《兒童發展導論》，p. 125，John Oates 著，台北：五南。

2. 同上，p. 169。

3. 同上，p. 139。

4. 同上，p. 169。

5. 同上，p. 147。

6. 同上，p. 148。

7. 《兒童的認知發展導論》，p. 229，卜拉絲姬，台北：文景，1988，增訂三版。

8. 同上，p. 251-252。這是卜拉絲姬在《兒童的認知發展導論》所提的推論。

9. 所謂「歸組」通常應用於短期記憶。斑馬、狗、牛、豬、風箏、卡車、皮球、汽船等名稱，若能先按某些原則予以安排，如分動物、玩具、交通工具，則記憶效果較佳。組織則運用於長期記憶。

10. 《兒童的語言世界》，p. 114，洪健全教育文化基金會，1988。

11. 同上，p. 111。照相式記憶指幼兒語言行為未成熟，留下來的記憶多半是偏重視覺，會將看到的事物如拍照般印在腦中，需要時先浮出畫面，再用語言描述。幼兒心智活動也可能以視覺心像為主，加上身體動作的實際經驗為發展依據。

12. 《英語兒童文學史綱》，p. 123-124，約翰洛威湯森著，謝瑤玲譯，台北：小魯，2003 年 1 月。

13. 同上，p. 130。

14. 《圖畫書的欣賞與應用》，p. 225-226，林敏宜著，台北：心理，2000 年 11 月。

★美國凱迪克大獎（The Caldecott Medal）

成立於一九三八年，為紀念英國傑出圖畫書插畫家倫道夫・凱迪克（Randolph Caldecott，1844-1886）。

★英國格林威大獎（The Kate Greenaway Medal）

成立於一九五五年，為紀念十九世紀偉大的兒童插畫家凱特・格林威女士（Kate Greenaway）。

★德國繪本大獎（Deutscher Bilderbuchpreis）

是德國自一九五六年來，唯一定期頒發的國家文學獎。

★捷克布拉迪斯國際插畫雙年展大獎 （Bratislava Grand Prix）簡稱BIB，由聯合國教科文組織（UNESCO）贊助，一九六五年促成此展。

★國際安徒生獎（Hans Christian Andersen Awards）

由一九六五年國際少年圖書委員會（International Board on Books for Young Peope IBBY）設立，每兩年頒發給一位作家，一位插畫家。與其他獎項不同點，在於其他得獎者只依一本書得獎，而安徒生獎是以作家（畫家）在兒童文學上的總成績和貢獻，作為得獎的條件。

15.《閱讀兒童文學的樂趣》，p. 247，台北：小魯，2000。

16.《兒童文學學刊》，第三期，p. 169，馬祥來譯。

參考資料

【書目】

卜拉絲姬著，王文科譯（1988，增訂三版）：兒童的認知發展導論。
　　台北：文景。

趙雲（1988）：兒童的語言世界。台北：洪建全基金會。

Neil Postman 著，蕭昭君譯（1994）：童年的消逝。台北：遠流。

Susan Engel 著，黃孟嬌譯（1998）：孩子說的故事。台北：成長文

繪本的視覺藝術與語文閱讀

XXV

教基金會。

John Oates，邱維珍譯（1999）：兒童發展導論。台北：五南。

Perry Nodelman，劉鳳芯譯（2000）：閱讀兒童文學的樂趣。台北：
　　小魯。

林敏宜（2000）：圖畫書的欣賞與應用。台北：心理。

塞莫薩基著，潘恩典譯（2001）：腦內藝術館。台北：商周。

約翰洛威湯森著，謝瑤玲譯（2003）：英語兒童文學史綱。台北：小
　　魯。

【網站】

・文建會——兒童文化館（http://www.cca.gov.tw/children）
　有當月各單位所推薦的童書、精彩的 2D 動畫、繪本、電子卡；並
　有台灣童書出版公司的超連結，以及「繪本五大獎」介紹。

・Kate Greenaway（http://www.writepage.com/others/greenawy.htm）
　有 Kate Greenaway (1846-1901)的生平、求學、繪圖風格等介紹。

・Randolph Caldecott（http://www.speel.demon.co.uk/artists2/caldecot.
　htm）
　有 Randolph Caldecott (1846-1886)的生平、求學、繪圖風格等介紹。

・Walter Crane (1845-1915)
　（http://www.modjourn.brown.edu/mjp/Image/CraneW/Crane.htm）
　有 Walter Crane (1845-1915)的生平、求學、繪圖風格等介紹。

「101本好書」分類總表

主題分類	書名	作者	繪者	譯者	出版社	箱號
美德教育(價值觀) 認知學習(數) 人際關係(交朋友)	一片披薩一塊錢 One Pizza, One Penny	郝廣才	Giuliano Ferri		格林	1
人際關係(自我肯定) 家庭(下)(親情)	烏鴉愛唱歌	Manfr-ed Mai	Bernhard Oberdieck	林良	格林	1
家庭(上)(三代情)	爺爺一定有辦法 Something From Nothing	Phoebe Gilman	Phoebe Gilman	宋珮	上誼	1
家庭(上)(單親)	爸爸，你愛我嗎？ The Man Who Loved Boxes	Stephen Michael King	Stephen Michael King	余治瑩	三之三	1
性別平等(兩性平等)	有什麼毛病 Hair in Funny Places	Babette Cole	Babette Cole	黃鈺瑝	格林	1
認知學習(兒歌)	說說唱唱唸童謠：螢火蟲	陳良真	吳若嫻		企鵝	1
日常生活(生活自理) 世界觀	我在幼稚園的日子 Our Peaceful Classroom	Aline D. Wolf	全球蒙特梭利學校四～十二歲兒童	陳明珠	及幼	1
生命教育 (生、老、病、死)	生命的循環：如何教孩子面對生與死？	王秀園	莊姿萍		狗狗	1
美德教育(守時) 日常生活(生活自理)	慌張先生	賴馬	賴馬		信誼	1

認知學習 (數)	智慧樹 123〈下一個是什麼〉	Richard and Nicky Hales	Rebecca Archer	光復編輯部	光復	1
人際關係 (交朋友)	惡霸遊戲 Bully	David Hughes	David Hughes	任芸婷	格林	1
認知學習 (數) 想像	第五個 Funfter sein	Ernst Jandl	Norman Junge	高玉菁	三之三	1
家庭 (上) (單親)	猜猜我有多愛你 Guess How Much I Love You	Sam Mcbratney	Anita Jeram	陳淑惠	上誼	1
日常生活 (情緒)	鱷魚怕怕，牙醫怕怕 The Crocodile and the Dentist	Taro Gomi	Taro Gomi	上誼編輯部	上誼	1
家庭 (上) (三代情)	艾瑪畫畫 Emma	Wendy Kesselman	Barbara Cooney	柯倩華	三之三	1
人際關係 (自我肯定) 想像	田鼠阿佛 Frederick	Leo Lionni	Leo Lionni	孫晴峰	上誼	1
人際關係 (解決問題)	小羊睡不著 When Sheep Cannot Sleep	Satoshi Kitamura	Satoshi Kitamura	劉清彥	三之三	1
人際關係 (交朋友) 日常生活 (情緒)	膽小獅特魯魯	冰波	曹俊彥		信誼	1
家庭 (下) (親情)	親親媽咪	Guido Van Genechten	Guido Van Genechten	艾閣萌編輯部	艾閣萌	1
社區關懷 (社區環境)	逛街	陳志賢	陳志賢		信誼	1
人際關係 (自我肯定) 認知學習 (概念書)	拼拼湊湊變色龍 The Mixed-Up Chameleon	Eric Carle	Eric Carle	林良	上誼	1

家庭(上)(單親)	保羅的超級計劃 Paul Trennt Sich	Martin Baltscheit	Martin Baltscheit	洪翠娥	格林	1
日常生活(情緒)	我好擔心 Wemberly Worried	Kevin Henkes	Kevin Henkes	方素珍	三之三	1
安全教育(自我保護) 人際關係(交朋友)	巴警官與狗利亞 Officer Buckle and Gloria	Peggy Rathmann	Peggy Rathmann	任芸婷	格林	1
人際關係(解決問題) 美德教育(勇氣、合作)	小黑魚 Swimmy	Leo Lionni	Leo Lionni	張劍鳴	上誼	1
認知學習(兒歌)	大頭仔生後生	簡上仁	曹俊彥		青林	1
美德教育(幽默) 自然觀察(環境) 想像	鯨魚 Kujirada	Taro Gomi	Taro Gomi	余治瑩	三之三	1
日常生活(生活自理) 美德教育(守時)	起床啦！皇帝	郝廣才	李漢文		信誼	1
人際關係(自我肯定)	美術課 The Art Lesson	Tomie DePaola	Tomie DePaola	柯倩華	三之三	1
日常生活(情緒)	是蝸牛開始的！ Vom Gluck Ein Dickes Schwein Zu Sein	Katja Reider	Angela Von Roehl	方素珍	三之三	1
家庭(下)(親情) 人際關係(自我肯定)	阿虎開竅了 Leo the Late Bloomer	Robert Kraus	Jose Aruego	黃迺毓	上誼	1

家庭 (上) (單親)	好事成雙 Two of Everything	Babette Cole	Babette Cole	郭恩惠	格林	1
日常生活 (衛生保健)	小熊包力刷牙記 Aber Boris	Svetlana Tiourina	Svetlana Tiourina	林芳萍	上人	1
生命教育 (死)	精采過一生 Drop Dead	Babette Cole	Babette Cole	黃迺毓	三之三	1
自然觀察 (植物) 家庭 (下) (親情)	媽媽買綠豆	曾陽晴	萬華國		信誼	1
安全教育	怪叔叔	李瑾倫	李瑾倫		信誼	1
社區關懷 (社區環境) 安全教育 自然觀察 (動物)	我和我家附近的野狗們	賴馬	賴馬		信誼	1
日常生活 (情緒)	生氣湯 Mean Soup	Betsy Everitt	Betsy Everitt	柯倩華	上誼	1
美德教育 (分享) 人際關係 (交朋友)	月亮生日快樂 Happy Birthday Moon	Frank Asch	Frank Asch	高明美	上誼	1
家庭 (上) (三代情) 家庭 (下) (親情) 社區關懷 (社區環境)	小恩的秘密花園 The Gardener	Sarah Stewart	David Small	郭恩惠	格林	1
家庭 (下) (親情)	最溫暖的地方 Lile Aux Calins	Carl Norac	Claude K' Dubois	薇薇 夫人	格林	1
家庭 (下) (親情) 人際關係 (自我肯定)	小甜心 Bonjour, Mon Petit Coeur	Carl Norac	Claude K' Dubois	薇薇 夫人	格林	1
認知學習 (兒歌)	我愛玩	林芳萍	劉宗慧		信誼	1
人際關係 (交朋友)	好朋友一起走	劉宗銘	劉宗銘		信誼	1

美德教育 (合作) 台灣鄉土	黑白村莊	劉伯樂	劉伯樂		信誼	2
日常生活 (情緒)	阿文的小毯子 Owen	Kevin Henkes	Kevin Henkes	方素珍	三之三	2
日常生活 (情緒)	我要來抓你啦 I'm Coming to Get You	Tony Ross	Tony Ross	郝廣才	格林	2
想像	我的好夢床 My Dream Bed	Lauren Child	Lauren Child	劉清彥	和英	2
家庭 (上) (單親) 家庭 (下) (親情)	我爸爸 My Dad	Anthony Browne	Anthony Browne	黃鈺瑜	格林	2
想像	大猩猩 Gorilla	Anthony Browne	Anthony Browne	林良	格林	2
家庭 (上) (三代情)	湯姆爺爺 Grossvater Thomas	Stepan Zavrel	Stepan Zavrel	施素卿	上誼	2
生命教育 (特殊需要兒童)	珊珊 Susan Laughs	Jeanne Willis	Tony Ross	劉清彥	上誼	2
自然觀察 (四季)	春天來了 Spring is Here	Taro Gomi	Taro Gomi	吳宜真	上誼	2
人際關係 (自我肯定)	我不知道我是誰 Daley B	Jon Blake	Axel Scheffler	郭恩惠	格林	2
美德教育 (誠實) 家庭 (下) (親情)	用愛心說實話 The Honest-to-Goodness Truth	Patricia C. McKissack	Giselle Potter	宋珮	和英	2
日常生活 (飲食健康)	子兒，吐吐	李瑾倫	李瑾倫		信誼	2
性別平等	一隻想當爸爸的熊 Das Barenwunder	Wolf Erlbruch	Wolf Erlbruch	方素珍	三之三	2

社區關懷 家庭 (上) (單親) 美德教育 (價值觀)	媽媽的紅沙發 A Chair for My Mother	Vera B. Williams	Vera B. Williams	柯倩華	三之三	2
家庭 (上) (三代情)	傳家寶被 The Keeping Quilt	Patricia Polacco	Patricia Polacco	廖春美	遠流	2
性別平等	紅公雞	王蘭	張哲銘		信誼	2
美德教育 (勇敢)	勇敢的莎莎 Sheila Rae, the Brave	Kevin Henkes	Kevin Henkes	柯倩華	三之三	2
想像	我自己玩	顏薏芬	顏薏芬		信誼	2
家庭 (下) (親情) 家庭 (上) (單親) 想像	逃家小兔 The Runaway Bunny	Margaret Wise Brown	Clement Hurd	黃迺毓	信誼	2
想像	假裝是魚	林小杯	林小杯		信誼	2
想像	月光男孩 The Boy in the Moon	Ib Spang Olsen	Ib Spang Olsen	管家琪	格林	2
自然觀察 (植物)	樹真好！ A Tree is Nice	Janic May Udry	Marc Simont	劉小如	上誼	2
自然觀察 (植物)	大樹 The Big Tree	王蘭	張哲銘		童話 藝術	3
自然觀察 (動物)	費得 Fred The Fish	王蘭	張哲銘		童話 藝術	3
自然觀察 (動物)	快樂的小青蛙 The Happy Lit- tle Frog	王蘭	張哲銘		童話 藝術	3
日常 生活 (衛生保 健)	哈啾！塔克 Ah-Chu Ta-Ke	王蘭	張哲銘		童話 藝術	3
美德教育 (愛心) 日常生活 (飲食健 康)	大花貓	王蘭	張哲銘		童話 藝術	3

社區關懷(社區環保) 自然觀察(環境)	企鵝阿比—垃圾收集器	王蘭	張哲銘		童話藝術	3
美德教育(夢想)	想飛的阿比	王蘭	張哲銘		童話藝術	3
想像	小熊奇兵 Bear Goes to Town	Anthony Browne	Anthony Browne	黃鈺瑜	格林	3
想像	哈囉！你要什麼？ The Little Bear Book	Anthony Browne	Anthony Browne	黃鈺瑜	格林	3
想像	野蠻遊戲 Bear Hunt	Anthony Browne	Anthony Browne	黃鈺瑜	格林	3
想像	當熊遇見熊 A Bear-y Tale	Anthony Browne	Anthony Browne	黃鈺瑜	格林	3
家庭(下)(親情)	我是小可愛 Je Suis un Amour	Carl Norac	Claude K' Dubois	孫千淨	格林	3
美德教育(禮讓)	可愛小麻煩 Je Veux Un Bisou	Carl Norac	Claude K' Dubois	孫千淨	格林	3
家庭(下)(親情)	好愛好愛你 Les Mots Doux	Carl Norac	Claude K' Dubois	薇薇夫人	格林	3
家庭(上)(三代情)	野餐 Picnic	Emily Arnold McCully	Emily Arnold McCully	上誼出版部	上誼	3
家庭(下)(親情)	爸爸DADDY	林良	趙國宗		信誼	3
認知學習(概念書)	棕色的熊‧棕色的熊‧你在看什麼？ Brown Bear, Brown Bear, What Do You See?	Bill Martin Jr.	Eric Carle	李坤珊	上誼	3

家庭（下）（親情）	媽媽 MOMMY	林良	趙國宗		信誼	4
人際關係（解決問題）	瑞比迷路記 Rabbit Gets Lost	Isabel Gaines	Studio Orlando		艾閣萌	4
人際關係（自我肯定）	斑斑的花紋	王秀園	劉思伶		狗狗	4
社區關懷（社區環境）	挖土機年年作響：鄉村變了 Alle Jahre wieder saust der Presslufthammer nieder oder die Veranderung der Landschaft	Jorg Muller	Jorg Muller		和英	5
家庭（下）（親情） 日常生活（情緒）	酷媽也瘋狂 Drole De Maman	Elisabeth Brami	Anne-Sophie Tschiegg	孫千淨	格林	5
家庭（上）（單親）	強強的月亮 Jon's Moon	Carme Sole Vendrell	Carme Sole Vendrell	郝廣才	格林	5
古典童話	小美人魚 The Little Mermaid	Marc Joyeux	Francesca Salucci	葉曉雯	企鵝	5
生命教育（死）	爺爺有沒有穿西裝 Hat Opa einen Anzug an	Amelie Fried	Jacky Gleich	張莉莉	格林	5
美德教育（誠實）	小綠不見了	王秀園	莊姿萍		狗狗	5
人際關係（交朋友） 想像	魔法糖球	安房直子	いもてようこ		人類	5
日常生活（衛生保健）	小象的牙刷	舟崎克彥	黑井健		人類	5
自然觀察（地球） 人際關係（交朋友）	月亮、地球、太陽 La Lluna, La Terra i El Sol	Juame Escala	Carme Sole Vendrell	郝廣才	格林	5
想像	7號夢工廠 7 Sector	David Wiesner	David Wiesner		格林	5

家庭(上)(三代情)	聽那鯨魚在唱歌 The Whales' Song	Dyan Sheldon	Gary Blythe	張澄月	格林	5
人際關係(自我肯定) 想像	強尼強鼻子長 Johnny Longnose	Cruise Louis	Stays Eidrig-evicius	郝廣才	格林	5
認知學習(兒歌)	肥豬齁齁叫	王金選	李漢文		格林	5
人際關係(交朋友)	膽大小老鼠，膽小大巨人 Riesen Geschichte	Annegrt Fuchshubr	Annegrt Fuchshubr	梁景峰	格林	5
人際關係(交朋友)	愛畫畫的塔克	王蘭，張哲銘	王蘭，張哲銘		信誼	5
古典童話	伊索寓言1：幽默二十五選	Aesop	Stefano Tartarotti	林海音	格林	5
古典童話	伊索寓言2：智慧二十五選	Aesop	Pia Valentinis	林海音	格林	5
古典童話	伊索寓言3：機智二十五選	Aesop	Claudine Raffestin	林海音	格林	5
自然觀察(生態保護)	白鴿少年 Michael Bird Boy	Tomie dePaola	Tomie dePaola	謝佩璇	格林	5
想像	月亮先生 Moon Man	Tomi Ungerer	Tomi Ungerer	幸佳慧	格林	5
世界觀	小女兒長大了 Madlenka	Peter Sis	Peter Sis	小野	格林	5
日常生活(情緒)	菲菲生氣了 When Sophie Gets Angry－Really, really Angry	Molly Bang	Molly Bang	李坤珊	三之三	5

美德教育(同理心)	娃娃國王變變變 King Changes- A-Lot	Babette Cole	Babette Cole	郭恩惠	格林	5
人際關係(交朋友)	巨人和春天	郝廣才	王家珠		格林	5
認知學習(兒歌)	一放雞二放鴨	林武憲(編選)	趙國宗等		青林	5
美德教育(分享、關懷)	魔法音符 Tremolo	Tomi Ungerer	Tomi Ungerer	幸佳慧	格林	5
日常生活(情緒) 家庭(下)(手足)	給我一件新衣服 Les Petits Heritages	Frederique Bertrand	Frederique Bertrand	孫千淨	格林	5
美德教育(幫助)	星星王子	王家珠	王家珠		格林	5
世界觀(耶誕節)	聖誕老爸渡假去 Father Christmas Goes on Holiday	Raymond Briggs	Raymond Briggs	吳倩怡	格林	5
人際關係(交朋友)	波利，為什麼要吵架 Pauli－Streit Mit Edi	Brigitte Weninger	Eve Tharlet	賴雅靜	上人	5
家庭(下)(手足)	彼得的椅子 Peter's Chair	Ezra Jack Keats	Ezra Jack Keats	孫晴峰	上誼	5
美德教育(關懷) 生命教育(病)	小白醫生 Dr. White	Jane Goodall	Julie Litty	周蘭	格林	5
美德教育(關懷)	誰在敲門	崔麗君	崔麗君		信誼	5
想像	當冬天開始歌唱 A Long Long Song	Etienne Delessert	Etienne Delessert	郭恩惠	格林	5

家庭 (下) (親情) 日常生活 (情緒)	奧莉薇 Olivia	Ian Falconer	Ian Falconer	郝廣才	格林	5
家庭 (上) (三代情) 想像	黃金夢想號 Le Train Jaune	Fred Bernard	Francois Roca	任芸婷	格林	6
想像	發現小錫兵 Der Standhafte Zinnsoldat	Jörg Müller	Jörg Müller		和英	6
日常生活 (飲食健康)	胖國王	張蓬潔	張蓬潔		信誼	6
美德教育 (幽默) 古典童話	三隻小豬的 真實故事 The True Story of the 3 Little Pigs	Jon Scieszka	Lana Smith	方素珍	三之三	6
日常生活 (情緒)	膽小阿迪和 毛毯賊 Timid Tim and Cuggy Thief	John Prater	John Prater	劉清彥	上誼	6
人際關係 (解決問題)	電話鈴鈴鈴	櫻井 あさを	いもと ようこ		人類	6
人際關係 (交朋友) 日常生活 (情緒)	小貓鬥公雞 Tuppens Minut	Sven Nordqvist	Sven Nordqvist	林洵媛	格林	6
人際關係 (自我肯定) 想像	莎麗要去演 馬戲 Die Sara, Die Zum Circus Will	Gudrun Mebs	Quint Buchholz	袁瑜	格林	6
想像	我的小書 包：為什麼 不能	王淑芬	何雲姿		信誼	6

主題	書名	作者	繪者	譯者	出版社	
家庭(下)(親情)	雨小孩 The Rainbabies	Laura Krauss Melmed	Jim LaMarche	方素珍	三之三	6
人際關係(自我肯定)	阿力和發條老鼠 Alexander and the Wind-up Mouse	Leo Lionni	Leo Lionni	孫晴峰	上誼	6
台灣鄉土	奉茶	劉伯樂	劉伯樂		青林	6
日常生活(情緒) 人際關係(交朋友)	沒有你,我怎麼辦? What Will I Do Without You	Sally Grindley	Penny Dann	方素珍	上人	6
人際關係(交朋友)	我的朋友 My Friends	Taro Gomi	Taro Gomi	上誼編輯部	上誼	6
家庭(上)(單親)	我的天才老爸 That's My Dad	Ralph Steadman	Ralph Steadman	洪妤靜	格林	6
世界觀(萬聖節) 認知學習(概念書)	巫婆與黑貓 Winnie the Witch	Valerie Thomas	Korky Paul	余治瑩	三之三	6
人際關係(自我肯定)	老鼠阿修的夢 Matthew's Dream	Leo Lionni	Leo Lionni	孫晴峰	上誼	6
美德教育(滿足)	光腳ㄚ先生 Mr. Magnolia	Quentin Black	Quentin Black	洪妤靜	格林	6
認知學習(概念書)	千變萬化 Changes, Changes	Pat Hutchins	Pat Hutchins		上誼	6
台灣鄉土	三角湧的梅樹阿公	蘇振明	陳敏捷		青林	6
美德教育(誠實)	學說謊的人	郝廣才	Tomasz Borowski		格林	6

想像	廚房之夜狂想曲 In the Night Kitchen	Maurice Sendak	Maurice Sendak	郝廣才	格林	6
人際關係(交朋友)	想看海的小老虎 Kleiner Eisbar Kennst Du Den Weg	Hans De Beer	Hans De Beer	林良	格林	6
工具書(圖鑑)	智慧樹 1.2.3 （毛毛蟲）	Hannah E. Glease	Mike Atkinson	光復編輯部	光復	6
生命教育(死) 家庭(下)(親情)	皇帝與夜鶯	郝廣才	張世明		格林	6
台灣鄉土	勇士爸爸去搶孤	李潼	李讚成		青林	6
生命教育(老) 世界觀 美德教育(分享)	花婆婆 Miss Rumphius	Barbara Cooney	Barbara Cooney	方素珍	三之三	6
家庭(下)(親情)	波利，生日快樂 Herzlichen Gluckwunsch, Pauli	Brigitte Weninger	Eve Tharlet	賴美伶	上人	6
人際關係(交朋友)	奇普的生日 Kipper's Birthday	Mick Inkpen	Mick Inkpen	柯倩華	青林	6
人際關係(交朋友)	提歐和里歐 Theo und Leo	Frienderike Wagner	Frienderike Wagner	賴雅靜	上人	6
美德教育(關懷)	希望的翅膀	郝廣才	陳盈帆		格林	6
人際關係(自我肯定) 日常生活(自我成長)	你很快就會長高 You'll soon Grow Alex	Andrea Shavick	Russell Ayto	余治瑩	三之三	6

家庭(上)(三代情)美德教育(分享)	米爺爺學認字 Jeremiah Learns to Read	Jo Ellen Bogart	Laura Fernandez Rick Jacobson	宋珮	三之三	6
美德教育(幽默、分享)	如果你請豬吃煎餅 If You give a Pig a Pancake	Laura Joffe Numeroff	Felicia Bond	林良	上誼	6
家庭(下)(親情)	小熊乖乖睡 Schlaf Gut, Kleiner Bar	Quint Buchholz	Quint Buchholz	林洒媛	格林	6
人際關係(自我肯定)	三隻小兔 Stoppel, Poppel oder Hoppel	Max Bolliger	Jozef Wilkon	洪翠娥	三之三	6
古典童話	牛津創意童話——北風和太陽 The North Wind and The Sun		Brian Wildsmith	張國禎 陳進士	新來	6
古典童話	牛津創意童話——月亮看見什麼 What The Moon Saw		Brian Wildsmith	張國禎 陳進士	新來	6
台灣鄉土	台灣水噹噹1：地理・位置	潘守芳 主編	郭仁修		世一	6
台灣鄉土	台灣水噹噹2：特產・小吃	蕭淑玲 主編	杜冠臻		世一	6
台灣鄉土	台灣水噹噹3：風景・名勝	許麗萍 主編	劉麗月		世一	6
工具書(美勞)	我的花園	王蘭	王蘭		童話藝術	7

工具書 (美勞)	熱帶魚	王蘭	王蘭		童話藝術	7
家庭 (下) (親情) 安全教育	我們的媽媽在哪裡 Where's Our Mama	Diane Goode	Diane Goode	余治瑩	上堤	7
人際關係 (自我肯定) 家庭 (下) (親情)	毛頭小鷹 Owliver	Robert Kraus	Jose Aruego & Ariane Dewey	柯倩華	上堤	7
世界觀	世界為誰存在 Who is the World For	Tom Pow	Robert Ingpen	劉清彥	和英	7
人際關係 (交朋友)	我有友情要出租	方素珍	郝洛玟		上堤	7
工具書 (圖鑑)	光復兒童百科圖鑑〈第二冊：動物的形狀〉	光復書局編輯部			光復	7
工具書 (圖鑑)	光復兒童百科圖鑑〈第五冊：四季的花草〉	光復書局編輯部			光復	7
認知學習 (概念書)	晶彩概念書：點心時間	Chuck Murphy	Chuck Murphy		台灣麥克	7
認知學習 (概念書)	晶彩概念書：形狀	Chuck Murphy	Chuck Murphy		台灣麥克	7
認知學習 (概念書)	晶彩概念書：扮演時間	Chuck Murphy	Chuck Murphy		台灣麥克	7
認知學習 (概念書)	晶彩概念書：遊戲時間	Chuck Murphy	Chuck Murphy		台灣麥克	7
認知學習 (概念書)	晶彩概念書：睡覺時間	Chuck Murphy	Chuck Murphy		台灣麥克	7

繪本主題教學資源手冊

認知學習(概念書)	晶彩概念書：相反詞	Chuck Murphy	Chuck Murphy		台灣麥克	7
亮亮的成長						
日常生活 (行為)	聰明的亮亮	林秋雲	許永和 林秀玲		企鵝	2
日常生活 (行為)	傲慢的亮亮	林秋雲	許永和 林秀玲		企鵝	2
日常生活 (行為)	小氣的亮亮	林秋雲	許永和 林秀玲		企鵝	2
日常生活 (行為)	壞脾氣的亮亮	林秋雲	許永和 林秀玲		企鵝	2
日常生活 (行為)	愛作夢的亮亮	林秋雲	許永和 林秀玲		企鵝	2
日常生活 (行為)	亮亮認錯	林秋雲	許永和 林秀玲		企鵝	3
日常生活 (行為)	不愛乾淨的亮亮	林秋雲	許永和 林秀玲		企鵝	3
日常生活 (行為)	亮亮的煩惱	林秋雲	許永和 林秀玲		企鵝	3
日常生活 (行為)	霸道的亮亮	林秋雲	許永和 林秀玲		企鵝	3
日常生活 (行為)	貪心的亮亮	林秋雲	許永和 林秀玲		企鵝	3
日常生活 (行為)	亮亮上學去	林秋雲	許永和 林秀玲		企鵝	4
日常生活 (行為)	危險！亮亮	林秋雲	許永和 林秀玲		企鵝	4
日常生活 (行為)	亮亮的朋友	林秋雲	許永和 林秀玲		企鵝	4
日常生活 (行為)	教室裡的亮亮	林秋雲	許永和 林秀玲		企鵝	4
日常生活 (行為)	亮亮日行一善	林秋雲	許永和 林秀玲		企鵝	4

	品德小老師					
美德教育	公德心的故事	潘麗芬等 文字編輯	羅門藝術 中心		人類	4
美德教育	不貪心的故事	潘麗芬等 文字編輯	羅門藝術 中心		人類	4
美德教育	分工合作的故事	潘麗芬等 文字編輯	羅門藝術 中心		人類	4
美德教育	不半途而廢的故 事	潘麗芬等 文字編輯	羅門藝術 中心		人類	4
美德教育	專心的故事	潘麗芬等 文字編輯	羅門藝術 中心		人類	4
美德教育	謙虛的故事	潘麗芬等 文字編輯	羅門藝術 中心		人類	4
美德教育	奮發向上的故事	潘麗芬等 文字編輯	羅門藝術 中心		人類	4
美德教育	誠實的故事	潘麗芬等 文字編輯	羅門藝術 中心		人類	4
美德教育	熱心助人的故事	潘麗芬等 文字編輯	羅門藝術 中心		人類	4
美德教育	積極的故事	潘麗芬等 文字編輯	羅門藝術 中心		人類	4
美德教育	團結的故事	潘麗芬等 文字編輯	羅門藝術 中心		人類	4
美德教育	不以貌取人的故 事	潘麗芬等 文字編輯	羅門藝術 中心		人類	4
美德教育	分享的故事	潘麗芬等 文字編輯	羅門藝術 中心		人類	5
美德教育	寬恕的故事	潘麗芬等 文字編輯	羅門藝術 中心		人類	5
美德教育	孝順的故事	潘麗芬等 文字編輯	羅門藝術 中心		人類	5

美德教育	有勇氣的故事	潘麗芬等文字編輯	羅門藝術中心		人類	5
美德教育	同情心的故事	潘麗芬等文字編輯	羅門藝術中心		人類	5
美德教育	自信心的故事	潘麗芬等文字編輯	羅門藝術中心		人類	5
向小草問好						
自然觀察(植物)	春天的小草躲貓貓	李偲華、林大成	陳貞芳、楊慶誠(審編)		企鵝	2
自然觀察(植物)	夏天，草兒來接龍	李偲華、林大成	陳貞芳、楊慶誠(審編)		企鵝	2
自然觀察(植物)	秋冬，加油吧！小草	李偲華、林大成	陳貞芳、楊慶誠(審編)		企鵝	2
日常生活(情緒)	讓我們夜遊去	王秀園	吳林蓁		稻田	2
美德教育(分享)	快樂的小燈燈	王秀園	姜春年		狗狗	3
人際關係(解決問題)	小牛找媽媽	李赫	劉淑如		狗狗	3
日常生活(行為)	愛闖禍的小天使	王秀園	劉淑如		狗狗	3
日常生活(衛生保健)	小恐龍拔牙記	王秀園	陳中坤		狗狗	3
日常生活(情緒)	學校真好玩	王秀園	萬歲少女		狗狗	3
日常生活(情緒)	暴躁的小印第	王秀園	謝佳玲		狗狗	3
快樂寶寶概念書						
認知學習(身體)	有趣的身體感官——觸覺 The Senses—Touch	Parramon's Editorial Team	Maria Rius	林文玲	台灣麥克	4

認知學習(身體)	有趣的身體感官——視覺 The Senses— Sight	Parramon's Editorial Team	Maria Rius	林文玲	台灣麥克	4
認知學習(身體)	有趣的身體感官——嗅覺 The Senses— Smell	Parramon's Editorial Team	Maria Rius	林文玲	台灣麥克	4
認知學習(身體)	有趣的身體感官——聽覺 The Senses— Hearing	Parramon's Editorial Team	Maria Rius	林文玲	台灣麥克	4
認知學習(身體)	有趣的身體感官——味覺 The Senses— Taste	Parramon's Editorial Team	Maria Rius	林文玲	台灣麥克	4
自然觀察(自然元素)	奇妙的自然元素——土 The Elements— Earth	Parramon's Editorial Team	Carme Sole 等	林文玲	台灣麥克	4
自然觀察(自然元素)	奇妙的自然元素——火 The Elements— Fire	Parramon's Editorial Team	Carme Sole 等	林文玲	台灣麥克	4
自然觀察(自然元素)	奇妙的自然元素——水 The Elements— Water	Parramon's Editorial Team	Carme Sole 等	林文玲	台灣麥克	4
自然觀察(自然元素)	奇妙的自然元素——空氣 The Elements— Air	Parramon's Editorial Team	Carme Sole 等	林文玲	台灣麥克	4

親子創意遊戲寶盒					
工具書(美勞)	手的遊戲			編輯部	光復	4
工具書(美勞)	臉的遊戲			編輯部	光復	4
工具書(美勞)	腳的遊戲			編輯部	光復	4
工具書(美勞)	摺紙遊戲（1） 動物			編輯部	光復	4
工具書(美勞)	摺紙遊戲（2） 交通工具			編輯部	光復	4
工具書(美勞)	帽子王國			編輯部	光復	4
工具書(美勞)	剪紙遊戲			編輯部	光復	4
工具書(美勞)	造形遊戲			編輯部	光復	4
工具書(美勞)	紙的動物園			編輯部	光復	4
工具書(美勞)	蠟筆遊戲			編輯部	光復	4
工具書(美勞)	顏料遊戲			編輯部	光復	4
工具書(美勞)	花紋遊戲			編輯部	光復	4
工具書(美勞)	繪畫遊戲			編輯部	光復	4
工具書(美勞)	色彩馬戲團			編輯部	光復	4
工具書(美勞)	色彩魔術師			編輯部	光復	4
工具書(美勞)	色彩妙妙國			編輯部	光復	4
工具書(美勞)	黏土遊戲			編輯部	光復	4
工具書(美勞)	紙黏土遊戲			編輯部	光復	4
工具書(美勞)	趣味手工藝			編輯部	光復	4
工具書(美勞)	瓶瓶罐罐變玩 具			編輯部	光復	4
工具書(美勞)	版畫遊戲			編輯部	光復	4
工具書(美勞)	動畫遊戲			編輯部	光復	4
工具書(美勞)	卡片遊戲			編輯部	光復	4
工具書(美勞)	冰塊遊戲			編輯部	光復	4
工具書(美勞)	錯覺遊戲			編輯部	光復	4
工具書(美勞)	影子遊戲			編輯部	光復	4
工具書(美勞)	風箏遊戲			編輯部	光復	4

工具書(美勞)	結繩遊戲			編輯部	光復	4
工具書(美勞)	花草遊戲			編輯部	光復	4
工具書(美勞)	餐點遊戲			編輯部	光復	4
猜一猜我是誰						
自然觀察(動物)	穿花衣服的國王	Moira Butterfield	Wayne Ford	徐素政	人類	2
自然觀察(動物)	森林裡的大力士	Moira Butterfield	Wayne Ford	徐素政	人類	2
自然觀察(動物)	草原上的巨人	Moira Butterfield	Wayne Ford	徐素政	人類	2
自然觀察(動物)	黑夜裡的獵人	Moira Butterfield	Wayne Ford	徐素政	人類	2
自然觀察(動物)	沼澤裡的殺手	Moira Butterfield	Wayne Ford	徐素政	人類	2
自然觀察(動物)	池塘裡的泳將	Moira Butterfield	Wayne Ford	徐素政	人類	2
自然觀察(動物)	草原上的跳躍者	Moira Butterfield	Wayne Ford	徐素政	人類	2
自然觀察(動物)	雨林中的美仙子	Moira Butterfield	Wayne Ford	徐素政	人類	2
自然觀察(動物)	天空中的霸王	Moira Butterfield	Wayne Ford	徐素政	人類	2
自然觀察(動物)	洞穴裡的嬌客	Moira Butterfield	Wayne Ford	徐素政	人類	2
自然觀察(動物)	竹林裡的隱居者	Moira Butterfield	Wayne Ford	徐素政	人類	2
自然觀察(動物)	草原上的守望者	Moira Butterfield	Wayne Ford	徐素政	人類	2
動物親子圖畫書						
美德教育(幫助)	毛毛當哥哥	ステーアフ	なかのひらたか	皆如 主編	人類	2

日常生活 (衛生保健)	哈啾是什麼？	ステーアフ	なかのひらたか	旹如主編	人類	2
美德教育 (鼓勵)	毛毛與比比	ステーアフ	なかのひらたか	旹如主編	人類	2
自然觀察 (自然元素：雷)	雷公生氣了	ステーアフ	なかのひらたか	旹如主編	人類	2
自然觀察 (自然元素：風)	颱風要來了	ステーアフ	なかのひらたか	旹如主編	人類	2
人際關係 (解決問題)	誰掉了手套？	ステーアフ	なかのひらたか	旹如主編	人類	2
美德教育 (幫助)	是誰在裡面？	ステーアフ	なかのひらたか	旹如主編	人類	3
家庭 (下) (親情)	小不點快長大！	ステーアフ	なかのひらたか	旹如主編	人類	3
美德教育 (誠實)	蜜蜂哥哥住哪裡？	ステーアフ	なかのひらたか	旹如主編	人類	3
人際關係 (交朋友)	彎彎的生日會	ステーアフ	なかのひらたか	旹如主編	人類	3
人際關係 (交朋友)	小黑交朋友	ステーアフ	なかのひらたか	旹如主編	人類	3
日常生活 (行為)	嘩！嚇到了吧！	ステーアフ	なかのひらたか	旹如主編	人類	3
家庭 (下) (親情)	喂！是媽媽嗎？	ステーアフ	なかのひらたか	旹如主編	人類	3
日常生活 (生活自理)	頑皮的豬寶寶	ステーアフ	なかのひらたか	旹如主編	人類	3
美德教育 (接納)	寂寞的凸凸	ステーアフ	なかのひらたか	旹如主編	人類	3
日常生活 (自我成長)	森林裡的鏡子	ステーアフ	なかのひらたか	旹如主編	人類	3
自然觀察 (動物)	躲在哪兒好？	ステーアフ	なかのひらたか	旹如主編	人類	3

美德教育 (合作)	不一樣的小船	ステーアフ	なかのひらたか	皆如主編	人類	3
兒童知識圖畫書						
自然觀察 (自然元素：雨)	小水滴旅行	黃淑慧主編	羅門藝術中心		人類	3
人際關係 (自我肯定)	小雞穿鞋子	黃淑慧主編	羅門藝術中心		人類	3
美德教育 (耐心)	喔！我知道了	黃淑慧主編	羅門藝術中心		人類	3
自然觀察 (動物)	我要買泥沙	黃淑慧主編	羅門藝術中心		人類	3
自然觀察 (自然元素：風)	風娃娃在哪裡	黃淑慧主編	羅門藝術中心		人類	3
自然觀察 (自然元素：雲)	彩色的雲	黃淑慧主編	羅門藝術中心		人類	3
兒童世紀名畫欣賞						
藝術教育 (藝術欣賞)	風景系列	金頭腦零歲教育教學中心			學知	3
藝術教育 (藝術欣賞)	城市系列	金頭腦零歲教育教學中心			學知	3
藝術教育 (藝術欣賞)	城堡系列	金頭腦零歲教育教學中心			學知	3
藝術教育 (藝術欣賞)	靜物系列	金頭腦零歲教育教學中心			學知	3
藝術教育 (藝術欣賞)	人物系列	金頭腦零歲教育教學中心			學知	3

藝術教育 (藝術欣賞)	著名系列	金頭腦零歲教育教學中心			學知	3
如何養育你可愛的小寶貝						
工具書 (百科)	幼兒危機處理	許麗萍主編	王瑞閔		世一	3
工具書 (百科)	幼兒健康 100%	許麗萍主編	黃怡文		世一	3
工具書 (百科)	幼兒生活常規	許麗萍主編	黃怡文		世一	3
細觀大自然〈含放大鏡〉						
美德教育 (責任、守時)	盡責的小公雞	王秀園	莊姿萍		狗狗	2
工具書 (圖鑑)	池塘 Pond Life	Barbara Taylor	Frank Greenaway	于婉玲等	台灣麥克	7
工具書 (圖鑑)	沙漠 Desert Life	Barbara Taylor	Frank Greenaway	于婉玲等	台灣麥克	7
工具書 (圖鑑)	雨林 Rainforest	Barbara Taylor	Frank Greenaway	于婉玲等	台灣麥克	7
工具書 (圖鑑)	珊瑚礁區 Coral Reef	Barbara Taylor	Jane Burton	陳鴻鳴等	台灣麥克	7
工具書 (圖鑑)	河流 River Life	Barbara Taylor	Frank Greenaway	于婉玲等	台灣麥克	7
工具書 (圖鑑)	草原 Meadow	Barbara Taylor	Kim Taylor & Jane Burton	于婉玲等	台灣麥克	7
工具書 (圖鑑)	樹林 TreeLife	Theresa Greenaway	Kim Taylor	藍艷秋等	台灣麥克	7
工具書 (圖鑑)	潮池 Rock Pool	Christiane Gunzi	Frank Greenaway	于婉玲等	台灣麥克	7
工具書 (圖鑑)	森林 Woodland	Barbara Taylor	Kim Taylor & Jane Burton	于婉玲等	台灣麥克	7

工具書(圖鑑)	沼澤 Swanp Life	Barbara Taylor	Kim Taylor & Jane Burton	于婉玲 等	台灣 麥克	7
工具書(圖鑑)	洞穴 Cave Life	Christiane Gunzi	Frank Greenaway	于婉玲 等	台灣 麥克	7
工具書(圖鑑)	海岸 Shoreline	Barbara Taylor	Frank Greenaway	于婉玲 等	台灣 麥克	7
認知學習(概念書)	我的第一本數數書	法蘭斯瓦茲‧歐布里—依吉克	伽里‧古坦	陳衛平	小魯	7
認知學習(概念書)	我的第一本形狀書	法蘭斯瓦茲‧歐布里—依吉克	伽里‧古坦	候秋玲	小魯	7
認知學習(概念書)	我的第一本ABC	瑪莉—安雅思‧歌達	伽里‧古坦	沙永玲	小魯	7
認知學習(概念書)	我的第一本色彩書	瑪莉—安雅思‧歌達	伽里‧古坦	沙永玲	小魯	7
認知學習(季節)	在秋天：中秋月真漂亮	洪志明	韓舞麟		小魯	7
認知學習(兒歌)	喵喵喵喵鵝游水	謝武彰	陳維霖		紅蕃茄	7
認知學習(兒歌)	嘰嘰喳喳蟲蟲飛	謝武彰	鍾偉明		紅蕃茄	7
認知學習(兒歌)	綠綠大樹香香花	謝武彰	林鴻堯		紅蕃茄	7
認知學習(兒歌)	脆脆蔬菜甜甜果	謝武彰	龔雲鵬		紅蕃茄	7

認知學習(兒歌)	靜靜悄悄雪花飄	謝武彰	段勻之		紅蕃茄	7
工具書(科學)	一物剋一物：生物防治	鍾嘉綾			稻田	7
工具書(百科)	台灣小百科：台灣的蝴蝶	姜碧惠	姜碧惠		稻田	7
工具書(百科)	台灣小百科：台灣的鍬形蟲	朱建昇	何健鎔等		稻田	7
工具書(百科)	台灣小百科：台灣食用魚類1	莊健隆	李榮涼等		稻田	7
工具書(百科)	台灣小百科：台灣食用魚類2	莊健隆	莊健隆等		稻田	7
藝術教育(音樂欣賞)	樂器家族	零歲教育教學中心	許慈雅		學知	7

第一章

人際關係

洪藝芬

交朋友、自我肯定、解決問題

前言

　　幼兒在家庭中奠定人際關係的初步基礎，隨著年齡增長、生活範圍的擴大，人際關係漸漸擴展到社區乃至於幼兒園。二、三歲的幼兒，會在一旁觀看同伴玩或單獨玩；四到六歲左右的孩子則會和其他的孩子一起玩，從無組織性的聯合遊戲，進而發展到會彼此互助合作的遊戲。在玩的過程中，他們會從觀察友伴的行為和互動經驗中去學習交朋友的技巧，進而在自我肯定中增進其自信心，在遇到困難時，想辦法去解決問題。

一、交朋友

　　個人的先天氣質、外表儀容、溝通能力、與同伴互動的社會技巧，都是決定幼兒交朋友的關鍵因素。在幼稚園，我們常會發現，會主動幫助別人、樂於與同伴分享、合作的幼兒在團體中較受其他小朋友的喜愛。

二、自我肯定

　　人的自我肯定是建立在自我的認識和別人的認同肯定上。孩子有好的表現，即使是一點點進步，一句具體而即時的鼓勵或讚美，都能滋潤孩子的心靈，使他更易接納自我、展現自信，進而喜愛與他人建立良好的人際關係。

三、解決問題

　　幼兒時期較自我中心，無法站在別人的立場，體會別人的感受，所以在與友伴相處過程中常會發生小衝突或是遇到困難，而不知所

措。父母或家長可扮演一個協助的角色,給予適時的指導或提醒,幫助孩子自己找出解決的方法。

　　有關人際關係的童書繪本琳琅滿目,選擇相關的優良童書,陪著孩子共同閱讀,互相討論,可改善孩子負面的行為,並增進正向積極的交朋友態度,及解決問題的能力。它的魔力不可輕忽哦!

「101本好書」主題分類

分類	書名	作者	繪者	譯者	出版社
交朋友	彎彎的生日會	ステーアフ	なかのひらたか	訾如主編	人類
	小黑交朋友	ステーアフ	なかのひらたか	訾如主編	人類
	魔法糖球	安房直子	いもとようこ		人類
	波利,為什麼要吵架 Pauli-Streit Mit Edi	Brigitte Weninger	Eve Tharlet	賴雅靜	上人
	沒有你,我怎麼辦? What Will I Do Without You	Sally Grindley	Penny Dann	方素珍	上人
	提歐和里歐 Theo und Leo	Frienderike Wagner	Frienderike Wagner	賴雅靜	上人
	我有友情要出租	方素珍	郝洛玟		上堤
	我的朋友 My Friends	Taro Gomi	Taro Gomi	上誼編輯部	上誼
	月亮,生日快樂 Happy Birthday Moon	Frank Asch	Frank Asch	高明美	上誼
	奇普的生日 Kipper's Birthday	Mick Inkpen	Mick Inkpen	柯倩華	青林
	膽小獅特魯魯	冰波	曹俊彥		信誼
	好朋友一起走	劉宗銘	劉宗銘		信誼
	愛畫畫的塔克	王蘭、張哲銘	王蘭、張哲銘		信誼

	一片披薩一塊錢 One Pizza, One Penny	郝廣才	Giuliano Ferri		格林
	惡霸遊戲 Bully	David Hughes	David Hughes	任芸婷	格林
	巴警官與狗利亞 Officer Buckle and Gloria	Peggy Rathmann	Peggy Rathmann	任芸婷	格林
	膽大小老鼠，膽小大巨人 Riesen Geschichte	Annegrt Fuchshubr	Annegrt Fuchshubr	梁景峰	格林
	巨人和春天	郝廣才	王家珠		格林
	月亮、地球、太陽 La Lluna, La Terra i El Sol	Juame Escala	Came Sole Vendrell	郝廣才	格林
	小貓鬥公雞 Tuppens Minut	Sven Nordqvist	Sven Nordqvist	林迺嫒	格林
	想看海的小老虎 Kleiner Eisbar Kennst Du Den Weg	Hans De Beer	Hans De Beer	林良	格林
自我 肯定	小雞穿鞋子	黃淑慧主編	羅門藝術中心		人類
	三隻小兔 Stoppel, Poppel Oder Hoppel	Max Bolliger	Jozef Wilkon	洪翠娥	三之三
	美術課 The Art Lesson	Tomie DePaola	Tomie DePaola	柯倩華	三之三
	你很快就會長高 You'll soon Grow Alex	Andrea Shavick	Russell Ayto	余治瑩	三之三
	毛頭小鷹 Owliver	Robert Kraus	Jose Aruego & Ariane Dewey	柯倩華	上堤
	田鼠阿佛 Frederick	Leo Lionni	Leo Lionni	孫晴峰	上誼

	拼拼湊湊的變色龍 The Mixed-Up Chameleon	Eric Carle	Eric Carle	林良	上誼
	阿虎開竅了 Leo the Late Bloomer	Robert Kraus	Jose Aruego	黃迺毓	上誼
	阿力和發條老鼠 Alexander and the Wind-up Mouse	Leo Lionni	Leo Lionni	孫晴峰	上誼
	老鼠阿修的夢 Matthew's Dream	Leo Lionni	Leo Lionni	孫晴峰	上誼
	烏鴉愛唱歌	Manfred Mai	Bernhard Oberdieck	林良	格林
	斑斑的花紋	王秀園	劉思伶		狗狗
	小甜心 Bonjour, Mon Petit Coeur	Carl Norac	Claude K' Dubois	薇薇夫人	格林
	我不知道我是誰 Daley B	Jon Blake	Axel Scheffler	郭恩惠	格林
	強尼強鼻子長 Johnny Longnose	Cruise Louis	Stays Eidrigevicius	郝廣才	格林
	莎麗要去演馬戲 Die Sara, Die Zum Circus Will	Gudrun Mebs	Quint Buchholz	袁瑜	格林
解決問題	誰掉了手套？	ステーアフ	なかのひらたか	訾如主編	人類
	電話鈴鈴鈴	櫻井あさを	いもとようこ		人類
	小羊睡不著 When Sheep Cannot Sleep	Satoshi Kitamura	Satoshi Kitamura	劉清彥	三之三
	小黑魚 Swimmy	Leo Lionni	Leo Lionni	張劍鳴	上誼
	瑞比迷路記 Rabbit Gets Lost	Isabel Gaines	Studio Orlando		艾閣萌
	小牛找媽媽	李赫	劉淑如		狗狗

「推薦好書」主題分類

分類	書名	作者	繪者	譯者	出版社
交朋友	說謊的獅子 Die Phantastischen Reisen Des Kleinen Löwen	Udo Weigelt	Juila Gukova	李紫蓉	上人
	沒有人喜歡我 Niemand Mag Mich	Raoul Krischanitz	Raoul Krischanitz	宋珮	三之三
	一根毛也不能動 Don't Fidget A Feather	Erica Silverman	S.D. Schindler	黃迺毓	三之三
	湯馬斯和馬帝歐 Thomas et Mathieu	Kent	Stephane Girel	祝文君	三之三
	嗨！路易 Louie	Ezra Jack Keats	Ezra Jack Keats	柯倩華	三之三
	小北極熊找朋友 Kleiner Eisbär, Nimm Mich Mit	Hans de Beer	Hans de Beer	柯清心	上誼
	青蛙和蟾蜍（套書） Frog and Toad	Arnold Lobel	Arnold Lobel	黨台英	上誼
	好朋友 Freunde	Helme Heine	Helme Heine	王真心	上誼
	嘟嘟和巴豆 Toot & Puddle	Holly Hobbie	Holly Hobbie	宋珮	上誼
	小雞上學 Chicken Chickens Go To School	Valeri Gorbachev	Valeri Gorbachev	黃迺毓	上誼
	我想和你做朋友 Umi Ga Koottara	Toru Nakamura	Mayumi Kawazoe	湯心怡	大穎
	打勾勾 Yakusoku	Keiko Takada	Hanmo Sugiura	嶺月	台英社

蜘蛛小姐蜜斯絲白德開茶會 Miss Spide's Tea Party	David Kirk	David Kirk	林良	台灣麥克
你是我的朋友嗎？ What Are Friends For?	Sally Grindley	Penny Dann	方素珍	台灣麥克
超人氣微笑 The Gotcha Smile	Rita Phillips Mitchell	Alex Ayliffe	李永怡	台灣麥克
比利騎士的偉大冒險 Les Grands Débuts Du Chevalier Bill Boquet	Didiér Lévy	Vanessa Hié	謝蕙心	米奇巴克
我是老大 Vive la France	Thierry Lenain	Delphine Durand	謝蕙心	米奇巴克
彩虹魚和大藍鯨	Marcus Pfister	Marcus Pfister	林朱綺	青林
叩叩叩 Message From A Stranger	Yoriko Tsutsui	Akiko Hayashi	朱燕翔	青林
南瓜湯 Pumpkin Soup	Helen Cooper	Helen Cooper	柯倩華	和英
一點點胡椒 A Pipkin Of Pepper	Helen Cooper	Helen Cooper	劉清彥	和英
蝴蝶和大雁 Farfallina and Marcel	Holly Keller	Holly Keller	林良	東方
精靈舞衣的秘密	Licia Oddino	Alessandra Toni	劉嘉璐	格林
大手握小手 Willy And Hugh	Anthony Browne	Anthony Browne	林良	格林
當乃平遇上乃萍 Voices In The Park	Anthony Browne	Anthony Browne	彭倩文	格林
我是你的好朋友 Der Kleine Eisbär Und Der Angsthase	Hans de Beer	Hans de Beer	林良	格林
別怕，我在你身邊 Kleiner Eisbär	Hans de Beer	Hans de Beer	林良	格林

	四輪軟腳蝦 Dino Bike	Eva Montanari	Eva Montanari	殷麗君	格林
	陪你一起飛 Kleiner Eisbär，Hilf Mir Fliegen！	Hans de Beer	Hans de Beer	吳倩怡	格林
	彩虹魚 The Rainbow Fish	Marcus Pfister	Marcus Pfister	郭震唐	華一
	彩虹魚的新朋友 Rainbow Fish To The Rescue！	Marcus Pfister	Marcus Pfister	方素珍	華一
	和我玩好嗎？ Play with Me	Marie Hall Ets	Marie Hall Ets	林真美	遠流
	我最討厭你了 Let's Be Enemies	Janice May Udry	Maurice Sendak	林真美	遠流
	我的秘密朋友阿德 Aldo	John Burningham	John Burningham	林真美	遠流
	貓臉花與貓	孫晴峰	劉宗慧		遠流
	喬治與瑪莎 George and Martha	James Marshall	James Marshall	楊茂秀	遠流
	我和小凱絕交了 I'm Not Oscar's Friend Anymore	Marjorie Weinman Sharmat	Tony De Lune	漢聲	漢聲
	小狗奇普交了一個新 朋友 Chip Makes A New Friend	Fumiko Takeshita	Mamoru Suzuki	漢聲 雜誌	漢聲
自我 肯定	沒有用河狸 Der Fleissige Nixnux	Catherine Louis	Catherine Louis	洪翠娥	三之三
	神奇變身水 The Wizard	Jack Kent	Jack Kent	何奕達	上誼
	我是變色龍 Carlo Chamäleon	Tashiro Chisato	Tashiro Chisato	洪翠娥	上誼

小豬不會飛 Pigs Can't Fly	Ben Cort	Ben Cort	林良	小魯
我能做什麼事 Zou-Kun No Mitsuketa Shigoto	Hiroyuki Takahashi	Hiroyuki Takahashi	文婉	台英社
如果我不是河馬 Stupsi	Libues Palecek & Josefe Palecek	Libues Palecek & Josefe Palecek	馬景賢	台英社
狗兒小丑魯巴 Zappa Le Clown	Andre Dahan	Andre Dahan	陳蕙慧	台灣麥克
土撥鼠的禮物 Badger's bring something party	Hiawyn Oram	Susan Varley	黃郁娸	和英
妞妞的鹿角 Imogene's Antlers	David Small	David Small	柯華倩	和英
但願我是蝴蝶 I Wish I Were A Butterfly	James Howe	Ed Young	黃迺毓	和英
泥水師父	劉伯樂	劉伯樂		和英
雞蛋踢石頭 Willy the Wizard	Anthony Browne	Anthony Browne	林良	格林
阿倫王子歷險記 Prince Valentino	Barny Bos	Hans de Beer	劉守儀	格林
誰生的蛋最美麗 Wer Legt Das Schönste Ei	Burny Bos	Susan Varley	葉慧芳	格林
小狗阿疤想變羊	龐雅文	龐雅文		格林
蠟筆小黑 Kureyon No Kuro-Kun	Miwa NAKAYA	Miwa NAKAYA	游珮芸	經典傳訊
你很特別 You are Special	Max Lucado	Sergio Martinez	丘慧文 郭恩惠	道聲

	阿布，你長大要做什麼？ What do you want to be, Brian?	Jeanne Willis	Mary Rees	黎芳玲	親親
	我就是我 I am Me	Karla Kuskin	Dyanna Wolcott	黎芳玲	親親
解決 問題	一隻小豬與 100 匹狼 Butakun To 100 Piki No Ookami	Tatsuya Miyanishi	Tatsuya Miyanishi	游珮芸	三之三
	聰明的小烏龜 Clever Tortoise	Francesca Martin	Francesca Martin	林芳萍	三之三
	螞蟻和西瓜 Ari To Suika	Shigeru Tamura	Shigeru Tamura	沙子芳	三之三
	和事佬彩虹魚 Der Regenbogenfisch Stiftet Friend	Marcus Pfister	Marcus Pfister	賴雅靜	台灣 麥克
	埃及人與獅子 L'homme et le Lion	Diane Barbara	Jean-Francois Marin	李友平	台灣商 務印書 館
	三年坡	李錦玉	朴民宜	高明美	台英社
	可不可以換掉我的石頭大內褲 Boy Genius of The Stone Age	Raymond Briggs	Raymond Briggs	吳玉玫	巨河
	公園小霸王 King Of The Play-ground	Phyllis Reyn-olds Naylor	Nola Langer Malone	陳宏淑	東方
	赤腳國王	曹俊彥	曹俊彥		信誼
	吃人妖、大野狼、小女孩和蛋糕。 l'ogre, le loup, la petite fille et Gâteau	Philippe Corentin	Philippe Corentin	洪肇謙	經典 傳訊
	老鼠湯 Mouse Soup	Arnold Lobel	Arnold Lobel	楊茂秀	遠流

問題與討論

一、說一說，你的好朋友是誰？為什麼？

二、說一說，你覺得好朋友就是……？

三、當別人不讓你一起玩玩具或加入活動時，你心裡感覺如何？你會怎麼辦呢？

四、想一想，如果只有一個玩具或一本書而已，但有很多小朋友都想玩（看），有什麼方法可以解決呢？

五、當你受到別人誇讚時，心裡感覺如何？說一說，自己做什麼事時，最常受到別人的稱讚？

六、如果你和好朋友吵架，你會怎麼辦？

延伸活動

活動一：秘密小屋

(一)準備材料

大型紙箱、塑膠組合地墊、大型泡棉積木、膠帶、彩色筆、臘筆、色紙、圖畫紙、包裝紙、剪刀、膠水、布。

(二)活動過程

1. 將幼兒若干人分成一組，每組可以分別選擇不同素材，搭建秘密小屋。

2. 各組幼兒互相討論如何運用材料，來分工搭建和美化秘密小屋。

3. 完成後，動動腦，幫秘密小屋取名字。

4. 請各組分別介紹自己的秘密小屋，和其他的小朋友分享。

5.幼兒在自由活動的時間，可在秘密小屋和好朋友一起分享玩
具、說悄悄話。

活動二：特別的我

㈠準備材料

小呼啦圈若干個。

㈡活動過程

1.以小呼啦圈圍成一個大圈，小呼啦圈數比幼兒人數少一個。

2.幼兒配合音樂繞著大圈走動，聽到老師的口令時立即進入小呼
啦圈內，一個呼啦圈只能站一人。

3.同時站在同一個呼啦圈者以猜拳決定。

4.沒有站在呼啦圈內的人，到前面介紹自己（我是誰？我最喜歡
做什麼事……），其他小朋友也要給與回饋（掌聲、說說喜歡
他的原因）。

5.若幼兒人數較多，老師可以改變小呼啦圈容納的人數。

相關網站

一、信誼基金會 http://www.hsin-yi.org.tw/

提供圖書資訊、育兒常識及教養新知。內容有學前教育月刊、教
養絕活、學習家庭加油站、線上圖書館、親子園遊會。

二、大手牽小手 http://residence.educities.edu.tw/suiheng/

內容依「孩子發展」與「父母效能」兩部分來提供有關親職教育
的實用資訊，並有父母自我評量、相關法令、書籍、親身活動資訊的
介紹。

三、柴爾德的黑皮窩 http://www.tmtc.edu.tw/~kidcen/

　　提供幼兒教育及兒童教育相關資訊介紹，有幼教新訊、專題教育、網站連結、軟體下載、圖畫書等之介紹。

四、文建會／兒童文化館 http://children.cca.gov.tw/children/

　　內容有繪本美術館、圖書館，及每月選書，提供精彩的線上繪畫展、動畫繪本和相關遊戲欣賞及豐富的繪本資料庫可供找尋優秀的作品。

「101 本好書」內容簡介

交 朋 友

彎彎的生日會	小黑交朋友
彎彎過生日，好朋友期待可以好好吃一頓生日大餐，但是怎麼都是胡蘿蔔餐，還好，來了一匹馬，牠帶來了好禮物。	小黑是一隻流浪的小野貓，無親人無朋友，連三餐都吃不飽。有一天，當牠認識河馬……牠們竟然變成動物園中最受歡迎的動物。
魔法糖球	波利，為什麼要吵架
瑄瑄要搬家了，他把小貓丁丁送給糖果屋奶奶，但是丁丁很想念瑄瑄，糖果屋奶奶如何幫助牠去找瑄瑄呢？	兔子波利和牠的好朋友艾迪一起到河畔築水壩、做樹皮船，但因水壩塌下，捲走了船，兩人因而大吵了一架。牠們會言歸於好嗎？
沒有你，我怎麼辦？	提歐和里歐
小狐狸和大熊吉比是最要好的朋友，可是大熊要冬眠了，小狐狸好孤單呀！牠該怎麼辦？	里歐和提歐是好朋友，不過好朋友也會互相競爭。在划船時，他們只顧著要贏對方，卻沒有注意到船已經沉入水中……。

我有友情要出租

有一隻沒有朋友的大猩猩好寂寞，牠在大樹上貼了一片葉子，上面寫著：我有友情要出租。會有人來嗎？

我的朋友

本書在作者細膩的觀察下，以每種動物的獨特性格，將孩子不同的學習階段——走路、爬樹、跑步、打瞌睡……等巧妙的做類比安排，形成有趣的情境學習畫面。

月亮，生日快樂

小熊即將過生日，他想和月亮做朋友並祝福月亮生日快樂，於是來到山頂和月亮交談，送月亮一頂帽子……渴望友誼、學習建立友誼，是孩子成長中的必經歷程，樂觀積極的小熊真誠無邪的交友，讓每個人溫暖而會心！

奇普的生日

奇普生日的前一天，他忙著畫邀請卡，並在卡上寫著「明天十二點，請來參加我的生日會，不要遲到」。但是……。

膽小獅特魯魯

特魯魯是一隻非常膽小的獅子，看見什麼都害怕；但是，為了解救好朋友小白鼠，特魯魯變得神勇起來了，可是一陣風又把牠嚇得變膽小了，不知何時才會變大膽。

好朋友一起走

這是一本沒有文字的圖畫書，可以讓孩子自由的想像、自由的創作屬於他自己的故事。

愛畫畫的塔克

塔克很愛畫畫，但卻只肯用黑色來作畫。一天，一隻大魚來攻擊學校，塔克的黑色畫筆竟因而立下大功。

一片披薩一塊錢

一隻最會做披薩的熊，和一隻最會做蛋糕的鱷魚一起做生意，是熊賺的錢多，還是鱷魚賺的錢多呢？

惡霸遊戲

阿狗說：「咱們來踹毛熊一腳。」莎莎說：「為什麼欺負他？」企鵝回答：「因為他毛茸茸的。」莎莎生氣的說：「惡霸！」但是，沒有人在意，於是……。

巴警官與狗利亞

巴警官比誰都了解安全守則，但卻沒人想聽他說。當他與新搭檔警犬狗利亞聯手出擊，竟得到熱烈的回應……。

膽大小老鼠，膽小大巨人	巨人和春天
西邊森林住著一隻小睡鼠，牠什麼都不怕，即使暴風雨也嚇不了牠。巴托洛是個巨人，雖然身材巨大，但他的心就像兔子的心一樣，真是道地膽小鬼。	寒冷的黑夜，冰雪凍結了一切；狂風吹過大地，捲起滿天白雪。一幢建在小山的房子，射出微微的亮光，好像……。
月亮、地球、太陽	小貓鬥公雞
太陽和月亮決定要做地球的好朋友，月亮繞著地球跳舞、地球繞著太陽跳舞，幾千個星星都圍過來看他們，幾千年永遠不分開。	小貓小點子自從公雞阿帝來了以後就悶悶不樂，因為大家都圍著阿帝團團轉，沒人搭理牠，小點子不滿極了，牠一定要想辦法……。
想看海的小老虎	
小老虎泰格想去看海卻迷了路，這會兒又餓又害怕。火車開動了，小北極熊寶兒，要怎麼送泰格回家呢？	

自我肯定

小雞穿鞋子	三隻小兔
小胖雞向大象伯伯買了一雙鞋子，牠到處跟別人炫耀，但當牠肚子餓時，卻因腳上穿著新鞋而無法用爪子挖土捉蚯蚓吃，最後只好把鞋子脫掉。	兔媽媽生了三個寶寶──蹦蹦、跳跳和躍躍，牠們彼此長得太像了，連媽媽也常分不清楚，也因此牠們無法交到朋友，怎麼辦呢？牠們要用什麼方法來讓別人容易辨識牠們而結交到好朋友呢？

美術課

湯米從小就喜歡畫圖，立志要成為畫家。他一直期盼到學校上真正的美術課，可是幼兒園裡只有畫畫時間，而一年級老師又不准他……。

你很快就會長高

阿力對自己的身高非常不滿意，直到阿力發覺，當一個快樂、也使人快樂的人，比長高更重要。

毛頭小鷹

毛頭好喜歡表演喔！爸爸給牠假扮醫生和律師的玩具，媽媽讓牠上很多表演課，於是毛頭演了一齣戲……。

田鼠阿佛

田鼠阿佛利用藝術和想像力，讓大家在寒冬裡獲得更大的溫飽。本書幫助孩子體認精神生活的重要。

拼拼湊湊的變色龍

有一天，變色龍來到動物園，見到許多漂亮的動物！變色龍希望自己能變成北極熊、長頸鹿……。

阿虎開竅了

阿虎是隻什麼事都做不好的小老虎：牠不會讀書、不會寫字、不會畫畫，甚至不曾說過一句話，而且牠吃起東西來還邋裡邋遢呢！雖然如此，阿虎爸爸及媽媽仍給牠自由自在的成長空間，後來，阿虎開竅了。

阿力和發條老鼠

阿力不願做一隻人人討厭的普通老鼠，牠希望像小威那樣，做一隻受人寵愛的「發條老鼠」。可是有一天……。

老鼠阿修的夢

望子成龍的父母希望阿修將來當醫生，但阿修參觀博物館的收藏畫後，牠的志向改變了，牠想當一名畫家……。

烏鴉愛唱歌

一隻愛唱歌的小烏鴉，為那些想堅持自己夢想的人，加油打氣！

斑斑的花紋

斑斑是一匹沒有自信的小斑馬，為了和新朋友打成一片，牠故意在泥漿地裡打滾，變成和大家一樣的小棕馬。有一天，大雨沖掉了泥漿……。

小甜心

　　每個人都有小名：小仙女、小天使、小甜心……但是，蘿拉自從說出小名後就悶悶不樂，為什麼？

我不知道我是誰

　　達利B有好多煩惱：牠是誰？牠住在哪裡？牠吃什麼？牠通通不知道！牠最煩惱的問題是：牠的腳為什麼那麼大呀？

強尼強鼻子長

　　強尼強的長鼻子能做什麼呢？寫字、蓋房子、做橋樑、把泥土挖鬆、幫小熊支撐受傷的手臂、當小提琴的弓……還有好多好多不可思議的用途唷！

莎麗要去演馬戲

　　莎麗一直夢想能夠加入馬戲團，有一天鎮上來了馬戲團，她能成為馬戲團的團員嗎？

解決問題

誰掉了手套了

　　毛毛和比比在雪地上玩，撿到了一隻手套，熱心的他們四處尋找失主，能夠如願嗎？

電話鈴鈴鈴

　　丁丁家裡裝了新電話，為了讓別人知道，好打電話來，於是他想了一個好辦法，果然電話鈴鈴鈴地響起。

小羊睡不著

　　小羊阿武睡不著，決定到外頭散個步，享受美麗安靜的夜晚，直到有些閃閃發光的東西……。

小黑魚

　　一條速度快、又兇又餓的鮪魚，一口把許多的小魚都吞進去了，大家都害怕的躲起來，小黑魚想出了好辦法，終於把大魚趕走了。

瑞比迷路記

　　瑞比出了一個餿主意，想要阻止跳跳虎到處蹦蹦跳跳，沒想到，自己卻迷路了。

小牛找媽媽

　　小牛不小心和媽媽走散了，牠在草原上不停的尋找媽媽，不管看到什麼動物，牠都會跑過去問……。

「推薦好書」內容簡介

交朋友

說謊的獅子

　　獅子說了一次又一次的謊，因為牠擔心若說不出什麼精采的旅行經驗就不會有朋友願意和牠玩，但是謊言終究被拆穿了，還好沒有人生牠的氣，因為牠撒謊的故事讓牠們覺得很有趣。

沒有人喜歡我

　　巴弟很懊惱，因為他想找人玩，但是大家都很忙沒空陪他，為了獲得友誼，他只好到外面去找朋友，他遇到狗、綿羊、兔子、貓，都沒人想理他，巴弟認為大家都不喜歡他而哭泣了，後來他遇到狐狸，狐狸鼓勵巴弟去問清楚原因……，事情明白後大家都高高興興的接納他了。

一根毛也不能動

　　鴨子游泳比鵝快，鵝飛的比鴨子高，這樣無法比出誰贏，他們決定玩木頭人遊戲，不能動不能說話，連一根毛也不能動，誰先動就輸了。結果蜜蜂、兔子、烏鴉先後來擾亂、風把兩人吹到蒲公英及桑椹叢中，他們依然都不動，這時狐狸來了，帶走鴨和鵝準備回家當晚餐，到要下鍋時，鴨決定反擊狐狸並救鵝。

湯馬斯和馬帝歐

　　描述兩個家庭環境不同的孩子，形成一種對比的方式，但不會因為放假時的生活方式不同或是玩的遊戲不同，而使友誼有所隔閡，在學校中他們仍然一起玩，也坐在一起，所有的不同都會消失。

嗨！路易

　　蘇西和羅伯特準備表演一場玩偶秀，可是從不開口說話的路易卻在一開場時就一直大聲對玩偶說：嗨！嗨！蘇西和羅伯特藉由玩偶和路易的對話，使得路易安靜下來……，但是最後蘇西和羅伯特還是讓路易玩他喜歡的玩偶，滿足了他的心願。

小北極熊找朋友

　　小北極熊不小心被動物販賣商抓到了，因而認識了小棕熊和大海象，牠們三位變成了好朋友，一起從機場逃到海邊，再游回北極。

青蛙和蟾蜍

　　共有四本（好朋友、好伙伴、快樂年年、快樂時光），描寫青蛙和蟾蜍這兩個好朋友常會為對方著想，共享生活的歡樂與悲傷的點點滴滴……。

好朋友

　　公雞、小豬、小老鼠三個是好朋友，牠們在一起捉迷藏、騎單車……，到了晚上，牠們也想睡在一起，可是卻找不到一個適合三個人的窩。

嘟嘟和巴豆

　　嘟嘟和巴豆是好朋友，嘟嘟愛旅行，而巴豆喜歡待在家裡。他們互相讓朋友做他們喜歡做的事並且彼此分享。

小雞上學

　　第一次上幼稚園的孩子難免會有許多不適應，他們該如何與同儕相處呢？書中的老師懂得孩子的心思，藉由外出的機會讓他們學習如何去接納別人，幫助別人，藉由小雞交朋友成功的機會鼓勵有相同問題的孩子。

我想和你做朋友

　　千年一次的大寒流讓大海結冰了，住在南極的企鵝往北走時巧遇往南走的大白熊，當企鵝開口說：「我想和你做朋友」時，聲音卻被千年寒流凍成一塊一塊的冰了，無法傳達心意給白熊知道。大白熊帶回一些漂亮的結晶冰塊，不久，當結冰的聲音溶化了，白熊才知道小企鵝想和牠做朋友，小企鵝和大白熊會再見面嗎？

打勾勾

　　阿明和阿宏分別住在公園的旁邊，兩人打勾勾相約在大樹下相見，時間到了，兩人雖都準時赴約了，可是卻看不到對方，怎麼會這樣呢？還好，後來兩人在回家後都同時想起他們在相約時忘了說清楚是哪一個公園了，想到了這一點，兩個好朋友互相打電話道歉，誤會也因此煙消雲散了。

🕷 蜘蛛小姐蜜斯絲白德開茶會

　　蜘蛛小姐蜜斯絲白德希望有很多朋友，可是昆蟲都怕她而趕快跑開，有一隻小飛蛾渾身溼透再也不能起飛，她會有什麼遭遇呢？

😊 超人氣微笑

　　凱玲要到新學校上課了，她試了很多新方法就是交不到朋友。爺爺教了她一招「超人氣微笑」，這招有用嗎？

😎 我是老大

　　呂西安本來有一大群朋友，他還是學校裡的老大，不過現在一切都改變了，他的朋友一個個離開了他，這到底是怎麼回事呢？

🔔 叩叩叩

　　小惠搬家了，大家正在忙時，小惠聽到大門傳來叩叩叩的聲音，她在信箱底下發現一束紫菫花，第二天又聽到敲門聲時，她看見信箱放著三朵蒲公英，小惠心裡想著：到底是什麼人送的呢？這天小惠一聽到敲門聲便跑過去推開大門，終於看見了送東西給她的小女孩，之後，兩人慢慢成為好朋友。

❓ 你是我的朋友嗎？

　　小狐狸問大熊：「吉比，你是我的朋友嗎？」大熊說：「是啊！我是你的朋友，你是我的朋友。」但是，朋友有什麼用呢？

⚔ 比利騎士的偉大冒險

　　小精靈比利躲在蘑菇底下哭泣，他覺得自己又矮又醜，沒有人喜歡他，這時大蒼蠅梅爾芭過來安慰他，幫助他成為真正的騎士，比利卻覺得梅爾芭是個大胖子，傷心難過的梅爾芭只好裝死，最後比利向他道歉，兩人才重修和好成為好朋友。

🐟 彩虹魚和大藍鯨

　　彩虹魚和朋友在岩礁中快樂的生活，可是有一天來了隻大藍鯨，牠龐大的身軀只要一游近大家，大家就很驚慌，只有彩虹魚對大藍鯨伸出友誼之手。

🎃 南瓜湯

　　種了很多南瓜的園子裡有一間小白屋，屋裡住著貓、松鼠和鴨子，牠們每天快樂的分工合作，一起煮最好喝的南瓜湯，直到有一天……。這本書是一個描繪友誼和分享的溫馨故事。

一點點胡椒

貓、松鼠和鴨子覺得沒有加鹽的南瓜湯不夠好喝，於是大夥決定到城市去買鹽。鴨子突發奇想，想在湯裡再多加一點點胡椒，於是牠停下腳步看胡椒，等牠回神時才發現自己已經和朋友走散了，怎麼辦呢？賣胡椒的老板及其他路人都來安慰牠，最後牠站在原地等，貓和松鼠終於找到了牠，牠們一起回家煮了一鍋加了鹽和胡椒好好喝的南瓜湯。

蝴蝶和大雁

毛毛蟲飛飛麗娜和小雁馬賽兒在雨天相遇了，兩人成為好朋友，有一天飛飛麗娜發覺自己的身體變化，便靜靜的休息蛻變成一隻蝴蝶，而小雁也變成大雁在湖中自在地游著，但是牠們並不知道彼此的變化，經過對話後才發現彼此是等待許久的好朋友，兩人一起飛向溫暖的地方過冬。

精靈舞衣的秘密

萊恩的裁縫技術相當出名，而當萊恩正為王子選后的舞會裁縫製新衣服時，小精靈也來要求萊恩幫他們縫製衣服，萊恩答應了卻沒有做到，於是小精靈把他縫製的衣服都剪掉，這時萊恩不知如何是好，只好答應精靈的要求，重新縫製衣服，並為小精靈縫製特別的舞衣。

大手握小手

威利是一隻身材矮小的猩猩，他很孤單沒有朋友，大家都笑他沒有用，一次在公園中巧遇身材高大的猩猩阿修，他們一起去動物園、圖書館，兩人彼此互相幫忙並結為好朋友。

當乃平遇上乃萍

一個家境富裕卻在趾高氣昂媽媽教育下的寂寞小男孩——乃平，在午後與一個家業中落但卻滿是天真樂觀的小女孩——乃萍，兩人在公園相遇了，這世界會變成什麼模樣……他們一起溜滑梯、爬攀爬架、爬樹，漸漸的，兩人因熟悉而玩得很開心。

我是你的好朋友

寶兒喜歡坐在小冰山看著海上的冰雪，有一天，寶兒聽到一陣陣哭聲，原來是小野兔瑞比掉進冰洞中，寶兒連忙把牠救出來。後來當寶兒不小心闖進人類住的地方，快被人發現時，平時很膽小的瑞比卻鼓起勇氣救了寶兒，兩人因此成了很要好的朋友。

🔍 別怕，我在你身邊

寶兒的爸爸常常叮嚀他不要接近人類，但當他聞到一股香味從人類的房子裡傳出來時，卻不顧爸爸的交代往人類住的冰屋走去，當他走近冰屋時，一群狗朝寶兒追來，他拚命跑，才倖免於難。第二天一早，他碰到了一隻想找媽媽的小小狗，寶兒一路上照顧他，並陪著他找到媽媽。

🔍 四輪軟腳蝦

小劍龍獲得了一輛渴望以久的腳踏車，媽媽怕他重心不穩多加兩個輪子，但是卻惹來大家的譏笑，在大家的嘲笑下小劍龍拆掉輪子，卻在騎的時候摔得四腳朝天，惹來更多的笑聲，這時雷龍出現了，他讓小劍龍感受到學騎車是一件快樂的事。

🔍 陪你一起飛

有一天，勇敢善良的寶兒在冰上曬太陽，夢想著自己可以飛，突然看見一隻翅膀被浮油黏住的海鷗，寶兒想盡辦法幫忙海鷗尤里去除油污，後來他們發現了熱汽球，寶兒終於可以實現飛上天的夢想，而尤里的翅膀也能夠飛了，兩人成了好朋友。

🔍 彩虹魚

藍色的深海裡，住著一條彩虹魚，彩虹魚因擁有一身美麗的鱗片而驕傲，所以交不到朋友。章魚告訴他如何才能找到快樂，當彩虹魚跨出自己的一步，漸漸的他的朋友也愈來愈多了。

🔍 彩虹魚的新朋友

自從彩虹魚把身上的鱗片分給其他的魚，便得到了友誼，可是，有一天來了一隻沒有彩虹鱗片的魚，所以大家嫌他醜不和他玩，直到大鯊魚出現，大家一起同心協力趕走鯊魚後，才成為好朋友。

🔍 和我玩好嗎？

小女孩追著小動物說：「和我玩好嗎？」但小動物總是一言不發的就溜走了，直到一隻小鹿過來舔她⋯⋯。

🔍 我最討厭你了

有兩個好朋友，其中有一個開始覺得不滿另一個人。想到他不分享、愛惡作劇，而且每次都要當王，就決定不再和他當朋友。

🔍 我的秘密朋友阿德

我是一個常會覺得孤獨的小孩，不過，我有一個秘密朋友，只要有他在，我就什麼都不怕了，這個朋友，除了我以外，沒有人知道。

貓臉花與貓	**喬治與瑪莎**
貓兒和貓臉花是好朋友，牠們能分享許多樂趣，但是，當牠們想改變對方時，問題就來了……。	敘述兩個好朋友之間的友情故事。說明了朋友之間還是有所謂的隱私、要永遠說真話，而且看到光明面時知道怎麼鼓勵對方……。
我和小凱絕交了	**小狗奇普交了一個新朋友**
男孩和小凱起了摩擦，他既想繼續跟小凱玩，又不想讓對方占便宜。怎麼辦呢？	星期天一早小主人帶著小狗奇普出去玩，途中遇到不同的狗，但是有一條狗引起了奇普的興趣，牠趁著小主人不注意時趁機逃走，到處找尋路上相遇的狗，最後終於找到了並成為朋友，奇普留在新朋友家玩，但是小主人卻找牠找得心急……。

自我肯定

沒有用河狸	**神奇變身水**
冬季過後河狸們總是忙著整修家裡，只有一隻河狸動也不動在一旁，想著別的事，大家都嘲笑他沒有用，然而當他看到樹幹，並將樹幹啃出美麗的形狀時，動物們都稱讚他，他反而從工作中找到了很多樂趣和滿足。	小老鼠不想當自己，於是去巫師那裡要了變身水……，最後卻發現還是當老鼠比較好。
我是變色龍	**小豬不會飛**
卡羅是一隻變色龍，但他並不喜歡自己一直變換顏色，其他人卻很羨慕他，他決定幫大家塗上美麗的外衣，每個動物都好開心，但是他們發覺到這樣不容易認出對方是誰，而要卡羅還原他們本來的顏色，這時天空下了一場大雨，終於還給大家真面目。	小豬覺得生活很無趣，不像其他動物一樣生活得多采多姿，因此牠想了許多點子，扮成長頸鹿、斑馬、大象、袋鼠、鸚鵡，結果都失敗了，因為大家覺得牠還是小豬，牠最後終於體悟到，還是在泥地中打滾的小豬最快樂。

我能做什麼事

小象弟弟背著包包，他想到動物社區找適合自己的工作，可是所有的動物都說自己的工作不適合他，這時突然間失火了，小象弟弟馬上用自己的長鼻子噴水撲滅了火災，從此成為一位優秀的消防隊員。

如果我不是河馬

河馬司圖皮突然不喜歡自己。雖然美麗的花兒以神奇香氣，幫牠達成各種願望，但是，牠終於了解，只有肯定自己才會幸福。

狗兒小丑魯巴

狗兒魯巴好喜歡馬戲團，牠好想變成像主人小丑查大海一樣棒，牠能如願嗎？

土撥鼠的禮物

森林裡的動物紛紛帶禮物來參加獾的派對，只有土撥鼠什麼都沒帶，牠好窘！幸好有獾的開導，牠才發覺原來牠帶來了世界上最珍貴的禮物——自己。

妞妞的鹿角

妞妞的頭上長出兩隻鹿角，但露西和皮太太不因鹿角而大驚小怪，反而利用她的鹿角做了許多有趣的事，幫助妞妞更肯定自己存在的價值。

但願我是蝴蝶

有一隻小蟋蟀不喜歡唱歌，牠一直希望自己是一隻蝴蝶，雖然牠遇到許多小昆蟲，每個人都勸告牠要肯定自己，不要在乎別人的眼光，但牠聽不進去，直到一隻有智慧的老蜘蛛打動了牠，當蟋蟀唱起歌時，蝴蝶聽到歌聲讚嘆的說：但願我是一隻蟋蟀。

泥水師父

泥水師父蓋房子是一流，不論廟宇、住家、牌樓，大家都稱讚不已。有一天泥水師父因生病回到家鄉養病，這時土匪來到村莊附近，大家決定蓋一座城牆來保護村莊，但是泥水師父不在，只有小徒弟和村民，怎麼辦呢？結果小徒弟用不同的材料把城牆蓋的歪歪扭扭卻很堅固。

雞蛋踢石頭

又瘦又小的威利喜歡踢足球，但身材常讓他遭到別人的嘲笑，說他是「雞蛋踢石頭」，他自己以為一定要有一雙名牌的好球鞋才可以踢出球來，但是在比賽的當天他卻忘記穿上了，可是真神奇！他依然射門得分，並贏得威利球王的美譽。

阿倫王子歷險記

阿倫一直認為自己是一個王子，他開著車子出去尋找配得上他的公主。沒想到，一路上遇到許多的挑戰和挫折，他能度過重重的難關嗎？

誰生的蛋最美麗

花花是農場裡唯一的綠色母雞，牠很驕傲並堅信自己會生一顆最特別、最美麗的綠蛋，下蛋的日子到了，牠真能生出綠色的蛋嗎？

小狗阿疤想變羊

小狗阿疤沒有朋友也沒有家，為了能和綿羊們做朋友，牠透過狐狸的「超級綿羊變身機」達成了心願，但狐狸店裡的新客人正一步步接近羊群……。善良的阿疤能不能解救牠的好朋友呢？

蠟筆小黑

一盒全新的蠟筆，無聊的跑到紙上畫畫，他們開心的揮灑自己的顏色，只有小黑因自己的顏色不受大家歡迎而難過，鉛筆哥哥想辦法讓小黑上場，為大家製造新的效果。

你很特別

微美克人整天只做一件事，就是互相貼貼紙。胖哥因為灰點點貼紙太多，愈來愈自卑，直到他遇到了一個很不一樣的微美克人……。

阿布，你長大要做什麼？

當阿布身邊所有的人對他的未來寄予各種不同期望時，阿布卻宣稱，他要當一個世界上最平凡的小孩。

我就是我

大家都說我的眼睛像媽媽，我的膚色和身材像爸爸，我的聲音像姑姑，眉毛像奶奶，頭髮像莎莉姊姊的顏色，笑起來像萊絲阿姨，我清喉嚨說：也許你們說的都對，我也不否認，可是我真的是完完整整，百分之百獨一無二的我。

解決問題

一隻小豬與 100 匹狼

　　一隻小豬在森林裡，遇到躲在樹後面的一百隻狼，所有的狼包圍著這一隻小豬，這時大家開始討論著從小豬的哪個部位吃起好呢？小豬的肉讓大家垂涎三尺，但是有人提議說一隻小豬大家所能吃到的肉有限，請小豬回去找一百隻小豬來，小豬該如何做呢？

聰明的小烏龜

　　住在非洲尼亞沙湖岸的大象和河馬，為了證明自己才是最強壯的，因此爆發了一場爭霸戰，所幸聰明的小烏龜想出了一條妙計，才化解了緊張的局面。

螞蟻和西瓜

　　螞蟻找到了一片大西瓜，可是，即使找了其它的同伴來也搬不回去，怎麼辦？於是他們想出了利用槓桿、鏟挖、就地解決……等，終於把「西瓜」的問題處理了。

和事佬彩虹魚

　　彩虹魚和他的同伴們快樂的生活在一起，可是，有一天，大鯨魚決定要給其他的魚一點顏色瞧瞧，怎麼辦呢？

埃及人與獅子

　　在埃及法老王的國家裡，有一隻自大的獅子為了證明牠比老鼠所說的人類更強壯，於是向一個正在耕田的埃及人挑戰，還好，埃及人隨機應變運用了人類的聰明機智才把獅子趕跑了。

三年坡

　　傳說，如果在三年坡跌倒就只能活三年。一個老公公在三年坡摔了一跤，擔心的生病了，聰明的少年為他想出了一個解決的辦法……。

可不可以換掉我的石頭大內褲

杜英生於石器時代，他常會有一些想法來改善艱困的物質環境，如：肉加熱了才好吃，用毛皮來做成褲子，可以蓋四周有洞的房子，用石頭輪可以更方便，及浮在水面上行走的船，他總是有一些非常好的點子，可惜都無法實現。

公園小霸王

凱文最喜歡到公園裡玩，可是山米常常霸占著遊樂器材，不讓凱文玩，還出言恐嚇，讓凱文感到很沮喪，爸爸幫助他想出解決問題的辦法，這一次凱文到公園玩不但沒有被山米嚇跑，他以退為進的方式，和山米變成好朋友，一起建築沙碉堡。

赤腳國王

赤腳國裡每個人都打赤腳，赤腳國王一直以為打赤腳沒煩惱，直到有一天，他必須打赤腳走在郊外的路上時，他才發現打赤腳的痛苦，還好赤腳國的孩子很聰明，想到一個好主意——那就是大家都穿著「隨身地毯」，這也就是鞋子由來的趣味故事。

吃人妖、大野狼、小女孩和蛋糕

吃人妖長得胖嘟嘟，這天他抓到一隻大野狼，一個小女孩和蛋糕，可是他的城堡在對岸，他想著該如何把獵物帶回去，一艘船一次只能載回一個獵物，但大野狼會把小女孩吃掉，而小女孩又喜歡吃蛋糕，該如何做才能順利地把三項獵物運回家去呢？

老鼠湯

老鼠坐在樹下看書時，被黃鼠狼抓住，要把牠煮成老鼠湯，老鼠能想出好辦法逃過一劫嗎？

第二章

日常生活

情緒、生活自理、衛生保健、
飲食健康、自我成長、行為

羅玉卿

前言

　　幼兒在日常生活中，不論是情緒、生活自理、衛生保健、飲食健康、自我成長、行為，都是要從小建立和培養，並成為每日的固定習慣，協助孩子成為有能力和獨立的人，進而自我肯定也掌握自己的需求，是面對日常生活的健康態度。學習過程舒適且愉快，不僅對孩子的身體健康和情緒上有很大的幫助；提供合適的學習環境及成長空間，更能讓幼兒從日常生活體驗快樂的成長。

一、情緒

　　情緒是每個人面對不同事物所產生的不同反應，同時也左右了我們的生活。在幼兒階段往往因為語言尚未成熟，遇到一些感覺時不知如何表達。幫助孩子探索自己的情緒，學習表達心裡的感覺是很重要的。可以告訴幼兒，人有很多的不同感覺，讓他隨時可以感受到自己的情緒，且知道情緒是被接受的，是種正面的反應。但該如何適度的宣洩及表達情緒呢？我們應該告訴孩子要以不傷害自己和別人的方式向他人表達感覺，藉此了解自己的感覺，進而更認識自己。

二、生活自理

　　幼兒成長中必須慢慢去學習生活自理，不論在家或是在學校都必須一步步養成，也需要成人給與機會幫助幼兒獲得這方面的能力，不管是摺衣服、吃完飯把桌子整理乾淨或是常規的訓練。幼兒也會因同儕的互動學習關係要求自己，進而獲得自我價值。記得讚美、鼓勵幼兒，讓他覺得自己有能力做好事情。

三、衛生保健

衛生保健是幼兒必須養成的習慣之一，如上完廁所要洗手、不用別人的毛巾和杯子、隨天氣的變化如何替換衣服保護自己的健康，都是基本的保健常識。養成良好的衛生保健習慣，將是保障幼兒快樂成長的最大泉源。

四、飲食健康

飲食健康是獲得強壯身體的最大因素。現代人大多吃得很好，但在均衡的飲食上，還要再努力。培養孩子獨立的進食並且選擇食物量，鼓勵孩子嘗試新食物，也是一種經驗的學習，而在愉快的氣氛下進食對健康也有益處，健康的飲食應該是件舒服又滿足的事。

五、自我成長

自我成長是幼兒在不同階段的學習。經由內在經驗加上外在的學習，不論是同理心的發展或是懂得分享、合作、發現友誼的樂趣等，都需要成人耐心的引導，讓幼兒逐漸向外探索，學習到新鮮的事物。當他遇到挫折時，多給他時間、鼓勵，讓他更有信心接受更多的挑戰。

六、行為

行為是希望幼兒在面對不同的情境，可以學習到合宜的行為，且該行為經過經驗學習是可以被期望與訓練的。日常生活中有機會讓幼兒觀察及了解行為的需要性，讓幼兒體驗到錯誤的行為後他必須針對錯誤做彌補。特別提醒相關成人，也要有能力去回應幼兒的行為。

「101本好書」主題分類

分類	書名	作者	繪者	譯者	出版社
情緒	阿文的小毯子 Owen	Kevin Henkes	Kevin Henkes	方素珍	三之三
	我好擔心 Wemberly Worried	Kevin Henkes	Kevin Henkes	方素珍	三之三
	是蝸牛開始 Vom Gluck Ein Dickes Schwein Zu Sein	Katja Reider	Angela Von Roehl	方素珍	三之三
	菲菲生氣了 When Sophie Gets Angry－Really, Really Angry	Molly Bang	Molly Bang	李坤珊	三之三
	沒有你，我怎麼辦？ What Will I Do Without You	Sally Grindley	Penny Dann	方素珍	上人
	鱷魚怕怕，牙醫怕怕 The Crocodile and the Dentist	Taro Gomi	Taro Gomi	上誼 編輯部	上誼
	生氣湯 Mean Soup	Betsy Everitt	Betsy Everitt	柯倩華	上誼
	膽小阿迪和毛毯賊 Timid Tim and Cuggy Thief	John Prater	John Prater	劉清彥	上誼
	學校真好玩	王秀園	萬歲少女		狗狗
	暴躁的小印第	王秀園	謝佳玲		狗狗
	膽小獅特魯魯	冰波	曹俊彥		信誼

	我要來抓你啦 I'm Coming to Get You	Tony Ross	Tony Ross	郝廣才	格林
	給我一件新衣服 Les Petits Heritages	Frederique Bertrand	Frederique Bertrand	孫千淨	格林
	酷媽也瘋狂 Drole De Maman	Elisabeth Brami	Anne-Sophie Tschiegg	孫千淨	格林
	奧莉薇 Olivia	Ian Falconer	Ian Falconer	郝廣才	格林
	小貓鬥公雞 Tuppens Minut	Sven Nordqvist	Sven Nordqvist	林迺媛	格林
	讓我們夜遊去	王秀國	吳林蓁		稻田
生活 自理	頑皮的豬寶寶	ステーアフ	なかのひらたか	訾如 主編	人類
	我在幼稚園的日子 Our Peaceful Class- room	Aline D. Wolf	全球蒙特梭利 學校四～十二 歲兒童	陳明珠	及幼
	慌張先生	賴馬	賴馬		信誼
	起床啦！皇帝	郝廣才	李漢文		信誼
衛生 保健	哈啾是什麼？	ステーアフ	なかのひらたか	訾如 主編	人類
	小象的牙刷	舟崎克彥	黑井健		人類
	小熊包力刷牙記 Aber Boris	Svetlana Tiourina	Svetlana Tiourina	林芳萍	上人
	小恐龍拔牙記	王秀園	陳中坤		狗狗
	哈啾！塔克	王蘭	張哲銘		童話 藝術
飲食 健康	子兒，吐吐	李瑾倫	李瑾倫		信誼
	胖國王	張蓬潔	張蓬潔		信誼
	大花貓	王蘭	張哲銘		童話 藝術
自我 成長	森林裡的鏡子	ステーアフ	なかのひらたか	訾如 主編	人類

分類	書名	作者	繪者	譯者	出版社
	你很快就會長高 You'll Soon Grow Alex	Andrea Shavick	Russell Ayto	余治瑩	三之三
行為	嘩！嚇到了吧！	ステーアフ	なかのひらたか	訾如 主編	人類
	聰明的亮亮	林秋雲	許永和、林秀玲		企鵝
	傲慢的亮亮	林秋雲	許永和、林秀玲		企鵝
	小氣的亮亮	林秋雲	許永和、林秀玲		企鵝
	壞脾氣的亮亮	林秋雲	許永和、林秀玲		企鵝
	愛作夢的亮亮	林秋雲	許永和、林秀玲		企鵝
	亮亮認錯	林秋雲	許永和、林秀玲		企鵝
	不愛乾淨的亮亮	林秋雲	許永和、林秀玲		企鵝
	亮亮的煩惱	林秋雲	許永和、林秀玲		企鵝
	霸道的亮亮	林秋雲	許永和、林秀玲		企鵝
	貪心的亮亮	林秋雲	許永和、林秀玲		企鵝
	亮亮上學去	林秋雲	許永和、林秀玲		企鵝
	危險！亮亮	林秋雲	許永和、林秀玲		企鵝
	亮亮的朋友	林秋雲	許永和、林秀玲		企鵝
	教室裡的亮亮	林秋雲	許永和、林秀玲		企鵝
	亮亮日行一善	林秋雲	許永和、林秀玲		企鵝
	愛闖禍的小天使	王秀園	劉淑如		狗狗

「推薦好書」主題分類

分類	書名	作者	繪者	譯者	出版社
情緒	小賢和開心狗	Hiawyn Oram	Satoshi Kitamure	陳曆莉	人類
	生氣的亞瑟 Angry Arthur	Hiawyn Oram	Satoshi Kitamure	柯倩華	三之三

愛生氣的安娜 Anna Und Die Wut	Christine Nostlinger	Christiane Nostlinger	周從郁	小天下
膽小的威利 Willi Und die Angst	Christine Nostlinger	Christiane Nostlinger	周從郁	小天下
房子，再見 Goodbye House	Frank Asch	Frank Asch	高明美	上誼
好寂寞的螢火蟲 The Very Lonely Firefly	Eric Carle	Eric Carle	幸蔓	上誼
床底下的怪物 What's Under My Bed	James Stevenson	James Stevenson	何奕佳	上誼
小阿力的大學校 Billy and the Big New School	Laurence Anholt	Catherine Anholt	郭玉芬 萬砡君	上誼
你睡不著嗎？ Can't You Sleep, Little Bear	Martin Waddell	Barbara Firth	潘人木	上誼
給姑媽笑一個 Smile for Auntie	Diane Paterson	Diane Paterson	上誼 出版部	上誼
小貓頭鷹 Owl Babies	Martin Waddell	Patrick Benson	林良	上誼
抱抱 Hug	Jez Alborough	Jez Alborough	上誼 出版部	上誼
好一個吵架天 The Quarreling Book	Charlotte Zolotow	Arnold Lobel	劉清彥	上誼
亮晶晶的妖怪 Obake No Dorondo-ron To Pikapika Ob-ake	Ken Wakayama	Ken Wakayama	游珮芸	小魯
大頭妹 DEKO-CHAN	Nobuko Tsuchida	Nobuko Tsuchida	周姚萍	小魯
家有生氣小恐龍 Boze Draak	Thierry Robberecht	Philippe Goossens	簡伊婕	大穎

書名	文	圖	譯者	出版社
小美一個人看家 Hajimete No Orusuban	Michio Shimize	Matsuko Yamamoto	文婉	台英社
消氣的飛行船 Matsuge No umi No Hikousen	Haruo Yamashita	Hammo Sugiura	嶺月	台英社
南瓜掌心雷 Martin Hat Keine Angst Mehr	英格麗・奧西蓮	克莉絲・尤里納・費雪	陳木城	台英社
我好興奮 I'm Excited	Elizabeth Crary	Marina Megale	林玫君	心理
我好氣憤 I'm Furious	Elizabeth Crary	Marina Megale	林玫君	心理
鱷魚怪 Crocodébile	Thierry Lenain	Serge Bloch	林穎	米奇巴克
想念的沙漠 Sables émouvants	Thomas Scotto	Eric Battut	徐友寧	米奇巴克
星期二洗髮日 Der Haarige Dienstag	Uri Orlev	Jacky Gleich	洪翠娥	台灣麥克
爸爸永遠會在那兒 Daddy Will Be There	Lois G. Grambling	Walter Gaffney-Kessell	陳方妙	台灣麥克
100隻壞野狼 Nicky and the Big, Bad Wolves	Valeri Gorbachev	Valeri Gorbachev	姚文雀	台灣麥克
小毛，不可以 No, David	David Shannon	David Shannon	歐陽菊映	台灣麥克
我為什麼快樂 What Makes Me Happy	Laurence Anholt	Catherine Anholt	劉清彥	和英
魔奇魔奇樹 Mochimochi No ki	Keiko Saitou	Jirou Takidaira	林真美	和英

妮娜的奶嘴 La Tétine de Nina	Christine Naumann- Villemin	Marianne Barcilon	孫智綺	東方
洛克的小被被 Mijade Publicat	Jeanne Ashbe	Jeanne Ashbe	鄭榮珍	東方
今天誰要去上學 wer geht in den Kin- dergarten？	Karl Rűhmann	Miriam Monnier	劉清彥	青林
樓梯底下的熊 The Bear Under the Stairs	Helen Cooper	Helen Cooper	柯倩華	青林
拉里拉耷 Tatty Ratty	Helen Cooper	Helen Cooper	柯倩華	青林
小飛幫大忙 Alfie Gives a Hand	Shirley Hughes	Shirley Hughes	劉清彥	青林
害羞公主	張蓬潔	張蓬潔		信誼
海盜要搬家 Kapitan Wirbelwind zieht um	Jean-Pierre Jaggi	Alan Clarke	張莉莉	格林
黑夜黑夜不要來 Mitten in der Nacht	Bruno Blume	Jacky Gleich	王絹惠	格林
一份神奇的禮物 Tommy istein Angsthase	Klaus Baumgart	Klaus Baumgart	葉慧芳	啟思
我變成一隻噴火龍	賴馬	賴馬		國語 日報
大野狼來了 Patatras	Philippe Corentin	Philippe Corentin	蔡靜如	經典 傳訊
妖怪的床 The Monster Bed	Jeanne Willis	Susan Varley	潘人木	經典 傳訊
有時候，我覺得我像 Sometimes I Feel Like A Storm Cloud	Lezlie Evans	Marsha Gray Carrington	黎芳玲	親親

	討厭黑夜的席奶奶 Hildilid's Night	Cheli Durán Ryan	Arnold Lobel	林良	遠流
	雷公糕 Thunder Cake	Patricia Polacco	Patricia Polacco	簡媜	遠流
	潔西卡與大野狼 Jessica and the Wolf	Theodore E. Lobby	Tennessee Dixon	黃嘉慈	遠流
	野獸國 Where The Wild Things Are	Maurice Sendak	Maurice Sendak	漢聲 雜誌	漢聲
	祖母的妙法 Ich Werde oma fragen	Margarete Kubelka	Hans Poppel	漢聲 雜誌	漢聲
	天不怕地不怕 Ik kan niet slapen	Ingrid & Dieter Schubert	Ingrid & Dieter Schubert	漢聲 雜誌	漢聲
	情緒、心情、感覺 Feelings	Aliki Brandenberg	Aliki Brandenberg	漢聲 雜誌	漢聲
	馬桶妖怪 Juli Und Das Monster	Kirsten Boie	Jutta Bauer	李南衡	親親
生活 自理	我會自己穿衣服 Getting Dressed	Dawn Bentley	Krisztina Nagy	余治瑩	三之三
	小喬逃走了 Joey Runs Away	Jack Kent	Jack Kent	陳宏淑	上誼
	阿立會穿褲子了 Haketayo Haketayo	Toshiko Kanzawa	Kyako Nishimaki	嶺月	台英社
	我會用筷子 Hashi No Mochikata	Michiko Konagai	Michiko Konagai	嶺月	台英社
	馬桶裡有妖怪 There is a Monster in the Toilet	Laurence Bourguignon	Nancy Pierret	方素珍	東方
	小莉的家 Riko-Chan No Ouchi	Komako Sakai	Komako Sakai	魏裕梅	青林
	兩個娃娃	華霞菱	陳永勝		信誼
	收拾	嶺月	曹俊彥		信誼

	我家有個壞好寶寶 The bad good manners book	Babette Cole	Babette Cole	郭恩惠	格林
	睡覺時間到囉！ Time For Bed?	Leslie McGuire	Jean Pidgeon	余治瑩	啟蒙
	我會用小馬桶 What Do You Do With A Potty?	Marianne Borgardt	Maxie Chambliss	余治瑩	啟蒙
衛生 保健	大家來刷牙 Brush Your Teeth Please	Leslie Mcguire	Jean Pidgeon	余治瑩	三之三
	我們來洗手！ Wash Your Hands!	Tony Ross	Tony Ross	余治瑩	三之三
	一顆超級頑固的牙 Tabitha's Terrifically Tough Tooth	Charlotte Middleton	Charlotte Middleton	柯倩華	三之三
	挖鼻孔好好玩 Nasebohren Ist Schön	Daniela Kulot-Frisch	Daniela Kulot-Frisch	高玉菁	三之三
	皮皮放屁屁 Farly Farts	Birte Müller	Birte Müller	林良	三之三
	人要睡覺，動物要睡覺 Hito Ga Nemuru, Doubutsu Ga Numuru	Shojiro Inour	Minako Yokoyama	蔣家鋼	上誼
	健康檢查 Karada Ni Moshimoshi	Jun Nanao	Iwao Fukuda	嶺月	台英社
	放屁萬歲 Onara Banzai	Iwao Fukuda	Iwao Fukuda	嶺月	台英社
	我愛洗澡澡 Is It Time	Marilyn Janovitz	Marilyn Janovtz	陳木城	台英社
	謝謝你，熊醫生 Thank You，Dr. Bear	Eiko Kadono	Mako Taruishi	游嘉惠	台灣麥克

書名	文	圖	譯者	出版社
小琪的肚子咕嚕咕嚕叫 Isabel's Noisy Tummy	David Mckee	David Mckee	柯倩華	和英
眼鏡公主	張蓬潔	張蓬潔		信誼
蛀牙王子	張蓬潔	張蓬潔		信誼
阿寶拔牙	王淑芬	張哲銘		信誼
我的牙齒，你的牙齒 My Teeth, Your Teeth	Genichiro Yagyu	Genichiro Yagyu	高明美	信誼
第一次拔牙	任大霖	徐素霞		信誼
達達洗澡	嶺月	曹俊彥		信誼
哈啾王子	張蓬潔	張蓬潔		信誼
我要做個好小孩 The Sprog Owner's Manual	Babette Cole	Babette Cole	黃聿君	格林
我不睏，我不要睡覺 I am Not sleep and I Will Not go to bed	Lauren Child	Lauren Child	賴慈芸	經典傳訊
嗯嗯太郎 Untaro San	Kyou Yamawaki	Koushirou Hata	童書部	經典傳訊
好髒的哈利 Happy The Dirty Dog	Eugene Zion	Margaret Bloy Graham	林真美	遠流
放屁 A Story of Fart	Shinta Cho	Shinta Cho	漢聲編輯部	漢聲
大家來大便 Everyone Eats and…	Taro Gomi	Taro Gomi	漢聲編輯部	漢聲
牙齒的故事 The Story of Your Teeth Tummy	Satoshi Kako	Satoshi Kako	漢聲編輯部	漢聲
方眼男孩 The Boy with Square Eyes	Juliet & Charles Snape	Juliet & Charles Snape	漢聲編輯部	漢聲
眼睛的故事 My Eyes, Your Eyes	Seiichi Horiuchi	Seiichi Horiuchi	漢聲編輯部	漢聲

飲食健康	精靈的晚餐 Le DÎER FANTÔE	Jacques Duquennoy	Jacques Duquennoy	王達人	三之三
	阿平的菜單 Fin Kocht	Birte Müller	Birte Müller	李紫蓉	上人
	好餓好餓的毛毛蟲 The Very Hungry Caterpillar	Eric Carle	Eric Carle	鄭明進	上誼
	多多什麼都愛吃	顏薏芬	顏薏芬		信誼
	愛吃青菜的鱷魚	湯姆牛	湯姆牛		信誼
	愛吃水果的牛	湯姆牛	湯姆牛		信誼
	瘦皇后	張蓬潔	張蓬潔		信誼
	今天的便當裡有什麼 What's in My Lunch Box, Today	Eriko Kishida	Yuriko Yamawaki	鄭明進	信誼
	冰箱開門 Opera bouffe	葛洪納茲	葛洪納茲	向銳蓉	格林
	我絕對絕對不吃蕃茄 I will never not ever eat a tomato	Lauren Child	Lauren Child	賴慈芸	經典傳訊
	紅蘿蔔奧圖 Otto Karotto	Chiara Carrer	Chiara Carrer	林倩葦	樂透
	鹽巴國王	王元容	崔麗君		親親
	怪怪皇后	王元容	崔麗君		親親
	永遠吃不飽的貓 The Very Hungry Cat	Haakon Bjorklid	Haakon Bjorklid	林真美	遠流
自我成長	彼得的口哨 Whistle for Wille	Ezra Jack Keats	Ezra Jack Keats	黃尹青	上誼
	魚就是魚 Fish is Fish	Leo Lionni	Leo Lionni	黃迺毓	上誼
	鱷魚柯尼列斯 Cornelius	Leo Lionni	Leo Lionni	孫晴峰	上誼
	膽小小雞 Chicken Chickens	Valeri Gorbachev	Valeri Gorbachev	黃迺毓	上誼

那一年我沒有上學 The Year I Didn't Go To School	Giselle Potter	Giselle Potter	劉清彥	上誼
鴨子騎車記 Duck On A Bike	David Shannon	David Shannon	沙永玲	小魯
愛蜜莉上學記 Emily's First 100Days	Rosemary Wells	Rosemary Wells	趙永芬	小魯
小魔乖要上學 Le Petit Ogre Veut Aller á l'école	瑪莉‧阿涅絲‧高德	哈大衛‧派金斯	鄭源成	小魯
小熊的小船 Little Bear's Little Boat	Eve Bunting	Nacy Carpenter	劉清彥	東方
我自己做 Ich Kann Das	Paul Friester	Susanne Smajić	林倩葦	東方
小步走路 Little One Step	Simon James	Simon James	周逸芬	和英
天空為什麼是藍色的？ Why is the Sky Blue?	Sally Grindley	Susan Varley	黃郇瑛	和英
小兔子整天都在做什麼 What Do Bunnies Do All Day	Judy Mastrangelo	Judy Mastrangelo	黃迺毓	信誼
尿布 Bye-Bye	嶺月	曹俊彥		信誼
達達的毯子	嶺月	曹俊彥		信誼
小豬吃吃吃 "EAT" Cried Little Pig	Jonathan London	Delphine Durand	郭恩惠	格林
跳跳 O Mister O	Lewis Trondheim	Lewis Trondheim		格林
糟了！糟糟 Onno, das Frohhliche Ferkel	Hans de Beer	Hans de Beer	殷麗娟	格林

	五歲愛搞怪 It's Hard To Be Five	Jamie Lee Curtis	Laura Cornell	黃聿君	格林
	很新很新的我 Someone New	Charlotte Zolotow	Erik Blegvad	李碧姿	遠流
	第一次上街買東西 Miichan's First Errand	Yoriko Tsutsui	Akiko Hayashi	漢聲編輯部	漢聲
	小飛先進門 Alfie Gets in First	Shirley Hughes	Shirley Hughes	漢聲編輯部	漢聲
	看看我會做什麼 Look What I Can Do	Catherine Laurence Anholt	Catherine Laurence Anholt	黎芳玲	親親
	湯匙不能當鏟子 It's a Spoon, not a Shovel	Caralyn Buehner	Mark Buehner	黃迺毓	親親
行為	上面和下面 Top & Bottoms	Janet Stevens	Janet Stevens	李坤珊	三之三
	到底誰贏了 Wer Gewinnt?	Charise Neugebauer	Barbara Nascimbeni	顏秀娟	上人
	珍珠 Die Perle	Helme Heine	Helme Heine	關津	上誼
	月光寶石 Der schatz im Mondsee	Ivan Gantschev	Ivan Gantschev	張劍鳴	上誼
	米羅與發光寶石 Milo and Magical Stones	Marcus Pfister	Marcus Pfister	朱昆槐	上誼
	傻鵝皮杜妮 Petunia	Roger Duvoisin	Roger Duvoisin	蔣家語	上誼
	這是我的 It's Mine	Leo Lionni	Leo Lionni	孫麗芸	上誼

兔子小白的禮物樹 Kousaci Nashiro No Ohanshi	Tazu Sasaki	Sekiya Miyoshi	鄭明進	上誼
三個強盜 The Three Robbers	Tomi Ungerer	Tomi Ungerer	張劍鳴	上誼
魯拉魯先生的庭院 Ruraru San No Niwa	Hiroshi Itou	Hiroshi Itou	陳珊珊	小魯
晚安，貓頭鷹 Good-night, owl!	Pat Hutchine	Pat Hutchine	高明美	台英社
誠實的賊	F.M. Dostoevskiy	Kestutis Kasparavicius	小野	台灣 麥克
統統是我的！ Alles Meins	Nele Moost	Annet Rudolph	張瑩瑩	台灣 麥克
給我一間酷酷的小屋	吳倩菊	蔡嘉驊		台北市 立動物 園
臘腸狗 Chien-saucisse	杜荷謬	杜荷謬	吳倩怡	格林
差勁的輸家 Les Mauvais perdants	杜左	菲德莉·貝特 朗	孫千淨	格林
城堡破壞王	Eva Montanari	Eva Montainar	楊令怡	格林
唱歌當飯吃 The Three Cicadas	Franoesca Bosca	Giuliano Ferri	劉嘉璐	格林
蠶豆哥哥和豇豆弟弟 Broad Bean and Long Long Beans	Miwa Nakaya	Miwa Nakaya	黃雅妮	經典 傳訊
誰比較厲害 Records	Olivier Douzou	Lynda Corazza	洪肇謙	經典 傳訊
在圓木橋上搖晃 Yura Yura Bashi No Uede	Yuichi Kimura	Koshiro Hata	林真美	維京

輪到我了 It's My Turn	David Bedford	Elaine Field	劉舒妤	親親
娜娜和波波熊 Lena Und Paul	Anja Rieger	Anja Rieger	李南衡	親親
你看我有什麼 Look What I've Got!	Anthony Browne	Anthony Browne	漢聲 雜誌	漢聲
我撒了一個謊 A Big Fat Enormous Lie	Marjorie Weinman Sharmat	David McPhail	漢聲 雜誌	漢聲

問題與討論

一、什麼是生氣？什麼事你會生氣，生氣時如何表達？

二、你生氣的時候，如何表達自己的情緒，會做什麼事？

三、說說看，什麼事會讓你覺得快樂或是難過。

四、你會整理自己的房間或是玩具嗎？多久整理一次？

五、你最喜歡吃的食物是什麼？最不喜歡吃的食物又是什麼？為
　　什麼？遇到你不喜歡的食物你怎麼辦？

六、為什麼每次吃完東西，都要漱口或刷牙？

七、有沒有什麼事情你以前不敢做或是會害怕的事情，現在你已
　　經會做了或是不怕了？

八、什麼是垃圾食物？為什麼要少吃？

九、什麼是行為？什麼樣的行為是好行為，什麼又是壞行為呢？

十、別人做了什麼樣的行為是你不喜歡的，為什麼？

延伸活動

活動一：我變，我變，我變變變

(一)準備材料

　　鏡子。

(二)活動過程

　　1. 跟幼兒討論用什麼東西可以看到自己。

　　2. 鏡子前，和幼兒玩「請你跟我這樣做」，如：張大眼睛、嘟嘴等。

　　3. 帶領幼兒用鏡子觀察臉部表情，當老師說：「我變！我變！變生氣！」時，大家一起做出生氣的反應。以此類推，做不同的情緒表情。

　　4. 也可以請幼兒出來，帶領其他幼兒做不同表情。

活動二：喜怒哀樂

(一)準備材料

　　情緒圖卡（喜、怒、哀、樂、憂傷、悲）或是情緒娃娃。

(二)活動過程

　　1. 老師利用情緒圖卡做說明，讓幼兒了解在什麼樣的情況下會有這樣的心情。

　　2. 老師可以假設情境，如兩人吵架，一人正生氣、另一人則在哭，請孩子找出圖卡中的兩人情緒。

　　3. 教室中老師可以設計一頂情緒帽，如果有幼兒正在鬧情緒，可以戴起此帽，告訴大家他現在的心情不好。

活動三：猜！我是誰？

(一)準備材料

　　布幕、敲門聲、情緒圖卡（活動二所用）。

(二)活動過程

　　*1.*老師把布幕搭起來，可以利用身旁的木板敲出聲音，當成是情緒客人來了。

　　*2.*老師準備不同的情緒卡，當老師敲敲門時，孩子則問：是誰來了？

　　*3.*老師的聲音必須有不同情緒，讓孩子猜出是哪一個情緒先生或小姐來拜訪，老師可以出示情緒圖卡看孩子是否猜對了。

　　*4.*老師也可以請孩子來當情緒客人，老師或孩子裝情緒聲音，讓其他孩子來猜一猜。

活動四：小小營養師

(一)準備材料

　　大賣場或超市食物的廣告傳單、六大營養素標示籃、常吃食物圖卡。

(二)活動過程

　　*1.*和幼兒討論六大營養素有哪些？看看幼兒能否舉一反三的提出相關食物的分類應歸屬於哪一營養素？

　　*2.*分組利用廣告傳單讓幼兒先剪下食物，討論所剪下來的食物該歸到哪一類，請孩子放入六大營養素的標示籃。

　　*3.*大家歸類完後，小組成員必須離開自己的組別，到別組去檢查別人的分類，如有爭議的部分可以拿起來，在團體討論中大家一起討論。

4.老師拿出常吃的食物圖卡，如漢堡、麵包、飯……等，幼兒從六大營養素中取出圖卡所列材料的圖片。比賽看哪一組最快湊齊教師所舉圖卡的材料。

活動五：嗯！好吃

(一)準備材料

各式食材，自行變化做準備。

(二)活動過程

1.討論哪些食物是你不喜歡吃的。

2.老師可以變化食物，加一些其他的材料，烹煮出一道佳餚，再讓孩子品嘗，試看看好不好吃，再告訴孩子裡面加了哪些食物。

3.可以把食物做成不同的樣式，如一個娃娃、兔子等，讓孩子品嘗。

4.採用不同的吃法，如中餐西吃的方式用餐，可趁機教導用餐禮儀。

活動六：變裝秀

(一)準備材料

四季的衣物、飾品。

(二)活動過程

1.老師利用展示的四季衣物，和幼兒討論穿著的季節及適當時機。

2.和幼兒討論什麼時候要添加衣物，什麼時候必須脫掉衣物。

3.讓幼兒知道當在園所換置衣物時，要如何的保護自己的身體，而不要去嘲笑別人。

4.老師準備數套衣物及飾品，每組各分得一套衣物，選擇一位成員當模特兒，其他人幫忙他穿衣服，看哪一組動作最快。

5.比賽完畢，各組推派一位成員介紹模特兒所穿著的服裝及特色。

相關網站

一、衛生教育資源網 http://www.hercom.org.tw/

　　屬於衛教方面的網站,連結從北到南的相關醫療體系,主題類別有預防保健、傳染病防治、各科衛教、正確用藥、安全防護等,還有宣導月的特別企畫涵括婦幼相關疾病,衛生署的活動消息,及各種衛教手冊提供民眾瀏覽獲得相關常識。

二、行政院衛生署 http://www.doh.gov.tw/

　　透過衛生署網站,可以了解其之下的所屬及附屬單位,「新聞公告」能讓民眾了解到他們目前推動的工作、「保健天地」提供相關文章以供參考、「資料查詢」可了解相關法規及統計資料、「為民服務」讓民眾有申訴的管道,「重點新聞」告訴民眾最新的訊息。

三、康健雜誌網站 http://www.commonhealth.com.tw/

　　「聰明醫療」中可讓民眾了解關於自己本身身體狀況的常識,從「趨勢新知」中可了解新的醫療資訊,以及目前的醫療環境有哪些問題,並教您休閒時如何擁抱山水,如何從飲食中吃出營養和健康,另外探討現代父母該如何應對自己的角色與職場關係、兩性關係、自我成長等。

四、國家網路醫院 http://www.webhospital.org.tw/

　　「健康頭條」讓民眾了解疾病的常識,「道聽不塗說」解答民眾的疑惑,另有社福講座的訊息,「話題票選」歡迎民眾投票,「免費醫療諮詢」為民眾解答疑難雜症,也提供藥典可供查詢藥品的療效,「強打專區」提供目前的活動花絮,幫助民眾如何好好照顧自己。

五、兒童醫學網 http://www.vghtpe.gov.tw/~peds/index.htm

　　提供關於兒童方面的保健和疾病問題,育兒保健包含新生兒、預

防注射及飲食的問題，還有健康小常識。內外科疾病的相關問題，並考題考您的醫學常識，歡迎您來挑戰。

「101本好書」內容簡介

情緒

阿文的小毯子 　　阿文有一條小毯子，他總是說：「我去哪裡，小毯子就跟我去哪裡。」不管是果汁、牛奶還是巧克力，只要阿文喜歡的，小毯子也喜歡。媽媽用了各種方法讓阿文不再依賴小毯子，但都失敗。最後，媽媽把小毯子縫成小手帕，便解決了這個問題。	**我好擔心** 　　小莉是對什麼都擔心的人，她對生活中每件事都很容易擔心，幾乎一整天都在擔心……，上學之後一切事物令她更擔心，幸好認識了新朋友才化解她的擔心。
是蝸牛開始的 　　當你被別人批評時心情如何？兔子躲躲藏藏，在豬看來是膽小，對兔子而言卻是謹慎。故事安排六段動物之間類似的對話，呈現同一件事情的各種角度。	**菲菲生氣了** 　　菲菲在生氣時跑到森林中望著水，讓風撫慰她，之前生的氣也全消散了。這個故事讓每個小朋友都知道，情緒化是每個人都會面臨的狀況。
沒有你，我怎麼辦了 　　小狐狸和大熊吉比是最要好的朋友，可是大熊要冬眠了，小狐狸好孤單呀！牠該怎麼辦？	**鱷魚怕怕，牙醫怕怕** 　　你會害怕看牙醫嗎？鱷魚的牙齒痛，想看牙醫，但牠害怕牙醫，而牙醫也害怕鱷魚的牙齒，彼此戰戰兢兢的，都希望鱷魚下次不要再看牙醫了。

🥄 生氣湯

　　小男孩度過很討厭、好生氣的一天，倒楣接二連三來，媽媽卻要他煮湯。當水滾開時，媽媽對著鍋子大叫，也要小男孩照樣做，他笑了，媽媽也笑了，小男孩的心情好多了。

🥄 膽小阿迪和毛毯賊

　　阿迪是個膽小害羞的孩子，手中總拿著小毛毯，其他孩子也因此嘲笑他。有天夜裡小偷偷走他的毛毯，阿迪勇敢的追回他的毛毯，成為大家心目中勇敢的孩子。

🥄 學校真好玩

　　害羞的心心要上學了，光是想到這件事，就讓他晚上惡夢連連。但上學第一天放學回家後，他興高采烈向爸爸媽媽說了一堆學校的事，真想馬上背起書包再去上學，因為學校真好玩。

🥄 暴躁的小印第

　　小印第是個脾氣暴躁的小孩，一不如意就發脾氣，朋友漸漸遠離他，他變得孤獨，脾氣就更壞了。經過一些事情的學習，他向大家道歉並和好如初。

🥄 膽小獅特魯魯

　　特魯魯是一隻非常膽小的獅子，看見什麼都害怕；但是，為了解救好朋友小白鼠，特魯魯變得神勇起來了，可是一陣風又把牠嚇得變膽小了，不知何時才會變大膽。

🥄 我要來抓你啦

　　太空船上跳下一隻怪獸，怪獸所到的星球都被牠吃到只剩下梗。地球上的阿湯最怕怪獸，但怪獸看上他，要來吃掉他，怪獸大喊：「我要來抓你啦！」可怕的怪獸會把阿湯吃掉嗎？

🥄 給我一件新衣服

　　如果你的每一件衣服都是別人送給你的，你的心情會如何？莫妮卡連上學的書包都是舊的，而她再也忍受不了，不想再穿別人的舊衣服，她把自己的衣服送到舊衣回收中心……。

🥄 酷媽也瘋狂

　　小朋友上學去，腦袋瓜裡卻老想著媽媽在做什麼呢？會不會在學校門口前哭哭啼啼的，還是跑去買冰淇淋，沒有分他吃？她會準時來接小朋友嗎？還記得買麵包嗎？

● 奧莉薇	● 小貓鬥公雞
可愛的小豬奧莉薇多才多藝，又可愛至極。牠最拿手的一件事，就是把人累昏，甚至常常把牠自己也累昏，不過牠的媽媽還是好愛牠，而牠也好愛好愛媽媽。	搞怪小貓小點子，最近悶悶不樂，因為公雞阿帝來了以後牠就成了無人搭理的可憐蟲。神經質的阿帝整天叫個不停，母雞還圍著牠拍馬屁，連老主人也跟著團團轉。小點子對這一切感到不滿意極了，於是牠採取行動，要趕走阿帝⋯⋯。
● 讓我們夜遊去	
黑夜裡螢火蟲閃閃發亮著，月光下孩子玩著影子遊戲，城市日夜不同的景象，讓孩子了解黑夜的景緻及事物，而克服黑夜的恐懼。	

生活自理

● 頑皮的豬寶寶	● 我在幼稚園的日子
小豬們每天都玩得髒兮兮，讓豬媽媽要為牠們洗好幾次澡，好不容易小豬都睡覺，豬媽媽要去洗衣服，小豬們又都起來玩了。	本書闡述蒙特梭利的教學，呈現世界各地不同蒙特梭利教室所引導出孩子的思想、交談、美勞作品。
● 慌張先生	● 起床啦！皇帝
永遠搞不清時間的慌張先生成了主角，看著他慌慌張張的樣子，大家的心裡一定覺得有趣，又有點熟悉。	一位少年皇帝因為不喜歡早起，總是誤了早朝，令群臣憂慮、皇太后生氣、老太監焦急，最後他終於找到克服的方法。

衛生保健

哈啾是什麼了

毛毛是隻可愛的小狗，下雨的午後，毛毛吵著要出去玩，媽媽告訴牠哈啾會來，牠也不管就出去玩了，在雨中牠愈來愈冷，而且哈啾真的來了，毛毛趕快回家去，讓媽媽幫牠取暖。

小象的牙刷

本書分成七個小故事，主角是松鼠牙醫，透過牙醫師所遇到的各種病人所發生的不同情況，來強調牙齒保健的重要，並且讓孩子學習正確的刷牙方式。

小熊包力刷牙記

小熊包力最討厭刷牙了。有一天，牠一覺醒來，發現牠的牙齒都不見了！「太好了！這樣子就不用再刷牙了！」牠到處炫耀，可是被大家嘲笑，而牠也發現沒有牙齒很不方便。

小恐龍拔牙記

可憐的小恐龍因為牙痛而哇哇大哭，森林裡的朋友出盡奇招，都沒辦法解決惱人的蛀牙。最後牙醫伯伯出馬，幫他補好牙，並送牠牙刷希望牠能勤刷牙。

哈啾！塔克

塔克感冒不能出去玩，等他病好了去上學卻開始打噴嚏，海底到處被噴了黑墨汁，他向大家解釋沒人相信。這時卻發生人類撒漁網把小魚抓走了，塔克找其他人來救魚，也因此海底也恢復乾淨了。

飲食健康

子兒，吐吐

　　胖臉兒最愛說的一句話是：「吃吧！吃吧！」而且連木瓜子都吞進去了。同學紛紛討論該怎麼辦？胖臉兒頭上會長出木瓜樹嗎？胖臉兒也開始想那會是什麼情景。

胖國王

　　胖國王太胖了，走路快一點就會流很多汗、會喘，而他不喜歡運動，醫生說這是不健康的，連人民都說國王太胖了，國王想瘦，大家要他少吃零食多做運動，沒多久真的變瘦了，國王也開心地笑了。

大花貓

　　大花貓肚子餓，牠想吃一條魚、一隻鳥、一隻老鼠，但兩條魚牠不知道要吃誰，只好去吃鳥和老鼠，可是鳥媽媽向牠求情不要吃小鳥，牠想去吃老鼠媽媽，可是小老鼠很可憐，最後牠只好回家喝牛奶。

自我成長

森林裡的鏡子

　　大家快來看！森林裡有個寶貝！「什麼寶貝啊！我來瞧瞧。」森林裡的動物紛紛圍過來，每個動物看著鏡子裡的自己都好高興，並且更加認識自己。

你很快就會長高

　　阿力對自己的身高非常不滿意，直到阿力發覺，當一個快樂、也使人快樂的人，比長高更重要。

行為

嘿！嚇到了吧！ 土撥鼠喜歡惡作劇，結果小魚以其人之道還治其人之身，嚇得牠再也不敢了。	**聰明的亮亮** 爸爸出差，媽媽帶著亮亮及弟弟、妹妹一起到爺爺家玩，爺爺陪她玩卻不小心扭傷腰，亮亮忙著告訴家人並打電話通知醫生，大家都稱讚她。
傲慢的亮亮 亮亮喜歡在公園裡騎腳踏車，常玩到忘記回家，腳踏車是在日本的阿姨送的。有天亮亮和小天相撞了，她不管自己是否有錯硬要小天賠，小天只好賠，但亮亮卻說他賠不起這種腳踏車。	**小氣的亮亮** 全家人到海邊烤肉，亮亮和姊姊晶晶一起堆沙堡，後來爸爸叫她們吃東西。晶晶想吃玉米，希望亮亮分一半給她，亮亮不肯，玩具也不借給姊姊，媽媽要她不可以這麼小氣，最後亮亮把玩具借給姊姊。
壞脾氣的亮亮 亮亮是個電視兒童，她完全沉迷於電視中，媽媽把電視關掉，亮亮就用玩具丟向電視。媽媽很生氣，不讓亮亮看電視，爸爸覺得亮亮的行為很糟糕，決定開導她。	**愛作夢的亮亮** 亮亮愛作夢，她希望家人都可以有魔法。快下雨了，媽媽要亮亮別出門，她又開始幻想了，她跟媽媽說叫老天爺不要下雨，媽媽跟她說：你的願望不能實現。
亮亮認錯 亮亮是個愛模仿的女孩，最喜歡模仿姊姊晶晶。晶晶玩拼圖，不讓亮亮跟她玩，亮亮就趁姊姊不在拿來玩。姊姊回來後發現拼圖不見了，後來亮亮心裡難過，於是誠實說出並認錯。	**不愛乾淨的亮亮** 亮亮的生活習慣非常不好，房間亂七八糟。有一天她想背小熊背包去郊遊，卻找不到，爸爸媽媽和她一起整理房間，才終於找到。

亮亮的煩惱

亮亮是個無憂無慮的孩子，只有一個煩惱就是尿床，奶奶要她睡前不要喝太多水，但她卻做不到，後來她終於下決心，不在睡前喝果汁飲料。

霸道的亮亮

亮亮有時候很不講理，喜歡搶別人的東西，爺爺送小烏龜給弟弟玩，她也搶走了。姊姊跑去告訴正在煮飯的媽媽，媽媽告訴亮亮不可以搶人家的東西。

貪心的亮亮

亮亮是個快樂的小孩，有許多的玩具。爸爸出差回來，帶了一桶玩具要給亮亮和姊姊一起玩，姊姊也把巧克力切給每個人吃。

亮亮上學去

亮亮第一天去上學，既興奮又期待。有個小朋友哭了，亮亮心想她一定是想媽媽，便把自己的小熊借她玩；兩人想上廁所不敢說。後來老師問，她們才舉手說。放學回家後，亮亮把在學校發生的事情都告訴媽媽。

危險！亮亮

亮亮每天都和小綠一起回家，但有一天小綠要學鋼琴課，亮亮只好自己回家。走在路上，突然有人來問電話，亮亮想起媽媽的話便趕快回家，回家後媽媽稱讚她是聰明的孩子。

亮亮的朋友

春季郊遊，亮亮和朋友一起到動物園，亮亮看到無尾熊很高興，但雅雅不小心跌倒了，小綠幫雅雅止血，並幫她擦眼淚。雅雅謝謝她的好朋友們，老師也稱讚她們是好孩子。

教室裡的亮亮

亮亮有時候很愛講話，常常引起老師的注意，老師要她專心畫圖，但一會兒她又走來走去影響別人，又去和小綠說話。老師說：「你再說話就要罰站。」亮亮才馬上安靜下來。

亮亮日行一善

亮亮是個有愛心的孩子，學校的小小動物園養了很多的動物，亮亮常和牠們講話。有一天亮亮看到有人欺負小狗，她出面阻止，並要大家愛護動物，把小狗送到醫務室。

繪本主題教學資源手冊

●愛闖禍的小天使

　　很久以前，天庭裡有個活潑好動的小天使，他總是到處跑靜不下來，所以常闖禍，他打翻廚房的東西造成人間雷聲大作，打破的酒瓶碎片造成冰雹。他知道自己的調皮造成別人的不便，於是慢慢學會控制自己。

「推薦好書」內容簡介

情緒

●小賢和開心狗

　　小賢每天起床總是氣嘟嘟，不過到星期五卻不一樣，因為他可以見到開心狗，開心狗能讓小賢開心笑到飛起來，兩人可以開心的玩一整個晚上。小賢開始不滿足，希望天天都有開心狗，他無聊又開始作怪，開心狗再也不出現了，他開始學著自己跟自己玩，沒想到也可以這麼好玩唷！

●生氣的亞瑟

　　亞瑟是個很愛生氣的男孩，而且生起氣來就會產生閃電、打雷、冰雹、旋風，把世界都打亂了，最後所有東西都震碎了，他坐在火星上思考著自己為什麼會這麼生氣。

愛生氣的安娜

安娜她有一個大麻煩,她常常很容易就大發脾氣,而且是一發不可收拾,媽媽要她把脾氣吞下去,爸爸要她避開大家,爺爺來了,爺爺給她一個鼓,要她生氣時就用力敲敲它,結果安娜果真覺得有用,走到哪裡她都帶著鼓,從此大家都對她另眼相看了。

膽小的威利

威利每天晚上都害怕,但威利也不知道自己怕什麼,但是在爸媽面前他又裝得很勇敢,天不怕地不怕的,以免被笑話,所以他並沒說出他的感覺,直到外婆來了,大家才知道。外婆一邊對威利增加信心,另一方面也讓爸媽一起來幫忙,結果威利的害怕次數愈來愈少了。

房子,再見

搬家對孩子而言是什麼?是不尋常的氣息,還是興奮,還是更多的茫然和恐懼、不安呢?當所有的東西都已經搬上車了,小熊的心仍然懸念著,爸爸帶著他一一向他曾經擁有的東西說聲再見,外在消失了,留在心底的回憶卻不會消失,學習面對分離,身心安頓快樂的去迎接新環境。

好寂寞的螢火蟲

太陽下山的時候一隻螢火蟲誕生了,牠覺得很寂寞,天空漸漸暗下來了,牠打開尾巴的小燈去找朋友,看到亮光牠就飛過去,但只遇到燈泡、蠟燭、手電筒、車燈等。當一切都安靜下來,終於在黑夜中找到牠一直在尋找的夥伴,牠再也不寂寞。

床底下的怪物

爺爺說完了故事,安安和小魯也該睡覺了,但他們兩人還不想睡覺,一看到牆上出現的影子,緊張的跑去告訴爺爺。爺爺說起他自己小時候也遇到可怕的事,兩人也都替爺爺想到,那其實不是這麼可怕的事。

小阿力的大學校

小阿力要去上學囉!可是他既興奮又有點擔心,萬一在學校迷路了或是交不到新朋友怎麼辦?後來他發現學校是很好玩的地方,而且他認識了許多的新朋友。

你睡不著嗎？

小乖熊怕黑一直睡不著，大乖熊只好一直起來為牠點燈，但還是安撫不了牠。最後大乖熊想到了一個好辦法……，小乖熊終於睡著了。

給姑媽笑一個

有一個小孩子從來都不笑，有一天姑媽來了，姑媽唱歌、跳舞、扮鬼臉、給冰淇淋、送玩具、躲貓貓、親一下，小孩還是都不笑，連搔癢都沒用。姑媽走了，孩子居然笑了。

小貓頭鷹

從前有三隻小貓頭鷹，他們都很會思考。有天晚上他們醒來，發現媽媽不見了，他們很著急，想了很多的狀況，最後媽媽回來，媽媽說：「不要心慌，你們應該知道我會回來。」

抱抱

猩猩到處找媽媽想要抱抱，不同的動物都各自有抱抱的對象，只有猩猩沒有，牠抱著大象的鼻子，大象媽媽帶牠去找媽媽，牠找不到媽媽哭了起來，最後媽媽終於找到牠了，兩人互相抱在一起。

好一個吵架天

這是一本情緒類的圖畫書。情緒的感染力，在書中表現得很生動，惡劣的情緒一個傳一個，後來被一顆天真樂觀的心給轉化了。

亮晶晶的妖怪

夏天的夜裡，沒有腳飄來飄去的妖怪冬冬，被一群亮晶晶的妖怪嚇到全身發抖，並且哭了，原來牠們是螢火蟲，冬冬和牠們玩了起來，結果蝙蝠來了，大家團結一起變成一隻大的亮晶晶妖怪，把蝙蝠趕走。

大頭妹

大頭妹充滿期待的讓媽媽幫她剪頭髮，剪完後，大頭妹的額頭竟然凸出來變成凸頭妹，讓她傷心不已，哥哥為安撫她卻製造更多的笑果，讓大頭妹都不肯去上學，姊姊幫她改變一下，夾上草莓夾子，穿上草莓衣服，果然成為大家矚目的焦點。

家有生氣小恐龍

媽媽每次只要說他的不是，他就開始生氣，就好像體內的火藥噴出來一樣，他變成了恐龍，他沒辦法思考，六親不認，不接受安撫，聽不懂人話，於是他無助的開始哭起來，可是為什要生氣，他已經忘記了。

小美一個人看家

小美在看圖畫書，媽媽問小美會不會一個人看家，媽媽有急事要出去，媽媽走後她就開始想媽媽何時會回來。門鈴響了，第一次叮咚是郵差，再一次叮咚是收報費，小美嚇到不停的發抖，又叮咚了，這次是媽媽回來了，並且帶回來好吃的布丁。

消氣的飛行船

兩個打架的小孩被老師罰站在操場上。一個小孩望著天空想像彩虹及海底的魚，利用想像的方式鋪陳自己的心情，以想像自己坐飛行船的方式抒發情緒，最後氣消了，大家握手言和。

南瓜掌心雷

丁丁常常會害怕很多的事情，一天他夢見一個仙子給他一個看不見的南瓜掌心雷，並告訴他這東西會保護他，到了學校遇到老師想發言也變得很勇敢，遇到大狗他也不怕了，原來他心中一直想著南瓜掌心雷在他的手中，一切的事情讓他都變得不再害怕了，並且結交了一個好朋友。

我好興奮

一對雙胞胎為了自己即將來臨的生日派對興奮不已，但又一再的干擾媽媽的工作，甚至不小心把生日蛋糕打翻了，透過媽媽和爺爺的幫助，學著如何表達出自己的興奮情緒。

我好氣憤

小凱發現弟弟毀了他心愛的卡片時，他真想把弟弟揍扁，媽媽讓小凱了解生氣沒有關係，但除打弟弟或是其他破壞行為外，媽媽也幫助小凱找到表達自己氣憤的方法。

鱷魚怪

李奧的媽媽懷孕了，李奧不喜歡媽媽再生一個孩子，他認為自己獨一無二，一晚他發現廚房有聲音，原來是很大隻的鱷魚在吃東西，之後鱷魚也把熟睡中的媽媽吃掉了，李奧拿起剪刀救出媽媽，並告訴肚中小孩是他救了他，回房裡睡覺的他，第二天卻睡在媽媽的床上。

想念的沙漠

離別是想念的開始，書中藉由沙漠傳達出一種思念的情緒，一個詩意的孩子，坐在石牆上等待，藉由獨白傳達出等待、想念、失望、生氣的情緒，但最後仍懷抱著希望，值得咀嚼再三的感受。

星期二洗髮日

星期二是麥克的洗頭髮日，可是洗頭會讓水跑進眼睛裡，他說他怕淹死，所以星期二的浴室總是傳來陣陣慘叫聲。姊姊想了個辦法，讓他洗頭時不再像以往那麼吵啦！

爸爸永遠會在那兒

當我在做任何事時，我知道爸爸會在那兒，當我需要他時，我知道爸爸會在那兒。

100隻壞野狼

晚上睡覺會因什麼事而醒來？小兔子尼克在睡夢中大喊著救命，兔子媽媽進來問他怎麼了，他說有一百隻狼在追他，媽媽安慰他，大家又一起上床睡覺，這時五隻兔子大喊救命啊！媽媽終於到外面趕走大野狼。

小毛，不可以

又聽見媽媽喊著「小毛，不可以」。小毛不是爬高拿東西，就是一身泥回家，或是在浴室玩水、敲鍋子、玩食物、當超人在房間跳，玩具玩得一地都是，甚至打破花瓶，但是媽媽還是很愛他。

我為什麼快樂

你可以清楚的辨認出自己的情緒嗎？什麼事會逗我笑？什麼會害我哭？什麼事又會讓我覺得無聊呢？什麼事會讓我高興呢？又是什麼事會讓我害怕？難過？忌妒？興奮？害羞？生氣？什麼讓我們很快樂？大家一起玩。

魔奇魔奇樹

當晚上睡到一半時，敢起床上廁所嗎？豆太很膽小，門前種了一棵魔奇樹，到了晚上只要魔奇樹看他一眼他就上不出來了。有一天夜裡，爺爺生病了，他很勇敢的跑去請醫生來幫爺爺看病，爺爺稱讚他，有善良的心遇事就會勇敢直前。

妮娜的奶嘴

妮娜的奶嘴總是含在嘴裡，不管是在走路、游泳，甚至長大上班、結婚，她都要吸著她的奶嘴，可是吸著奶嘴講話會不清楚，她仍然堅持，她散步到森林中，遇到大野狼張開大嘴，妮娜把奶嘴送給牠吸，大野狼不生氣，妮娜回到家媽媽還問她的奶嘴呢？

洛克的小被被

洛克總是抓著一條藍色的方格布巾，這是他心愛的小被被，但隨著他的長大，小被被舊了，媽媽覺得要丟掉。洛克總是把小被被當成圍巾、披肩、提籃、超人等，小被被可是伴隨著洛克長大的，讓洛克十分捨不得，爸爸媽媽後來也了解這份情感就把小被被留下來。

今天誰要去上學

山姆希望布偶丁丁代替他去上學，山姆幫它穿好衣服，並告訴它吃早餐時要注意的事情，並且告訴它一些他平常都會怎麼做的事情，要丁丁多注意些，尤其是在學校時，他和同學們會玩哪些遊戲，他自己會在家等丁丁回來，當媽媽叫他時，他決定帶著丁丁一起去上學。

樓梯底下的熊

小威很怕毛茸茸的熊，他也怕靠近樓梯底下，因為他覺得自己就將在樓梯底下看見一隻熊，他常想著熊都在做什麼事。媽媽知道這件事後，帶著小威一起去對抗那隻熊，結果發現原來是舊的毛茸茸地毯，之後媽媽買了一個毛茸茸的小熊給小威，小威便一點都不怕熊了。

拉里拉耷

茉莉的布偶拉里拉耷不見了，茉莉十分需要它的陪伴，尤其晚上的時候，茉莉常想起拉里拉耷，爸媽就陪著茉莉想像拉里拉耷在做什麼事，可能被海盜捉走了，或到外太空去了，還是被做成甜甜圈呢？茉莉的情緒被父母所接受，而且最後茉莉也在商店找到她的拉里拉耷。

繪本主題教學資源手冊

小飛幫大忙

小柏要開慶生會，小飛在家時媽媽告訴他所會遇到一些事情，因為媽媽不能陪他去，但是小飛卻要帶著他的舊毯子才行，大家在慶生會中玩遊戲，小飛仍抱著毯子，直到小敏一定要牽著他的手，他才放下毯子，跟大家開心的玩在一起。

害羞公主

本書是關於害羞的故事。害羞公主總喜歡躲在媽媽的後面，到一些場合就會哭，走到哪兒總覺得大家都是注意著她，讓她更加的害羞，在家人的包容下並耐心教她，終於讓大家刮目相看。本書提供一些方法讓大家來練習。

海盜要搬家

要搬家了，孩子該如何來紓解不安的情緒，透過另一種想像的方式幫助孩子適應這樣的心情。海盜船長龍捲風和他的水手們即將搬到另一個新的小島，他小心翼翼的把東西打包上船，重要的東西可是不能忘記的喔！依依不捨的揮別舊居，向新的小島前進。

黑夜黑夜不要來

夢見可怕的怪物，就想躲到爸媽的懷裡，但是怪物擋住了，隨著害怕的程度恐懼也愈來愈大，最後竟然把大黑怪嚇跑了。作者在書中是放一些勇敢的訊息，害怕會過去，惡夢總會遠離，希望孩子可以放心成長。

一份神奇的禮物

大家都說湯米是一個膽小鬼，半夜會怕，阿姨親他也會怕，害怕的事情愈來愈多了。生日時有人送了他一條狗，有了牠，做什麼事都不再害怕。

我變成一隻噴火龍

有隻蚊子叫做波泰，牠最喜歡吸愛生氣人的血，阿古力很愛生氣，被叮個大包，從此牠只要一開口，就噴出火來，想盡辦法都無法滅火，連鄰居都遭殃，最後牠也沒辦法的哭出來，終於滅火了，波泰的下一個對象會是誰呢？

🥁 大野狼來了

大野狼看起來一點都不高興，他肚子餓了，大家不是嘲笑他，就是捉弄他，他只要肚子餓就會變得很可怕，每個人看到大野狼就趕快跑。他很傷心，不小心跌跤，才發現這一切是大家為他慶祝生日。

🥁 妖怪的床

小妖怪丹尼斯不敢一個人睡覺，因為牠怕床底下的人類會來抓牠，媽媽告訴牠人類只在書本中出現，牠還是要睡在床底下。這時一個小孩迷路了，他進入洞穴中看到床便躺下去，他想看一下床底下有沒有妖怪，「啊～」結果落荒而逃。

🥁 有時候，我覺得我像

有時候我覺得自己像一場暴風雨，好像隨時都可以大哭一場，有時候覺得自己像一個大氣球，一碰就爆炸了，有時也會洩了氣，有時像孔雀又神氣又快樂，有時覺得像龍捲風到處摔東西，有時有力的像大公牛，隨時準備好接受挑戰。

🥁 討厭黑夜的席奶奶

山上住著一位席奶奶，她討厭蝙蝠、田鼠、星星、黑影、睡覺，連月光都討厭，每到黑夜她就拚命的想辦法趕走黑夜，用掃的或是用麻布袋裝、用煮的、用捆的、用蠟燭燒、揮拳頭、吐口水，等到精疲力盡，天都亮了。

🥁 雷公糕

遠方轟隆隆的雷聲，使得小女孩躲到床底下，但是祖母卻告訴她這是做雷公糕的好時候，她帶著孫女到穀倉撿雞蛋、擠牛奶，拿巧克力、糖和麵粉、摘蕃茄。暴風雨愈來愈近了，她可以在暴風雨來前就做好嗎？

🥁 潔西卡與大野狼

一個不斷夢見大野狼的小孩，如何在爸爸媽媽的幫助下及玩偶泰迪熊的陪伴下，逐漸發展出自己的勇氣和力量，而以一根魔法棒的方法，成功趕走夢裡的大野狼。

野獸國

阿奇在家裡撒野，媽媽處罰他不准吃飯，回房間去睡覺，那晚阿奇幻想著，房間長了很多樹，他航行一年多來到野獸國，野獸的吼叫、可怕的牙齒，都被他馴服了。他當了野獸大王，但還是想回家吃飯，野獸便讓阿奇回家去。阿奇回到現實，結果晚餐就在房間的桌上。

祖母的妙法

阿力滿屋子都是玩具，但他很膽小，遇到狗或小孩騎車、郵差……，都覺得像書裡跑出來的巨人。奶奶教他唸咒語，他練習幾次，結果真的靈驗了。

天不怕地不怕

阿寶是個天不怕地不怕的孩子，他會大聲吼叫、扮鬼臉嚇人，誰怕阿寶就叫他膽小鬼。有次阿寶在睡覺時有個小妖怪來罵他膽小鬼，當他不知如何是好時，奶奶來了，她把妖怪畫在紙上並綁在汽球上讓他們飛走。

情緒、心情、感覺

人人都有感覺，你能透過彼此的對話了解到現在的感覺嗎？怒氣沖沖與心平氣和的時候講話不同，生病和過生日的感覺也不同，看圖你就會了解。

馬桶妖怪

朱朱常常不敢上廁所，因為他覺得馬桶裡有妖怪。上學時他都忍著不上廁所，因為沒有人陪他，結果他尿褲子了。同學嘲笑他，幸好小琳幫他想了個辦法，他就再也不怕了。

生活自理

我會自己穿衣服

練習穿衣服是學習生活自理的一部分，藉由這本立體書，可以讓孩子學會怎麼穿襪子、扣釦子、拉拉鍊、戴帽子，一邊看一邊做，除了練習小肌肉的發展，孩子也學會自己穿衣服。

小喬逃跑了

小喬總是不喜歡整理房間，一天趁媽媽不注意時逃走了，媽媽到處找都找不到，而且大家都知道媽媽有空房間，許多動物都爭相來試，而小喬也正在尋找新地方，但最後還是媽媽的房間最好，只需稍微整理就好了。

阿立會穿褲子了

阿立不會自己穿褲子，他試了又試，只好光著屁股跑到外面去，動物們都嘲笑他。最後，他坐著穿褲子終於會了，穿給動物看，大家都羨慕。

我會用筷子

你會用筷子嗎？這本書教小朋友如何拿筷子。手指的握法、精細的分析動作；依照書中的步驟做張合，小朋友也可以夾起食物來。

馬桶裡有妖怪

媽媽覺得賽門長大了，要開始學習使用馬桶，但賽門怕掉進馬桶裡，也覺得那裡面有妖怪。他塞了一些衛生紙給馬桶，又把糖果丟給它吃，也把他紅色的小汽車丟進去，他覺得妖怪接受他的禮物，答應當他的朋友。後來爸爸把廁所擺設的很漂亮，賽門便喜歡上廁所，並且在廁所裡面看書。

小莉的家

小莉在地板上玩得很高興，哥哥卻總是來搗蛋，小莉受夠了想搬家，媽媽給她一只箱子，並幫她布置成一個家，小莉高興的把玩具擺入箱中，並和玩具玩起幻想遊戲來，而且再也不怕哥哥來搗亂。

兩個娃娃

小狗阿花吃東西不出聲，喝湯慢慢喝不亂灑，胖胖則和牠相反。胖胖身上黏膩膩，螞蟻爬到牠的身上，讓牠覺得癢癢的。後來胖胖去洗澡，之後也懂得吃東西不掉渣，記得刷牙擦嘴巴。

收拾

孩子玩過玩具後不想收拾怎麼辦？本書提供家長有趣又有效的方法，把收拾當作是一種遊戲，孩子不但喜歡玩，也會在此過程中養成收拾的習慣和能力。

🗨 我家有個壞好寶寶

　　水龍頭記得要關緊，衛生紙不要扔進馬桶，玩具不要亂丟，要學會自己穿衣服……，用對比的方式呈現，讓小朋友知道要別人如何對你，就要先用那樣的方法對別人。

🗨 我會用小馬桶

　　學會使用小馬桶，對孩子而言是新鮮又有趣的事，藉由圖畫書立體有趣的效果，教會孩子使用馬桶的步驟和動作，讓孩子覺得使用馬桶很容易，培養自理大小便的能力及良好的衛生習慣。

🗨 睡覺時間到囉！

　　小朋友在上床睡覺前，必須把一些事情先做好，本書是採立體操作的方式和孩子一起來做工作，如洗澡、收拾玩具、換上睡衣、刷牙梳頭、聽媽媽說故事。

衛生保健

🗨 大家來刷牙

　　這是一本立體書。利用各種不同動物的牙齒，教小朋友如何正確的刷牙，小朋友擁有又白又亮的牙齒，可以每天都笑得很開心。

🗨 一顆超級頑固的牙

　　芽芽有顆牙齒動搖了，為了使牙齒掉下來，她用了一些法子，如跳舞、跳彈簧床，用超級黏的口香糖黏在牙齒上，但是牙齒就是不掉下來。她累了想睡覺，這時她鼻子癢打了一個噴嚏，而牙齒呢？

🗨 我們來洗手！

　　預防腸病毒，要勤洗手。吃東西以前要洗手，玩耍後要洗手，和小狗玩、上完廁所、打噴嚏都要記得把手洗乾淨，因為手上面會有細菌，會讓你生病。

🗨 挖鼻孔好好玩

　　小象、小青蛙和小老鼠都喜歡挖鼻孔，可是青蛙媽媽卻嚴禁小青蛙這麼做，於是他們決定去問個清楚，可是得到的答案讓他們既覺得挖鼻孔可怕，卻又仍舊有些懷疑。

皮皮放屁屁

青蛙皮皮遇到一個問題，他停不住要放屁，妹妹覺得很好玩，但爸媽和老師卻不高興。醫生說這是肚子裡有臭氣需要排放，慢慢的會好起來，可是皮皮卻忍住不放屁，他的肚子也愈來愈大，像個汽球，並帶他飄向空中，爸爸叫他趕快放屁，他才重回父母的懷抱。

人要睡覺，動物要睡覺

晚上該睡覺，可是你不想睡覺，由打呼博士告訴我們不想睡覺會如何？睡眠會使我們愈來愈聰明，人不睡覺是活不下去的，動物也常千方百計睡牠一覺，睡眠真的很重要，為了保護及製造腦細胞，晚上還是睡飽一點。

健康檢查

老師說要健康檢查，要記得說出自己的名字和年紀。康康有點擔心，小朋友也在外面猜測，裡面傳出哭聲，大家就很緊張和害怕，醫生拿起聽診器說：不要怕，只是給身體打電話。大家統統檢查完畢後，康康突然想起還沒向醫生報上名字和年紀喔！

放屁萬歲

ㄅㄨ⋯⋯好大的屁聲，小朋友聽見聲音開始吵鬧。老師說：「安靜，放屁有什麼關係，誰不會放屁。」大家開始和老師討論起放屁的時間、地點，討論起動物會不會放屁，最後老師要大家寫一篇關於放屁的詩或作文。

我愛洗澡澡

本書是敘述一隻小狗從洗澡開始到上床睡覺的過程。

謝謝你，熊醫生

小健突然咳嗽、發燒起來，媽媽要他漱口上床睡覺，還要睡冰枕，小健擔心明天不能去玩，這時熊醫生來了，他教小健如何漱口及睡覺如何蓋被子，第二天一早小健開心的告訴媽媽他已經好了。

🔊 小琪的肚子咕嚕咕嚕叫

　　小琪會幫忙作家事也很聽話，可是她的肚子會咕嚕咕嚕叫，上課時又在叫，同學都笑了，醫生說要她吃東西慢一點。有天大家一起去動物園，管理員不小心跌倒，門打開老虎吼叫，聽到小琪肚子咕嚕的叫，卻嚇退了，大家都為她拍手。

🔊 眼鏡公主

　　眼鏡公主因為常常看錯很多的東西而惹出笑話來，皇后找了醫生來看她的眼睛。原來她常常姿勢不對，且沒讓眼睛休息，醫生讓她戴一段時間的眼鏡，並且要她多做眼睛操和注重營養，好了就不用再戴眼鏡了。

🔊 蛀牙王子

　　小王子最愛吃甜食，而且像媽媽一樣很會藏食物，有天他大叫好痛喔，原來他有蛀牙，醫生幫他補好牙，而且要他少吃糖、多刷牙；廚師要他吃青菜、水果、牛奶，就不會有蛀牙。

🔊 阿寶拔牙

　　大象寶寶蛀牙了，常喊著牙齒痛，醫生告訴牠要補牙，牠怕痛更怕花錢。牠自己想了很多的辦法來拔牙，都無效，牠想多吃糖把牙蛀光，但卻愈來愈痛……。

🔊 我的牙齒，你的牙齒

　　本書讓小朋友知道牙齒保健的概念。

🔊 第一次拔牙

　　阿沛的牙齒快要脫落了，媽媽告訴他要把牙齒拔掉，他不肯，晚上睡覺又怕牙齒吞到肚子裡，媽媽想幫他拔，他不肯，自己拔又拔不下來，媽媽於是想個辦法幫他拔牙。

🔊 達達洗澡

　　孩子常會因為怕洗頭而拒絕洗澡，這時可能用哄的或是罵他都沒有辦法，如果讓孩子體會到洗澡的樂趣時，相信自然而然的他就喜歡洗澡了。

🔊 哈啾王子

　　本書是關於感冒的故事。好動的小王子總是喜歡到外面玩耍，又不聽爸媽的話就著涼了，連家人也被傳染了。平常要多注意營養、增加抵抗力，好好休息，感冒就不會來。書中的觀念讓孩子可以和感冒說再見。

我要做個好小孩

一個好小孩和一個壞小孩有什麼差別嗎？本書以對比的方式讓大家了解好小孩和壞小孩的不同。藉由內在的身體構造不同讓孩子了解，如體內特徵、消失、大小便的訓練、如何聽、看及腦部的運作，及他們的日常保養之道，可是當好小孩與壞小孩受傷毀壞時，狀況會是如何呢？

我不睏，我不要睡覺

查理要照顧蘿拉睡覺，但蘿拉總是忙著做一些事情，不要上床睡覺。但是查理總是有辦法，讓蘿拉做好所有的睡前工作，道聲晚安上床睡覺。

嗯嗯太郎

嗯嗯太郎他是誰呢？他是專門研究動物大便的專家，他每天都到森林裡或是草原上蒐集動物的大便，或是幫動物解決大便的問題，小猩猩為什麼不肯在廁所裡大便，斑馬會不好意思在大眾面前大便，藉由認識動物和大便的關係，也許可以解決孩子上廁所的困擾。

好髒的哈利

哈利是一隻白色有黑點的狗，牠最討厭洗澡了，牠把刷子藏起來，跑到外面去玩，又玩泥巴，又在煤炭車上玩，變成一隻黑狗。牠肚子餓了回家去，可是沒人認得出牠來，牠要怎麼辦呢？

放屁

本書告訴小朋友人為什麼會放屁。在吃飯和喝水的同時會把空氣吞進肚子，從嘴裡出來是打嗝，肛門出來是放屁，屁為什麼會臭？這是因為食物的關係，而且吃草食的動物屁比較多。

大家來大便

每種動物的大便形狀都不太相同，有的在水邊或是沙上，人是在哪裡大便呢？吃的食物也會影響大便，大完便要記得擦屁股、沖水、洗手。

牙齒的故事

哈哈哈，大家笑得好開心，牙齒都露出來了。門牙是用來切斷食物，犬齒是用來撕開食物，臼齒是用來磨碎食物，還告訴小朋友為什麼會蛀牙、刷牙的好處，讓小朋友知道有好牙齒才能獲取好營養，才有健康的身體。

方眼男孩

東東從早到晚只愛看電視，媽媽警告他再這樣下去，眼睛會變成方的。結果東東的眼睛真的變成方的，他改成畫圖、看書、散步、望天空，後來終於好了。

眼睛的故事

眼睛在黑的與亮的地方有什麼不同呢？介紹眼球內部如何的調節，辨別形狀或顏色。睫毛的作用是防沙及灰塵，眉毛是防止汗流下來，眼睛可以看書、畫圖、看小東西。

飲食健康

精靈的晚餐

亨利宴請他的朋友到家裡餐敘，隨著一道道精緻可口的餐點上桌，精靈們的身體也隨著菜色而起了相關變化，為這頓晚餐增加不少的笑果，也帶給大家不少的驚喜，最後餘興節目裝人嚇鬼，把精靈們都嚇成綠色。本書讓人讀來輕鬆愉快。

阿平的菜單

媽媽對阿平總是很煩惱，而阿平不能隨心所欲地吃想吃的食物，也不高興，媽媽決定一整天都讓阿平吃自己想吃的食物，阿平高興的吃著糖果零食等，可是突然肚子痛，他去睡一覺。朋友找他出去玩，回來之後晚餐他決定吃昨天晚上剩下的義大利麵，並且吃光光。

好餓好餓的毛毛蟲

　　月光下一顆小小的蛋，躺在葉子上，第二天啵一聲，爬出一條又餓又幼小的毛毛蟲，牠找東西來吃，從星期一到六吃了很多不同的東西，牠肚子痛，牠不再是一隻小毛毛蟲，牠造繭把自己包在裡面，住兩星期……。

多多什麼都愛吃

　　媽媽總是會要孩子多吃一點才會長大。書中小女孩的媽媽夾一些菜給她吃，她總是都倒給小狗吃，因為小狗什麼都愛吃，媽媽又說：多吃一些才會長大。她就開始想著小狗要是長大一點，走起路來一定很神氣，東西會吃很多，這樣子不行，還是自己多吃一點好了。

愛吃青菜的鱷魚

　　農夫在河裡發現一隻小鱷魚，之後小鱷魚都陪農夫到田裡工作，日子漸漸過去了，農夫種的青菜種子發芽長大，農夫每天都摘青菜給鱷魚吃，有大頭菜、青江菜、高麗菜等，有天一位醫生到村子裡來看診，小鱷魚最健康，原來牠愛吃青菜，把壞菌趕光光。

愛吃水果的牛

　　水果森林裡住著一隻愛吃水果的牛，主人每天餵牠吃各種好吃的水果，日子久了這隻牛又健康又強壯，有一天主人和鄰居們都感冒了，愛吃水果的牛每天供他們吃香蕉牛奶、蘋果牛奶，大家都恢復健康後，都跟愛吃水果的牛一樣愛吃水果。

瘦皇后

　　皇后因為擔心國王太胖了，便把所有的東西都藏起來，所以連皇后也愈來愈瘦。有天皇后昏倒了，醫生說皇后吃太少了，而且沒有均衡的營養，廚師就做了很多美味又營養的食物給國王和皇后。後來，皇后心情放輕鬆，胖起來變成健康又美麗。

今天的便當裡有什麼

　　動物們和我在森林裡玩，大家肚子餓了來吃便當，大家找著自己的便當，每個人都在猜便當裡有什麼，你可以看到不同的動物吃什麼東西，吃多少，我的便當裡有飯團、煎蛋……。

◉ 冰箱開門

當爸爸媽媽拖著疲累的身體回到家的時候，卻有四個嗷嗷待哺的孩子等著吃飯。但打開冰箱，裡面所有的東西均是過期或是壞掉的食物，這下該怎麼辦呢？只好叫外賣。

◉ 我絕對絕對不吃蕃茄

查理從小就懂得要照顧蘿拉，但蘿拉吃東西很挑食，很多食物都不吃，尤其絕對絕對不吃蕃茄。查理想了一個辦法，把食物想成不一樣的東西，如豌豆叫綠雨滴，她最討厭的蕃茄則叫水月亮。

◉ 紅蘿蔔奧圖

對於奧圖而言，紅蘿蔔是牠的全世界，牠太喜歡吃紅蘿蔔，腦子裡想的都是紅蘿蔔，大家勸牠都沒有用，有一天牠吃了太多的紅蘿蔔，身上都變成紅蘿蔔的顏色，引起大家的注意，牠決定不再吃紅蘿蔔，改吃菠菜，菠菜啊！簡直超級的棒。

◉ 鹽巴國王

國王生日到了，大家熱鬧的慶祝，國王開心極了，便問公主到底有多愛他呢？公主說：「我愛您就像愛鹽巴一樣」，國王聽了很生氣，竟然把他比喻成便宜的東西，便下令全國不准用鹽，吃飯的時候國王覺得很難吃，最後生病了，醫生說他要吃鹽，國王才明白鹽的好處了。

◉ 怪怪皇后

怪怪皇后愛吃魚、肉、糖、炸薯條，就是不愛喝水，吃吃吃……肚子愈吃愈大，連上廁所都痛到喊救命，大家勸皇后多喝水和多運動，最後皇后終於用力再用力的解出便來，這時她好舒服喔，可是皇后又說：「來份炸雞吧！」國王說：「你想再便秘嗎？」

◉ 永遠吃不飽的貓

有一隻胖貓怎麼吃都吃不飽，牠把主人吃掉，又吃了一隻肥豬、掃煙囪的人、牧師、新郎和新娘、船長和船員、國王，連月亮也吃了。當牠想吃太陽時肚子裂開了，所有東西都跳出來。

自我成長

彼得的口哨 　　彼得希望自己會吹口哨，他試了一次又一次還是吹不出聲，兩頰都酸了，他戴上爸爸的帽子假裝是大人還是吹不出聲，看到小狗威利，他躲到紙箱中，試著吹果然吹出聲音來了，回家後他開心的吹給爸爸媽媽聽。	**魚就是魚** 　　蝌蚪還沒變成青蛙前，和魚一樣生活在池塘裡，但蝌蚪變成青蛙後，跳出池塘看到外面多采多姿的世界，就回去說給魚聽。魚一心想見識陸地上的世界，於是決定親自去看⋯⋯。
鱷魚柯列尼斯 　　柯列尼斯是一隻特別的鱷魚，他不像其他同伴用四隻腳爬行，他用兩隻腳走路，他常覺得自己比其他鱷魚可以看到不同的事物，但是他的同伴都不以為然，這次他學猴子倒立及用尾巴掛在樹上，他讓河岸邊的鱷魚生活起了變化。	**膽小小雞** 　　兩隻膽小的小雞到遊樂場去，不敢溜滑梯，但又看著大家玩得這麼開心，儘管很多人邀約，小雞就是跨不出這一步，小青蛙和小老鼠也一直教著牠們，直到河狸來，帶著牠們坐在牠的尾巴上，小雞才開心的玩起來。
那一年我沒有上學 　　吉賽兒和爸媽及妹妹帶著所要表演的道具去做巡迴的表演，他們到義大利，先後到佛羅倫斯、斯波雷多、亞西西鎮，最後來到羅馬，每一站發生的事情及遇到的風俗民情，都令他難以忘懷，並把他學會的義大利文一一記下，一趟旅行讓他學到好多事情。	**鴨子騎車記** 　　鴨子有個瘋狂的主意：我想我會騎腳踏車。他搖擺的騎上路了，一路上遇見母牛、綿羊、狗、貓、馬、母雞、山羊、肥豬、老鼠，大家對鴨子騎著腳踏車有不同看法，直到一群孩子把腳踏車放在農場上，所有的動物都騎腳踏車，真是好玩！並且沒有人會知道這件事。

繪本主題教學資源手冊

愛蜜莉上學記

　　愛蜜莉上學去，上學的第一天，要做的事情可多著呢！要學認字母、唱歌、跳舞、數數，全從這一天開始。可是一天天過去了，愛蜜莉發現隨著日子的成長學習，她的世界也愈變愈大了。

小魔乖要上學

　　小魔乖好傷心，每天在家裡都聞到討厭的肉味，讓他覺得煩惱，有一天他要去上學了，從他上學開始，一切都改變，家裡聞到的都不是肉味，而是甜甜的點心味，如水果蛋糕等，他還請其他孩子到家裡和他一起分享，他擔心其他孩子會被爸媽吃掉，結果他的擔心真是多餘的。

小熊的小船

　　小熊喜歡在牠的小船裡曬太陽、抓魚、作夢，可是小熊一天天長大，小船卻不會長大，當牠變成大熊時，就坐不進小船裡，但是為了小船好，他開始尋找著另一隻小熊，要把船送給牠，以後大熊可以一邊做自己的事，一邊看著坐在船裡的小熊，小熊很快樂，大熊也很快樂。

我自己做

　　今天讓我試著做，明天我一定做得更好。小兔子想要自己端可可，想要自己畫圖，想要玩水漥，爸媽覺得他太小了做不來，一次郊遊他爬到樹上，並沒有跌下來，證明了自己的能力，他希望爸媽從明天就讓他自己端可可。

小步走路

　　三隻小鴨子在森林裡迷路了，找不到鴨媽媽大家好心急，鴨哥哥教著鴨小弟，一小步一小步的慢慢走著，鴨小弟練習著，之後跟著哥哥一小步一小步專心的念著走著，終於找到媽媽。

天空為什麼是藍色的

　　老驢子年紀大也懂得很多的事情，兔子年紀很輕很想學習，但是老驢子總是要求小兔子要乖乖坐好仔細聽才能教牠，但是兔子對於身旁的事情總是非常積極的探尋著，往往小兔子還沒聽到老驢子教，老驢子就睡著了，後來老驢子藉由小兔子才明白到很多事還等著牠學習呢？

小兔子整天都在做什麼

小兔子跟媽媽要求他想出去看一看，媽媽要他在吃晚餐前要回家，他好奇大家平常都在做什麼，他問了白雲、水仙花、蜜蜂、蝴蝶、小溪，而他自己呢？吃浦公英、莓子，並且睡個覺，就這樣過了一天，而且回家跟媽媽分享這一切，媽媽說這就是小兔子一天所要做的事。

尿布 Bye-Bye

奶奶送了達達一個尿桶作為生日禮物，他把它放在頭上，拿去裝滿水，還拿去裝很多的蕃茄。媽媽說尿桶是尿尿用的，但達達還是尿到外面了，當爸爸回來的時候，達達終於學會尿在尿桶了。

達達的毯子

達達不論睡覺和玩耍，都要抱著他的小毯子，上面有沾到果汁，而且破了，媽媽帶他到外婆家玩，外婆給他新的毯子他也不要。爸爸寄來故事書，外婆說給達達聽，達達從此再也不要破毯子。

小豬吃吃吃

小豬開口的第一句話就是「吃」，他吃得到處都是食物，不管是椅子、頭發、衣服都是，姊姊要他吃得秀氣，爸爸要他吃得乾淨，媽媽帶他去把全身洗乾淨，結果他開口的第二句話是「乾淨」，果然保持得乾淨，第三句話是「秀氣」，糟糕玩具大戰開始了。

跳跳 O

跳跳 O 可不是一顆普通的豆子喔！他人小卻志氣高，站在懸崖上，往對岸一瞧：不行，我一定要過去瞧一瞧！於是想盡了各種方法要過去，他想到的方法有填小石子、砍樹造橋、坐飛機、腳上裝彈簧、坐火箭，可是卻都會發生不順利的事情，最後終於到達彼岸了。

糟了！糟糟

糟糟是一隻頑皮的小豬，他非常好奇，總是到處去探險。一天早上起來，糟糟先遇到兔子忍不住追了起來，而後又遇到鴨媽媽帶小鴨出來玩，還遇到馬、雞、麻雀、小野豬、乳牛等，都有不同新鮮事發生，還被貓的毛線纏成一團，這樣愉快的一天，讓糟糟非常期待明天的探險。

五歲愛搞怪

五歲什麼事都難,喜歡和弟弟吵架,手腳長得快,衣服都不能穿,老是被說不可以,我想大聲回答說可以,為什麼五歲就必須去上學,還得學會自我控制,五歲一定要像超人才能熬過,但我有自己的想法,我知道自己要什麼。

很新很新的我

有個男孩離開他熟悉的房子,離開了他愛把玩的積木,離開了他心愛的泰迪熊和熊貓玩偶,因為他現在更喜歡上圖書館。他借了一本有關於貝殼的書,更喜歡知道貝殼如何沖刷上岸的生命故事,他把過去曾經熟悉的事物都裝成箱了。

第一次上街買東西

小惠的媽媽,請小惠幫忙去買弟弟的牛奶,這是五歲的她第一次自己去買東西,路上的點點滴滴都十分有趣又新鮮。

小飛先進門

媽媽帶著小飛和妹妹上街,小飛一路跑在前面並在門口等媽媽,媽媽先把菜籃放到屋裡,再出來抱妹妹,這時門卻被小飛關起來。正當左右鄰居想辦法打開門時,小飛卻自己搬椅子把門打開來了。

看看我會做什麼

小時候有些事情很難做到,但漸漸長大就愈來愈容易了。有些事情是漸漸的練習後,會的事情也愈來愈多,每天都會學到一些新事情,有些事我不一定做得到,但我會試,一直試,再試,一定難不倒我。

湯匙不能當鏟子

常常聽到大人抱怨:現在的孩子不懂禮貌!看到人不會打招呼、吃東西時沒有餐桌禮貌、撞到人不會說對不起……,他藉由一個個假設性的狀況,利用選擇題的方式,讓孩子選出心中的答案,再透過和大人討論的過程,學習禮貌心。

行為

上面和下面

大熊很懶惰，是個有錢的地主，野兔很聰明卻一無所有。野兔想藉大熊的財富來改善生活，於是到大熊家提出希望能在大熊的田地上面工作，一起平分收穫的要求。但野兔要大熊選擇上面或下面的收成，結果大熊發現中了野兔的圈套。

到底誰贏了

洛奇不服輸的個性，讓他老是交不到朋友，這天牠找上小河馬韓韓要和牠比賽，一路上韓韓看見別人有危險就去幫忙，在最後關卡時，洛奇還是喊著：我贏了，最後韓韓也出手救助洛奇。但這樣一心一直想求贏的洛奇，卻發現自己一點也不快樂。

珍珠

小海獺撿到了一顆珠蚌，卻遭到森林朋友們的嫉妒和攻訐，大家大打出手，甚至還引起了一場森林的大火……。

月光寶石

彼得和爺爺是住在山裡的牧羊人，有天晚上彼得發現羊少了一隻，便帶些食物出去找尋，來到月湖旁發現有亮晶晶的寶石就撿起來，此時銀狐走來向他要東西吃，彼得把食物全給牠，牠告訴他天未亮一定要離開。彼得拿寶石去賣遇到大官，大官要求他說出寶石的地點，結果大官因為貪心全都死在山上。

米羅與發光寶石

在海中間的小島上，住著一隻叫米羅的小老鼠。有一天，米羅發現了一個非常不可思議的東西……一顆發光寶石。

傻鵝皮杜妮

皮杜妮自從撿到一本書之後，就認為自己很有智慧，也因此驕傲起來。大家不管有什麼問題都會問他，可是結果還是沒有解決，皮杜妮的脖子還因此愈來愈長，有天遇到一個包裹，皮杜妮說那裡面是糖，結果爆一聲……。

79

這是我的

彩虹池中間有一個小島，島上住著三隻愛吵架的青蛙，吵的都是「這是我的」。有一天突然烏雲密佈，下起大雨，眼看著島愈來愈小，水上只剩一塊石頭時，三隻青蛙擠在石頭上的感覺反而很好。雨停了，救他們的石頭原來是隻蟾蜍，從此青蛙快樂的生活在一起。

兔子小白的禮物樹

小白想跟聖誕老公公多要一份禮物，所以把自己塗黑假裝成另外一個人，得到了小種子。但是小白覺得良心不安，牠把種子埋在地底下，還給上帝並請求原諒，沒想到上帝竟然送給世界上所有孩子一棵樹。

三個強盜

從前有三個很凶的強盜，穿著黑衣黑帽，出門都躲躲閃閃的。到晚上就出來找路上倒楣的人，馬車經過就搶劫財物，把搶來的東西藏在山洞中。有一天卻只搶到一個女孩，女孩問他們這麼多錢財要做什麼呢？最後他們把錢拿來蓋城堡收容很多的孤兒。

魯拉魯先生的庭院

魯拉魯先生有一個布滿青草的院子，每天他都到院子裡整理，誰要走進他的院子裡，他就拿起彈弓把他們趕出去。有一天他發現院子裡有一根大木頭，他去踢了踢，結果居然是鱷魚，牠要魯拉魯也躺在草地上，感覺真的很不錯。

晚安，貓頭鷹

貓頭鷹想睡覺，可是蜜蜂、松鼠、啄木鳥、椋鳥、布穀鳥、知更鳥、麻雀、鴿子，一一飛過來吵得貓頭鷹睡不著，當貓頭鷹再也睡不著時，牠大叫著把大家都吵醒。

誠實的賊

亞斯有一次在酒店中，遇到了里昂，因同情他便買了一瓶酒送里昂，里昂從此便跟著他一起生活。有一天亞斯發現有條馬褲不見了，便懷疑是里昂偷走，里昂極力否認，也離開了亞斯，等到亞斯再找到他時，他已經病重，但里昂最後仍取得亞斯的原諒。

統統是我的！

從前有一隻小烏鴉，牠看到什麼東西都想要，不管是什麼東西，也不管是誰的，牠都會用各種不同的方法得到牠想要的東西，可是為了這些東西，牠沒辦法跟其他人一起玩，時間久了牠也覺得無聊，發現沒有朋友陪牠玩才是最笨的，所以……。

給我一間酷酷的小屋

小熊有間生活愉快的屋子。因為牠使用了很多的電器，尤其在夏天的時候，插座一個當好幾個用，牠覺得電便宜又好用，可是一個不小心電線走火了，救急的水又都被牠用完了，幸虧大象幫忙滅了火，讓牠學會不浪費。

臘腸狗

臘腸店的老闆阿雷養了一隻可愛的狗，可是自從小狗來了，店裡的臘腸常常莫名其妙的失蹤，而臘腸愈來愈少，小狗的身體卻愈來愈長，這是因為小狗說謊。小狗知道自己不能變回原狀，後來幫助大家抓壞人、救火、照顧小朋友，做了很多事。

差勁的輸家

你碰到賴皮的人該怎麼辦？猜拳輸了就要哭，眼看要輸球了，馬上喊手痛，或者乾脆不比了。而勝利者的姿態也很多，有時大聲歡呼，謙虛者則點點頭。爸爸說：「失敗一次長高一吋。」卡太太說：「參與才是最重要的。」

城堡破壞王

沙灘上總有些孩子喜歡堆沙堡，而阿諾總是在一旁觀看，等到大家都完成時他便跑向前破壞殆盡，然後一溜煙跑掉了，讓其他孩子又氣又傷心。一天當沙灘上的人駐足觀賞一個令人驚豔的西班牙聖家堂時，阿諾又去破壞，爸爸問他是否有耐心自己試試看，在嘗試下，阿諾終於也可以堆自己的沙堡。

唱歌當飯吃

三隻愛唱歌也愛彈琴的蟋蟀，一整個夏天過得非常的愉快，但是他們想起了蟋蟀與螞蟻的故事，所以決定勤快工作為冬天做準備，但是彼此的步調不一，而造成三人各自準備糧食過冬，但是經過大象的來襲事件，三人同心合作化解危機，才體會到三人的合作才能過著幸福的生活。

蠶豆哥哥和豇豆弟弟

到底是蠶豆哥哥的床比較舒適還是豇豆弟弟的床比較舒適呢？蠶豆哥哥被豇豆弟弟吵醒，說草叢裡有奇怪的東西，大家為比較誰的床好，而一較高下，又是滑草又是過河，蠶豆哥哥都輸了，但是豇豆弟弟落水了，蠶豆哥哥馬上救起他，並提供自己的床讓豇豆弟弟安心的睡覺。

誰比較厲害

當大家都在吹牛誰比較厲害時，你會說什麼來面對大家？像是我最厲害，我哥哥比艾菲爾鐵塔還高，我比你厲害，我媽媽比你媽媽胖很多。有四個人你一句我一句地吹牛且口沫橫飛，站在一旁的人說了一句，大家就解散回家了。

在圓木橋上搖晃

橋面上只有一根大圓棍，狐狸追著兔子，彼此在圓棍上，狐狸接近不了兔子，因為圓棍開始晃動，狐狸竊笑著，兔子警告著他，狐狸心有不甘，時間久，一陣風吹來，晃動時狐狸救了兔子，兔子拉狐狸一把，即使如此狐狸仍不放棄兔子。

輪到我了

卡卡和力力一起到遊樂園去玩，但是力力卻一直玩下去，一點也不想讓卡卡玩，不管是轉圓球或是玩轉輪，把力力轉到冒眼金星，終於換到卡卡玩了，卡卡也一直玩不肯讓力力玩，兩人最後玩到蹺蹺板時，才發現兩人要一起玩才會好玩。

娜娜和波波熊

娜娜好愛她的波波熊，她每天幫它梳毛、刷牙，畫圖時把它的毛弄髒，拿洋娃娃的衣服給它穿，帶它去兜風，走到哪裡就把它拖到哪裡，波波熊真是受夠了，把娜娜對它做的都在娜娜身上做一次，娜娜明白感受到了，保證會對它更體貼。

你看我有什麼

安安在街上遇見皮皮，皮皮每次都說：「你看我有什麼！你一定也想要。」可是只要他一說這句話，接下來的狀況就慘了，最後安安還是救了危險中的皮皮。此書好玩的地方是在背景圖畫上，只要用心看就會有新發現。

●我撒了一個謊

　　如果你撒謊會有怪物如影隨形時該怎麼辦？小男孩對爸爸撒謊說他沒吃餅乾，他去玩時便發現妖怪跟著他，他要妖怪快點走開，可是就是無法擺脫，而且愈來愈大，他回家向爸爸承認，妖怪總算不見了。

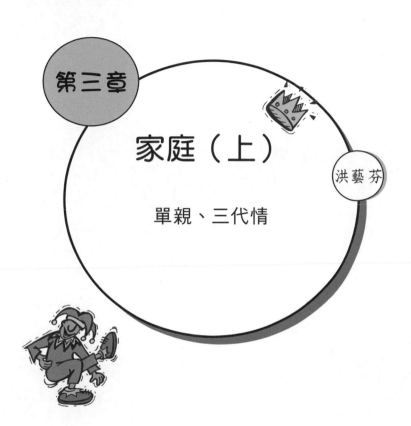

第三章

家庭（上）

單親、三代情

洪藝芬

前言

　　隨著社會結構的變遷，家庭的組織型態，從傳統的大家庭轉變為小家庭、折衷家庭（和祖父母同住），甚至是單親家庭。而不論是單親或雙親家庭，其組成的關係便會衍生出親子關係間的親情、兄弟姊妹間的手足之情以及三代同堂的三代情。也因為有這層的血緣關係，而使他們成為生命共同體。

一、單親

　　分居、離婚、死亡、遺棄或目前社會上有很多父或母一方長期遠在異國工作，均是造成單親家庭的主要原因。單親的孩子有時需承受別人異樣的眼光，或因別的孩子有雙親疼愛，而心中有所不平或疑惑。因此，傾聽孩子的心聲、給與充分的親情，讓他對生活有更樂觀的態度，如此，孩子還是可以得到正常且健全的發展。

二、雙親

　　常言道：「身教重於言教」，雙親是孩子學習模仿的對象，扮演著建立孩子的價值觀、待人接物態度的重要角色。所以，雙親間相互關愛、情緒穩定、對孩子的教養態度一致，使孩子在穩定中成長，對未來人生的發展有較正面的人生觀。

三、親情

　　隨著工商社會腳步的急速，父母工作忙碌，與孩子相處的時間似乎愈來愈短，在此情況下，相處時的「質」更顯得重要。陪他們分享生活中的喜怒哀樂，一個拍肩、摟抱都能增進親子情感交流，更能享

受親情甜蜜的滋味。

四、手足

手足紛爭每日上演，不是為了爭寵、就是覺得父母偏心等。化解他們的對立關係，進而增進手足之情，父母的處理態度是很重要的，所以，面對此問題應注意孩子爭吵的原因，多運用輪流、等待和分享的觀念來教導孩子，在為某一位孩子特別做一件事時，別忘了向其他的孩子說明原因，引發其同理心，讓其了解父母的心意，而願意成為父母的好幫手。

五、三代情

「家有一老如有一寶」，祖父母年紀較長，擁有豐富的人生經驗，是生活智慧的傳承者。但由於生活習慣、背景及教養態度的不同，老、中兩代難免會有觀念不同的時侯，而造成孩子無所適從的情形。培養下一代與爺爺奶奶溝通的母語能力，並製造機會讓祖孫一起遊樂，才可帶來和諧的家庭氣氛及享受三代同堂之樂。

「家庭」是一個具有感情支持、身體保護、物質供給等生活各方面提供的補給站。它需要家庭中每一位成員共同努力經營、一起成長，才能共創幸福美滿的生活。

「101本好書」主題分類

分類	書名	作者	繪者	譯者	出版社
單親	爸爸，你愛我嗎？ The Man Who Loved Boxes？	Stephen Michael King	Stephen Michael King	余治瑩	三之三
	媽媽的紅沙發 A Chair for My Mother	Vera B. Williams	Vera B. Williams	柯倩華	三之三
	猜猜我有多愛你 Guess How Much I Love You	Sam Mcbratney	Anita Jeram	陳淑惠	上誼
	逃家小兔 The Runaway Bunny	Margaret Wise Brown	Clement Hurd	黃迺毓	信誼
	保羅的超級計畫 Paul Trennt Sich	Martin Baltscheit	Martin Baltscheit	洪翠娥	格林
	好事成雙 Two of Everything	Babette Cole	Babette Cole	郭恩惠	格林
	我爸爸 My Dad	Anthony Browne	Anthony Browne	黃鈺瑜	格林
	強強的月亮 Jon's Moon	Carme Sole Vendrell	Carme Sole Vendrell	郝廣才	格林
	我的天才老爸 That's My Dad	Ralph Steadman	Ralph Steadman	洪妤靜	格林
三代情	艾瑪畫畫 Emma	Wendy Kesselman	Barbara Cooney	柯倩華	三之三
	米爺爺學認字 Jeremiah Learns to Read	Jo Ellen Bogart	Laura Fernandez Rick Jacobson	宋珮	三之三

書名	作者	繪者	譯者	出版社
爺爺一定有辦法 Something From Nothing	Phoebe Gilman	Phoebe Gilman	宋珮	上誼
湯姆爺爺 Grossvater Thomas	Stepan Zavrel	Stepan Zavrel	施素卿	上誼
野餐 Picnic	Emily Arnold McCully	Emily Arnold McCully	上誼出版部	上誼
小恩的秘密花園 The Gardaner	Sarah Stewart	David Small	郭恩惠	格林
聽那鯨魚在唱歌 The Whales' Song	Dyan Sheldon	Gary Blythe	張澄月	格林
黃金夢想號 Le Train Jaune	Fred Bernard	Francois Roca	任芸婷	格林
傳家寶被 The Keeping Quilt	Patricia Polacco	Patricia Polacco	廖春美	遠流

「推薦好書」主題分類

分類	書名	作者	繪者	譯者	出版社
單親	你睡不著嗎？ Can't You Sleep, Little Bear	Martin Waddell	Barbara Firth	潘人木	上誼
	你和我在一起 You and Me Little Bear	Martin Waddell	Barbara Firth	潘人木	上誼
	大海 The Big Big Sea	Martin Waddell	Jennifer Eachus	柯倩華	上堤
	你還愛我嗎？ Hast du Mich Noch Lieb？	Erhard Dietl	Reinhard Michl	王豪傑	大穎

	爸爸永遠會在那兒 Daddy Will be There	Lois G. Grambling	Walter Gaff- ney-Kessell	陳方妙	台灣 麥克
	媽媽小時候 Before I Was Your Mot- her	Kathryn Lasky	Le Uyen Pham	林芳玲	東方
	誰來我家 The Visiter Who Came to Stay	Annalena Mcafee	Anthony Browne	彭倩文	格林
	媽咪萬歲 Een Schat Van een Man	Annemie Berebrouckx	Annemie Berebrouckx	黃聿君	格林
	媽媽爸爸不住一起了 Mom and Dad Don't Live Together Any More	Kathy Stinson	Nancy Lou Reynolds	林真美	遠流
	媽媽，你愛我嗎？ Mama，Do You Love Me？	Barbara M. Joosse	Barbara Lavallee	林良	親親
三代情	外公的家 Grandaddy's Place	Heleven V. Criffith	James Stevenson	林良	上誼
	爺爺最棒奶奶最棒	Laura Numeroff	Lynn Munsinger	沙永玲	小魯
	爺爺石 Grandfather's Rock	Joel Strangis	Ruth Recht Gamper	張劍鳴	台英社
	送奶奶一頂帽子 All Rights Reserved	Patricia Polaooo	Patricia Polaooo	張子樟	東方
	陽光之家 Sunshine Home	Eve Bunting	Diane De Groat	劉清彥	和英
	艾瑪與艾度爺爺 Elmer and Grandpa Eldo	David Mckee	David Mckee	謝淑惠	和英
	我知道我愛你 I Already Know I Love You	Billy Crystal	Elizabeth Syles	董霈	格林

和爺爺一起騎單車 Met Opa Op de Fiets	史帝芬‧布南	瑪麗亞‧梅傑	許駿	喬福
蘋果花開了 Demain Les Fleurs	Thierry Lenain	Anne Brouillard	藍漢傑	遠流
早起的一天	賴馬	賴馬		和英
山中舊事 When I Was Young in the Mountains	Cynthia Rylant	Diane Gammell	林海音	遠流
跟著爺爺看 Through Grandpa's Eyes	Patricia Maclachlan	Deborah Ray	楊珮瑜	遠流
想念外公 My Grandson Lew	Charlotte Zolotow	Wiliam Pene Du Bois	陳質采	遠流
蜜蜂樹 The Bee Tree	Patricia Polacco	Patricia Polacco	廖春美	遠流
歌舞爺爺 Song and Dance Man	Karen Ackerman	Stephen Gammell	張玉穎	遠流
像新的一樣好 Good As New	Barbara Douglass	Patience Brewster	漢聲 編輯部	漢聲
先左腳再右腳 Now One Foot, Now the Other	Tomie de Paola	Tomie de Paola	漢聲 編輯部	漢聲
我最喜歡爺爺 Mein Opa Ist Alt, Und Ich Hab Ihn Sehr Lieb	Wolf Harranth	Christina Oppermann- Dimow	漢聲 編輯部	漢聲

問題與討論

一、想一想，為什麼有些爸爸、媽媽他們不住在一起了呢？

二、如果有一天，爸爸媽媽不想住在一起了，你心裡有什麼感受？

三、當你發現班上有小朋友只跟爸爸或媽媽住，而每天都顯得不快樂時，你會怎麼幫助他呢？

四、你知道爺爺、奶奶平常最喜歡做的事情是什麼嗎？

五、你最喜歡和爺爺、奶奶一起做什麼事呢？

六、爺爺、奶奶年紀大了，你可以為他們做什麼？

七、你知道爺爺奶奶最喜歡的禮物是什麼嗎？

延伸活動

活動一：我家的故事

(一)準備材料

大型積木、布、《好事成雙》故事本、鑽籠。

(二)活動過程

1. 老師介紹《好事成雙》的故事。

2. 將幼兒分成二組，以大型積木或其他材料分別搭建不同形狀的房子，二間房子中間以鑽籠連接。

3. 故事扮演情節簡介：

(1)這是我家的秘密，千萬別告訴別人喔！

(2)媽媽喜歡……但爸爸卻喜歡……

(3)爸爸、媽媽喜歡的東西和喜歡做的事都不一樣，他們合不來，所以決定不住在一起了。

(4)我們幫他們各蓋一個家，這兩個家中間有我們的秘密通道，可以很方便的爬到爸爸家或媽媽家喔。

4. 自由活動時間，可讓幼兒玩送東西的遊戲，從其中一家爬鑽籠送到另一家。

活動二：才藝秀

(一)準備材料

書面紙或粉彩紙、彩色筆、音樂帶。

(二)活動過程

1. 老師指導小朋友製作邀請卡及感謝卡。

2. 安排適當的時間，依其意願，請小朋友邀請爺爺奶奶到班上來講古。

3. 邀請爺爺奶奶來表演其才藝或指導小朋友共同參與其活動。

4. 活動結束後，播放爺爺奶奶最喜歡的音樂，再請小朋友贈送自製的感謝卡，以謝謝辛苦的爺爺奶奶。

相關網站

一、中華民國幸福家庭促進協會 http://www.fwa.org.tw/

內容包括有關親子關係、家庭問題的查詢及網路諮詢，並提供研習資訊及相關書籍的介紹。

二、台北市單親家庭服務中心 http://www.redheart.org.tw/singleparent.html

提供協助單親家庭面對危機及生活調適，增進家庭福祉。內容有婦女及單親福利的最新消息、期刊簡訊、相關網路連結。

三、單親媽咪快樂生活網 http://singlemothers.yam.org.tw/index.htm

內容包含台灣單親家庭狀況概述、單親加油站、相關論文及書籍介紹、經驗分享。

四、銀髮族全生涯照顧網站 http://www.lkknet.com.tw/

　　提供老人福利相關法令規章、各項津貼補助的內容及申請辦法、相關福利機構介紹、各項用品介紹，並提供相關問題的解答。

「101 本好書」內容簡介

單　親

爸爸，你愛我嗎？	媽媽的紅沙發
有一個父親，他愛盒子，也愛兒子，卻不知道該怎麼告訴他的兒子他愛他，於是他利用收藏的盒子，做各種新奇的東西送給兒子並陪他一起玩，用最特別的方式告訴兒子：「我愛你。」	一場大火燒毀了家中所有的家具，小女孩、媽媽、外婆三人努力存錢，想買一張舒適的紅沙發……。
猜猜我有多愛你	逃家小兔
小兔子認真的告訴大兔子：「我好愛你。」而大兔子回應小兔子說：「我更愛你！」小兔子想盡辦法用各種身體動作、看得見的景物等，來描述自己的愛意。	想像力十足的小兔以玩捉迷藏的逃家語文遊戲表達了牠的獨立需求，而堅持愛牠且不厭其煩找到牠的母親提供了小兔深深的安全感。在一抓一逃之間，故事充滿了溫馨幽默的對話。

保羅的超級計畫	好事成雙
爸爸媽媽分開了，小小保羅真煩惱。要和媽媽一起住？還是該跟爸爸走？	丹米和寶拉的父母什麼事情都合不來，他們的興趣相左，好惡各異，生活方式也沒有交集……。為了解決父母失合的問題，兄妹倆想出……。
我爸爸	強強的月亮
這是我爸爸，他很酷，什麼都不怕，連大野狼都嚇不倒他。他敢和大巨人摔角……他真的很酷，我愛我爸爸。	為了幫爸爸找回靈魂，拯救他的生命，強強依照月亮的指示，勇敢地克服重重困難，把爸爸的靈魂找回來。
我的天才老爸	
每一位父親在孩子的畫筆下，都有一幅特別的容貌，或美、或醜，甚至長出了尾巴！在孩子眼中，爸爸有著龐大的身軀和了不起的智慧……。	

三代情

艾瑪畫畫	米爺爺學認字
艾瑪是一位年老才開始繪畫的藝術家，畫畫使她的生活找到了重心，創造出喜悅又有意義的世界，也使她不再感到寂寞……。	米爺爺會做很多事，也有豐富的生活經驗。學習認字是他最大的心願，得到家人的支持後，他開始很認真的學習認字。
爺爺一定有辦法	湯姆爺爺
約瑟小時候，當裁縫的爺爺幫他作了一條奇妙的毯子，他很喜歡。但是毯子舊了，媽媽想把它丟掉，約瑟認為爺爺一定有辦法……。	全市的老人都被捉進了養老院，孩子們想念爺爺、奶奶，於是發揮創意，要到養老院去解救爺爺、奶奶……。

野餐 　　這是個無文字，由圖畫說故事的書。描寫老鼠全家出遊，途中老鼠迷失及家人焦急尋找的過程。	**小恩的秘密花園** 　　灰撲撲的城市裡，人們忘了微笑……。第一次到城市找舅舅的小恩，決定來點變化！於是，小恩開始種花，當一朵朵花兒綻放時，她邀請大家一起來慶祝。
聽那鯨魚在唱歌 　　奶奶告訴莉莉：「如果妳對鯨魚好，送給牠們某種特別的東西，牠們也會回送妳一曲優美的歌聲。」於是她將一朵黃色的花扔向水面送給鯨魚，靜靜的等待……。	**黃金夢想號** 　　一輛背負著開發新城鎮使命的火車，仍一點一滴燃燒自己的生命，擊退了種種的困難，因為……。
傳家寶被 　　小安娜離開家鄉時，只帶了件洋裝和頭巾。安娜長大了，媽媽決定把這洋裝和其他舊衣服，縫製成一條百衲被，百衲被一代一代的傳下來，好讓大家永遠記得故鄉。	

「推薦好書」內容簡介

單　親

你睡不著嗎？

　　小乖熊怕黑一直睡不著，大乖熊只好一直起來為牠點燈，但還是安撫不了牠。最後大乖熊想到了一個好辦法……，小乖熊終於睡著了。

你和我在一起

　　小小熊要和大大熊玩，可是大大熊得做家事，不能跟牠玩。小小熊一直跟著大大熊做事，後來小小熊自己去玩了好多遊戲後，還是又回來找大大熊玩。

大海

　　晚上小女孩和媽媽離開家，他們踩過水窪奔向大海玩水嬉戲，並在沙灘上留下大大的腳印，他們還一起眺望遠處的世界。玩累的時候媽媽揹著小女孩回家並告訴他:「一定要記住今晚的事，因為生活就是要像這樣。」

你還愛我嗎？

　　當小熊還小時，爸爸媽媽真的好愛他，可是爸爸媽媽卻常常會吵架，並且一次吵比一次兇，這讓小熊非常害怕，小熊常常在想：是不是自己不夠乖，還是他們已經不再愛他了，直到爸爸媽媽離婚了之後，小熊漸漸的調適心情並發現自己真的很幸福，因為又多兩個更疼愛他的人。

爸爸永遠會在那兒

　　當我在做任何事時，我知道爸爸會在那兒，當我需要他時，我知道爸爸會在那兒。

媽媽小時候

　　媽媽抱著孩子分享著她小時候的生活情景，內容提及她的好朋友和狗、和朋友一起唱歌跳舞的情形、自己喜歡的東西及心愛的玩具……等，讓孩子了解媽媽小時候的有趣事情。

🎯 誰來我家

　　凱蒂除了偶爾和媽媽共度週末外，大部分時間都是和爸爸相依為命，住在海邊的一棟房子裡，而她很喜歡這樣。但自從爸爸帶了兩位新朋友到家裡後，一切都變了。

🎯 媽咪萬歲

　　從前有一個好男人既風趣又強壯，有一天好男人遇到一個好女人，過沒多久好女人的肚子有新生命，在幸福時候好男人消失了，好女人忍著悲傷，肚子的小嬰兒也感受到媽咪憂傷，小孩出生，好女人變得既強壯又風趣，而小孩也是既強壯又風趣的好男人。

🎯 媽媽爸爸不住一起了

　　爸爸媽媽不住在一起了，我和媽媽、弟弟住公寓，週末才去鄉間爸爸家。如果有根許願棒，我希望再讓全家住在一起，可是，爸媽都說這是不可能的事。

🎯 媽媽，你愛我嗎？

　　媽媽你愛我嗎？當然啦！媽媽愛你勝過烏鴉愛財寶，狗狗愛尾巴，愛到天上星星變成魚，就算媽媽會因為你做錯事，搗蛋、頑皮、逃家而難過、生氣，但是媽媽還是一樣會永遠愛著你，因為你是我的小寶貝。

三代情

🎯 外公的家

　　珍珍第一次到鄉下的外公家玩，可是外公的家又舊又小，還養了一群不友善的動物，真令她失望。不過，經過幾天的相處，她卻愛上了外公的家。

🎯 爺爺最棒奶奶最棒

　　爺爺奶奶會做好多事，像是和你一起畫圖、為你洗澡、帶你去野餐、為你唱催眠曲……，但是他們做什麼事最棒呢？這本雙封面翻方式的繪本，藉由各種動物表現出祖孫情深的生活故事。

繪本主題教學資源手冊

爺爺石

一對貧窮的父母撫養四個小孩，在爺爺一起來同住以後，生活愈來愈難過，不得已，只好將年老的爺爺送到養老院，途中，大姊想出了一個留住爺爺的好方法。

送奶奶一頂帽子

三個孩子彼此是鄰居也是好朋友，感情就像兄妹一樣的親，在復活節時他們想送奶奶一頂帽子，當他們去找打工機會時，卻被誤會成丟雞蛋的孩子，為了證明自己的無辜，於是他們送復活節彩蛋給老闆，老闆明白真相後，不但讓他們賣這些彩蛋，還送給他們奶奶喜歡的帽子當作禮物。

陽光之家

外婆不小心跌倒，爸媽沒有辦法全天照顧他，因而讓她住在陽光之家，今天爸媽和提姆一起去老人院看她，大家開心的聊著。當懷著難過與不捨的心情離開後，提姆看見媽媽哭了起來，而當他再度匆忙進入陽光之家要把遺忘的相片交給外婆時，才意外的發現外婆也正淚流滿面，於是提姆拉著媽媽回到外婆身邊讓她們互訴真情。

艾瑪與艾度爺爺

艾瑪去探望艾度爺爺，當他們一起快樂的回憶以往相處的情景時，艾瑪覺得艾度爺爺好像得了健忘症，其實不然……。

我知道我愛你

作者描寫自己即將當外公的期待心情。

我每天都滿懷著喜樂的心情等待著你的誕生，我等不及要帶你去探索全世界，陪你一起玩、一起考試，給你一個讓你永遠都忘不了的擁抱……在等待你的來臨時，我知道我早已愛上你。

和爺爺一起騎單車

伊莎和爺爺一起騎單車去兜風囉！但是沿途不停的有人請求上車同行，爺爺不忍拒絕仍慈祥的答應了，單車像一輛巴士愈載愈多人，他也感覺愈來愈吃力了。後來爺爺的車爆胎了，爺爺也走不動了，他們要想出什麼好點子將爺爺帶回家呢？

蘋果花開了

爺爺的花園裡有一棵和他一樣老的樹,每天我都會去查看樹幹上有無長出新芽。我和爺爺等待蘋果樹開花亦期待春天來臨。有一天爺爺從教堂禱告回來,表情十分平靜的做了一朵朵的紙花並把紙花掛在蘋果樹上。第二天當我醒來時,我看見爺爺正望著蘋果樹上夾雜紙堆裡的蘋果花。

早起的一天

當全家人都還在睡時,小珍珠和奶奶起床了,為了想要送給爺爺一個大驚喜,他們今天要一起做好多好多的事……。原來,傍晚大家要一起為爺爺慶祝生日。

山中舊事

描寫作者從小和祖父母住在美國西維吉尼亞州阿帕拉契山裡的生活點滴……。

跟著爺爺看

小男孩和年老而喪失視力的爺爺相處在一起,爺爺雖然看不見,卻能借助其他感官和他分享豐富的生命經驗。

想念外公

外公去世了,這一天夜裡,小孫子突然想起他,深深的懷念,媽媽也和孩子同樣想念外公。從兩人的對話中,彼此分享對外公的回憶。

蜜蜂樹

爺爺說:「走,我們去找蜜蜂樹。」於是他們追逐蜜蜂,想要找大地上最甜美的蜂蜜,他們能如願以償嗎?

歌舞爺爺

爺爺以前是一個表演歌舞的明星。有一天,我們去看爺爺,他帶我們上閣樓,穿上收藏以久的歌舞服裝,帶我們一起回味往日的時光。

像新的一樣好

阿華把我的玩具大熊弄壞又弄髒了,還好有爺爺幫我修補並刷洗乾淨,大熊就像新的一樣好,他是最會修東西的爺爺了。

先左腳再右腳

　　祖父教小包學走路，先左腳，再右腳。有一天，祖父突然中風，手腳不能動，嘴巴不能說話，小包決定要好好照顧祖父。有他的照顧，祖父的病會好轉嗎？

我最喜歡爺爺

　　奶奶去世後，爺爺搬來同住，祖孫二人從陌生到慢慢建立默契與感情，後來爺爺決定返鄉重新過獨居生活，男孩依依不捨，說出我最喜歡爺爺的心聲。

第四章

家庭（下）

親情、手足

羅玉卿

「101本好書」主題分類

分類	書　名	作　者	繪　者	譯者	出版社
親情	喂！是媽媽嗎？	ステーフ	なかのひらたか	詧如主編	人類
	小不點快長大！	ステーフ	なかのひらたか	詧如主編	人類
	雨小孩 The Rainbabies	Laura Krauss Melmed	Jim LaMarche	方素珍	三之三
	波利，生日快樂 Herzlichen Gluckwunsch, Pauli	Brigitte Weninger	Eve Tharlet	賴美伶	上人
	毛頭小鷹 Owliver	Robert Kraus	Jose Aruego & Ariane Dewey	柯倩華	上堤
	我們的媽媽在哪裡 Where's Our Mama	Diane Goode	Diane Goode	余治瑩	上堤
	阿虎開竅了 Leo the Late Bloomer	Robert Kraus	Jose Aruego	黃迺毓	上誼
	親親媽咪	Guido Van Genechten	Guido Van Genechten	艾閣萌編輯部	艾閣萌
	用愛心説實話 The Honest-To-Goodness Truth	Patricia C. McKissack	Giselle Potter	宋珮	和英
	媽媽買綠豆	曾陽晴	萬華國		信誼
	爸爸 DADDY	林良	趙國宗		信誼
	媽媽 MOMMY	林良	趙國宗		信誼

繪本主題教學資源手冊

	逃家小兔 The Runaway Bunny	Margaret Wise Broom	Clement Hurd	黃迺毓	信誼
	烏鴉愛唱歌	Manfred Mai	Bernhard Oberdieck	林良	格林
	最溫暖的地方 Lile Aux Calins	Carl Norac	Claude K' Dubois	薇薇 夫人	格林
	小甜心 Bonjour, Mon Petit Co- eur	Carl Norac	Claude K' Dubois	薇薇 夫人	格林
	我爸爸 My Dad	Anthony Browne	Anthony Browne	黃鈺瑜	格林
	我是小可愛 Je Suis un Amour	Carl Norac	Claude K' Dubois	薇薇 夫人	格林
	好愛好愛你 Les Mots Doux	Carl Norac	Claude K' Dubois	薇薇 夫人	格林
	奧莉薇 Olivia	Ian Falconer	Ian Falconer	郝廣才	格林
	小恩的祕密花園 The Gardener	Sarah Stewart	David Small	郭恩惠	格林
	酷媽也瘋狂 Drole De Maman	Elisabeth Brami	Anne-Sophie Tschiegg	孫千淨	格林
	小熊乖乖睡 Schlaf Gut, Kleiner Bar	Quint Buchholz	Quint Buchholz	林迺媛	格林
	皇帝與夜鶯	郝廣才	張世明		格林
手足	彼得的椅子 Peter's Chair	Ezra Jack Keats	Ezra Jack Keats	孫晴峰	上誼
	給我一件新衣服 Les Petits Heritages	Frederique Bertrand	Frederique Bertrand	孫千淨	格林

「推薦好書」主題分類

分類	書　名	作　者	繪　者	譯者	出版社
親情	好一個親親 A Kiss Like This	Laurence Anholt	Catherine Anholt	唐琮	三之三
	落跑老爸 Dad Runs Away with the Circus	Etgar Keret	Rutu Modan	張淑瓊	三之三
	你看起來很好吃 Omae Umasou Dana	Tatsuya Miyanishi	Tatsuya Miyanishi	沙子芳	三之三
	我討厭媽媽 Boku Okaasan No Koto	Komako SAkAI	Komako SAkAI	米雅	三之三
	我不要⋯⋯ Små Flickor Och Stora	Carin Wirsén	Stina Wirsén	黃筱茵	三之三
	大波利小波利 Grosser Pauli Kleiner Pauli	Brigitte Weninger	Eve Tharlet	賴靜雅	上人
	媽媽的禮物 Mama's Perfect Present	Diane Goode	Diane Goode	余治瑩	上提
	你們都是我的最愛 You're All My Favourites	Sam McBratney	Anita Jeram	張杏如	上誼
	爸爸你會想我嗎？ Daddy, Will You Miss Me?	Wendy Mccormick	Jennifer Eachus	黃迺毓	上誼
	媽媽，親親 Kiss Kiss	Christophe Loupy	Eve Tharlet	黃筱茵	上誼
	全世界最棒的冒險 Die Aufregendste Sache der Welt	Bettina Wegenast	Juila Kaergel	張敏慧	大穎

媽媽的甜蜜小麻煩 A Special Day For Mommy	Dan Andreasen	Dan Andreasen	湯心怡	大穎
我真的很棒，因為…… With a Little Help From Daddy	Dan Andreasen	Dan Andreasen	湯心怡	大穎
尼克的神奇生日禮物 Nicky and the Fantastic Birthday Gif	Valeri Gorbachev	Valeri Gorbachev	李永怡	上人
爸爸，我要月亮 Papa, Please Get The Moon For Me	Eric Carle	Eric Carle	林良	上誼
最想聽的話 Say It!	Charlotte Zolotow	James Stevenson	林良	上誼
歡迎你，小寶貝 Welcome, Little Baby	Aliki Brandenberg	Aliki Brandenberg	李坤珊	上誼
月光 A Kitten Called Moonlight	Martin Waddell	Christian Birmingham	宋珮	上誼
小虎也開竅了 Little Louie the Baby Bloomer	Robert Kraus	Jose Aruego and Ariane Dewey	黃迺毓	上誼
好吵的蘿拉 Noisy Nora	Rosemary Wells	Rosemary Wells	張麗雪	上誼
袋鼠也有媽媽？ Does a Kangaroo Have a Mother, Too?	Eric Carle	Eric Carle	林良	上誼
莉絲的要和不要 Lizzy's Do's and Don'ts	Jessica Harper	Lindsay Harper duPont	劉清彥	上誼
媽媽最棒！爸爸最棒！	Laura Numeroff	Lynn Munsinger	柯倩華	小魯

媽媽，生日快樂 Kuma No ko Ufu No Ehon I Okaasan Om-edetou	神則利子	井上洋介	張桂娥	小魯
做媽媽的都是這樣 The Way Mothers Are	Miriam Schleim	Joe Lasker	巨河編輯部	巨河
波利，你在哪裡？ Where Have You Gone, Davy?	Brigitte Weninger	Eve Tharlet	李紫蓉	台灣麥克
唸個故事給我聽 Read Me Story	Mary Norwood	Mary Norwood	王瓊芬	台英社
下雨天接爸爸 Kaoru in a Rainy Day	Kiyoshi Soya	Shinta Cho	汪仲	台英社
你看到我的小鴨嗎？ Have You Seen My Duckling	Nancy Tafuri	Nancy Tafuri	台英社編輯部	台英社
圓圓的野餐 Before the Picnic	Yoriko Tsutsui	Akiko Hayashi	嶺月	台英社
動物園的一天 Zoo	Anthony Browne	Anthony Browne	高明美	台英社
派弟是個大披薩 Pete's a Pizza	William Steig	William Steig	余治瑩	台灣麥克
親親晚安 Kiss Good Night, Sam	Amy Hest	Anita Jeram	文曼君	台灣麥克
媽媽外面有陽光	徐素霞	徐素霞		和英
早起的一天	賴馬	賴馬		和英
冬冬，等一下 Not Now, Bernard	David Mckee	David Mckee	周逸芬	和英
壺家的新衣服 The Kettles Get New Clothes	Dayle Ann Dodds	Jill Mcelmurry	劉清彥	和英
艾莉森的家 Allison	Allen Say	Allen Say	劉清彥	東方
寶寶要出生了 A Baby is Coming	Eiko Kadono	Kowshiro Hata	米雅	東方

媽媽就要回家嘍 Mama's Coming Home	Kate Banks	Tomek Bogacki	林芳萍	東方
山姆，你是不是不舒服 Don't You Feel Well, Sam?	Amy Hest	Anita Jeram	春池 出版部	春池
別再親來親去！ No More Kissing	Emma Chichester Clark	Emma Chichester Clark	林良	青林
媽咪，走開！ Mommy Go Away	Lynne Jonell	Petra Mathers	柯倩華	青林
7隻小老鼠到海邊玩水 Nezumi No Kaisuiyoku	Haruo Amashica	Kazuo Wamura	鄭明進	青林
7隻小老鼠搭電車 Nezumi No Densha	Haruo YAM-ASHITA	Kazuo IWAMURA	鄭明進	青林
妮妮的生命之書	龔瑞慧等	羅秀琴		兒童福利聯盟
我被親了好幾下	林小杯	林小杯		信誼
爸爸 and 媽媽 and 我 Mum and Dad and Me	Jan Ormerod	Jan Ormerod	黃筱茵	格林
我媽媽 My Mum	Anthony Browne	Anthony Browne	何儀	格林
卡夫卡變蟲記 Beetle Boy	Lawrence David	Delphine Durand	郭雪貞	格林
小野獸 Zagazoo	Quentin Blake	Quentin Blake	黃筱茵	格林
我要抱抱 Un Bisoa, C'est Trop Court	Carl Norac	Claude K Dubois	張群儀	格林
我出生的那一天 Tell Me Again About the Night I Was Born	Jamie Lee Curtis	Laura Cornell	徐幼鳳	格林

和爸爸一起讀書 Reading with Dad	Richard Jorgensen	Warren Henson	柯倩華	維京
母親，她束腰 Smkut hgwinuk qu yaya	歐蜜・偉浪	阿邁・熙嵐& 瑁瑁・瑪邵		晨星
拍我	潘人木	仉桂芳		國語 日報
看我	潘人木	曲敬蘊		國語 日報
牽我	潘人木	郝洛玟		國語 日報
我真的好愛你 Koala Lou	Mem Fox	Pamela Loffs	柯倩華	鹿橋
小豆芽，就是我 Clarice Bean—That's Me	Lauren Child	Lauren Child	賴慈芸	經典 傳訊
親朋自遠方來 The Relatives Came	Cynthia Rylant	Stephen Gammell	桂文亞	遠流
今天是什麼日子 Guess What Day Today is?	Teiji Seta	Akiko Hayashi	漢聲 編輯部	漢聲
十四隻老鼠系列（大搬家、吃早餐、去郊遊……）	Kazuo Iwamura	Kazuo Iwamura	漢聲 編輯部	漢聲
就像你一樣 Harriet , You'll Drive Me Wild	Mem Fox	Marla Frazee	孫婉玲	親親
我快要被你氣炸了 Just Like You	Jan Fearnley	Jan Fearnley	黎芳玲	親親
起床啦！大熊 Die Grizzly-Gruzzly-Bären	Wolfgang Bittner	Gustravo Rosemffet	潘人木	親親
每一天 Good Days Bad Days	Catherine Anholt	Catherine Anholt	黎芳玲	親親

繪本主題教學資源手冊

	書名	作者	繪者	譯者	出版社
	我總是愛你的 I'll Always Love You	Paeony Lewis	Penny Ives	李南衡	親親
手足	小小大姊姊 Lilla Stora Syster	Ann Forslind	Ann Forslind	張麗雪	上誼
	我的妹妹是跟屁蟲	王秋香	王秋香		上誼
	莫理斯的妙妙袋 Morris's Disappearing Bag	Rosemary Wells	Rosemary Wells	何奕達	上誼
	沒人問我要不要小妹妹 Nobody Asked Me If Wanted A Baby Sister	Marta Alexander	Marta Alexander	李坤珊	上誼
	兔子蛋糕 Bunny Cakes	Rosemarry Wells	Rosemarry Wells	張淑瓊	上誼
	小凱的家不一樣了 Changes	Anthony Browne	Anthony Browne	高明美	台英社
	小麻煩波利 Du Schlimmer Pauli!	Brigitte Weninger	Eve Tharlet	管家琪	台英社
	最特別的東西 Something Special	Nicola Moon	Alex Ayliffe	李永怡	台灣麥克
	波利的新妹妹 Will You mind the Baby, Davy	Brigitte Weninger	Eve Tharlet	李紫蓉	台灣麥克
	我的帽子 Watashi No Boushi	Yoko Sano	Yoko Sano	譚海澄	台灣麥克
	飢餓犰狳之國 The Land of Hungry Armadillos	Lawrence David	Frédérique Bertrand	林芳萍	台灣麥克
	小菲菲和新弟弟 Sophie and the New Baby	Laurence Anholt	Catherine Anholt	柯倩華	和英
	妹妹住院了 Little Sister Goes Hospital	Yoriko Tsutsui	Akiko Hayashi	朱燕翔	青林

帶我去嘛 Ayako And Her Big Brother	Yoriko Tsutsui	Akiko Hayashi	游珮芸	信誼
你喜歡我嗎？ Tu M'aimes Ou Tu M'aimes Pas?	Carl Norac	Claude K Dubois	陳曉怡	格林
小玫的寶寶 Rosie's Babies	Martin Waddell	Penny Dale	劉恩惠	鹿橋
我太小，我不能上學 I am too Absolutely Small for School	Lauren Child	Lauren Child	賴慈芸	經典傳訊
姊姊畢業了	陳質采	黃嘉慈		董氏基金會
班班的地盤 A Place For Ben	Jeanne Titherington	Jeanne Titherington	林真美	遠流
穿過隧道 The Tunnel	Anthony Browne	Anthony Browne	陳瑞玹	遠流
大姊姊小妹妹 Big Sister and Little Sister	Charlotte Zolotow	Martha Alexander	陳質采	遠流
春天，小兔來 The Spring Rabbit	Joyce Dunbar	Susan Varley	丁凡	遠流
家裡多了一個人	徐素霞	徐素霞		理科
佳佳的妹妹不見了 Asae and Her Little Sister	Yoriko Tsutsui	Akiko Hayashi	漢聲編輯部	漢聲
親親熊妹妹 Kein Kuss Für Bärenschwester?	Ursel Scheffler	Ulises Wensell	周正滄	曉明
我希望我的弟弟是隻狗 I wish My Brother was a Dog	Carol Diggory Shields	Paul Meisel	陳美玲 王元容	親親

問題與討論

一、你喜歡你的哥哥、姊姊、弟弟、妹妹嗎？為什麼？如何表達你的喜歡？

二、你會和兄弟姊妹分享玩具嗎？如何分享？還是搶玩具，如何解決？

三、你希望爸爸媽媽每天都對你說什麼話？不喜歡他們對你說什麼話？

四、你的爸爸媽媽最常對你說的話是什麼？你喜歡嗎？

五、每個人都有最喜歡的親戚，你最喜歡的親戚是誰呢？

六、你喜歡爸爸媽媽陪你做什麼？為什麼？

延伸活動

活動一：漁夫捕魚

(一)準備材料

呼啦圈。

(二)活動過程

1. 爸爸或是媽媽拿著呼啦圈當漁夫，去網小魚（孩子）。

2. 孩子要躲開，想辦法不要被網到，網到的人必須做才藝表演。

3. 也可以角色互換來玩。

4. 地上排著大小的圈，用跳的方式跳一圈，也可以用四肢著地的方式，腳和手都要踩在圈內闖關。

活動二：丟球

(一)準備材料

報紙揉成數個球、寶特瓶、膠帶、垃圾袋、橡皮筋。

(二)活動過程

1. 爸爸和媽媽各帶一個孩子，在客廳中找到可以藏匿的地方（危險物品先移走），各自展開丟球攻防戰，看誰的地盤中留下最多的紙球就是輸家。

2. 爸爸和媽媽丟紙球，孩子利用寶特瓶當成球棍來打球。

3. 垃圾袋剪成長條狀，約留兩公分不剪斷，把它捲起來做成毽子，親子間可用墊板互拍。

4. 毽子尾端綁上一串橡皮筋，孩子手拿橡皮筋，用腳踢毽子。

活動三：寶貝乖

(一)準備材料

小枕頭。

(二)活動過程

1. 老師為每個孩子準備一個小枕頭，上面畫上眼睛、鼻子、嘴巴，當成一個小娃娃。

2. 討論要如何照顧小娃娃，當你不想照顧他該怎麼辦？當你很忙他吵你該怎麼辦？你要怎麼和他玩？不喜歡小娃娃時可以丟掉嗎？

3. 每個孩子幫他的小娃娃取一個名字，並且照顧他，上廁所、吃點心都要細心照顧他，小娃娃還會哭、會鬧，學習當一個如何照顧孩子的父母。

活動四：我當媽媽

活動過程

1. 和孩子討論媽媽每天要做的事情有哪些。

2. 利用假日了解媽媽從早到晚忙的事情，和大家分享。

3. 利用一天或是半天的時間，和媽媽做角色的對調，孩子去做媽媽該做的事情，媽媽可以從旁輔助孩子，孩子必須連媽媽會說的話語都記清楚，藉模仿媽媽了解其辛苦。

4. 和大家分享你做媽媽的感想。

活動五：親子做餅乾

(一)準備材料

A. 無鹽奶油 110 克、奶油乳酪 40 克、白砂糖 70 克。

B. 低筋麵粉 150 克、泡打粉 0.5 小匙。

C. 蛋半顆、檸檬皮屑半顆、檸檬汁半湯匙。

(二)活動過程

1. 先把奶油及乳酪放在室溫下放軟，之後加入白砂糖打均勻。

2. 前項拌和好後加入 C 部分的材料打均勻。

3. 在 B 的部分，可讓孩子學習過篩，倒入其兩項的混和中，讓孩子用刮刀拌均勻，媽媽也一起來做。

4. 成糰後，用塑膠袋包起來，放入冰箱冷藏鬆弛約三十分鐘。

5. 麵糰取出桿平，約 0.3 或 0.4 公分厚，用刀子切或用模型壓出形狀來，以 170 度的烤箱溫度，約烤十五分鐘，再燜兩分鐘即可拿出放涼。

相關網站

一、奇蜜親子網 http://www.kimy.com.tw/

　　從懷孕開始到孩子的成長過程，父母需要學習的事物一應俱全。包含今日新新聞、專題企畫、焦點話題、專題索引，提供孩子發展上的問題，供父母參考。

二、中華民國幸福家庭促進協會 http://fwa.womenweb.org.tw/default.asp

　　搜尋引擎中有關家庭中夫妻或親子、單親、離婚問題，均藉由搜尋尋求回答。網路諮詢可以直接把問題寫出，會再回覆給您，其他還有佳文共享、生活小偏方與大家分享。

三、豌豆森林 http://www.beans-talk.net/

　　這是一個歡迎家長和老師的網站，內容兼具教育、文學、生活、休閒，在文章分享中您可以加入討論的行列，還有最新消息的訊息傳送，最新的精華文章提供給家長和老師，認識法規提供民眾一些法律上的常識。

繪本主題教學資源手冊

「101 本好書」內容簡介

親情

喂！是媽媽嗎？

偉偉家的大貓生了三隻小貓咪，全家人都好高興！有天大貓醒來發現小貓咪不見，怎麼找都找不到，晚上睡覺時，他夢到小貓咪都很快樂，並且都回來看他。

小不點快長大！

小不點是隻小雞，走起路來很神氣，他常這樣告訴自己「我已經長得很大了」。有天農場來了隻黑貓，黑貓想抓小雞，危急時公雞爸爸救了牠，小不點也要學爸爸，媽媽說你很快就會長大了。

雨小孩

有一對非常渴望擁有自己孩子的老夫婦，有一天，他們在傳說能實現願望的月光雨中，許下了心願，即出現十二個雨小孩。老夫婦非常用心的照顧雨小孩，直到月光娘娘要把孩子帶回去，月光娘娘並送給他們禮物，一個真正的女兒。

波利，生日快樂

小兔子波利的生日快要到了，他的生日願望是有人講故事給他聽，陪他玩遊戲，看來這個不可能實現的願望成真了，因為爺爺奶奶就是他的生日禮物。

毛頭小鷹

毛頭好喜歡表演喔！爸爸給牠假扮醫生和律師的玩具，媽媽讓牠上很多表演課，於是毛頭演了一齣戲⋯⋯。

我們的媽媽在哪裡

藉著警察叔叔帶著兩個小孩找媽媽的過程，讓小孩說出他們對媽媽的印象。雖然一次一句，找到的都不是媽媽，卻也逐漸勾勒出媽媽的完整形象，並且終於找到媽媽了。

阿虎開竅了

阿虎是隻什麼事都做不好的小老虎：牠不會讀書、不會寫字、不會畫畫，甚至不曾說過一句話，而且牠吃起東西來還邋裡邋遢呢！突然有一天他這些不會的事全都會了。

親親媽咪

藉著媽媽和孩子之間玩躲貓貓遊戲，溫馨呈現出孩子對媽媽的依賴多麼地甜蜜。

用愛心說實話

莉莉忙著玩，把媽媽交代的事情忘記了，媽媽問她，她對媽媽說謊，結果只能在走廊上玩。她決定要說實話，卻因為說話時機不當傷了友誼，媽媽告訴她說實話的適當機會，她也向別人道歉。

媽媽買綠豆

買綠豆，洗綠豆，煮綠豆湯、綠豆冰，種綠豆，屬於童年的純稚情懷，藉由溫馨細膩的圖畫，展現濃郁的母子互動親情。

爸爸

以象徵性的線條，表現出各種人物與動物，色彩也使用單純、鮮艷的顏色，文字更採用中英對照的方式，讓寶寶知道，爸爸、媽媽是很愛他的。

媽媽

以象徵性的線條，表現出各種人物與動物，色彩也使用單純、鮮艷的顏色，文字更採用中英對照的方式，讓寶寶知道，爸爸、媽媽是很愛他的。

逃家小兔

想像力十足的小兔以玩捉迷藏的逃家語文遊戲表達了牠的獨立需求，而堅持愛牠且不厭其煩找到牠的母親提供了小兔深深的安全感。在一抓一逃之間，故事充滿了溫馨幽默的對話。

烏鴉愛唱歌

一隻愛唱歌的小烏鴉，為那些想堅持自己夢想的人，加油打氣！

最溫暖的地方

世界上最溫暖的地方在哪裡？一個人在家的小蘿拉拚命尋找，把房子搞亂，最後她才發現，原來最溫暖的地方就在父母的懷裡。

小甜心

蘿拉有很多小名，像「我的小寶寶」、「我的小仙女」、「我的小甜心」，沒想到卻被同學們取笑，第二天同學向她道歉，因為每個人都有小名。

我爸爸

我爸爸他很酷,大野狼嚇不倒他,他還會走鋼索,又很會運動,食量也大,像猩猩一樣強壯,像河馬一樣笑咪咪,會唱歌、會踢足球、常逗我笑哈哈,我愛我爸爸。

我是小可愛

可愛的蘿拉會開開心心的洗澡,會自己收東西……。蘿拉聽媽媽的話,因為蘿拉是最乖的小可愛。

好愛好愛你

今天早上醒來,蘿拉心裡有好多好多甜蜜的話想要講,卻一直沒有機會,讓他都提不起勁,飯也食之無味,最後他終於說出「我愛你們」。

奧莉薇

可愛的小豬奧莉薇多才多藝,又可愛至極。牠最拿手的一件事,就是把人累昏,甚至常常把牠自己也累昏了,不過牠的媽媽還是好愛他,而牠也好愛好愛媽媽。

小恩的祕密花園

灰撲撲的城市裡,人們忘了微笑……。第一次到城市找舅舅的小恩,決定來點變化!於是,小恩開始種花,當一朵朵花兒綻放……,當花朵綻放時,她邀請大家一起來慶祝。

酷媽也瘋狂

小朋友上學去,腦袋瓜裡卻老想著媽媽在做什麼呢?會不會在學校門口前哭哭啼啼的,還是跑去買冰淇淋,沒有分他吃?她會準時來接小朋友嗎?還記得買麵包嗎?

小熊乖乖睡

德國繪本大師布赫茲為孩子們創作的「玩偶童話」,藉由小熊來影射孩子的心情(如行為)。在睡前的事情做完時如果你不想睡,這時你會想什麼事?譬如下雨自己可以做什麼事呢?想著想著眼皮沉重的睡著了。

皇帝與夜鶯

有一個皇帝很想長生不死,他從天神那裡得到了可以隱身的咒語,只要使用三次不被死神找到,就可以長生不死。但他沒有想……。

手足

彼得的椅子

　　彼得快要有新妹妹，爸爸把小床及高腳椅都漆成粉紅色，只剩下一張小椅子，但是椅子他已經坐不下。吃飯時彼得坐大人的椅子，後來他爸爸一起把椅子漆成粉紅色給妹妹坐。

給我一件新衣服

　　如果你的每一件衣服都是別人送給你的，你的心情會如何？莫妮卡連上學的書包都是舊的，而她再也忍受不了，不想再穿別人的舊衣服，她把衣服全送到舊衣回收中心……！

「推薦好書」內容簡介

親情

好一個親親

　　不管是猴子、大象、鱷魚、金毛大獅子都會跟父母親親，藉著有趣的搔癢或是溫暖的擁抱和柔的親親，分享著親子間的感情。

落跑老爸

　　馬戲團要來了，爸爸高興的不得了，為了老爸，大家配合去看馬戲團表演，之後爸爸居然要加入馬戲團，從此常常接到爸爸寄來的信，他總是想念著我們，爸爸的馬戲團來了，爸爸表演了十項全能，他回到家中後，使得大家都改變了。

你看起來很好吃

　　暴龍看著剛出生的甲龍寶寶說：「你看起來很好吃」，甲龍寶寶以為自己的名字是很好吃，馬上抱著暴龍叫著爸爸，從此暴龍教甲龍寶寶生存之道，甲龍寶寶並常摘一些果子給暴龍吃，讓暴龍哭笑不得，兩人感情與日漸增。

我討厭媽媽

　　小兔子對媽媽有諸多的不滿意，星期天早上的賴床，電視一直看，動不動就發脾氣，又老催我快自己卻很慢，常常忘記洗衣服，不只這樣，她還說不能跟我結婚，決定離家出走，但最後又回來了，且和媽媽開心的抱在一起。

我不要……

　　父母常對孩子說愛的叮嚀，認為聽父母的就對，書中小女孩不管是吃的、穿的、玩的，媽媽都要干涉，她生氣不想再聽媽媽的話，她要開始自己做決定，關掉媽媽的電視，要媽媽和她畫一本書，不用說對不起，她已經原諒媽媽。

大波利小波利

　　波利想和別人一起工作，一下子被嫌太大了不行，又一下子被嫌太小了不行，想做自己的事情也不行，他必須要照顧妹妹，妹妹知道波利的心情不好，偷偷跟著他終於找出原因來了，爸爸和媽媽及其他家人，做好蛋糕準備讓波利驚喜一下，並讓他知道大家還是好愛他的。

媽媽的禮物

　　媽媽的生日快到了，兩個小孩想幫媽媽過生日，但不知要送什麼禮物，送花好嗎？送紅禮服呢？好像不太合適，送鞋子、小鳥、蛋糕都不好，天又快要黑了，還沒找到合適的禮物該怎麼辦呢？看到一家畫畫的店，終於想到要送什麼給媽媽，媽媽肯定會喜歡。

你們都是我的最愛

　　熊爸爸和媽媽每天都對三隻小熊說：「你們是這個世界上最棒的熊寶寶」，但是小熊們還是擔心爸爸媽媽最愛的是誰？爸媽知道後，一一解開他們的疑惑，爸媽也再次說出你們都是我們的最愛，小熊才一一睡著了。

爸爸你會想我嗎？

小男孩的爸爸要到非洲工作四星期，爸爸教他如何度過每一天，可以做哪些事情，彼此互相約定，小男孩每天都想著爸爸現在會在做什麼事情，此刻的自己又在做什麼，直到爸爸回來了，他見到爸爸立刻相擁在一起。

全世界最棒的冒險

爸爸媽媽最常說故事給我們聽，告訴我們他們過去曾經冒險過的故事，那些事是比當我們父母更有趣的事情，他們曾打倒海盜、趕走惡魔及爬過高山等……，但是這些冒險都不及有了孩子們，這才是全世界最棒的冒險。

我真的很棒，因為……

本書說父子情。我是我們社區裡長得最高的男孩，騎腳踏車騎得最快，最聰明、最可愛、最乾淨、最有禮貌、最整潔、最勇敢、最會吵鬧、最快樂的孩子，因為所有的事情，都有爸爸陪在身邊，幫我小忙喔！

媽媽，親親

小狗抱抱趁大家熟睡時，獨自出門弄清楚事情，給別人親親會是什麼感覺，他一路上有鴨子清爽、馬兒溫暖、兔子軟軟、豬扎人的親親，最後回到家後才發現，媽媽的親親才是最棒的，讓大家體會到彼此溫馨的感情流露。

媽媽的甜蜜小麻煩

今天是特別的日子，小豬妹開始準備要給媽媽的驚喜，她做一張貼了很多愛心的卡片，又去摘了水仙花並跟媽媽要了一個大花瓶，還用衛生紙在上面綁一個大大的蝴蝶結，還做奶油果醬麵包給媽媽吃，她要媽媽閉上眼睛，給她個驚喜，祝賀媽媽母親節快樂。

尼克的神奇生日禮物

兔子媽媽的生日到了，小兔子們都各自畫一幅畫送給媽媽，他們畫了胡蘿蔔、太陽、樹、花。而尼克的畫很特別，牠畫出全家人開心的搭郵輪去度假聖地慶祝！媽媽很高興把他們的畫排排站，接著大家唱生日快樂歌，一起吃蛋糕。

爸爸，我要月亮

小茉莉要睡覺了，往窗外一看，看到月亮，她心想要是能跟月亮一起玩多好，但她抓不到月亮，她對爸爸說：「請你把月亮拿下來給我。」爸爸用好長的梯子爬到好高的山上，月亮愈變愈小……，月亮變得大小適合時，被爸爸帶走了，爸爸不停地往下爬，把月亮交給茉莉，直到月亮不見了……。

最想聽的話

秋季一個亮麗的刮風天，落葉在面前打轉，小女孩一直叫媽媽快說她最想聽的話，媽媽說了，小女孩說：不是這個，接著又是小貓、樹影、小狗、小溪、紫菊花……小女孩一直在期待媽媽對她說的話是：「我好愛你，好愛好愛好愛你！」

歡迎你，小寶貝

本書描述小寶貝出生後，母親是如何的照顧他，幫他洗澡、餵奶、哄睡覺，照顧他一天天長大，認識周圍環境。藉此書可以了解一個母親對孩子所說的話語。

月光

小莎喜歡聽媽媽說小女孩在月光下發現一隻貓的故事，因為那是小莎和媽媽的故事。在月光的夜裡母女兩人尋找小貓，小莎帶牠回家後很細心的照顧牠，並給牠一個好名字月光。這是一個屬於孩子自己的故事，藉此肯定父母對他的愛。

小虎也開竅了

阿虎的弟弟小虎，什麼事也做不好，牠不會丟球、拉車、搖波浪鼓，從沒有開口說過一句話。阿虎每天跟朋友玩也跟小虎玩，教牠很多事。媽媽跟阿虎說牠就像你小時候，我們要有耐心。有天小虎開竅了，所有的事都會了。

好吵的蘿拉

蘿拉的媽媽忙著照顧弟弟吃飯、洗澡，爸爸和姊姊一起做飯、下棋……，被冷落的蘿拉開始用盡方法來抗議，她說：再也不要回來了，大家又擔心的到處找尋她，最後她終於從儲藏室中走出來，並說：蘿拉回來了。

袋鼠也有媽媽？

袋鼠也有媽媽，就像我有你也有，書中有獅子、長頸鹿、企鵝、天鵝、綿羊、海豚、狗熊、大象、猴子，各種動物的媽媽都疼愛自己的孩子，所以動物的媽媽疼自己的孩子，就像你的媽媽疼愛你一樣。

莉絲的要和不要

莉絲覺得媽媽好像只會說「不要」，如不要頂嘴、不要亂剪頭髮、不要讓小貓吃桃子等。莉絲也要說「不要」，如不要把糖果藏那麼高、不要一直講電話、不要把我的冰淇淋咬那麼大口等……。接著莉絲說出她的「要」，再換媽媽說她的「要」，才發現她們真的很愛彼此。

媽媽最棒！爸爸最棒！

媽媽會做的事情爸爸都會做，反之亦然。爸爸媽媽會做什麼事呢？他們會教你騎腳踏車，陪你堆雪人，烤雪糕為你慶生，騎在他背上兜風，生病時照顧你，難過時抱著你，睡前說故事給你聽，最棒的是為你蓋好被子，親親你，說晚安！

媽媽，生日快樂

媽媽要過生日了，沃夫仔細的想著要送媽媽什麼禮物，沃夫想送給媽媽他喜歡吃的食物，葡萄及蜂蜜、螃蟹，但是過程中他被蜜蜂螫、被螃蟹咬，他的所有東西都沒了。回到家他送給媽媽一束花，媽媽安慰他不要洩氣，因為媽媽最喜歡的就是沃夫。

做媽媽的都是這樣

你曾經做了很多媽媽不喜歡的事情，但媽媽還是愛你的嗎？媽媽永遠不會停止對你的愛，因為你永遠是她的孩子，她會無微不至的照顧你。

波利，你在哪裡？

兔媽媽一回到家就發現地上的碎碗片，大家都說不是自己打破的。兔爸爸回到家，大家都說是波利打破的，波利一回家就遭到責罵。波利決定離家出走，原來打破碗的是別人，大家尋找他回來，媽媽也原諒他們。

唸個故事給我聽

小男孩想請媽媽唸個故事給他聽，但發生了一連串的事情，要摺衣服、吃午飯、畫奶奶生日的卡片、電話響了、把小布偶從浴缸中救出來，直到爸爸回來了，才終於由爸爸把故事給說完了。

下雨天接爸爸

小香帶著雨傘，一個人去車站接爸爸，等呀等，卻遇到一隻橘色貓。橘色貓會帶她去哪兒？會經歷什麼樣的旅程？故事描寫孩子獨自一個人去接爸爸時忐忑不安的經驗。

你看到我的小鴨嗎？

大清早一隻小鴨子追著蝴蝶跑走了，鴨媽媽回來後，其他小鴨忙著告訴她這件事。鴨媽媽帶著其他小鴨去尋找，到處詢問動物，有沒有人看到我的小鴨，最後找到了，鴨媽媽帶著大家一起回家。

圓圓的野餐

禮拜天圓圓要跟爸爸媽媽去郊遊，媽媽準備很多的飯糰，圓圓都幫媽媽裝入飯盒中，之後又去找爸爸卻發現袋子沒裝好，結果她想幫忙……，經過一陣忙亂，終於準備好了，出發囉！

動物園的一天

描述一家人到動物園玩所發生的一些事情，從陷在車陣中到進入園區買門票都有狀況出現，從一家人的對話中，了解到他們此時的心情，作者的繪圖中也有另類的有趣圖案。

派弟是個大披薩

派弟的心情壞透了，他想出去玩，可是外面正下著雨。爸爸看見派弟這樣，便和他玩披薩遊戲，派弟被爸爸放在桌上當麵糰搓搓揉揉、轉轉捏捏、加料，媽媽說派弟不喜歡加蕃茄，派弟笑了。披薩烤好卻跑掉了，因為雨停了，他要出去玩了。

親親晚安

　　一個漆黑的暴風雨夜晚，熊寶寶山姆該上床睡覺，媽媽唸了一本故事書，幫他蓋好小被窩，把他的好朋友都排好，也喝了杯熱牛奶，他都還是不肯睡覺，他在等一件事情還沒做，媽媽想到了，原來是親親晚安。

媽媽外面有陽光

　　父母親再忙也要多陪孩子喔！小豆一家人搬新家了，原本想，在搬新家之後一家人就可以常常出去外面玩，可是還是不能如願，小豆的媽媽每天都很忙，爸爸又在外地工作，小豆希望媽媽可以陪他玩，可是媽媽一直很忙，直到小豆畫了一幅畫，才讓媽媽覺醒。

早起的一天

　　當全家人都還在睡時，小珍珠和奶奶起床了，為了想要送給爺爺一個大驚喜，他們今天要一起做好多好多的事……。原來，傍晚大家要一起為爺爺慶祝生日。

冬冬，等一下

　　冬冬找媽媽時，她總是說等一下；他來找爸爸，爸爸也要他等一下。等到怪獸來了，媽媽和爸爸還是說：「冬冬等一下，我現在沒有空。」

壺家的新衣服

　　壺家一家五口每年都要買新衣服穿，這一年卻發生奇怪的事，在服飾店中皮先生為他們介紹很多的服裝，他們都不滿意，但小弟都很滿意，最後彼此溝通後皮先生拿出的衣服大家終於都很滿意，但小弟卻不滿意。於是皮先生把之前介紹的衣服布料做成特別的服裝給小弟。

艾莉森的家

　　這是關於收養的故事。艾莉森跟爸媽住在一起，一天收到奶奶寄來的和服，才發現自己和爸媽的不同，原來艾莉森的爸媽都在日本，現在的父母是收養她的人，她開始有了脫離常軌的行為，父母對她的包容，最後她才體會到最重要的是「愛」。

繪本主題教學資源手冊

寶寶出生了

小慶的媽媽肚子裡有寶寶了，他有些擔心大人會只記得小寶寶，忘記他了。媽媽請他和她一起去買小寶寶要用的東西，回到家之後他拿著這些東西回想起自己小時候，媽媽的肚子漸隆起，小慶常常摸著媽媽的肚子感覺寶寶在裡面，當媽媽生下一對雙胞胎，他已經做好當哥哥的準備。

媽媽就要回家囉

在傍晚時分，忙碌的大人們趕著下班回家，媽媽呢？他是如何回到家來。當媽媽正走在街上、過馬路、搭捷運，下起大雨撐著傘，趕著回家來，而爸爸正準備著晚餐，而我們正收拾著玩具，並且幫爸爸擺好餐具，等著媽媽回到家來。

山姆，你是不是不舒服

一個非常冷的夜晚，熊媽媽哄著小熊山姆上床睡覺，山姆突然咳嗽起來，媽媽想給山姆吃咳嗽糖漿，可是山姆不想吃，媽媽答應牠吃完咳嗽糖漿就去看雪景。然後媽媽抱著山姆坐在沙發上，山姆依偎在媽媽的肚子上，等著下雪。

別再親來親去！

為什麼一定要親來親去沒完沒了？尤其是小娃娃被人親個不停，比誰的次數都還要多。摩摩的弟弟生下來沒多久，大聲哭個不停，大家愈親他，他哭的愈厲害，於是換摩摩來逗他，扮鬼臉耍特技，他還是哭，最後親了他一下，他不哭了，幸虧沒人看見。

媽咪，走開！

媽媽和孩子角色交換會變成如何呢？媽媽常對小福說你該做什麼，一天小福把媽媽變小，讓她坐著小船，把平常媽媽常說的話，都說給她聽，媽媽才驚覺記住這些事很難，也體會到小福的感受，小福最後把媽媽變回原樣。

7隻小老鼠到海邊玩水

7隻小老鼠放暑假了，爸爸要帶大家到海邊玩水，全部的小老鼠都樂翻了，爸爸還想辦法在泳圈上綁繩子，讓大家安全玩水，玩累了一起睡個覺，醒來時發現爸爸怎麼還睡在小島上，該如何救？媽媽想辦法讓大家通力合作救回爸爸。

🥁 7 隻小老鼠搭電車

　　7 隻小老鼠要上學了，媽媽用瓶蓋幫他們做帽子，用結草蟲的皮做成書包，用核桃殼做成鞋子，但小老鼠們卻都不想去上學，媽媽想辦法用毛線鋪成長長的鐵軌到學校，帶著他們坐電車，路上還遇到大蛇，讓大家對上學產生了興趣，許多老鼠都來搭電車。

🥁 妮妮的生命之書

　　描述一個收養家庭對於收養的小寶貝，陪伴他們的心情寫照。從妮妮到他們家開始，包括妮妮的滿月、學走路、牙牙學語、如廁訓練、生日快樂的情形，及帶著她到迪士尼遊玩，回台灣後生病照顧的心情，生活中她的聰明點滴，本書充滿父母的愛。

🥁 我被親了好幾下

　　生日那天沒人記得多無趣啊！陽光親日曆一下，爸媽親一下，風親衣服好幾下，我的屁股親地上一下，我的衣服被眼淚親了好幾下，朋友的聲音親了我一下，我親冰淇淋好幾下，今天是我的生日都沒有人知道，回到家爸媽親了我一下，我被蛋糕親了好幾下。

🥁 爸爸 and 媽媽 and 我

　　爸爸帶著叮叮噹噹的鑰匙及暖暖的手套，圍一條圍巾和帶著一袋蘋果，他和我一起玩遊戲，抓著他的小腿繞過膝蓋空隙，鑽過他的褲襠，坐在他的肚皮上，和他一起看書，還和他一起睡覺。之後換成和媽媽在一起，認識新朋友，一起做體操。

🥁 我媽媽

　　我媽媽是個了不起的廚師，也是個雜耍員，在化妝時就像畫家，也是強壯的女人、魔術園藝家，她的歌聲像天使一樣美妙，也像蝴蝶一樣美麗，像沙發一樣舒適，不管她的職業是什麼，她都是我媽媽，媽媽妳知道嗎？我愛妳。

🥁 卡夫卡變蟲記

　　要多久的時間你才會發現自己的孩子變成一隻蟲？小男孩卡夫卡早上起床，發現自己變成一隻甲蟲了，可是他身邊所有的人，都沒有注意到……除了他的好朋友，最後爸媽終於發現，他怎麼爬到天花板上……。

小野獸

一對恩愛的夫妻，有一天收到一個神秘的包裹，裡面是個可愛的小寶貝。夫妻倆人非常喜歡這個禮物，可是小寶貝開始起變化，一下變成禿鷹，一下是大象、野豬、噴火龍，這對夫妻快瘋了，正當不知如何是好時，他卻變成……。

我要抱抱

蘿拉跟爸爸媽媽要搬到新家去了，空盪盪的房子讓蘿拉不敢到自己的新房間，可是爸爸媽媽又忙著整理傢俱布置新房子，她決定找事情來做，可是那種孤單的感覺真是不好受，蘿拉決定在爸媽最疲憊的時候給他們一個抱抱。

我出生的那一天

真正的家庭不只是住在一起，或是有血緣關係，而是要互相關懷與珍惜。這是一個洋溢著愛與溫馨的故事，也重新省思了家庭的價值與意義。

和爸爸一起讀書

本書最主要談的是親子閱讀方面，藉由爸爸帶領孩子進入閱讀的樂趣，感受這份親情及甜蜜時光，讓孩子享受閱讀，並浸淫於其中，影響到孩子的未來及主人翁長大為人母時，仍是與孩子一起享受親子閱讀的快樂時光。

母親，她束腰

彼亞外是由十幾戶泰雅族人組成的迷你部落。一位堅強的母親，為了挑起艱困的家庭生活，辛苦工作。在餵三個孩子吃飯時，她總是把頭巾解下，然後緊緊的綁在她的腰上。

拍我

拍拍！拍拍！拍拍是媽媽打給我的暗號，只要媽媽對著我兩手拍拍，我就知道是什麼意思，我喜歡這個暗號，就是媽媽和我兩個人的秘密。

看我

有的媽媽遠遠的喊著，有的媽媽後面追著，我的媽媽面對我，我喜歡她溫柔的眼睛，我喜歡她兩隻手扶在我肩上，高興時翹起來的嘴角，喜歡她的長耳環，隨著故事搖啊搖。

牽我

媽媽牽著我的手，我不會跌倒，再也不怕鄰居的大黑狗，一步就跨過小水溝。我最喜歡媽媽爸爸牽著我的手，雙腳盪起來喲！

🎵 我真的好愛你

路路是一隻人見人愛的無尾熊，可是最愛他的是媽媽，媽媽每天都對他說我真的好愛你，一年年過去了，又多了很多的弟弟妹妹，媽媽現在忙得沒時間對路路說好愛你。路路決定參加奧林匹克運動會，每天做練習，媽媽都會關心他，比賽完後媽媽緊緊抱著他說永遠愛你。

🎵 小豆芽，就是我

小豆芽認識很多人，大部分是他的家人，弟弟小米愛搗蛋，姊姊瑪西喜歡說走開，哥哥克特喜歡發怪聲，還可以了解到辦公室的爸爸，和在家中的媽媽及爺爺，大家生活的情況。小豆芽呢？他犯錯了被關房間，為什麼他會說太棒了呢？

🎵 親朋自遠方來

親戚清晨四點出發，開一台老爺車來我家玩，見面擁抱就花好幾小時，住在一起幾個星期，他們幫忙修理東西，在一個清晨四點又開著車回去了。

🎵 今天是什麼日子

巧巧要去上學的時候，設了很多的謎題，要媽媽一一去找出到底今天是什麼日子的答案，巧巧出的十道題的字頭已經洩漏出今天是什麼日子，原來是爸爸媽媽結婚十週年。

🎵 十四隻老鼠系列

爸爸、媽媽、爺爺、奶奶和十隻小老鼠，共成為一家人的十四隻小老鼠系列，深刻刻畫一家人的相處生活，包含大搬家、洗衣服、挖山芋、過冬天、去郊遊、賞月、晚安、吃早餐……系列。

🎵 就像你一樣

火紅的太陽下山，老鼠媽媽和老鼠寶寶要回家睡覺了，一路上遇到鳥媽媽、青蛙姊姊、兔子媽媽、海豹媽媽及狐狸媽媽，他們是如何展現愛孩子的方式，老鼠寶寶覺得他的媽媽都不會這些事，但是老鼠媽媽告訴他，她還是可以為他做很多事，最重要是她會全心全意永遠愛他。

我快被你氣炸了

哈莉雖然很麻煩，但她絕不會故意搗蛋，哈莉邊吃早餐邊敲桌子，吃點心時，褲子上沾滿果醬，畫圖時把顏料滴進地毯裡，從椅子上下來把桌巾也全拖下來了，連枕頭都玩破了，媽媽再也忍不住的尖叫，過一會兒她向哈莉道歉，兩人一起收拾並笑成一團。

起床啦！大熊

托比在星期天的早上剛睡醒，聽見低沉的吼聲，是熊嗎？下床尋找聲音，原來是爸爸的鼾聲，托比鑽進被窩中，跟爸爸玩起大熊和小熊遊戲來，媽媽來了掀起被窩，要他們起床吃早餐。

每一天

每天和家人生活在一起，日子也總是會有高興、難過、有時會外出、有時生病、有時無聊，每天都是不一樣的日子，所以每一天都是好日子。

我總是愛你的

亞力一早起床，想弄早餐給媽媽吃，但是一個不小心打破了媽媽最喜歡的碗。怎麼辦？亞力不是故意的，他找媽媽問了許多他做的事，媽媽總是說：我總是愛你的，他跟媽媽坦承他打破碗的事，媽媽緊緊抱住他，後來亞力做了一個新碗送給媽媽。

手足

小小大姊姊

原本有三個人的家，爸爸沒變，媽媽的肚子卻愈來愈大。沒多久爸爸帶她到醫院，她看見自己多了個新弟弟。爸爸說：「妳已經是大姊姊了」，可是她不開心，大家都只注意到弟弟，而且弟弟年紀小也不能陪她玩，但弟弟漸漸長大後，兩人的感情愈來愈好。

我的妹妹是跟屁蟲

下雨天，好無聊喔，妹妹突然在一旁竊笑，問她她又不肯說，真是小氣，原來她是想學我，我說什麼她就說什麼，我說豬她也說豬……。

🎯 莫理斯的妙妙袋

老么總是小跟班、小討厭嗎？莫理斯好難過呀，幸好他有了妙妙袋……不但找到了調適自己的好方法，還能自得其樂喔。「成長」就是這般夾雜著酸甜滋味的過程，只有開朗面對才能逐漸茁壯成一棵大樹！

🎯 兔子蛋糕

奶奶要過生日了，露比準備做一個海綿驚喜蛋糕給奶奶吃，而麥斯也想做，但姊姊卻覺得他老是惹麻煩，所以處處提防他，只分派買東西的工作給麥斯，但是麥斯該闖的禍一樣也沒少，結果麥斯模仿姊姊做出一個蚯蚓蛋糕，這下奶奶都不知道該從哪一個蛋糕吃起了。

🎯 小麻煩波利

當陽光射進洞穴，波利是最後一個離開洞穴的兔子，他出去玩的時候，不小心棍子飛到姊姊面前，他連忙說對不起跑走，在樹林裡不小心毀壞哥哥的遊戲屋，又不小心掉進大哥的秘密洞穴，中午溜回儲藏室，聽到大家告訴媽媽，媽媽要他把大家的玩具修理好，最後大家都親他。

🎯 沒人問我要不要小妹妹

艾太太生了一個小嬰兒，親朋好友都來看她，小立看得很不高興，他把妹妹妮妮放入嬰兒車中，問問看有沒有人會想要她，結果大家想要的孩子都不同。他遇到小畢，小畢的一家人都很喜歡妮妮，每個人輪流抱她，可是她卻大哭，原來妹妹只要小立，他要回家告訴媽媽原來妮妮很聰明。

🎯 小凱的家不一樣了

早上爸爸要去接媽媽時跟小凱說：「很多事情都要改變了。」小凱看著四周環境都沒有覺得。後來媽媽回來了，抱著一個娃娃，說：「這是你的小妹妹。」

🎯 最特別的東西

星期五是特別日，可以帶自己最喜歡的東西和別人分享，小力不知道要帶什麼，媽媽又忙著照顧妹妹，媽媽要他不要急一定會找到。星期五回到家，小力很生氣，他覺得大家只注意到妹妹，妹妹對他笑了，小力突然想到他可以帶什麼到學校了。

波利的新妹妹

　　兔媽媽告訴孩子們牠要生小寶寶，每個孩子的反應都不一樣，波利去問牠的朋友關於新弟弟或新妹妹的事。媽媽生了一個新妹妹，波利很用心的照顧牠。

我的帽子

　　哥哥的帽子上繫了一條藍絲帶，我的帽子上有一朵小紅花。去百貨公司走失了，媽媽和哥哥一下就認出我的帽子，但是坐火車把帽子吹出窗外，我哭了。第二天爸爸又買了兩頂新帽子，一個藍邊蝴蝶結給哥哥，紅邊蝴蝶結給我。

飢餓狒狒之國

　　媽媽發現牆壁被畫了，便問這是怎麼一回事，溫蒂說：「我畫了一塊蛋糕在上面」，媽媽問為什麼？「因為凱斯不給我圖畫紙」溫蒂回答。凱斯說：「她是小孩子，只有小孩子才會在牆壁亂畫。」兩人吵了起來，媽媽要他們兩人進房間反省，後來凱斯做了一個夢，而和妹妹和好了。

小菲菲和新弟弟

　　有一天媽媽告訴小菲菲一個重大的祕密，家裡要多一個小寶寶。菲菲很興奮的期待著，但小弟弟出生了，她不了解小弟弟為什麼總是哭，爸媽總是忙著照顧弟弟，她大哭著不要小寶寶，爸爸安慰她，隨著日子過去，她也慢慢的接納了小寶寶。

妹妹住院了

　　惠惠放學回家看到她的洋娃娃不見了，心想又是妹妹拿的，這時媽媽正要背妹妹去看醫生，便把洋娃娃還給惠惠，惠惠抱著洋娃娃很害怕，她心裡想妹妹住院了，她該帶什麼東西去看她呢？她摺了紙鶴、玫瑰，寫了一封信，並用紙包了一個大禮物，妹妹看到姐姐來了好高興，妹妹拆禮物時，發現姐姐送她洋娃娃。

帶我去嘛

　　彩彩一個人正在玩，哥哥在一旁想著如何溜出去玩，這時彩彩拉住哥哥，帶我去嘛！哥哥拿起洋娃娃給她玩，彩彩放好它去追哥哥，哥哥只好回家看書，彩彩也跟著看書，彩彩睡著了，哥哥想走時她卻醒來，哥哥沒輒只好帶著她。

你喜歡我嗎？

蘿拉有了一個新弟弟，蘿拉好喜歡她的弟弟小迪，可是小迪好像不喜歡蘿拉，一看到她就哭。蘿拉想辦法想讓小迪喜歡她，蘿拉把心愛的玩具送給他，對他唱唱歌，摸摸他的鼻子，小迪終於對牠笑了，蘿拉真的好高興。

小玫的寶寶

媽媽把寶寶放在床上，而小玫卻在一旁說著她的兔寶寶和熊寶寶，有時會惹她生氣也會帶他們出去散步或說故事，小玫愛寶寶，但她卻很需要媽媽的關心和注意。

我太小，我不能上學

蘿拉長大了該上學，可是她卻不喜歡上學，查理該怎麼辦呢？查理告訴蘿拉上學可以學到的東西，可是蘿拉總是有理由，藉由兄妹兩人的對話，看查理如何說服蘿拉去上學，最後在蘿拉的疑慮都清除後，蘿拉是否同意去上學呢？

姊姊畢業了

我和姊姊一起上幼稚園，一起上學、一起回家，當全家都在討論姊姊的歡送畢業詞時，弟弟哭了。老師說畢業是一件很了不起的事，那我怎麼辦？媽媽說明年換我畢業了，畢業典禮那一天姊姊真的很棒，我明年一定會跟姊姊一樣棒。

班班的地盤

弟弟的床移到班班的房間，班班覺得沒有自己的房間，決定去找一個屬於自己的地盤，但卻什麼事都不對了，沒有人理他，但是一定會有人過來和他玩……。

穿過隧道

哥哥和妹妹玩的東西不一樣，哥哥又常嚇妹妹，有一天兩人吵架，媽媽要他們和平解決，哥哥不理妹妹，他發現一個隧道便進去，妹妹也進去找哥哥，路上發生一些事，兩人最後也和好如初。

大姊姊小妹妹

從前有一個大姊姊和小妹妹，大姊姊時時刻刻的照顧小妹妹，大姊姊什麼事都處理得好好的，但有天小妹妹聽煩了大姊姊的嘮叨和指揮，想要一個人靜一靜，於是偷溜出家門躲在草叢中，大姊姊找不到哭了，兩人因此更懂得去照顧別人。

春天，小兔來

森林裡到處都是兔子，只有小莫沒有兄弟姊妹，大家告訴他等春天來吧！他等不及了，他用了樹枝、雪、泥土做小兔子，可惜他們並不會陪他玩耍，他看到鳥蛋及青蛙蛋的出生，傷心的回到家，才發現媽媽給了他三個弟妹的驚喜。

家裡多了一個人

我在花園裡幫奶奶，爸媽從外面回來，爸爸問我喜歡弟弟或妹妹，我不知道，媽媽的肚子一天天大了，一天早上奶奶帶我去看我的妹妹，她臉好小紅通通，妹妹很愛睡覺，我不能吵她，妹妹慢慢長大，我不喜歡她，媽媽說她還是一樣愛我，希望妹妹快長大和我一起玩。

佳佳的妹妹不見了

媽媽出門了，由佳佳照顧妹妹，但因她一時的疏忽，竟然讓妹妹不見了，她好緊張，四處尋找……，終於在公園的沙堆上找到妹妹了。

親親熊妹妹

「我妹妹又在鬧脾氣了」，小熊毛毛常常抱怨，可是他的朋友傑克卻一直都想要有一個妹妹。傑克想到最簡單的方法就是用一籃魚交換毛毛的妹妹，可是熊妹妹失蹤了，毛毛好著急，在樹林裡到處尋找，毛毛終於體會，當你失去一個人的時候，才會發現自己非常愛他。

我希望我的弟弟是隻狗

當你心愛的玩具正被弟弟玩著，心情如何？你會告訴他：不要碰我的玩具，這時你會想，要是他是一隻狗多好，會有好玩的事情發生，總之就沒人可以破壞，但他終究還是我弟弟。

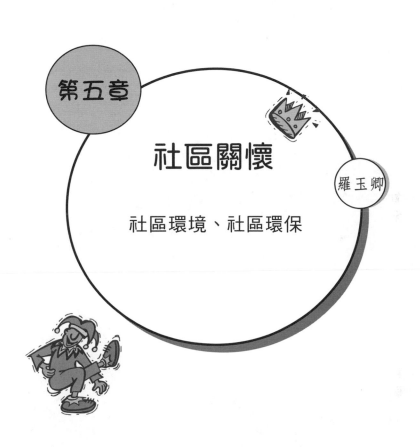

第五章

社區關懷

社區環境、社區環保

羅玉卿

　　當孩子拿著紙箱、一些布或是一些積木，開始裝扮自己的「家」，玩著「居家生活」的遊戲時，便是一種對自己家園的關懷。遊戲中，有陪著他玩的貼心好友，聊著共同的話題，儼然是一個小小的「社區」。所以孩子暫離父母的懷抱，走出家庭，向外去拓展人際與經驗時，最先接觸到的就是社區。社區中的人、事、物又驅使著孩子去了解他所生活的環境。

　　因此，我們期待透過觀察、思考、閱讀與活動設計，讓孩子認識社區，認識自己居住的環境，激發更多的學習樂趣，建立更濃郁的親情。

　　從社區中讓孩子明白有什麼樣的人在為大家服務，而又有什麼樣的人是我們要付出關懷的，又有什麼不同於自己家庭狀況的人。

　　你曾帶著孩子參與過社區活動嗎？我們希望藉此學習單元，激發孩子對鄰居的關心與愛心，以及對家園的愛護。

　　相信孩子身在一個如此具體的學習環境中，一定更能體會到人我關係，探索、發覺到更多深刻的生活體驗。

「101本好書」主題分類

分類	書　名	作　者	繪　者	譯者	出版社
社區環境	媽媽的紅沙發 A Chair for My Mother	Vera B. Williams	Vera B. Williams	柯倩華	三之三
	挖土機年年作響：鄉村變了	Jörg Müller	Jörg Müller		和英
	我和我家附近的野狗們	賴馬	賴馬		信誼
	逛街	陳志賢	陳志賢		信誼
	小恩的秘密花園 The Gardener	Sarah Stewart	David Small	郭恩惠	格林
社區環保	企鵝阿比： 垃圾收集器	王蘭	張哲銘		童話藝術

「推薦好書」主題分類

分類	書名	作　者	繪者	譯者	出版社
社區環境	哈利的家 Happy's Home	Laurence Anholt	Laurence Anholt	宋珮	上誼
	艾美莉亞的花園 Amelia Ellicott's Garden	Liliana Stafford	Stephen Michael King	姚文倩	台灣麥克
	走，去迪化街買年貨	朱秀芳	陳麗雅		青林
	白色、灰色和黑色 Blanc et Gris et Noir	Gérard Moncomble	Zaü	游素霞	青林
	早安！市場	游復熙	何雲姿		東方

吃六頓晚餐的貓 Six Dinner Sid	Inga Moore	Inga Moore	黃迺毓	和英
來我家玩 照著地圖走喔 Visit Me With a Map	Makoto Obo	Makoto Obo	蔣家鋼	信誼
不受歡迎的新鄰居 A Pig is Moving	Claudia Fries	Claudia Fries	葉慧芳	啟思
城市庭園 Ein Gar Ten Fur Kinder in Der Stadt	Gerda Muller	Gerda Muller	曹慧	遠流
橘色奇蹟 The Big Orange Splot	Daniel Manus Pinkwater	Daniel Manus Pinkwater	畢恆達	遠流
三隻小狼和大壞豬 The Three Little Wolves and The Big Pig	Eugene Trivizas	Helen Oxenbury	曾陽晴	遠流
天堂島 Adam and Paradise Island	Charles Keeping	Charles Keeping	王淑宜	遠流
街道是大家的 La Calle es Libre	Ediciones Ekare	Nina Bonita	楊清芬	遠流
小房子 The Little House	Virginia Lee Demetrios	Virginia Lee Demetrios	林真美	遠流
你們說，這片草原美不美？ Da Ist Eine Wunders chöne Wiese	Wolf Harranth	Winfried Opgenoorth	漢聲編輯部	漢聲

問題與討論

一、你知道自己家附近有沒有特別的建築物？

二、你最喜歡去你家附近哪些地方玩？

三、在公園中你和別人都玩些什麼遊戲呢？

四、在你家附近可曾見過一些鳥類或是昆蟲等？

五、你最喜歡去你家附近哪一個商店？為什麼？

六、你要怎樣讓你家附近的環境更乾淨更美麗？

七、你家附近的人或所發生的事情是你喜歡的或是不喜歡的，為什麼？

八、你們全家曾經和鄰居一起做過什麼事情嗎？如出去玩、工作……。

九、你們曾經幫過鄰居的忙嗎？幫什麼樣的忙？

十、如果你家附近有你不喜歡的鄰居，你感覺如何？你的父母會怎麼辦？

延伸活動

活動一：小小建築師

(一)準備材料

積木（不限材質）。

(二)活動過程

1. 小朋友分成若干組，利用積木角的積木一起合作，看誰的積木堆得最高？

2.你能用積木角的積木搭一座橋嗎？比賽看誰的橋最長？

3.你還可以搭建出不同的建築物嗎？之後可以互相分享不同的建築物。

活動二：我和我家的附近

(一)準備材料

圖畫紙或不同顏色的紙、彩色筆或蠟筆、雜誌、報紙。

(二)活動過程

1.老師發給每位小朋友一張白紙，讓小朋友設計出自己想住的房子。

2.可以請孩子畫出想要什麼樣的鄰居朋友跟你住在一起。

3.老師也可以把學校附近的馬路、郵局、加油站等畫在大壁報紙中，貼在牆壁上，再請孩子畫出其他建築物，包括自己的家等，貼在正確的位置上，可利用蒐集來的圖片加以運用。

活動三：左鄰右舍

(一)準備材料

老師先規畫要演的劇本。

(二)活動過程

1.老師可做協同教學，演出幾個狀況來和孩子討論看完之後的感覺：

（狀況一）不和人打招呼。

（狀況二）八卦鄰居，並且多話到不停止。

（狀況三）過度熱心的鄰居。

（狀況四）鄰居打架。

老師可以思考，還有什麼狀況呢？

活動四：好鄰居

㈠準備材料

活動宣傳單。

㈡活動過程

1. 選定學校附近的一條巷子，決定日期，並發通知單給巷子的居民讓他們了解活動。

2. 跟孩子討論要去掃街的目的，分配每人的工作，帶著孩子一起去打掃巷子。

3. 遇到不配合的鄰居該怎麼辦呢？

4. 幼稚園冬至煮湯圓活動，可以分贈鄰居，做好敦親睦鄰。

相關網站

一、行政院文化建設委員會 http://www.cca.gov.tw/

每個月有不同的主題活動，並且包含很多的文化及地方上的事物，社區總體營造也有專案的輔導計畫，讓民眾了解其內涵，並有相關的藝文活動報導。

二、中華民國社區總體營造促進總會與各發展協會社區風情網 http://www.myhome.org.tw/

何謂社區總體營造，又分為哪三階段實施？網站中皆有介紹。還有一些開發的參考實例，讓民眾了解該如何做環保，「好料新知」中介紹休閒好去處，「養身植物」是介紹一些食用植物的功效，此外還有特別報導。

三、中華民國社區營造學會 http://www.cesroc.org.tw/

　　關於社區營造相關訊息，在台灣社區營造知識庫中有提出相關的論文及研討會，還告訴你社區健康營造資源有哪些，發現台灣社區之美提供廣播中討論的話題，已出版的書籍相關訊息，也針對環境保護提供不同的觀點，有不吐不快的事也開放討論區，讓大家來了解。

「101本好書」內容簡介

社區環境

媽媽的紅沙發	挖土機年年作響：鄉村變了
一場大火，燒毀了家中所有的家具，鄰居們送了好多東西給他們，小女孩、媽媽、外婆三人努力工作存錢，想買一張舒適的紅沙發……。	本書是由七張大開圖片所組成，繪者由同一角度取景，以三年的間隔時間，記錄一個鄉村二十年間的變化。
我和我家附近的野狗們	逛街
取材自現代大街小巷常見的「野狗」，很能引發幼兒們閱讀的興趣。「裝作是一棵樹以避免被狗咬」，以及畫一地圖表明要「找一條沒有狗的路」，都是神來之筆，很有創意。	作者將街上的人、房子、車子、招牌、動物、植物、白天與晚上，一頁一頁的表現出來，多采多姿，讓人充滿驚喜。
小恩的秘密花園	
灰撲撲的城市裡，人們忘了微笑。第一次到城市找舅舅的小恩，決定來點變化！於是，小恩開始種花，當一朵朵花兒綻放時，她邀請大家一起來慶祝。	

社區環保

企鵝阿比：垃圾收集器 　　企鵝阿比發明了垃圾收集器，幫大家收垃圾，街道一下就變美了，但卻造成大家把垃圾往外丟。有一天垃圾收集器壞了，靠大家一起努力才把街道變乾淨整潔。	

「推薦好書」內容簡介

社區環境

哈利的家	**艾美莉亞的花園**
哈利住在城市裡，他喜歡這裡的生活及種種一切，哈利希望到鄉下幫爺爺的忙，一天爺爺帶他回鄉下，在那裡他學習了好多的事情，但他終究要回家，在路上看見每個人回家的形式都不同。	艾美莉亞在她雜亂的院子裡養雞，那是她的寶貝，她隔壁有一棟三層樓的房子，住在三樓的先生非常喜歡雞。面對這樣的院子住在這棟公寓的人都有要不同的想法，一次的狂風暴雨喚起了大家關懷的心。

🥁 走，去迪化街買年貨

你曾經到迪化街買過南北貨嗎？每年過年總是有很多人到迪化街辦年貨。本書介紹一百四十年前迪化街如何發跡，以及這裡的古蹟建築、布行、中藥行、南北乾貨、木桶店、打鐵店、燈籠店等。

🥁 早安！市場

市場裡賣什麼呢？市場裡的人都在忙些什麼？這本書中可以讓小朋友看到熱鬧的市場百態。

🥁 來我家玩照著地圖走喔

阿友、小惠、阿悟、阿清四個人是好朋友，也住在同一個鎮上，阿友要過生日了，他想請好朋友到家裡來，他分別畫了三張地圖給他們，希望他們按照地圖來找他家，每個人的圖上都有一些提示標示點，等到慶生會時，他們三個人也畫一張圖送給阿友，等他一起來發現很棒的事。

🥁 白色、灰色和黑色

在這個地方冬天是白色、灰色和黑色。妮卡從學校回來，看到整個村莊的景象，令她害怕，回到家裡後，她一點也不害怕了。就在每日的上下學中，妮卡對看到的景象漸漸地產生了不安，看在眼裡的爹地，決定為房子披上彩衣，村人覺得妮卡的房子像是在跳舞，第二天整個村莊都披上不同的彩衣，妮卡終於不再害怕。

🥁 吃六頓晚餐的貓

席德住在亞里斯多德街的六戶人家，每天吃六頓晚餐，沒有人知道這件事。有天牠生病了，東窗事發，大家都不諒解，牠只好搬家到畢達哥拉斯街照樣吃六頓晚餐，這裡的人卻沒有人會在意。

🥁 不受歡迎的新鄰居

如果你誤會新搬來的鄰居會如何呢？母雞告訴狐狸有新鄰居要搬來了，原來是一隻豬，大家對豬的印象都不好，所以發生了一連串的誤會，等答案揭曉後，大家一起喝溫暖的下午茶。

繪本主題教學資源手冊

城市庭園

　　小維和家人新搬到城市的一間房子，最令人高興的是，還有一座大花園，甚至種著幾株老樹，雖然有些髒亂，但是相信有朝一日，這會是一座最美麗的「城市庭園」。春耕、夏耘、秋收、冬藏，大家從園藝的忙碌和歡樂中，開啟關照周遭環境的視野，體驗大自然生生不息的奧妙。

橘色奇蹟

　　梅豆豆先生住在一條房屋長相都一模一樣的街上，直到有天一隻冒失的鴿子銜著一桶油漆，在梅豆豆家屋頂上留下了一個很大的橘色斑點，卻為他帶來了靈感，也影響了其他人，甚至最後改變了這條街的面貌。

三隻小狼和大壞豬

　　「三隻小豬和大野狼」的故事，換成了三隻小狼和一隻大壞豬。小狼為了建蓋一間舒適的房子，處心積慮的防禦大壞豬的破壞，一次又一次的失敗，最後終於讓牠們找到了好辦法，不僅有了美麗、芬芳的住居，也讓大壞豬痛改前非。

天堂島

　　天堂島不是什麼名勝，但是亞當熱愛它。因為這裡住著他所認識的人們，不分職業、不論貧富，彼此相知相惜，亞當很喜歡這些老鄰居，也一直慶幸有他們相伴。但是，一個嶄新的都市計畫逐漸改變了天堂島，也改變了大家原來的生活面貌，亞當雖然不捨，不過仍然和所有人一樣，調整步伐，以適應一個新環境。

街道是大家的

　　有一群小朋友居住的地方，房子愈蓋愈多，空間愈來愈密集，小朋友連個遊戲、活動的區域都沒有，於是大家決定聯合起來，喚起大人們的注意，讓營造一個遊戲場變成所有人共同的事。

小房子

　　一間小房子歷盡不同的時空移轉，它還會以原來的風貌展現於大眾面前嗎？小房子原本在一個環境優美的地方，但隨著時間慢慢的改變，房子周圍起了變化，不再像以往的美景，小房子決定搬家了，子孫幫它找到風景美的地方。

你們說，這片草原美不美？

　　丁大叔和鄰居到鄉下去玩，發現一個不錯的地方，可是人們總是想在美麗的地方做一些方便上的改變，卻變成破壞環境的人，再也沒有美麗的地方，之後他們也學到了保護環境原有的風貌。

第六章

性別平等

兩性平等

羅玉卿

從性別角色發展的觀點來看，孩子性別角色的認知與差異隨著年齡而逐漸發展，因為孩子從出生以後就面臨到父母親的性別差異的對待。在經歷同儕及社會文化的期望，而造就此一性別的認同。

針對孩子性別分化概念的發展約略分成三個形成階段：二到三歲對自己性別能了解，但尚未了解性別的永久性，還須經過時間的發展。三到五歲孩子認為只要改變一下髮型或服飾，就可以變換性別。五到七歲孩子對自己的性別有堅定未來性的認定。

在幼兒園中，五歲左右的孩子開始拒絕異性，性別概念區隔現象逐漸增強，男孩和女孩開始各自玩著不同的遊戲：男孩大多是在積木角玩著槍戰或是開車子的幻想遊戲，女孩大多喜歡在娃娃家玩著誰當媽媽誰又當姊姊的角色（只有少數孩子遊走兩種不同性別的角色）。

孩子的性別角色學習歷程，會以各種不同的遊戲形式呈現，從中學習兩性的合作。身為孩子的教養者應提供均衡發展的環境，減少性別的刻板印象，提供兩性需求探索的環境，讓孩子對於性別角色的學習有更多的彈性，了解到兩性一起工作時須尊重彼此，從中發展出中性的特質，並且肯定自我以積極主動的溝通方式營造出健康的性別概念。

在我們社會中一直對兩性的角色有著不同的期待，而近幾年的社會文化也在尋求改善兩性之間的平等關係，希望對下一代的兩性教育，可以做到尊重對方及保護自己，使兩性相處更為融洽。

這還需要大家一起努力。

繪本主題教學資源手冊

「101本好書」主題分類

分類	書名	作者	繪者	譯者	出版社
兩性平等	一隻想當爸爸的熊 Das Barenwunder	Wolf Erlbruch	Wolf Erlbruch	方素珍	三之三
	紅公雞	王蘭	張哲銘		信誼
	有什麼毛病 Hair in Funny Places	Babette Cole	Babette Cole	黃鈺璇	格林

「推薦好書」主題分類

分類	書名	作者	繪者	譯者	出版社
兩性平等	奧利佛是個娘娘腔 Oliver Button is a Sissy	Tomie dePaola	Tomie dePaola	余治瑩	三之三
	神秘的無名騎士 Der Geheimnisvolle Ritter Namenlos	Cornelia Funke	Kerstin Meyer	葉慧芳	三之三
	真正的男子漢 Echte Kerle	Manuela Olten	Manuela Olten	高玉菁	三之三
	海馬先生 Mister Seahorse	Eric Carle	Eric Carle	柯倩華	上誼
	媽媽最棒！爸爸最棒！	Laura Numeroff	Lynn Munsinger	柯倩華	小魯
	薩琪到底有沒有小雞雞 Mademoiselle Zazie A-t-elle un Zizi?	Thierry Lenain	Delphine Durand	謝蕙心	米奇巴克

薩琪想要一個小寶寶 Mademoiselle Zazie Veut un bébé	Thierry Lenain	Delphine Durand	謝蕙心	米奇 巴克
頑皮公主不出嫁 Princess Smartypants	Babette Cole	Babette Cole	吳燕凰	格林
灰王子 Prince Cinders	Babette Cole	Babette Cole	郭恩惠	格林
媽媽，沒告訴我 Mummy Never Told Me	Babette Cole	Babette Cole	黃聿君	格林
小威向前衝 Where Willy Went	Nicholas Allan	Nicholas Allan	黃筱茵	維京
我的小雞雞 Ochinchin No Ehon	Naohide YAMAMO- TO	Makiko SATO	游蕾蕾	維京
威廉的洋娃娃 William's Doll	Charlotte Zolotow	William Pene du Bois	楊清芬	遠流
紙袋公主 The Paper Bag Princess	Michael Martchenko	Bob Munsch	蔡欣坪	遠流
朱家故事 Piggybook	Anthony Browne	Anthony Browne	漢聲 雜誌	漢聲
媽媽工作，爸爸工作 Mommy Works,Daddy Works	Marika Pedersen Mikele Hall	Deirdre Betteridge	方素珍	親親

問題與討論

一、平常的時候，你的爸爸媽媽都做了哪些事呢？

二、說說看男生和女生玩的遊戲一樣嗎？喜歡玩的遊戲一樣嗎？

三、說說看男生和女生哪裡不一樣？如力氣、長相……。

四、你有玩過什麼遊戲或玩具，卻被別人說那是女生或是男生才可以玩的。聽到時，你的心情如何？

五、長大以後你要不要結婚？為什麼？

延伸活動

活動一：找朋友

(一)準備材料

活動場所。

(二)活動過程

1. 老師在前面發號施令，老師說：「兩個女生」，兩個女生就手牽手在一起，老師說：「兩個男生」，兩個男生就手牽手在一起，當老師說：「一個男生、一個女生」時，就必須一男一女手牽手在一起，當然老師還可以說：「兩個女生、一個男生」或是「五個男生、兩個女生」等方式，讓孩子去找朋友在一起。

2. 如果沒有跟別人手牽手的人，必須表演一個節目給大家欣賞。

活動二：猜猜我在做什麼

活動過程

1. 一個男生和一個女生一組，看誰要先當鏡子而另一個人就當照鏡子的人。當鏡子做什麼動作時，照鏡子的人也必須模仿，做一樣的動作。

2. 等做完五個動作後，兩人可以交換角色來玩。

3. 做一個爸爸或是媽媽晚餐後的動作，請孩子出來做動作，大家來猜猜。

活動三：哪裡不對？

㈠準備材料：裝扮成男、女生的裝飾物

㈡活動過程

    1. 老師找一位女生上台，幫她裝扮成男孩子，可以貼上鬍子，跟孩子討論男、女生在外表上的不同。

    2. 反之亦然，也可以讓男生反串成女生，和孩子做討論。

活動四：豬羊變色

活動過程

    1. 和孩子就他所知道的故事討論，如「白雪公主」、「賣火柴的小女孩」、「國王的新衣」、「小紅帽」……等故事當中的主角是誰。

    2. 如果當故事中的主角、角色換成不同性別的人物時，可以想一想故事情節會變成如何？老師可以依孩子所說的情節串成一個故事，並讓孩子重新將故事命名。

    3. 讓孩子把改編過的故事做戲劇演出。

相關網站

一、杏陵醫學基金會 http://www.sexedu.org.tw/

    本基金會是以推廣家庭生活及性教育為目標的團體，網站中幫助民眾了解性問題，資料館中有一般、兒童、青少年的相關書籍，研究所中有國科會、衛生署委託的研究報告，還有遊樂園及雜貨舖也有相關資訊。

二、台灣性教育協會 http://www.tase.org.tw/

　　由許多位教授聯合組成的網站，當中有性教育通訊讓民眾可以下載文章，有任何相關問題都可在性與愛診所提出，還有性學小辭典，有時間還可填線上問卷。

三、兩性平權及性侵害防治委員會 http://www.ntnu.edu.tw/equal/

　　這是由台灣師範大學多位教授所組成的網站，在「性別研究」中可看到許多位教授曾提出關於兩性問題的研究，有相關活動訊息及相關法律條文，還有所開設的相關課程，並有關於性別平等的哈燒話題。

四、婦女新知基金會 http://www.awakening.org.tw/

　　基金會成立的目的是為實現喚醒女性自覺與成長，在這個網站中，「新知觀點」是每個月針對性別的議題所發表的文章及新聞稿，「女人玩法」是關於婦女權益相關法案與新知及法律問題，「性別新聞室」中有每月與性別相關議題的新聞集錦，「雙D現場」是讓您發表文章與互動的園地。

五、台灣婦女網路論壇 http://forum.yam.org.tw/women/

　　在參考資料中可以提出家庭中所面臨的問題和大家討論。在討論版內有親子對話、兩性教育、人身安全、身體與健康、婚姻與家庭，焦點話題等。

六、台灣婦女資訊網 http://taiwan.yam.org.tw/womenweb/

　　透過網站可了解台灣婦女運動史，「女性生活百寶箱」中有關於女性的健康、法律、工作、家庭、人身安全、社會參與，還有查某人的新聞、足跡、進修班，提供女性成長與新知，藉由主題故事讓民眾對單一事件有深入的了解。

「101本好書」內容簡介

一隻想當爸爸的熊

一隻大熊很寂寞，想養一隻熊，可是他不知道要用什麼方法，冬眠過去了，只好問森林裡的動物，但那些方法都不對，直到他遇到一隻母熊願意跟他結婚生一個熊寶寶。

有什麼毛病

泰迪小熊擔任「家長」專家，對小朋友大談賀爾蒙夫婦如何在人類身體裡施魔法，身體過程的奇妙變化及男女的不同，她又是如何誕生的。

紅公雞

紅公雞在路上撿到一顆蛋，由於找不到母雞幫忙孵蛋，只好自己上陣。母雞們也都來教牠可以做些什麼事，日子一天天過去，這顆蛋破了，生出一隻可愛的小雞。

「推薦好書」內容簡介

奧利佛是個娘娘腔

奧利佛不喜歡玩男孩子的遊戲，他喜歡玩跳繩、畫圖、紙偶娃娃，同學都不喜歡他，爸爸媽媽送他學舞蹈，同學嘲笑他娘娘腔。他去參加舞蹈比賽，雖然沒得獎，但大家都願意接受他了。

神秘的無名騎士

威富利國王有三個兒子和一個女兒，但皇后卻在生下女兒後便過世了，國王用自己的方式教育女兒。薇薇公主靠聰明及努力學會騎士應會的本事，當薇薇公主十六歲時，國王為她舉辦比武招親，不過贏得冠軍的人卻是薇薇公主，並由她自己決定想嫁的人。

真正的男子漢

兩個男生正討論著女生多膽小，及喜歡做無聊的事。女生喜歡幫洋娃娃梳頭及反覆穿脫衣服，睡覺喜歡抱著泰迪熊，又是怕黑的膽小鬼，說到這裡兩個男生說：「鬼」字時，也覺得真的有鬼嗎？有一個男孩想尿尿，該如何是好？最後反而是男孩抱著娃娃睡覺。

海馬先生

海馬太太把她所產的卵，放入海馬先生的育兒袋中，海馬先生帶著他的卵開心的游來游去，並且遇到刺魚、鉤魚、吳郭魚、海龍、鯰魚，大家都盡心的照顧卵，等待小寶寶出生或是照顧剛出生的小寶寶，本書還用透明片來告訴讀者哪些魚要小心，如喇叭魚、石頭魚等，作為父母照顧孩子長大真不容易。

媽媽最棒！爸爸最棒！

媽媽會做的事情爸爸都會做，反之亦然。爸爸媽媽會做什麼事呢？他們會教你騎腳踏車，陪你堆雪人，烤雪糕為你慶生，騎在他背上兜風，生病時照顧你，難過時抱著你，睡前說故事給你聽，最棒的是為你蓋好被子，親親你，說晚安！

薩琪到底有沒有小雞雞

馬克思一直認為有小雞雞的人比沒有小雞雞的人強壯，直到薩琪到馬克思的班上。薩琪不但會畫長毛象，也會爬樹，而且打架都打贏，馬克思覺得很奇怪，薩琪一定有小雞雞，還跟到廁所去看，直到他們倆一起去游泳，才發現薩琪只有小妞妞。

薩琪想要一個小寶寶

有一天薩琪問：「馬克思，你愛我嗎？」馬克思說：「對啊！薩琪。」薩琪又問：「你真的很愛我嗎？」馬克思說：「當然啦。」薩琪說：「我們來生一個小寶寶。」薩琪覺得自己是一個孕婦，結果她生了一個寶寶給馬克思看，這時薩琪媽媽跑過來說：「我的小寶寶。」……。

頑皮公主不出嫁

史瑪蒂公主喜歡做一個單身貴族，不想結婚，但是很多王子都想娶她做太太。她只想和心愛的寵物在一起，面對求婚者，她出了很多難題，只要能通過她就嫁給他，有王子真的通過了，公主獻上一吻，結果卻……，從此再也沒有人打公主的主意。

灰王子

當灰姑娘的故事換成灰王子的故事，會變成如何呢？灰王子一點都不像王子，髒兮兮又長雀斑，又瘦又小。當哥哥帶著女朋友出去玩，他只能在家裡打掃，一天從煙囪裡掉下一個仙子，幫助他變成猩猩去參加舞會，公主看見了嚇一跳時卻剛好敲十二點的鐘聲，他變回原來的模樣羞怯地跑掉，只留下褲子，公主能順利找回她的王子嗎？

媽媽，沒告訴我

生活中有許多的事情媽媽都沒有告訴我，如肚臍是怎麼長出來的，爸媽晚上睡覺為什麼要關門，大人為什麼鼻毛很長，頭上卻光禿禿，男生和女生有何不同，大人的男生和女生為什麼很難分辨，為什麼女生要和男生談戀愛，媽媽說時候到了她就會告訴我。

小威向前衝

小威是一個精子，生活在布朗先生的身體中，小威對於數學不靈通，但是游泳卻很厲害，因為他常常做練習，當老師說比賽開始了，小威努力向前衝尋找軟軟的卵子與他做結合，布朗太太的肚子愈來愈大了，生下了小娜，小娜上學時數學也不太靈光，但是卻是游泳好手。

我的小雞雞

本書是讓孩子了解性知識的圖畫書。包括談到如何分辨男孩女孩，如何保護自己的隱私處，遇見陌生人時，該如何的保護自己，還有你是如何出生的，書中用孩子可以理解的字及圖畫，回答許多令人尷尬的問題。

威廉的洋娃娃

威廉想要有個洋娃娃，可以和他分享生活中的很多事情，哥哥和鄰居都嘲笑他，雖然爸爸買的籃球和火車他都玩得很好，但是他還是想要一個洋娃娃，最後奶奶買了一個送給他。

紙袋公主

依莎公主即將要和王子結婚，從此過著幸福快樂的日子，但火龍搗毀了這一切，她什麼都沒有了，只有紙袋蔽體，她追著火龍要救出王子，終於打敗火龍救出王子，可是王子一點也不高興，依莎該怎麼辦才好。

● 朱家故事	● 媽媽工作，爸爸工作
朱先生和他兩個兒子，每天只要喊媽媽，就會有飯吃和專人打掃房間，有天媽媽離家出走了，爸爸和兒子自己煮飯吃，才知道其中的辛苦，後來媽媽回來了，大家都懂得幫忙做家事。	介紹各種爸爸媽媽會從事的職業，簡單敘述其工作性質，及他們會搭乘什麼樣的交通工具上班，介紹的職業打破一般傳統對職業的思維，值得和孩子討論，如爸爸是位舞蹈老師，媽媽是位郵差，媽媽是總經理，媽媽是飛行員等，但不管從事何種職業，他們都會陪著孩子、抱他、親親他。

參考書籍

　　David R. Shaffer著，蘇建文等譯（2002），發展心理學，台北：學富。

　　Vivian Gussin Paley著，黃又青譯（1998），男孩與女孩，台北：光佑。

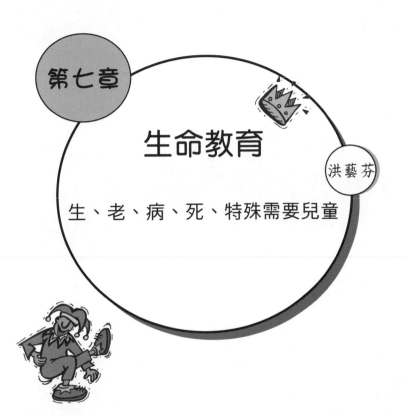

第七章

生命教育

生、老、病、死、特殊需要兒童

洪藝芬

前言

「生命教育」是生活化、隨地取材、隨機的教育。它是要讓孩子透過肢體、感官、反省、體驗等方式，引發內在的潛能來認識生命、欣賞生命、尊重生命，進而惜福感恩，而懂得愛惜生命。

現今，社會環境快速變遷、物質條件豐裕，但是，適應困難的人口普遍增加，人與人之間相互關懷的情誼卻愈見淡薄，因此，如何引導孩子對生命階段中的生、老、病、死有一個正向的體驗與感動，尊重特殊需要兒童的與眾不同，並能發揮同理心，表達關懷和協助，對未來的人生也能學習如何面對失敗挫折，這些都是刻不容緩的事。

一、生

「我是從哪裡來的呢？」這是孩子常問的問題，但是父母往往不知如何回答。因此，選擇一本內容簡單、插圖生動鮮明的童書，可協助父母輕鬆而正確的對孩子說明生命是如何誕生的。

二、老

「老」是人生過程的必經階段，「髮蒼蒼、視茫茫、齒牙動搖、動作不敏捷」是老化必然的現象，雖然如此，有些老人仍保有年輕與積極進取的心態，其人生經驗更是豐富的寶藏。不妨帶著孩子去接觸老人，讓他們從相處互動中，學習分享人生經驗，豐富老人生活，更懂得去關懷老人生活。

三、病

在生活中「生病」似乎是很稀鬆平常的事。平時，我們可安排角

色扮演的方式，讓幼兒學習如何去關懷、幫助別人，或透過父母、老師的引導，彼此分享生病的經驗，學習勇於面對病痛，另一方面也能用心感受別人的關愛而心存感謝。

四、死

在孩子的成長過程中，因寵物或親人的過世，他們難免也會面臨「死亡」的經驗。不正確的死亡概念，將會帶給他們恐懼、焦慮，因此，從小讓孩子的生死觀念有一個合理且正常的發展是必要的。我們可以從親子共同欣賞、討論童書繪本或影片，從中抒發他們的情緒，用適合孩子的語彙加以解釋，以排除心中的疑惑；也可讓孩子藉由畫畫、扮演等方式，表達對死去的親友或寵物的思念與感受。

五、特殊需要兒童

每一個孩子都是上天賜給父母的禮物，但有些孩子可能因為先天遺傳、疾病或意外的原因，而造成身體、心智或感官上的傷殘。這些孩童不但在成長的過程中會有許多阻礙，也為家庭帶來不少困擾。引導一般孩子和特殊需要兒童相處之道，即彼此互相尊重與關懷，在肯定中成長且勇於面對現實。

期待大家一起為生命教育盡一份心力，在生活實踐的過程中，讓「愛」與「關懷」一點一滴的散播開來，共創圓滿的生命。

「101本好書」主題分類

分類	書名	作者	繪者	譯者	出版社
老	花婆婆 Miss Rumphius	Barbara Cooney	Barbara Cooney	方素珍	三之三
病	小白醫生 Dr. White	Jane Goodall	Julie Litty	周蘭	格林
死	精采過一生 Drop Dead	Babette Cole	Babette Cole	黃迺毓	三之三
	爺爺有沒有穿西裝 Hat Opa einen Anzug an	Amelie Fried	Jacky Gleich	張莉莉	格林
	皇帝與夜鶯	郝廣才	張世明		格林
生老病死	生命的循環：如何教孩子面對生與死？	王秀園	莊姿萍		狗狗
特殊需要兒童	珊珊 Susan Laughs	Jeanne Willis	Tony Ross	劉清彥	上誼

「推薦好書」主題分類

分類	書名	作者	繪者	譯者	出版社
生	忙碌的寶寶 The Busy Baby	Thomas Svensson	Thomas Svensson	黃淑萍	三暉
	忙碌寶寶回家了 Busiga Bebben Kommer Hem	Thomas Svensson	Thomas Svensson	黃淑萍	三暉
	寶寶——我是怎麼來的 LE BÉBÉ	瑪麗安娜里斯	瑪麗安娜里斯	沙子芳	台英社

	寶寶都是這樣長大的 The World is Full of Babies	Mick Man- ning & Brita Granström	MickMan- ning & Brita Granström	賈源愷	台英社
	寶寶是從那裡來的 呢？	Monique Bonhomme	Johan Verheyen	李鎰堯 審譯	正傳
	寶寶要出生了	Eiko Kadono	Kowshiro Hata	米雅	東方
	種子寶寶 Graine de Bebe	Thierry Lenain	Serge Bloch	武忠森	愛智
	為什麼要多一個寶寶 Why Do We Nead Another Baby?	Cynthia Mac Gregor	David Clark	許琳英	遠流
	媽媽生了一個蛋 Mummy Laid an Egg	Babette Cole	Babette Cole	王元容	親親
老	威威找記憶 Wilfrid Gordon McDonald Partridge	Mem Fox	Julie Vivas	柯倩華	三之三
	錫森林 The Tin Forest	Helen Ward	Wayne Anderson	宋珮	三之三
	但願我是人偶 I Wish I Were A Puppet	Wally de Doncker	Harmen Van Streaten	柯倩華	三之三
	五歲老奶奶去釣魚	だってだっ ての おばぁ さん	だってだっ ての おばぁ さん	湯心怡	大穎
	加油，大胖狗 Bunken Shuppan	Iwao FUKUDA	Iwao FUKUDA	周姚萍	小魯
	幸福的大桌子 ôkina Têburu	Miyako Moriyama	Gen Hirose	周慧珠	小魯
	愛取名字的老婆婆 The Old Woman Who Named Things	Cynthia Rylant	Kathryn Brown	黃迺毓	上誼

	樓上的外婆和樓下的外婆 Nana Upstairs & Nana Downstairs	Tomie de Paola	Tomie de Paola	孫晴峰	台灣麥克
	老人與狗 Stille Nacht, Zauber-Nacht	Dominique Marchand	Albrecht Rissler	洪翠娥	和英
	老象的回憶 Memoired' Elephant	Corine Jamar	Karim Maaloul	周逸芬	和英
	愛織毛線的尼克先生 Mr. Nick's Knitting	Margaret Wild	Dee Huxley	柯倩華	信誼
	最偉大的玩伴 Original title: Grossmutter	Franz Hübner	Kirsten Höcker	葉慧芳	啟思
	老奶奶的木盒子	林鴻堯	林鴻堯		教育廳
	叔公忘記了 Great-Uncle Alfred Forgets	Ben Shecter	Ben Shecter	呂俐安	遠流
病	大狗醫生 Dr. Dog	Babette Cole	Babette Cole	黃迺毓	三之三
	祝你生日快樂	方素珍	仉桂芳		國語日報
	我希望我也生病 I Wish I Was Sick, Too!	Franz Brandenberg	Aliki Brandenberg	漢聲雜誌	漢聲
	安安——和白血球作戰的男孩 Christian	Elisabeth Reuter	Elisabeth Reuter	漢聲雜誌	漢聲
死	小魯的池塘 Rudi's Pond	Even Bunting	Ronald Himler	劉清彥	三之三
	爸爸的圍巾	Kimiko AMAN	Michael Grejniec	鄭明進	三之三
	天使的花朵 Die Blumen Der Engel	Jutta Treiber	Maria Blazejovsky	賴雅靜	上人

小白跑哇跑 Shiro Ga Hashiro	Hirokazu Ogura	Hirokazu Ogura	鄭明進	小魯
好好哭吧 G rd Blot Hjerte	Glenn Ringtved	Charlotte Pardi	賴美玲	大穎
我永遠愛你 I'll Always Love You	Hans Wilhelm	Hans Wilhelm	趙映雪	上誼
活了一百萬次的貓	佐野洋子	佐野洋子	張伯翔	上誼
外公 Granpa	John Burningham	John Burningham	林良	台英社
最後一片葉子	O. Henry	Benoit Chieux	林良	台灣麥克
爺爺的牆 The Wall	Even Bunting	Ronald Himler	張淑瓊	和英
再見，愛瑪奶奶 Good bye, Grandma Erma	Atsuko Otsuka	Atsuko Otsuka	林真美	和英
小飛帶來生日驚喜 Alfie And The Birthday Surprise	Shirley Hughes	Shirley Hughes	劉清彥	青林
最後的銅鑼聲	林清玄	周偉釗	林真美	信誼
爸爸	Edmondo De Amicis	Paolo Rui	林海音	格林
騎車到岸邊 Vader en Dochter	Michael Du-dok de Wit	Michael Du-dok de Wit	江明娟	格林
毛弟，再見 Goodbye Mouse	Bee Production	Jan Omerod	劉清彥	悅讀
傷心書 Sad Book	Micheal Rosen	Quentin Blake	林良	維京
一片葉子落下來 The Fall of Freddie The Leaf	Leo Buscaglia	丁千珊	張秀琪 白森	經典傳訊
獾的禮物 Badger's Parting Gifts	Susan Varley	Susan Varley	林真美	遠流

	再見，斑斑！ Goodbye, Max	Holly Keller	Holly Keller	漢聲	漢聲
生老 病死	爺爺的天使 Opas Engel	Jutta Bauer	Jutta Bauer	高玉菁	三之三
	修伯特的蘋果樹 Hubert und der Ap- felbaum	Bruno Hächler	Albrecht Rissler	洪翠娥	三之三
	後山的螢火蟲	陳月文 方恩真	張光琪		知本家
	生命之歌 Lifetimes	布萊安馬隆 尼	Robert Ingpen	林海音	格林 文化
特殊需 要兒童	查克　笨！	Heinz Janisoh	Helga Bansoh	邱璧輝	小魯
	誰是蘿蕾特 Quiest Laurette	Florence Cadier	Stéphane Girel	殷麗君	米奇 巴克
	寶兒 Borka	John Bur- mingham	John Bur- mingham	宋珮	東方
	輪椅是我的腳 Meine Fube Sind Der Rollstuhl	Franz-joseph Huainigg	Verena Ballhaus	鄒嘉容	東方
	天才寶寶 Baby Brains	Simon James	Simon James	周逸芬	和英
	好好愛阿迪 Be Good to Eddie Lee	Virginia Fleming	Floyd Cooper	宋珮	和英
	開往遠方的列車 Train to Somewhere	Eve Bunting	Ronald Himler	劉清彥	和英
	不會不方便	施政廷	施政廷		信誼
	受傷的天使	馬雅	馬雅		信誼
	只會唱歌的小孩	Claude Clement	Yan Thomas	殷麗君	格林
	生命小鬥士	溫小平	張孝先		格林
	超級哥哥	趙美惠	崔永嬿		國語 日報

萱萱的日記	劉清彥	宋珮		道聲
我的妹妹聽不見 I Have a Sister－My Sister is Deaf	Jeanne whitehouse Peterson	Deborah Kogan	陳質采	遠流
我的姊姊不一樣 My Sister is Different	Betty Ren Wright	Helen Cogancherry	陳質采	遠流
箭靶小牛	王淑均、 張允維	張哲銘		羅慧夫 基金會

問題與討論

一、當媽媽懷孕了，她告訴你肚子有小寶寶時，你心裡感覺如何？為什麼？

二、你知道為什麼要過生日嗎？

三、爺爺奶奶和我們有什麼不同？

四、當你生病的時候，有什麼感覺？

五、如果家人或朋友生病了，你要如何去關心、照顧他呢？

六、你知道人或動物死了以後會到哪裡去呢？

七、你對需要幫助的小朋友，會怎麼關心和幫助他呢？

延伸活動

活動一：猜猜我是誰

（一）準備材料

　　嬰幼兒期的照片。

(二)活動過程

　　1.請小朋友帶嬰幼兒期的照片來。

　　2.展示照片，請小朋友猜猜照片中的人是誰？

活動二：寶貝的成長

(一)準備材料

　　幼兒成長照片、蛋糕、蠟燭。

(二)活動過程

　　1.師生共同討論寶寶的成長過程。

　　2.老師播放輕音樂，請幼兒扮演可愛的寶寶，依老師的口白以肢體做動作，例如：模仿寶寶哭、躺、翻、坐、爬、站、走、跑。

　　3.大家準備蛋糕，點上蠟燭，一起為當月的小壽星慶生。

活動三：愛心醫院

(一)準備材料

　　白色襯衫、醫護扮演包、護士帽、健素糖和果汁（藥）。

(二)活動過程

　　1.師生共同討論欲扮演的科別。

　　2.幼兒分別選擇扮演角色。例如：醫生、護士、病人。

　　3.老師介紹各科所使用的工具及方法。

　　4.進行醫生、護士、病人的角色扮演。

　　5.分享扮演經驗。

活動四：體驗遊戲

(一)準備材料

　　乾淨的手帕。

(二)活動過程

　　1.盲人行走

　　設置簡單的路障，讓幼兒拿著拐杖矇眼行走，或是一位幼兒走路，另一位幼兒搭著他的肩，協助他安全的走回終點。

　　2.比手畫腳

　　請一位幼兒比手畫腳做動作，另一位幼兒依表演者的口形和動作，猜他所要表達的意思。

　　3.獨臂王

　　請幼兒以單手玩玩具或做事情。

　　4.幼兒自由發表活動過程中的感受。

活動五：另一個世界

(一)準備材料

　　圖畫紙、蠟筆、彩色筆、水彩。

(二)活動過程

　　1.你認為「死亡」是……，請小朋友畫畫看。

　　2.幼兒介紹並分享畫的內容。

相關網站

一、生命教育全球資訊網 http://life.ascc.net/

　　內容以整合人生哲學、宗教思想及道德理念等各領域的生命教育為主。提供教育部推動生命教育委員會、中程計畫、生命教育相關資訊電子訂報等介紹。

二、生命教育學習網 http://life.edu.tw/homepage/index.html

　　提供有關生命教育豐富的經驗及教材教案等資源的分享。內容有

最新報導、生命學習、心路歷程、教材資源、智慧寶庫、生命體驗、網路教學、生命教育團體介紹。

三、台北市政府教育局——生命教育網站 http://comm.ssvs.tp.edu.tw/life/

提供有關生命教育最新消息及生命教育單元的教材研討。

四、台北市生命線協會 http://www.sos.org.tw/

介紹生命線、活動訊息、提供網路E-mail心理協談、社會資源網介紹等。

五、台灣心理諮商資訊網 http://heart.ncue.edu.tw/

介紹台灣現有的心理諮商專業服務，以提供社會大眾有關如何使用心理諮商服務與維護自身權益。

六、阿寶的天空 http://www.aide.gov.tw/index_redir.jsp

內容有特教公告、特教學校的連結、特教電子報等，提供特教相關資訊和討論。

七、有愛無礙For Teacher學習網站 http://teachers.dale.nhctc.edu.tw/

介紹特教鑑安輔流程、鑑定工具、IE資訊、教材教法及資源共享等相關資源。

繪本主題教學資源手冊

「101本好書」內容簡介

老

花婆婆

　　花婆婆希望自己也能像爺爺一樣四處旅行，老的時候住在海邊，爺爺告訴她，別忘了做第三件事情，就是做一件讓世界變得更美麗的事。

病

小白醫生

　　醫生小白總是知道哪一位小朋友病得比較重，曉得如何撫慰牠們柔弱無助的心靈。然而，有一天牠被莫名的逐出醫院……。

死

精采過一生

　　「為什麼人老了頭會禿禿的，皮膚皺巴巴的？」如何才能讓人「生而無懼，死而無憾」？這本書裡都有探討。

爺爺有沒有穿西裝

　　小男孩布魯諾的爺爺過世了，在他小小的心靈中，無法理解「死亡」是什麼東西……。這是一本教孩子如何面對失去親人悲痛的故事書。

皇帝與夜鶯

　　有一個皇帝很想長生不死，他從天神那裡得到了可以隱身的咒語，只要使用三次不被死神找到，就可以長生不死。但他沒有想到……。

生老病死

生命的循環：如何教孩子面對生與死？

　　在一個深秋的午後，爸爸、媽媽帶著剛剛和妍妍到山裡度假，欣賞滿山的紅葉和……。

特殊需要兒童

珊珊

　　珊珊和我一樣也和你一樣，她會笑、會哭、愛畫畫、跳舞、游泳……。雖然她是個坐在輪椅上的小孩，但是她和我們一樣的生活著。

「推薦好書」內容簡介

生

忙碌的寶寶　　阿強的媽媽肚子裡住了一個小寶貝，透過阿強的想像，小寶貝似乎在媽媽的肚子裡忙碌起來了。他好期待能早日見到小寶貝喔。	**忙碌寶寶回家了**　　阿強有妹妹了，但是全家的生活也變得不一樣嘍。他終於明白小嬰兒是如何一點一滴長大的。
寶寶——我是怎麼來的　　這是一本由小朋友自編自畫的圖畫書，以生動富童趣的插圖、簡明扼要的文字敘述，讓小朋友來告訴小朋友「寶寶是怎麼來的」及「寶寶的成長過程」。	**寶寶都是這樣長大的**　　以小孩成長的歷程來對照不同動物孕育及成長的方式，藉著比較生命成長的過程中，也能讓孩子學習尊重生命。
寶寶是從那裡來的呢？　　書中以文字搭配彩色插圖，以簡單而輕鬆的方式，介紹有關性器官、受精、懷孕、分娩、寶寶成長及出生等過程。	**寶寶要出生了**　　小慶觀察到媽媽的肚子一天天隆起的變化，媽媽邀請即將當哥哥的小慶參與她的懷孕。例如：讓他呼叫小寶寶、和媽媽一起上街為寶寶買東西、讓好奇的哥哥玩弄寶寶的用品……等。全家一起等候與期待寶寶的出生。

種子寶寶	為什麼要多一個寶寶
小寶寶是從哪裡跑出來的呢？原來是從媽媽肚子下面的通道，或是醫生在媽媽的肚子上開一個洞，拿出寶寶後再縫回去。那爸爸的種子如何和媽媽的種子結合呢？藉由孩子的疑問，清楚的解釋寶寶的由來。	幫助孩子迎接新生命的到來，讓孩子了解新生兒雖然討喜，但即將成為大哥哥大姊姊的自己，也是家庭重要的一份子。
媽媽生了一個蛋	
以幽默風趣的筆法，描述媽媽從懷孕到生產的過程。	

老

威威找記憶	錫森林
威威住在老人院旁，經常去和老人們玩並幫助他們，而他最喜歡的南西奶奶得了失憶症，威威想盡辦法，幫她找回了記憶。	一個老人寂寞的住在垃圾堆中，白天努力整理著別人不要的東西，夜晚則夢想自己生活在熱帶叢林中。一天，一個小而破碎的電燈泡讓老人突發奇想，他開始用垃圾建造森林，一座錫製的森林……
但願我是人偶	五歲老奶奶去釣魚
老人喜歡注視著街上的活動，他向人們打招呼，卻從來沒人回應他，他向來來往往的車子打招呼，車子總是呼嘯而過，老人嘆口氣，他看著對面的房子，發現電視螢幕照亮了每家的客廳，他搖搖頭對著往生的太太說：但願我是電視機裡的人偶，那樣大家都會看到我。	九十八歲的老奶奶，她一直覺得自己已經很老了，很多事情她都已經不能做了。在她過九十九歲生日時，貓小弟只帶回五根蠟燭，他們只好插五根蠟燭在蛋糕上，但這時老奶奶忽然開心的轉變了心情。第二天她開始覺得自己應該像五歲的孩子一樣生活才行，這一天她過得非常愉快，帶著童心嘗試了許多遺忘已久的事情。

繪本主題教學資源手冊

加油，大胖狗

卓也要出門去打球，媽媽卻要他帶著老狗五郎去散步，卓也趕時間拖著五郎跑，結果五郎昏倒，大夥圍過來關心五郎並決定抬起五郎去找醫生幫忙。故事藉著描述五郎的處境，也讓大家能多關懷老人的處境和心情。

幸福的大桌子

兔子奶奶獨自坐在大桌子前，這張桌子的那頭不久前還坐著她的老伴，更早些還有她的兒子也在，但是當親人一一離去，僅留下爺爺親手打造而充滿幸福與悲傷，耐人回憶的大桌子陪伴老奶奶，老奶奶還是希望在各地的親人能回家團聚。

愛取名字的老婆婆

有一位寂寞的老婆婆，只對能活得比她久的東西取名字。圍籬門邊來了一隻小狗，牠經常來，但老婆婆不打算為牠取名字，有一天牠卻突然消失了，老婆婆好想牠，決定找牠回來並叫牠「來福」。

樓上的外婆和樓下的外婆

湯米有愛他的外婆和曾外婆，一個住樓上、一個住樓下，他們共度一段快樂溫馨的四代情。湯米從觀察二位老人的生活，學習面對親人的老化過程。

老人與狗

一個無家可歸的老人，在冰天雪地的夜裡遇見一隻流浪狗。小狗說牠是魔術師，可以讓人的願望實現，而老人則希望「有一條狗和他作伴」，於是小狗放棄牠的魔法，決定實現老人的願望。

老象的回憶

老象坐在森林的小屋，沈浸在過去美好的回憶。有一天，他打了一個大大的噴嚏，而這噴嚏也把許多回憶都噴出去了，老象急著想把這些東西都找回來，可是當他發現這些東西都是其他動物需要並且會帶給大家快樂的時候，老象實在不忍心把東西拿回來，但在老象的記憶中，這些東西依然鮮明的活在心中。

愛織毛線的尼克先生

心地善良又愛交朋友的尼克先生，因織了一手好毛線，而發展出自己和別人之間的一段感人的友誼。

最偉大的玩伴

對湯米來說，七十多歲的外婆是他最好的玩伴。外婆說自己年紀大了，有一天將會和花園裡的花一樣離開這裡。湯米決定要好好守護這朵小花，但是……。

老奶奶的木盒子

小老鼠看見老奶奶常常看著木盒子一會兒哭，一會兒笑，好奇的他們趁著老奶奶出門時去偷了木盒子，當老奶奶發現她的木盒子不見時哭得很傷心，因為盒子裡裝的都是孩子們小時候穿的、用的。兩隻小老鼠看見老奶奶哭得很傷心，於是把木盒子偷偷的放回去。隔天老奶奶看見了她的木盒子，高興得笑出來。

叔公忘記了

叔公忘記了，我叫愛蜜莉不叫愛莉絲，他記不起許多事，但他卻還記得他小時候的事……。

病

大狗醫生

甘家的大狗是一個醫生，藉大狗醫生為甘家一家人看病的過程，敘述各種常見病症的起因，並讓讀者了解健康和生活習慣的因果關係。

祝你生日快樂

小丁子無意間認識了患癌症、正接受治療而頭髮脫落的小姊姊，他們相約在小姊姊生日這天要一起慶生許願，並打開大樹爺爺身上的「開心鎖」。小姊姊會回來嗎？

我希望我也生病

咪咪看見哥哥生病時，躺在床上什麼事也不必做，而且受到大家的關注和照顧，她心中不平，希望自己也生病。最後咪咪真的生病了，她感覺如何呢？

安安──和白血球作戰的男孩

安安生病了，這種病叫作「小兒白血病」，安安在爸爸、媽媽和醫生的鼓勵幫助下，不但對白血病的症狀有些了解，並勇敢地打贏了白血病。

繪本主題教學資源手冊

死

 小魯的池塘	爸爸的圍巾
小魯和我是好朋友，我們常去池塘邊玩水，但他的心臟有問題常常生病。有一天，小魯不幸病重去世了，我們決定要做一件事來永遠紀念小魯……。	多米喜歡圍著一條爸爸的綠色圍巾，因為當他圍上這條圍巾，可以帶給他爸爸的溫暖與勇氣，所以不論他走到哪裡或做什麼事，他都會帶著這條圍巾。但是有一天，當多米在公園玩時，圍巾竟被風飛走了，他並沒有哭，因為他知道爸爸會在高高的天上看著他和媽媽。
天使的花朵	小白跑哇跑
媽媽和妹妹開著車出去，卻不幸出車禍，妹妹瑪拉走了，永遠不會再回來了。家裡的一切都不一樣了，在喪禮上妹妹的同學都來參加，奶奶送了妹妹百合花，大家都談論著妹妹以前的事，姐姐和爸媽度過了一段艱苦的時光。還好，最後姐姐又獲得勇氣和希望去面對這一切。	在彌漫著薄霧的清晨中，小男孩藉由小白的牽引，走過以往爺爺散步的每一條路，並且遇到了一些認識的朋友。故事溫馨感人並帶些感傷，其中蘊含著對爺爺的深深懷念。
好好哭吧	我永遠愛你
孫子對於祖母要離開他們感到依依不捨，他們拚命留住死神，希望祖母不要被帶走，於是死神跟他們說一個故事，藉由彼此的對話了解死亡對於生命的意義，死神並告訴他們：好好哭吧！心愛的孩子們，你們可以悲痛，但是不要心碎啊！	小男孩每天都和狗兒阿雅一起玩，不管阿雅如何調皮搗蛋，全家人還是愛牠。但是阿雅一天天老了……，每晚睡前小男孩都要跟牠說：「我永遠愛你。」

活了一百萬次的貓

有一隻活過也死過一百萬次的貓，牠因此引以為傲，當別人為牠哭泣時，牠卻從未掉過一滴眼淚。直到牠愛上了一隻白貓……。

外公

作者以外公和小孩對話的方式，來表現祖孫兩人相處的情誼。

最後一片葉子

一位年輕女畫家生了重病，失去了生存的意志，冬天葉子落盡時，也將是她死去的日子。鄰居的老畫家趁著寒夜，在牆角畫了一片樹葉，激起了女畫家的生存欲望，但自己卻受風寒死了。

爺爺的牆

爺爺的牆上刻著許多人的名字，那些人都是在一場戰爭中陣亡的，這裡是充滿榮譽及感傷的地方，人們在牆角邊留下花和各式各樣的東西。我們也在牆上努力的尋找爺爺的名字……，心中充滿著對爺爺的思念。

再見，愛瑪奶奶

作者的觀察及照片記錄，藉著愛瑪奶奶家的貓咪來描述愛瑪奶奶得知自己患血癌後，如何看待自己即將邁向死亡，描述奶奶與家人之間的互動及家人如何對待一個行將死亡病人的溫馨感人故事。

小飛帶來生日驚喜

有一天麥先生家的貓──灰灰因為年齡老了而過世，麥先生一直很傷心，小飛和大家決定在麥先生生日時，給他一個驚喜，於是大家各自準備著禮物，茉琳決定送一隻小貓給麥先生，在生日會上麥先生終於露出了笑容，但大家絕不會忘記灰灰的。

最後的銅鑼聲

兩個同村的年輕人──阿喜和阿憂，相約到城市去奮鬥。當他們在衣錦還鄉的路上，遇到一位拿銅鑼和木槌的老人，老人告訴他們，三天後，聽到他敲的銅鑼聲時，也就是他們生命結束的時候……。

爸爸

小男孩西西洛長途跋涉到醫院去探望生病的爸爸，在照顧多日後，才發現病人竟是陌生的病人，而自己的爸爸已經恢復健康可以出院了，不過他還是細心的照顧這位陌生的病人，直到他死去。

繪本主題教學資源手冊

騎車到岸邊

小女孩與爸爸在堤岸邊道別，爸爸划著船消失於地平線就再也沒有回來。小女孩一直等待……，從女孩變成少女，她遇到了一個她所愛的人，建立了自己的家庭，生活的很快樂。但是少婦隨著時光漸漸老去，她的心中仍牽掛著未歸的爸爸，但始終沒有等到爸爸回來。直到有一天，她又來到岸邊，靜靜的躺在小船上，他看到爸爸來找她了。

毛弟，再見

小男孩早上起床的時候，摸摸心愛的寵物鼠——毛弟，可是發現毛弟並沒有醒過來。爸爸媽媽告訴他毛弟已經死亡，陪著他一起去面對事實並平撫他的情緒，使得小男孩的情緒從否認、憤怒、不解到最後能坦然面對的經過情形。

傷心書

作者因痛失愛子而寫下了這本書，書中娓娓道來他在經歷這一段煎熬的歲月時，他內心世界的傷痛，以及他為了試著化解傷痛所想出的辦法和做的事……。

一片葉子落下來

描寫一片名叫弗雷迪的楓葉，從成長茁壯、變紅、變黃到枯萎而落下一生的故事。

獾的禮物

當獾離開了牠的身體時，森林中的動物都很傷心。春天來臨，所有的動物聚在一起懷念獾，互相訴說著過去獾對他們的付出，大家也常利用牠留下來的那些禮物互相幫助。

再見，斑斑！

小狗斑斑因年老而逝世，小松傷心難過怨天尤人，阿丁陪著他懷念小狗，兩人訴說著斑斑的往事，一陣痛哭後，小松終於能敞開心扉接受新的小狗。

生老病死

爺爺的天使

爺爺躺在病床上對他的孫子娓娓道來其一生的經歷……。書中藉著只有肢體動作的天使在爺爺遇到危急時都能幫他化險為夷,來象徵爺爺對其一生的知足與感恩。

修伯特的蘋果樹

修伯特喜歡他種在園子裡的蘋果樹,每天當結束工作回到家時,他都會坐在窗邊看著蘋果樹及樹上遊玩的小鳥,一坐就是好幾小時。但是,在一個秋日的午後,突然暴風雨夾帶著雷電擊中了蘋果樹,從此蘋果樹即光禿禿、可憐兮兮的立在園子裡。修伯特絞盡腦汁終於想到一個可以救活他的蘋果樹的辦法了。

後山的螢火蟲

爺爺過世後,奶奶和孫子一起到後山看螢火蟲。藉由螢火蟲的自然生態、身體變化來詮釋人類的生、老、病、死歷程,引導孩子在面對死亡時有較積極正向的看法。

生命之歌

在我們居住的地球上,所有的生物都必須遵守從誕生到面臨死亡的自然法則,這是它們的生活方式,也是它們的生命之歌。

特殊需要兒童

查克 笨!

席蒙格在學會飛的過程中,不小心地摔到地上,醒來後只能發出「查克 笨!」的聲音,而不能像其他的鳥兒嘰嘰喳喳的叫。後來他學會飛了,並飛的很好,可是他也變的不快樂,直到他遇到一隻名字叫做卡爾·古司塔夫的兔子……。

誰是蘿蕾特

蘿蕾特是一個唐氏症的孩子,她沒有和哥哥姐姐上同一所學校,她只能到「微笑中心」上課,但是她每週仍需到正常學校上一天課,剛開始她處處受到嘲笑及被排擠,直到有一次上騎馬課,她的騎馬技術讓大家對她刮目相看,也因此結交了很多朋友。

● 寶兒

寶兒生下來就和別的野鴨不一樣，身上光禿禿沒有毛，媽媽為牠織了一件毛衣，下過水後背心變得很重而且不容易乾，根本飛不動，天涼時，當野鴨要飛到南方，寶兒只好留下來，牠遇到很多友善的人收留牠，最後遇到了船長，船長將牠送到植物園中，讓牠與其他的鴨子做好朋友並過著快樂的生活。

● 輪椅是我的腳

瑪姬是一個需以輪椅代步的孩子，但她自己一點也不覺得和別人有什麼不一樣。今天媽媽第一次讓她自己獨自坐輪椅去超市買東西，在路上她看到別人用異樣眼光看著她、太過熱心的幫她、聽到讓她不舒服的話，使她的心情從新奇、生氣到難過。還好有西吉的安慰和鼓勵才讓她轉換心情，並能在遇到困難時主動向別人求助。

● 天才寶寶

天才的爸爸媽媽希望生出一個天才寶寶，寶寶誕生後爸爸媽媽都非常高興。沒想到從醫院回家的第二天，媽媽就發現他坐在沙發上看報紙，沒多久也當上了醫生，太空總署送他到太空中去做實驗，這時他居然大哭要找爸爸媽媽……最後還是回到爸爸媽媽的懷中當小寶寶。

● 好好愛阿迪

琪琪和阿強要去池邊找青蛙蛋，他們不想要阿迪跟著去。沒想到阿迪反而帶他們去一個沒去過的小湖畔，讓琪琪看到了美好的事物及純真的阿迪。

● 開往遠方的列車

瑪莉被媽媽留在聖克里之家後就再也沒有見過媽媽，而在一趟孤兒列車之旅，她和十三個孤兒一起去尋找收養家庭，火車停靠的每站，每個孤兒都像商品般被收養家庭品頭論足，每一站都有孤兒被領養，但瑪莉深信，媽媽會在下一站等她，而「遠方」站到了，媽媽卻不在遠方……。

● 不會不方便

阿明的行動不方便，而男孩小猴子不知道如何與他相處，直到他傷了腿，才能體會而學習彼此幫忙。

受傷的天使

本書是作者記錄媽媽在照顧心智障礙妹妹的心路歷程。我的妹妹和別人的妹妹不一樣，她不會上課、不會寫作業、常尿褲子……當她被人欺負時我會挺身而出保護她，媽媽說：妹妹是受傷的天使，要讓她長出新的羽毛，才能獨立飛翔。

只會唱歌的小孩

小傑是一個特別的孩子，他不像其他孩子會大聲哭，而是發出像是天使在吟唱的樂音，小傑並以歌聲取代說話的聲音，大家都非常喜歡他的歌聲，直到村子裡來了一位先知，他覺得小傑很奇怪，便把小傑帶回去關起來，不論如何做，最後小傑依然發出美妙的歌聲撫慰了大家。

生命小鬥士

本書是根據真人真事改編而成，藉由一個化療的過程，而產生溫馨感人的故事。小圻是一個小三的孩子，他卻罹患再生性不良貧血症，在化療的過程中一些難忍的過程，他都在家人的陪伴下一一克服了，因為一家人相信只要大家手牽手，努力就有希望。

超級哥哥

小女孩的哥哥是個智能障礙的孩子，他不大會說話，走路橫衝直撞，喜歡和別人握手也喜歡把東西裝進袋子裡，媽媽要小女孩照顧哥哥的安全，所以小女孩寸步不離的和哥哥在一起。可是有一天，小女孩因為哥哥而挨罵了，她賭氣的出去找同學玩，回家時卻發現家裡失火了，小女孩心急的到處找哥哥，哥哥會平安無恙嗎？

萱萱的日記

本書以社會上屢見不鮮的家庭問題為背景，描述一個在家暴下的受虐兒他的內心世界，及中途之家如何陪伴孩童度過難關。

我的妹妹聽不見

小女孩描述和聽不到聲音的妹妹相處的經驗。此書可幫助孩子了解聽障的世界。

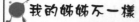

我的姊姊不一樣

　　姊姊比我高，但我卻天天得陪在她身邊，而她總是狀況百出，引來玩伴的嘲笑及別人的異樣眼光，我真想趕快擺脫她，有一天她真的走失了……。

箭靶小牛

　　一隻可愛的小牛，偏偏生出來的時候，頭上卻長了像箭靶一樣的圈圈，常常成為別人嘲笑捉弄的對象，愛唱歌的箭靶小牛該如何是好呢？

美德教育

陳司敏

價值觀、守時、幽默、分享、關懷、
合作、勇氣、勇敢、愛心、夢想、
禮讓、誠實、同理心、幫助、
滿足、美德教育、鼓勵、接納、
耐心、責任、友誼、團結、
信心、傳承、愛、原諒、
寬容、幫忙、熱忱、
習慣

前言

為了符合現代的標準，我們總希望自己是開通且民主的父母親。但如何在給孩子自由開放的尺度中，建立適切且合宜的美好品德規範，反而是身為現代父母最難也最要思量的功課了。

其實，有些美德是與生俱來的特質，卻因為周遭環境的改變及少少子化的影響，我們漸漸遺忘，也不再珍惜、重視品德教育的養成。我們該教導孩子懂得關心與憐憫，告訴孩子負責任與誠實、謙虛的重要性，讓孩子體認寬容與感恩的喜悅，使孩子在擁有聰明及智慧中，不失創造力與信心、勇氣和熱忱；美德教育，在孩子小小、小小的時候，就要開始了。

當然，要引導孩子建立好的美德，我們的身教更是影響他們的重要因素；不管是父母、老師或長輩，孩子的學習，大都來自模仿、認同及習慣，而他們模仿認同的對象，就是與他們最親最近的人。要讓孩子成為我們心中的好寶貝，未來社會的中堅份子，我們必須自己先建立好的榜樣與習慣。

「101本好書」主題分類

分類	書名	作者	繪者	譯者	出版社
價值觀	媽媽的紅沙發 A Chair for My Mother	Vera B.Willams	Vera B.Willams	柯倩華	三之三
	一片披薩一塊錢 One Pizza, One Penny	郝廣才	Giuliano Ferri		格林
守時	慌張先生	賴馬	賴馬		信誼
	起床啦，皇帝！	郝廣才	李漢文		信誼

第八章　美德教育

幽默	鯨魚 Kujirada!	Taro Gomi	Taro Gomi	余治瑩	三之三
	三隻小豬的真實故事 The True Story of the 3 Little Pigs	Jom Scieszka	Lana Smith	方素珍	三之三
幽默 分享	如果你請豬吃煎餅 If You give a Pig a Pancake	Laura Joffe Numeroff	Felicia Bond	林良	上誼
分享	花婆婆 Miss Rumphius	Barbara Cooney	Barbara Cooney	方素珍	三之三
	米爺爺學認字 Jeremiah Learns to Read	Jo Ellen Bogart	Laura Fernandez Rick Jacobson	宋珮	三之三
	月亮生日快樂 Happy Birthday Moon	Frank Asch	Frank Asch	高明美	上誼
	快樂小燈燈	王秀園	姜春年		狗狗
分享 關懷	魔法音符 Tremolo	Tomi Ungerer	Tomi Ungerer	幸佳慧	格林
關懷	小白醫生 Dr. White	Jane Goodall	Julie Litty	周蘭	格林
	希望的翅膀	郝廣才	陳盈帆		格林
	誰在敲門	崔麗君	崔麗君		信誼
合作	不一樣的小船	ステーアフ	なかのひらたか	晢如主編	人類
	黑白村莊	劉伯樂	劉伯樂		信誼
勇氣 合作	小黑魚 Swimmy	Leo Lionni	Leo Lionni	張劍鳴	上誼
勇敢	勇敢的莎莎 Sheila Rae, the Brave	Kevin Henkes	Kevin Henkes	柯倩華	三之三
愛心	大花貓	王蘭	張哲銘		童話藝術

夢想	想飛的阿比	王蘭	張哲銘		童話藝術
禮讓	可愛小麻煩 Je Veux Un Bisou	Carl Norac	Claude K' Dubois	孫千淨	格林
誠實	蜜蜂哥哥住哪裡？	ステーアフ	なかのひらたか	訾如主編	人類
	用愛心說實話 The Honest-to- Goodness truth	Patricia C. McKissack	Giselle Potter	宋珮	和英
	小綠不見了	王秀園	莊姿萍		狗狗
	學說謊的人	郝廣才	Tomasz Borowski		格林
同理心	娃娃國王變變變 King Changes-A- Lot	Babette Cole	Babette Cole	郭恩惠	格林
幫助	是誰在裡面？	ステーアフ	なかのひらたか	訾如主編	人類
	毛毛當哥哥	ステーアフ	なかのひらたか	訾如主編	人類
	星星王子	王家珠	王家珠		格林
滿足	光腳ㄚ先生 Mr. Magnolia	Quentin Black	Quentin Black	洪妤靜	格林
美德教育	公德心的故事	潘慧芬等文字編輯	羅門藝術中心		人類
	不貪心的故事	潘慧芬等文字編輯	羅門藝術中心		人類
	分工合作的故事	潘慧芬等文字編輯	羅門藝術中心		人類
	不半途而廢的故事	潘慧芬等文字編輯	羅門藝術中心		人類
	專心的故事	潘慧芬等文字編輯	羅門藝術中心		人類

	謙虛的故事	潘慧芬等文字編輯	羅門藝術中心		人類
	奮發向上的故事	潘慧芬等文字編輯	羅門藝術中心		人類
	誠實的故事	潘慧芬等文字編輯	羅門藝術中心		人類
	熱心助人的故事	潘慧芬等文字編輯	羅門藝術中心		人類
	積極的故事	潘慧芬等文字編輯	羅門藝術中心		人類
	團結的故事	潘慧芬等文字編輯	羅門藝術中心		人類
	不以貌取人的故事	潘慧芬等文字編輯	羅門藝術中心		人類
	分享的故事	潘慧芬等文字編輯	羅門藝術中心		人類
	寬恕的故事	潘慧芬等文字編輯	羅門藝術中心		人類
	孝順的故事	潘慧芬等文字編輯	羅門藝術中心		人類
	有勇氣的故事	潘慧芬等文字編輯	羅門藝術中心		人類
	同情心的故事	潘慧芬等文字編輯	羅門藝術中心		人類
	自信心的故事	潘慧芬等文字編輯	羅門藝術中心		人類
鼓勵	毛毛和比比	ステーアフ	なかのひらたか	訾如主編	人類
接納	寂寞的凸凸	ステーアフ	なかのひらたか	訾如主編	人類
耐心	喔！我知道了	黃淑慧主編	羅門藝術中心		人類
責任守時	盡責的小公雞	王秀園	莊姿萍		狗狗

「推薦好書」主題分類

分類	書名	作者	繪者	譯者	出版社
價值觀	籃月	瑪麗‧琳‧蕾	瑪麗‧琳‧蕾	方素珍	三之三
	鼻子先生奇遇記 The Adventures of a Nose	Viviane Schwarz	Joel Stewart		和英
	腳踏車輪子 Willie the Wheel	陳志賢	陳志賢		和英
	外婆萬歲 Three Cheers for Catherine The Great	Cari Best	Giselle Potter	宋珮	東方
守時	我的肚子變白的原因	熊田勇	熊田勇	何榮發	和融
幽默	澡缸裡的國王 King Bidgood's in the Bathtub	Audrey Wood	Don Wood	余治瑩	三之三
	雞媽咪挖到一個蛋 Lóeuf de Madame Poule	Christel Desmoinaux	Christel Desmoinaux	祝文君	三之三
	牛美女要減肥 Rosa Veut Maigrir	Christel Desmoinaux	Christel Desmoinaux	祝文君	三之三
	笨小豬 Marius le Minus	Christel Desmoinaux	Christel Desmoinaux	祝文君	三之三
	蘇小鴨去旅行 Le Meilleur ami de Suzette	Christel Desmoinaux	Christel Desmoinaux	祝文君	三之三
	驢子與蕃茄 Courage, Gaston!	Christel Desmoinaux	Christel Desmoinaux	祝文君	三之三

大野狼肚子餓 Wolf Heeft Hunger	Clément Chabert	Clément Chabert	賴雅靜	上堤
母雞蘿絲去散步 Rosie's Walk	Patricia Hutchins	Patricia Hutchins	上誼 出版部	上誼
比利甲蟲 Billy's Beetle	Mick Inkpen	Mick Inkpen	廖春美	上誼
蚯蚓的日記 Diary of a Worm	Doreen Cronin	Harry Bliss	陳宏淑	上誼
打瞌睡的房子 The Napping House	Audrey Wood	Don Wood	柯倩華	上誼
帕拉帕拉山的妖怪	賴馬	賴馬		和英
十二生肖的故事	賴馬	賴馬		和英
愛瑪回來了 Elmar Again	David Mckee	David Mckee	林真美	和英
艾瑪踩高蹺 Elmar On Stilts	David Mckee	David Mckee	林真美	和英
大象艾瑪 Elmar	David Mckee	David Mckee	周逸芬	和英
我想養寵物 I Want a Pet	David Mckee	David Mckee	柯倩華	和英
瑪莉的秘密 Mary's Secret	David Mckee	David Mckee	張淑瓊	和英
艾瑪與風 Elmar and the Wind	David Mckee	David Mckee	謝淑惠	和英
老鼠弟弟的背心 Nezumikun No Ehon Series 1	中江嘉男	上野紀子	林真美	東販
Guji Guji	陳致元	陳致元		信誼
星期三下午，抓蝌蚪	安石榴	安石榴		信誼

	奧莉薇搶救玩具大作戰 Olivia…And The Missing Toy	Ian Falconer	Ian Falconer	郝廣才	格林
	走進森林 Into The Forest	Anthony Browne	Anthony Browne	陳怡芬	格林
	哈利海邊歷險記 Happy By the Sea	Eugene Zion	Margaret Bloy Graham	林真美	遠流
	哈利的花毛衣 No Roses for Harry!	Eugene Zion	Margaret Bloy Graham	林真美	遠流
	珍妮的帽子 Jennie's Hat	Ezra Jack Keats	Ezra Jack Keats	林真美	遠流
分享	克拉拉的寶藏 Le Trésor de Clara	Beatrice Alemagna	Beatrice Alemagna	劉美欽	三之三
	斑馬花花	郭玫禎	張哲銘		大好書屋
	珍珠 Die Perle	Helme Heine	Helme Heine	關津	上誼
	三個強盜 The Three Robbers	Tomi Ungerer	Tomi Ungerer	張劍鳴	上誼
	這是我的 It's Mine!	Leo Lionni	Leo Lionni	孫麗芸	上誼
	辛爺爺的怪獸 Das biest des monsieur racine	Tomi Ungerer	Tomi Ungerer	張劍鳴	上誼
	黃色小雨傘 Little Yellow Umbrella	Hisashi Mori	Kayako Nishimaki	游珮芸	上誼
	小泰的小小貓 Dai-Chan No Chibi-Neko	山本松子	山本松子	林文茜	小魯
	石頭湯 Stone Soup	Joe J. Muth	Joe J. Muth	馬景賢	小魯

班尼的溫暖禮物 Benji No Okurimono	市川里美	市川里美	簡麗華	小牛津
魯拉魯先生的庭院 Ruraru San no Niwa	Hiroshi Itou	Hiroshi Itou	陳珊珊	小魯
如果你請老鼠吃餅乾 If you Give a Mouse a Cookie	Laura Joffe Numeroff	Felicia Bond	林良	台英社
統統是我的！ Alles Meins	涅勒・慕斯特	安涅特・魯道夫	張瑩瑩	台灣麥克
艾美莉亞的花園 Amelia Ellicott's Garden	莉莉安娜・史塔福	史蒂芬・麥可・金	姚文倩	台灣麥克
拼被人送的禮 The Quilt Maker's Gift	Jeff Brumbeau	Gail de Marcken	楊茂秀	青林
石頭湯 Stone Soup	Marcia Brown	Marcia Brown	楊茂秀	青林
美好的一天	沈穎芳	沈穎芳		信誼
古利和古拉 Guri and Gura	Rieko Nakagawa	Yuriko Omura	林立	信誼
快樂的真諦	瑪丹娜	露佩斯	蔡依林	格林
找回真愛	Babette Cole	Babette Cole	黃筱茵	格林
愛心樹 The Giving Tree	Shel Silverstein	Shel Silverstein	吳佳綺	星月書房
愛書人黃茉莉 The Library	Sarah Stewart	David Small	柯倩華	遠流
我們是好朋友 We are Best Friends	Aliki Brandenberg	Aliki Brandenberg	漢聲雜誌	漢聲

	蠶豆哥哥的床 The Bed Of Broad Bean	Miwa Nakaya	Miwa Nakaya	黃雅妮	經典傳訊
	千千想要吃葡萄	王元容	黃淑華		親親
	我希望我弟弟是一隻狗 I Wish My Brother Was a Dog	Carol Diggory Shields	Paul Meisel	陳美玲 王元容	親親
關懷	威威找記憶 Wilfrid Gordon McDonald Partridge	Mem Fox	Julie Vivas	柯倩華	三之三
	我不要……	Carin Wirsen	Stina Wirsen		三之三
	一個奇特的蛋 An Extraordinary Egg	Leo Lionni	Leo Lionni	張劍鳴	台英社
	阿倫王子歷險記 Prince Valentino	Burny Bos	Hans De Beer	劉守儀	格林
	天空在腳下 Mirette on the High Wire	Emily Arnold McCully	Emily Arnold McCully	孫晴峰	格林
	第一百個客人	郝廣才	Giuliano Ferri		格林
	卡夫卡變蟲記	勞倫斯	戴爾飛	郭雪貞	格林
	偉偉找快樂	黃小河	黃小河		國語日報
	野馬之歌 The Girl Who Loved Wild Horses	Paul Goble	Paul Goble	張玉穎	遠流
	祖母的妙法 Ich Werde Oma Fragen	Margarete Kubelka	Hans Poppel	漢聲雜誌	漢聲
	愛織毛線的尼克先生 Mr. Nick's Knitting	Margaret Wild	Dee Huxley	柯倩華	上誼

我永遠愛你 I'll Always Love You	Hans Wilhelm	Hans Wilhelm	趙映雪	上誼
我會把你醫好的 Ich mach dich gesund, sagte der bar	Janosch	Janosch	武玉芬 藍露黛	上誼
下雨天接爸爸 Kaoru in a Rainy Day	Kiyoshi Soya	Shinta Cho	汪仲	台英社
永遠愛你 Love You Forever	Robert Munsch	Shunsaku Umeda	林芳萍	和英
小寶寶	呂藹玲	董大山		信誼
不過生日也快樂 Petit oubli	Charlotte Legaut	Charlotte Legaut	孫千淨	格林
我愛小不點	Laura Manaresi	Giovanni Manna	幸佳慧	格林
愛在我身邊 Bear at the Beach	Clay Carmichael	Clay Carmichael	鄭欣怡	格林
明天你還愛我嗎 Used-Up Bear	Clay Carmichael	Clay Carmichael	鄭欣怡	格林
我最討厭你了 Let's be enemies	Janice May Udry	Maurice Senday	林真美	遠流
我的妹妹聽不見 I Have a Sister-My Sister Is Deaf	Jeanne Whitehouse Peterson	Deborah Kogan	陳質采	遠流
大姊姊和小妹妹 Big Sister and Little Sister	Charlotte Zolotow	Martha G. Alexander	陳質采	遠流
獾的禮物 Badger's Parting Gifts	Susan Varley	Susan Varley	林真美	遠流

	莎莉，洗好澡了沒？ Time to Get Out of The Bath, Shirley	John Burningham	John Burningham	林真美	遠流
	先左腳，再右腳 Now One Foot, Now the Other	Tomie de Paola	Tomie de Paola	漢聲雜誌	漢聲
	我希望我也生病 I Wish I Was Sick, Too!	Franz Brandenberg	Aliki Brandenberg	漢聲雜誌	漢聲
	阿吉的眼鏡 Cromwell's Glasses	Holly Keller	Holly Keller	漢聲雜誌	漢聲
	一覺到天亮 Dry Days, Wet Nights	Maribeth Boelts	Kathy parkinson	楊曼華	親親
合作	柳樹村的故事—好暖好暖的被子 A Fluffy Futon For Winter	Kazuko G. Stone	Kazuko G. Stone	汪仲	台英社
	柳樹村的故事—螢火蟲的旅店 Firefly Hotel	Kazuko G. Stone	Kazuko G. Stone	汪仲	台英社
	柳樹村的故事—沙拉和魔法的店 Salad And Magic Shop	Kazuko G. Stone	Kazuko G. Stone	汪仲	台英社
	沒有聲音的運動會	呂藹玲	陳建志		信誼
	吉利和古拉 Guri and Gura	中川李枝子	大村百合子	林立	信誼
	吉吉和磨磨 The Knig ht and the dragon	黎芳玲	龔雲鵬		信誼

繪本主題教學資源手冊

		武士與龍 The Knight and the	Tomie dePaola	Tomie dePaola	柯倩華	鹿橋
		朱家故事 Piggybook	Anthony Browne	Anthony Browne	漢聲 雜誌	漢聲
		14隻老鼠吃早餐	Kazuo Iwamura	Kazuo Iwamura	漢聲 雜誌	漢聲
		14隻老鼠洗衣服	Kazuo Iwamura	Kazuo Iwamura	漢聲 雜誌	漢聲
		14隻老鼠大搬家	Kazuo Iwamura	Kazuo Iwamura	漢聲 雜誌	漢聲
		14隻老鼠過冬天	Kazuo Iwamura	Kazuo Iwamura	漢聲 雜誌	漢聲
		14隻老鼠挖山芋	Kazuo Iwamura	Kazuo Iwamura	漢聲 雜誌	漢聲
		14隻老鼠賞月	Kazuo Iwamura	Kazuo Iwamura	漢聲 雜誌	漢聲
合作 友誼		旋風起，小蟲急 Golden Storm	Kazuko G. Stone	Kazuko G. Stone	汪仲	台英社
		鱷魚放假了 Monty	James Stevenson	James Stevenson	漢聲 雜誌	漢聲
友誼		超棒貓迪西 Desser the best ever cat	Maggie Smith	Maggie Smith	唐琮	上堤
		最好的朋友 The Very Best of Friends	Margaret Wild	Julie Vivas	陳綺文	遠流

合作團結	和甘伯伯去遊河 Mr. Gumpy's outing	John Burmingham	John Burmingham	林良	台英社
勇氣	把帽子還給我	梅田俊作	梅田俊作	林文茜	小魯
	勇氣	伯納‧韋伯	伯納‧韋伯	幸佳慧	小魯
	小波的新玩具 Little Bobo	沙琳娜‧羅曼妮莉	漢斯‧迪比爾	李紫蓉	台灣麥克
	輪椅是我的腳	Franz-Joseph Huainigg	Franz-Joseph Huainigg	林倩葦	台灣東方
	三個我去旅行	陳璐茜	陳璐茜		遠流
	尼可萊的三個問題 The Three Questions	瓊‧穆德	瓊‧穆德	張子樟	遠流
夢想	花婆婆	芭芭拉‧庫尼	芭芭拉‧庫尼	方素珍	三之三
	叔公的理髮店	瑪格麗‧金‧米契爾	詹姆斯‧瑞森	柯倩華	三之三
	跳舞吧！小雅 Dance, Tanya	派翠西亞‧李‧高區	市川里美	姚文倩	台灣麥克
	奇幻的晚宴 Kitsune No Yushokukai	安房直子	菊池恭子	吳佳芬	和融
	誰的翅膀掉了	林宗賢	林宗賢		信誼
	瓶子裏的小星星	蔣家語	曹俊彥		信誼
	小狗阿疤想變羊	龐雅文	龐雅文		格林
	奇幻精品店 Magasin ZinZin	Frdric Clment	Frdric Clment	林深靖	遠流
夢想愛心	黃色的小雨傘 Little Yellow Um- brella	Hisashi Mori	Kayako Nishimaki	游珮芸	上誼
禮讓	公園小霸王	諾拉‧蘭娜‧馬龍	諾拉‧蘭娜‧馬龍	陳宏淑	台灣東方
誠實	用愛心說實話 The Honest to Goodness Truth	派翠西亞‧麥基撒克	吉絲莉‧波特	宋珮	和英

	阿寶的大紅花	顏煦之	周翔		信誼
	臘腸狗 Chien Saucisse	杜荷謬	杜荷謬	吳倩怡	格林
	我撒了一個謊 A Big Fat Enor-mous Lie	Marjorie Weinman Sharmat	David McPhail	漢聲雜誌	漢聲
同理心	愛蓋章的國王	許書寧	許書寧		上堤
	可憐的鴨子 Farmer Duck	馬丁・威朵	海倫・奧克森伯瑞	林芳萍	台灣麥克
	小曼的生日禮物 Manuela's Gift	克莉絲汀・瑞玲・艾絲塔	克萊兒・寇茲	姚文倩	台灣麥克
	小木偶 La Petite Marion-nette	嘉貝麗・文生	嘉貝麗・文生	鄒翠華	台灣麥克
	大象艾瑪 Elmer	David Mckee	David Mckee	周逸芬	和英
幫助	兔寶寶不見了	徐素玫	F.Wayland		人類
	凱琪的包裹 Boexes For Katje	Candance Fleming	Stacy Dresse-Mcqueen	劉清彥	東方
滿足	會愛的小獅子 The Lion Who Wanted to Love	Giles Andreae	David Wojtowycz	余治瑩	三之三
	妮娜的奶嘴	克莉絲汀・瑙曼・維明	瑪莉安・巴赫西農	孫智綺	台灣東方
	找回真愛 True Love	Babette Cole	Babette Cole	黃筱茵	格林
美德教育	一隻有教養的狼 A Cultivated Wolf	Becky Bloom	Pascal Biet	余治瑩	三之三
	我自己做	保羅・弗立斯特	蘇珊娜・史瑪吉克	林倩葦	台灣東方
	大腳丫跳芭蕾	Amy L. Young	Amy L. Young	柯倩華	台灣東方

美德教育惜物	喬瑟夫有件舊外套 Joseph had a Little Overcoat	席姆斯・塔貝克	席姆斯・塔貝克		台灣麥克
	安娜的新大衣 A New Coat for Anna	Harriet Ziefert	Anita Lobel	余治瑩	台灣麥克
接納	艾比的新朋友 Ebb's New Friend	珍・賽門	珍・賽門	張瑩瑩	台灣麥克
	飢餓犰狳之國 The Land of Hungry Armadillos	勞倫斯・戴維	佛瑞德里克・柏川德	林芳萍	台灣麥克
	寶兒：穿背心的野鴨	約翰・伯寧罕	約翰・伯寧罕	宋珮	台灣東方
耐心	雪花人 Snowflake Bentley	Jacqueline Briggs Martin	Mary Azarian	柯倩華	三之三
	鬆餅生日會	呂奎希・雷奎斯	琳達・舒哈特	區國強	台灣東方
	好乖的 paw	李瑾倫	李瑾倫		和英
	安娜的新大衣 A New Coat For Anna	Harriet Ziefert	Anita Lobel	余治瑩	東方
耐心信心	胡蘿蔔種子 The Carrot Seed	Ruth Krauss	Crockett Johnson	郭恩惠	上誼
友誼	嘟嘟和巴豆	上誼文化	上誼文化	宋珮	上誼
	和事佬彩虹魚 Der Regenbo Genfisch Stiftet Frieden	馬庫士・帕菲斯特	馬庫士・帕菲斯特	賴雅靜	台灣麥克
	小根和小秋 Kon and Aki	林明子	林明子	蕭英哲 賴惠鳳	台灣麥克
	你是我的朋友嗎？ What are Friends For?	莎莉・葛第禮	邦尼・戴	方素珍	台灣麥克
	蝴蝶與大雁	Holly Keller	Holly Keller	林良	台灣東方
	我是老大	提利	戴爾飛	謝蕙心	米奇巴克

	南瓜湯 Pumpkin Soup	Helen Cooper	Helen Cooper	柯倩華	和英
	咪嗚與阿旺	李紫蓉	顏薏芬		信誼
	我的兔子朋友	艾瑞克	艾瑞克	楊令怡	格林
	暴風雨的夜晚 Arashi no yoru ni	木村裕一	木村裕一	彭士晃	遠流
	我最討厭你了 Lets be Enemies	珍妮絲梅尤德 里文	珍妮絲梅尤德 里文	林真美	遠流
	貓臉花與貓	孫晴峰	劉宗慧		遠流
	喬治與瑪莎系列： 喬治與瑪莎	詹姆斯·馬歇 爾	詹姆斯·馬歇 爾	楊茂秀	遠流
	喬治與瑪莎系列： 安可 Encor	詹姆斯·馬歇 爾	詹姆斯·馬歇 爾	楊茂秀	遠流
	喬治與瑪莎系列： 嶄新的開始 Rise and Shine	詹姆斯·馬歇 爾	詹姆斯·馬歇 爾	楊茂秀	遠流
	喬治與瑪莎系列： 美好的一天 One Fine Day	詹姆斯·馬歇 爾	詹姆斯·馬歇 爾	楊茂秀	遠流
	喬治與瑪莎系列： 趣味好多噸 Tons of Fun	詹姆斯·馬歇 爾	詹姆斯·馬歇 爾	楊茂秀	遠流
	喬治與瑪莎系列： 轉·轉·轉 Round and Round	詹姆斯·馬歇 爾	詹姆斯·馬歇 爾	楊茂秀	遠流
	狐狸 Fox	瑪格麗特·威 爾德	瑪格麗特·威 爾德	林真美	遠流
信心	做得好，小小熊！ Well Done, Little Bear	Martin Waddell	Barbara Firth	柯倩華	上誼

	神奇變身水 The Wizard	Jack Kent	Jack Kent	何奕達	上誼
	我會用筷子 Hashi no Mochikata	小永井道子	小永井道子	嶺月	台英社
	狗兒小丑魯巴 Zappa the Clown	安德魯・德翰	安德魯・德翰	陳蕙慧	台灣麥克
	古倫巴幼稚園	西內南	堀內誠一	陳蕙慧	台灣麥克
	艾蜜莉的畫	彼得・加泰隆 諾多	彼得・加泰隆 諾多	余治瑩	台灣東方
	威斯利王國 Weslandia	Paul Fleischman	Kevin Hawkes	柯倩華	和英
	你很特別 You are special	Max Lucado	Sergio Martinez	丘慧文 郭恩惠	道聲
	愛你本來的樣子 Just the Way You Are	Max Lucado	Sergio Martinez	郭恩惠	道聲
	潔西卡和大野狼 Jessica and the Wolf	Ted Lobby	Tennessee Dixon	黃嘉慈	遠流
信心 傳承	小莫那上山	劉曉蕙	温孟威		台英社
信心 勇氣	鴨子騎車記 Duck On A Blke	David Shannon	David Shannon	沙永玲	小魯
	我能做什麼事	高橋宏幸	高橋宏幸	文婉	台英社
	小黑鳥 Der Kleine Nerion	赫爾嘉・嘉勒	赫爾嘉・嘉勒	賈源愷	台英社
	利兒找到了路 Oliver Finds His Way	Rhyllis Root	Christopher Denise	宋珮	和英
	明鑼移山 Ming Lo Moves the Mountain	阿諾・羅北兒	阿諾・羅北兒	楊茂秀	遠流

	藍弟和口琴 Lentil	Robert McCloskey	Robert McCloskey	張劍鳴	國語 日報
	哪裡來的眼淚魚？	方素珍	郝洛玟		國語 日報
責任	安娜想養一隻狗 The New Puppy	Laurence Anholt	Catherine Anholt	張麗雪	上誼
	小小大姊姊 Lilla Stora Syster	Ann Forslind	Ann Forslind	張麗雪	上誼
	小蠑螈睡哪裡？ The Salamander Room	Anne Mazer	Steve Johnson & Lou Fancher	林芳萍	和英
	不是我的錯 Det Var Inte Mitt Fel	Leif Kristiansson	Dick Stenberg	周逸芬	和英
	佳佳的妹妹不見了 Asae and Her Little Sister	Yoriko Tsutsui	Akiko Hayashi	漢聲 雜誌	漢聲
愛	會愛的小獅子 The Lion Who Wanted to Love	吉爾斯・安卓 亞	吉爾斯・安卓 亞	余治瑩	三之三
	我想要愛	克萊兒・克雷 芒	卡曼・索列・ 凡得瑞	沙永玲	小魯
	你們都是我的最愛	山姆・麥克布 雷尼	安妮塔・婕朗	張杏如	上誼
	外公 Granpa	John Burmingham	John Burmingham	林良	台英社
	爸爸永遠會在那兒 Daddy will be There	露易絲・葛萊 柏林	華特・葛芬尼 ・卡賽爾	陳方妙	台灣麥克
	外婆萬歲 Three Cheer for Catherine The Great	Cari Best	Giselle Potter	宋珮	東方

	飛天計畫	尤果	辛西雅	黃聿君	格林
	春天，兔子來！	Joyce Dunbar	Susan Varley	丁凡	遠流
	拍我	潘人木	桂芳		國語日報
	看我	潘人木	曲敬蘊		國語日報
	牽我	潘人木	郝洛玟		國語日報
	數我	潘人木	鍾偉明		國語日報
	誇我	潘人木	黃淑英		國語日報
	愛是什麼 LOVE IS……	選自聖經	Wendy Anderson Halperin		旗品
原諒	五彩鳥 Der Bunte Vogel	麥克斯·博令格	傑·列尼卡	潘人木	台英社
寬容	丹丹玩遊戲	清野幸子	清野幸子	米雅	上誼
	公主四點會來 Die Prinzessin Ko-mmt urn Vier	渥夫迪特里希·許努兒	羅桃·蘇珊·柏納	洪翠娥	三之三
	彼得和野狼 Peter and der wolf	Serge Drokofieff	Josef Palecek	高明美	台英社
	我和小凱絕交了 I'm Not Oscar's Friend Anymore	Marjorie Weinman Sharmat	Tony De Luna	漢聲雜誌	漢聲
	敵人派 Enemy Pie	德瑞克·莫森	泰拉·葛拉罕·金恩	劉清彥	漢聲

幫 忙	叔公的理髮店 Uncle Jed's Barber-shop	Margaree King Mitchell	James Ransome	柯倩華	三之三
	給小熊的吻 A Kiss For Little Bear	E. H. Minarik	Maurice Sendak	潘人木	上誼
	八郎 Hachiro	Ryusuke Saito	Jiro Takidaira	嶺月	台英社
	聽葛鵬兒的鳥叫聲 Gabriella's Song	Candace Fleming	Giselle Potter	林芳萍	和英
	一位溫柔善良有錢太太和她的一百隻狗	李瑾倫	李瑾倫		和英
	古利和古拉遠足記 Guri And Gura Go On a Picnic	Rieko Nakagawa	Yuriko Omura	林立	信誼
	借你一把傘 Ues my umbrella	小出保子	小出保子	何奕佳	信誼
	第一次上街買東西 Miichan's First Errand	Yoriko Tsutsui	林明子	漢聲雜誌	漢聲
	誰要我幫忙？ The Do-Something Day	Joe Lasker	Joe Lasker	漢聲雜誌	漢聲
	蘇菲的傑作 Sophie's Masterpiece	Eileen Spinelli	Jane Dyer	柯倩華	維京
	小斑馬找媽媽	孫婉玲	林傳宗		親親
	小海狸的房子 Samen Kunnen We Alles	Lngrid Schubert And Dieter Schubert	Lngrid Schubert And Dieter Schubert	王元容	親親

熱忱	愛火車的小孩 Natsu No Asa	Kota Taniuchi	Kota Taniuchi	林良	台英社
	大腳丫跳芭蕾 Belinda The Bal- lerina	Amy L. Young	Amy L. Young	柯倩華	東方
	最想做的事 More Than Any- thing Else	Marie Bradby	Chris K.Soentpiet	黃迺毓	遠流
習慣	大狗醫生 Dr.DOG	Babette Cole	Babette Cole	黃迺毓	三之三
	皮皮放屁屁 Farley Farts	碧莉特·米勒	碧莉特·米勒	林良	三之三
	挖鼻孔好好玩 Nasebohren ist Schon	Daniela Kulot- Frisch	Daniela Kulot- Frisch	高玉菁	三之三
	我們來洗手 Wash your Hands	東尼·羅斯	東尼·羅斯	余治瑩	三之三
	丹丹好習慣	清野幸子	清野幸子	米雅	上誼
	最喜歡洗澡 I Love to Take Baths	松崗享子	林明子	李俊德	台灣麥克

問題與討論

一、你可以說說什麼是「禮貌」嗎？該如何做個有禮貌的孩子？

二、你會和別人分享你的玩具嗎？如果別人不小心弄壞了你的玩具，你會怎麼辦？

三、做錯事或弄壞東西時，你該怎麼辦？

四、班上來了新朋友，說說你可以怎麼幫他的忙呢？

五、你會幫爸爸媽媽哪些忙呢？說說你是如何做到的。

六、你會幫忙照顧比你小的小朋友嗎？說說看，你是如何照顧他
們的。

七、和小朋友一起玩時，你覺得該注意哪些事情呢？

八、如果爺爺和奶奶與你們住在一起，說說你的感覺是什麼？

延伸活動

活動一：「讚美」遊戲

(一)準備材料

　　*1.*彩色圓形小貼紙、書面紙、彩色筆、剪刀、膠水或膠帶等剪貼
用品。

　　*2.*故事繪本：《你很特別》。

(二)活動過程

　　*1.*老師先帶領孩子完成自己的愛心小樹。

　　*2.*小朋友將自己的愛心小樹放在自己的工作櫃或掛在書包上。

　　*3.*小朋友和老師一起約定，每天都要想辦法看到別人很棒的地
方，如：畫畫很漂亮、幫助別人、上學不哭鬧、不欺侮小朋
友、玩玩具會輪流等待、會當小幫手等等，要用最棒的話讚美
對方，並在小朋友的愛心小樹上貼上一個很棒的圓形貼紙。因
為你的讚美，小朋友也必須回貼一個圓形貼紙給你，謝謝你對
他的讚美。

　　*4.*最後利用團體討論的進行，展示出每人豐碩的成果，看誰得到
的鼓勵與讚美最多。

　　*5.*老師與小朋友分享《你很特別》的故事。說完故事後，讓小朋

友想想自己喜歡被人讚美，還是不喜歡呢？

活動二：製作美德樹

㈠準備材料

紙板、藍色或粉紅色的布（可貼上紙板的材質）、漿糊或白膠、各種顏色的小布料、棕色及綠色的布料（做樹幹與樹葉的材料）、剪刀。

㈡製作方法

1. 先在紙板貼上一大塊布。
2. 請小朋友將小布料剪出各式各樣的水果。
3. 剪出樹幹。
4. 剪出樹蔭。
5. 剪出美德的水果代表。

橘子—服從　奇異果—仁慈　蕉菁—值得信賴　桃子—和諧

梨子—祈禱　葡萄乾—尊崇　蕃茄—智慧　　金桔—禮貌

葡萄—慷慨

水果可加上各式各樣的臉，一次或分多次完成都可以。小朋友非常喜歡用美德樹講故事或肯定美德。

當然，它還有許多其他用途，請自由創作。

（本活動節錄自：《家庭美德指南》，稻田出版）

㈢活動過程

透過平時的活動，小朋友將自己可以達到且已經達成的部分，選擇自己適合的水果代表貼在樹上。

活動三：拜訪育幼院

(一)準備活動

請小朋友事前準備小禮物及自己製作、畫的卡片。

(二)活動過程

1. 行前老師除了預先與育幼院聯繫時間地點外，並與小朋友討論育幼院的基本情況。

2. 與小朋友共同建立參訪守則，注意參訪時的禮儀。

3. 參訪時，小朋友可將事前預備的卡片、小禮物送給育幼院的孩子。

4. 回園後小朋友一起分享參訪的感覺，並說說可以如何幫助他們。

活動四：捐發票送愛心

(一)準備活動

老師事前與相關慈善機構聯繫，如：創世基金會，邀請義工阿姨或叔叔來與孩子分享他們「捐發票」活動的用意。

老師可與小朋友預先製作發票記錄卡。

(二)活動過程

1. 先透過團體討論時間與孩子分享此活動的用意與目的。

2. 請孩子們向父母親或長輩募集當月的發票，每人將自己募集的張數記錄在發票記錄卡上。

3. 將所有募集的發票，由老師代表轉交給相關慈善機構。

4. 老師發給孩子們好寶寶獎勵，或由相關慈善機構給與孩子獎勵卡。

相關網站

一、財團法人白曉燕文教基金會 http://www.swallow.org.tw/swallow.htm

　　基金會宗旨：營造安居樂業的社會，讓孩子平安長大。第一項辦理事務為：兒童美德及家庭教育推廣。有「美德教育」叢書的介紹。

二、Lcenter 海闊天空——天下網站 http://www.lcenter.com.tw/newsites/resource/goodbooks-07.asp

　　內容有教育新趨勢、希望工程師、邀遊教育網、教育論壇、資源提供等等，資源提供教師必讀好書評介，如：《美德書》牽著孩子，走向真善美，編者：威廉‧班奈特，圓神出版等相關書籍推薦。

三、父母不再難為——大手牽小手——親職教育網站 http://residence.educities.edu.tw/suiheng/

四、線上教育兒專家——信誼基金會 www.hsin-yi.org.tw/

五、父母最佳教戰手則——奇蜜親子網 www.kimy.com.tw

「101 本好書」內容簡介

價值觀

●媽媽的紅沙發	●一片披薩一塊錢
一場大火，燒毀了家中所有的家具，小女孩、媽媽、外婆三人努力存錢，想買一張舒適的紅沙發……。	一隻最會做披薩的熊和一隻最會做蛋糕的鱷魚一起做生意，是熊賺的錢多，還是鱷魚賺的錢多呢？

守時

慌張先生

　　永遠搞不清時間的慌張先生成了主角，看著他慌慌張張的樣子，大家的心裡一定覺得有趣，又有點熟悉。

起床啦，皇帝！

　　一位少年皇帝因為不喜歡早起，總是誤了早朝，令群臣憂慮、皇太后生氣、老太監焦急，最後他終於找到克服的方法。

幽默

鯨魚

　　有一隻候鳥飛到湖的上空時，大叫鯨魚！但沒人理牠，一位老先生拿出書來告訴大家什麼是鯨魚，整個村莊的人都在湖面上湖面下找鯨魚，都找不到，小男孩要求候鳥帶他去看，真的看到好大一隻鯨魚。

三隻小豬的真實故事

　　這是由一隻名叫亞力山大的野狼口述的故事，故事中娓娓的說出牠被冤枉成「壞蛋大野狼」的經過……。

幽默、分享

如果你請豬吃煎餅

　　這像是接龍說故事一樣，先起個頭，如果你給小豬一塊煎餅，接下來會發生什麼事呢？牠可能會捧著煎餅，用無辜期待的眼神看著你，期待你給牠一些……。

分享

花婆婆	米爺爺學認字
小女孩答應爺爺長大後要做一件讓世界變得更美麗的事，而後她實現承諾，散播滿山滿谷的魯冰花。	米爺爺會做很多事，也有豐富的生活經驗。學習認字是他最大的心願，得到家人的支持後，他開始很認真的學習認字。
月亮生日快樂	快樂小燈燈
這個故事藉由迴音的奧妙，闡述友誼在孩子心目中神奇美好的地位，圖畫中藍色的星空，為全書蘊釀溫暖的氣氛。	小魚燈燈頭上長了一個小燈籠，可以在黑漆漆的深海探險；可是，當別的小魚請牠一起玩時，牠卻要人家幫牠寫功課，或⋯⋯。

分享、關懷

魔法音符	
杜雷米夢想自己能夠成為一位大音樂家，不管白天或黑夜都不斷練習，甚至三更半夜⋯⋯，住在他樓上的女巫卡達，終於受不了，給他下了一個恐怖的咒語。	

關懷

小白醫生	希望的翅膀
醫生小白總是知道哪一位小朋友病得比較重，曉得如何撫慰他們柔弱無助的心靈。然而，有一天牠被莫名的逐出醫院⋯⋯。	一個小男孩對於夢想的希望，串連這一段我們所有人共同的生命記憶⋯⋯。

誰在敲門

　　在快樂的平安夜，孩子們在美麗的聖誕樹旁唱歌、玩耍，期待著聖誕老公公送禮物來。他們忽略了屋外有一棵老樹，正受冷風摧殘。還好孩子們及時發揮了愛心及想像力，用他們自己的方法，救了奄奄一息的老樹。

合作

不一樣的小船

　　「什麼？你們都不會游泳啊！」青蛙咯咯咯的大聲笑！小雞、老鼠和瓢蟲都搖了搖頭。「我們想辦法做一艘帆船吧！」螞蟻的提議，大家都拍手贊成。

黑白村莊

　　黑村莊與白村莊的人，長得不一樣，住的地方也不一樣，工作的性質也不一樣，怎樣才能讓他們和平相處呢？

勇氣、合作

小黑魚

　　小黑魚原本和一群小紅魚快樂的住在大海裡，可是在一個倒楣的日子裡，一條又兇又餓的大鮪魚將所有的小紅魚一口吞盡，只有小黑魚幸運逃脫。

勇敢

勇敢的莎莎 　　一向天不怕、地不怕的莎莎，在遇到迷路這檔事的時候，同樣失去理性嚎啕大哭。	

愛心

大花貓 　　大花貓肚子餓，牠想吃一條魚、一隻鳥、一隻老鼠，但兩條魚牠不知道要吃誰，只好去吃鳥和老鼠，可是鳥媽媽向牠求情不要吃小鳥，牠想去吃老鼠媽媽，可是小老鼠很可憐，最後牠只好回家喝牛奶。	

夢想

想飛的阿比 　　藍藍的空中，鳥兒成群的飛翔，阿比仰著頭嘆息說：「唉！我是一隻不會飛的鳥兒呀！」忽然，一隻信天翁快速向下掉落，並且把阿比家的屋頂撞破了。	

禮讓

● 可愛小麻煩	
雷歐對蘿拉說：「我要玩玩具、我要吃糖果、我要那頂帽子……」蘿拉受不了，終於大叫：「你讓我安靜一點！」然而因為愛，他們倆不再吵架。讓小朋友學習愛與寬容的心。	

誠實

● 蜜蜂哥哥住哪裡？	● 用愛心說實話
大家決定要去向蜜蜂買蜂蜜時，狐狸卻想趁蜜蜂不在家時去偷蜂蜜，沒想到蜜蜂全在家，並開始展開攻擊，狐狸該怎麼辦呢？	莉莉想出去玩，就對媽媽撒謊，她發現謊話居然那麼容易說出口，於是決定以後都說實話，但卻常挨罵或令別人不舒服，大家都不裡她了。最後她才從別人的批評中發現「愛心說實話」的真正含義。
● 小綠不見了	● 學說謊的人
鸚鵡小綠常常偷別人的東西，還覺得大家怎麼這麼笨，沒發現是牠做的。有一天，神仙爺爺警告牠，可是小綠不相信，仍舊持續牠的小偷行為。果然……。	阿福因為太相信別人，反而被人欺負還騙了錢，爸爸氣得趕他出門去學「說謊」。

同理心

娃娃國王變變變

變變王子的父母——愛花錢國王和皇后，很不善於經營王國，人民抱怨聲連連，好仙子們也罷工抗議。「我必須讓這裡有一些改變。」變變王子能改變這個國家嗎？

幫助

是誰在裡面？

烏龜布布每天都捧著一束花，不曉得要上哪兒去。「噓——這是秘密，我不要告訴你。」「什麼秘密呢？管他的，我們偷偷跟在牠後面去看看就知道了。」布布的秘密究竟是什麼？

毛毛當哥哥

毛毛是一隻圓滾滾，長得很可愛的小狗。有一天，牠到公園散步，被一隻小貓咪纏住走不開。「為什麼這隻小貓咪老是跟著我？牠的媽媽上哪兒去了呢？」毛毛好煩惱好煩惱哦！

星星王子

亮亮是個寂寞的小女孩。她九歲生日的那天，得到一本叫做《小王子》的書……。

滿足

光腳丫先生

光腳丫先生只有一隻靴子，但是他有一支舊喇叭、兩個可愛的妹妹、幾隻綠鸚鵡……可是為什麼他就是少隻鞋呢？

美德教育

公德心的故事

下雨了，小猴子急著趕回家，可是為什麼一直跌倒呢？小老虎每次看完書就會亂扔，牠會惹出哪些麻煩呢？小動物們竟然在比賽誰拉的便便最大，這是怎麼一回事呢？

不貪心的故事

小貓撿到一條魚，後來又看到好多魚，你猜牠會怎麼做？熊哥哥和弟弟到河邊捉魚，為什麼後來全都讓魚逃走了呢？老婆婆為了讓母雞生更多的蛋，想了一個辦法，有效嗎？

分工合作的故事

聖誕節到了，聖誕老公公的禮物還沒準備好，來得及送給小朋友嗎？獅子和猴子兩隊比賽划船，誰會贏得勝利呢？工蟻和兵蟻本來相處的很好，為什麼工蟻突然決定要獨自生活呢？

不半途而廢的故事

小公雞想叫醒大家，但聲音太小，連太陽都叫不起來，牠會放棄嗎？小鳥長大要學飛行，牠會克服一切困難嗎？斑馬哥哥和弟弟為了尋找水源，走了很遠的路，牠們會找到嗎？

專心的故事

不聽媽媽勸告的小猴子，會遇到什麼危險呢？為什麼小白兔總是忘記老師要牠準備的東西呢？小白鷺鷥要學捉魚，牠要如何才能順利捉到魚呢？

謙虛的故事

驕傲的神射手說自己本領大，可是遇到強盜時，卻需靠吹號手幫忙，為什麼？驢子向獅子挑戰，最後牠會怎麼樣呢？驕傲的大樹看不起瘦弱的小草，但颱風來時，小草卻能平安無事？

奮發向上的故事

猴子當上森林的國王，可是別人不服氣，牠該怎麼辦？魔術師很有信心的上台表演，會不會受到大家的歡迎呢？可愛的小章魚，許下了一個願望，牠能實現嗎？

誠實的故事

頑皮的小鹿，為什麼弄得一身濕答答的，發生了什麼事？天神為什麼不救一隻快病死的野狼呢？小綿羊脖子上的鈴鐺，有一天突然不響了，為什麼？

🍳 熱心助人的故事

　　大家都說小河馬是個好孩子，為什麼呢？悶悶不樂的山羊想找快樂，但快樂在哪裡呢？動物們在草原上玩飛盤，但飛盤不小心飛到大樹上，該怎麼辦呢？

🍳 積極的故事

　　下雨了，動物都回家躲雨，只有小猴子不回家，為什麼？熊爸爸的蕃茄成熟了，為什麼會被大雨淹沒了？小花貓每次該做功課時，就會說句口頭禪，你知道是什麼嗎？

🍳 團結的故事

　　螞蟻出外尋找食物，可是牠搬不動，該怎麼辦？豬媽媽挺著大肚子在郊外摘花，肚子痛了起來，牠該怎麼辦？小羊、小白兔被獅子吃掉了，動物們該怎樣才能趕走獅子呢？

🍳 不以貌取人的故事

　　刺蝟看到大蛇要攻擊土撥鼠，牠會怎麼做？小動物們一起玩耍，但獵人出現了，怎麼辦？月亮嘲笑路燈，最後卻發現路燈的重要性。

🍳 分享的故事

　　小熊兄弟爭吃一塊餅，最後到底誰吃得多？蘋果樹和葡萄藤上結滿果實，但小動物們卻只摘葡萄吃？熊媽媽準備蜂蜜給小熊兄妹吃，但最後卻都沒吃到？

🍳 寬恕的故事

　　賽跑大會開始了，兔子嘲笑小豬，最後卻被小豬背回來？愛搗蛋的猴子，幫睡覺的獅子畫大花臉，獅子會報仇嗎？常欺負小動物的大鱷魚突然牙齒痛，小動物會幫助牠嗎？

🍳 孝順的故事

　　為什麼小烏鴉沒好看的外表、也沒好聽的聲音，卻得到好孩子冠軍呢？鯨魚寶寶是怎樣讓媽媽開心？小烏鴉會怎麼對待年老的烏鴉爸爸和媽媽？

🍳 有勇氣的故事

　　膽小的小熊迷路又遇到饑餓的狼，會發生什麼事？不敢在陌生人前表演的灰灰，怎麼會得到大家熱烈的掌聲？小獅王的朋友被大黑熊攻擊，牠會害怕逃走嗎？

同情心的故事	自信心的故事
瓜瓜發現一隻走失的醜小鴨，牠會怎麼做？猴小弟受傷了，有誰會來幫忙？池塘來了隻好餓的灰鴨子，小鴨會不會同情牠？	天神為什麼把最美的鳥后冠，頒給了黑漆漆的烏鴉呢？小象的鼻子醜，媽媽該如何幫助牠建立自信？牽牛花為什麼只羨慕別人呢？

鼓勵

毛毛和比比	
春天到了！毛毛和比比跑到原野上玩，牠們追著白白、小小的蒲公英花，到處跑來跑去……咦？毛球花一下子又飄到哪裡去了呢？	

接納

寂寞的凸凸	
凸凸是一隻心地善良的小刺蝟，可是因為牠全身長滿了刺，所以沒人敢跟牠做朋友，凸凸好寂寞喲，直到有一天，牠救了一隻小毛毛蟲……。	

耐心

喔！我知道了	
皮皮是一隻頑皮的小猴子，常常闖禍。但是，牠都認為自己是一隻聰明的小孩子，什麼事都難不倒牠。	

責任、守時

盡責的小公雞

　　公雞爸爸對小公雞說：「爸爸明天一早就要出門，天亮時你可以幫忙報時，叫醒大家嗎？」小公雞好興奮，半夜就醒，以為天亮了……。

「推薦好書」內容簡介

價值觀

籃目

　　小男孩，他的家周圍充滿了黑樺木、白橡樹、山葫桃及楓樹，他在這一片的樹林中遊戲、成長。他很羨慕爸爸擁有做籃子的技巧，也很羨慕爸爸每個月都會去大城市出售籃子。有一天，他終可以和爸爸一起去大城市了，卻沒有想到，他們在那裡受到一群城市人的嘲笑。

鼻子先生奇遇記

　　鼻子先生想找一個最適合他的地方，一個讓他既融入又突出的地方，一個讓他真正快樂的地方，可是他四處找，就是找不到……。

繪本主題教學資源手冊

腳踏車輪子

寂寞的腳踏車輪子,有麻雀和土撥鼠為伴,但終究是一件藝術品,被擺在公園裡哪兒也去不了。在一個深夜對話中,喚起記憶裡的過往,被運往博物館展示的途中,腳踏車輪子縱身一跳,展開一場勇敢的冒險……。

外婆萬歲

外婆很久以前帶著三個孩子和先生,從俄羅斯來到美國。外婆的生日快到了,但外婆宣佈他不要禮物,大家還是想一些點子送給外婆非禮物,到外婆生日時,有人唱情歌、幫外婆梳一個漂亮髮型、陪他跳華爾茲、送以前的家人合照,莎拉送給外婆一首他做的詩,並決定教他認字。

守時

我的肚子變百的原因

阿姆是故事中可愛的小貓,他有一個小毛病,就是老愛遲到。有一次就因為他又遲到了,結果導致一連串疼痛、難過、害怕的經歷,阿姆最後發現:準時、守信用是很重要的。

幽默

澡缸裡的國王

國王一直泡在澡缸裡,大家都不曉得該怎麼辦?士兵跟國王說:打仗的時間到了,午餐的時間也到了,還有釣魚的時間到了,化妝舞會的時間也到了。國王都在澡缸裡解決一切,有誰知道該怎麼辦呢?小侍童拔起澡缸的塞子,你猜國王怎麼了?

雞媽咪控到一個蛋

雞媽咪住在綠色農場上,牠不快樂,因為牠沒有雞寶寶,一天在農場中檢到一顆蛋,帶回家細心的照顧,這件事在農場中被傳開來,大家都說那顆蛋孵不出來,雞媽咪還是很期待,一年過去了,孵出來的是小恐龍,雞媽咪還是快樂和牠生活在一起。

牛美女要減肥

農夫阿桑有一隻全國最美麗的乳牛，牛美女每天供應阿桑一大罐的牛奶，跟著阿桑過著愜意的生活。有一天牠想當雜誌上的模特兒，所以決定減肥，阿桑用盡辦法，牛美女堅持不吃，阿桑再也沒有鮮奶可以喝。牛美女在照映的湖面看見自己，牠覺悟了，決定找回自己。

笨小豬

三隻豬公在豬圈前走來走去很緊張，因為牠們就要當爸爸了。但是第三隻豬所生的豬小弟又瘦弱又小，每當大家在玩的時候，豬小弟只能在旁邊看。一次暴風雨來襲，大家都很害怕，豬小弟說故事安撫大家的情緒，之後牠便成為最受歡迎的人物了。

蘇小鴨去旅行

蘇小鴨在農場上過著快樂的生活，直到他得到環遊世界雙人行的大獎；他不知道要帶哪一位農場上的好朋友一同前往，是鵝？豬？還是馬？他們都想盡辦法說服蘇小鴨，蘇小鴨不知如何做決定，在他生病時，終於明白咕咕雞才是對他無所求的人，他決定帶咕咕雞去環遊世界。

驢子與蕃茄

東東是一隻熱愛工作的驢子，每天早上第一個起床工作，來旺爸一直以東東為豪。有天來旺爸為了不讓東東太累，買了一台新機器，東東就無事可做，但牠想要工作，於是牠就向大家告別，出門去找工作。後來，牠遇到了巴姐姐，和她一起種蕃茄、賣蕃茄。

大野狼肚子餓

飢腸轆轆的大野狼來到森林裡的一座農莊，結果發生了很多意想不到的事情，看過雞被斑馬身上的黑色斑給綁著，鵝居然站在鱷魚的身上，一群牛正在踢足球，太奇怪的農莊，看到一隻小貓居然是一隻小獅子，最後大野狼再也受不了的大哭起來，小白兔請他吃紅蘿蔔，其實蔬菜吃起來也是挺美味可口。

母雞蘿絲去散步

母雞蘿絲要出門去散步，可是後面跟著一隻狐狸。蘿絲快樂地經過院子、池塘，越過乾草堆，經過磨坊，穿越籬笆，鑽過蜜蜂房，最後回到家。這中間，狐狸每次想偷襲時，都發生了一些狀況。

比利甲蟲

比利有一隻甲蟲，他把牠放進盒子裡卻弄丟了，他問小女孩及一位帶著嗅嗅狗的先生，嗅嗅狗一路嗅著，卻帶來刺蝟、北極熊、不見香腸的太太，大家出發一起找，大象還誤以為毛毛蟲就是甲蟲，但是一路上甲蟲都是跟在他們的身邊，最後是誰發現的呢？

蚯蚓的日記

本書是以一隻小蚯蚓的觀點，他每天寫日記方式記下他的生活點滴，蜘蛛教他學倒立，結果他喊救命；上學太餓了把回家功課吃掉了；對人要有禮貌，他站了一天跟所有螞蟻道早安。他不喜歡的事有不能吃口香糖、不能養狗、功課太多、喜歡不必看牙醫、不必洗澡。

打瞌睡的房子

有一棟打瞌睡的房子，每個人都在睡覺，打鼾的老奶奶睡在床上，作夢的小孩睡在奶奶的身上，小孩身上睡著一隻昏昏欲睡的狗，一隻打盹的貓睡在狗身上，呼呼大睡的老鼠睡在貓身上，跳蚤睡在老鼠身上，結果跳蚤咬了老鼠，經過一連串的反應，現在已經沒有人再睡覺了。

帕拉帕拉山的妖怪

白豬魯魯狼狽的從帕拉帕拉山一路滾下來，因為牠看到妖怪了，整個彈珠村的居民，因此而人心惶惶的，倒楣的事情接二連三的發生，這時村子裡來了二隻豪豬，打聽著魯魯住在哪裡，這時大夥才明白，魯魯看見的是豪豬的影子，卻驚嚇大叫的結果。

十二生肖的故事

十二生肖是怎麼來的，當時大家是如何的盤算呢？貓和老鼠原是好朋友，為何會變成仇人呢？龍為何會排第五名呢？羊猴雞是如何同心協力到終點，狗和豬是如何到達終點，最後還有圖表告訴你，哪一年出生的人應該屬什麼。

愛瑪回來了

愛瑪一直覺得很無聊，牠想到個主意，晚上趁大家睡著便開始工作，天亮前完成，結果一大早到處聽到說：愛瑪早安！原來大家都成為愛瑪了，大家到河邊把自己清洗乾淨，真的愛瑪出現了，大家在水裡打起水仗，整個森林充滿歡笑聲。

艾瑪踩高蹺

叢林裡突然出現一群獵人，想要捕捉大象，大象們很擔心不知該如何是好，艾瑪想出踩高蹺的辦法，讓大家都踩著高蹺讓獵人找不到腳印，並且高蹺下面貼上野獸的腳印，結果獵人發現到處都是野獸，驚慌而逃之際卻逃入象群中，象群的高蹺讓獵人東倒西歪，再也不敢來了。

大象艾瑪

艾瑪和一群大象住在一起，每隻象的長相、大小都不一樣，但身上顏色都相同，只有艾瑪和其他象不同。牠身上有一格格的顏色，但不管發生什麼有趣的事，那一定是艾瑪，艾瑪想改變自己身上的顏色，塗成和大家一樣。

我想養寵物

小女孩想要養寵物，問了大家的意見，每個人都給她一些限制條件，寵物店小姐也給一些建議，讓她養金魚，可是她自己想養的是獅子、狼、蟒蛇等。當她把大家的意見和自己的想法告訴寵物店小姐時，小姐就不知道那是哪一種寵物了。

瑪莉的秘密

瑪莉想要有一雙彈性好的鞋子，但價格不便宜。這時媽媽發現一個聰明的存錢方法，爸爸說這是秘密不能告訴別人，原來媽媽存錢的方式，是讓別人的車子推她的車子去上班，可省下一筆油錢喔！

艾瑪與風

這一天風好大喔！艾瑪和威寶兩人又想耍花樣，想讓大家以為艾瑪被風吹走了，結果大家想去救艾瑪，發現被艾瑪的玩笑給騙了，大家便不理會艾瑪，艾瑪真的被風吹走了，他飛在天空上，從天空上俯瞰著大家，等風停止後他走好遠才回到家，誰說大象不會被吹走呢？

老鼠弟弟的背心

老鼠弟弟穿了一件紅色的背心，非常好看，當猴子、水獺、獅子、馬、大象，都一一穿過了這件背心，並問大家穿起來好看嗎？老鼠弟弟發現牠的背心已經不是原來的樣子了，牠非常難過。於是大象把它當成鞦韆，逗老鼠弟弟開心。

繪本主題教學資源手冊

Guji Guji

一顆蛋在地上滾了好久，終於滾進鴨巢中，一天孵出了一隻小怪鴨，叫做 Guji Guji，鴨媽媽教小鴨滑水、走路，牠總是做的最好，一天湖裡冒出三隻鱷魚想吃掉牠們，Guji Guji 分別給牠們一個教訓，從此成為大家心目中的英雄，也是一隻快樂的鱷魚鴨。

星期三下午，抓蝌蚪

星期三下午不用上課，老師要學生去河邊抓蝌蚪，大家一起去抓蝌蚪的路上和河邊抓蝌蚪時，發生的趣事的描述，本書用洪通式的圖畫，漫畫的對白，大家七嘴八舌的在抓蝌蚪，老師的手錶跟著在每一頁中出現，最後大家抓到是一條魚，老師要大家趕快回家用功讀書，其餘明天再討論。

奧莉薇搶救玩具大作戰

奧莉薇不想穿綠色的制服，她請媽媽做紅色的足球衣來代替，在奧莉薇等待的過程中，她最心愛的玩具卻突然失蹤了，到底是誰呢？弟弟和小貓都脫不關係，當她聽到聲響拿著燭臺到房間查看，發現她的玩具已經解體在地上，最後她想辦法把玩具縫合回去，也原諒了兇手。

走進森林

小男孩的爸爸不見了，他好著急，媽媽要他送些餅乾給奶奶吃，他走森林裡的捷徑，結果在路上遇到一些奇怪的事情。小男孩遇到一些童話故事中的人物，背景圖畫中出現了一些有趣的場景。結果還扮成小紅帽到奶奶家，還出現了其他聲音，那會是大野狼還是爸爸呢？

哈利海邊歷險記

哈利很喜歡到海邊，但牠不喜歡紅通通的太陽，牠到沙灘上想找一塊陰涼的地方躲起來，卻發生一連串的事情，被誤以為是怪物，大家爭相獵補。

哈利的花毛衣

哈利生日那天，奶奶寄來一件玫瑰花的毛衣，哈利不喜歡。主人帶著哈利上街，路上的人都對牠笑，牠決定要擺脫這件毛衣，最後小鳥銜走線頭，把毛衣拉走了，哈利忙著向小鳥道謝呢！

珍妮的帽子	
珍妮最要好的阿姨答應要送她一頂帽子。珍妮想著：那一定是一頂又大、又配有很多花，一頂很漂亮的帽子。終於，帽子寄來了，卻是一頂單調的帽子，珍妮強忍淚水，把它收到床底下去。於是，她把草籃當帽子，試著戴上檯燈罩、小花盆、電視天線和亮晶晶的鍋子，但是，沒有一樣讓她真正滿意。	

分享

克拉拉的寶藏	斑馬花花
克拉拉今年十二歲，他在巴西一家孤兒院工作，星期四他跟好朋友露西和希雅娜見面，他們一起去沙灘跑步、玩沙球、遊戲、唱歌，克拉拉把最美麗的夢，當作禮物送給他的好朋友們。	花花她最喜歡春天，因為可以在花園裡翻跟斗、跟蝴蝶一起跳舞、和蜜蜂盡情唱歌。所以當春天來臨時，就急著要告訴大家這個好消息，讓好朋友一起感受春天美好的氣息！
珍珠	三個強盜
小海獺撿到了一顆珠蚌，卻遭到森林朋友們的嫉妒和攻訐，大家大打出手，甚至還引起了一場森林的大火……。	這是一本幽默簡潔的圖畫書，告訴孩子善惡並非絕對，人的欲念隨時在轉變，我們應該引導孩子培養出一個更寬大的胸懷。

這是我的

幼兒強烈的佔有慾，常會使他們與玩伴起爭執，幼兒看了本書中的青蛙，必會產生深刻的認同感，並體會出分享的意義與快樂……。

辛爺爺的怪獸

這是一則充滿懸疑和幽默的故事，結局令人拍案叫絕，從中呈現出科學探知的精神。

黃色小雨傘

一把黃色的小雨傘，下雨了，躲進了小狗、小兔子、小松鼠、貘媽媽和貘寶寶，連長頸鹿都可以躲進去黃色小雨傘中，啪啪啦拉啪啪啦拉雨聲聽起來好快樂喔！雨停了，傘也變小了，大家都回去了。

小泰的小小貓

小泰撿到一隻流浪貓，他把牠帶回家養，不管小泰吃什麼都分一半的東西給小貓，他們不管任何時候都在一起，可是麻煩的是小貓卻愈吃愈大隻，最後媽媽把牠送到動物園供人參觀，從此貓出名，隨著小貓思念小泰，不吃東西又變回小貓，也回到小泰身邊。

石頭湯

本書的故事背景來到中國，此石頭湯故事融入於相當多國的背景中，此書的內容與前述中的石頭湯的故事並無不同，只是主角換成福祿壽三位和尚，他們到一個村莊中的故事，可以從水墨畫風中的欣賞中國建築。

班尼的溫暖禮物

蘿拉收到一封邀請函，請牠和牠的朋友一起喝下午茶，於是牠摘了一束野花當作禮物，原來是白鵝先生邀起牠們。綿羊班尼也來了，當大家把食物擺上桌時，班尼就狼吞虎嚥吃起來，一下子就變成食物大戰。

魯拉魯先生的庭院

魯拉魯先生的寶貝是他那一大片草地，任何人想踏進一步，肯定會被他的彈弓襲擊。這天，魯拉魯發現草地上躺了根大木頭，於是展開了「驅逐行動」。

如果你請老鼠吃餅乾

如果你給老鼠吃一塊餅乾，接著牠會跟你要一杯牛奶，喝完後牠要手巾擦拭，接著發現鬍子太長了，頭髮也太長了，牠便開始剪了起來，之後……，牠總是不停的要求。

統統是我的！

小烏鴉喜歡別人手上的寶貝，為了得到那些寶貝，他想盡各種詭計，騙走別人心愛的寶貝，雖然小烏鴉得到很多寶貝，但，他卻發現，大家都不再跟他玩了，小烏鴉開始感到寂寞，他很想跟大家一起玩樂？

艾美莉亞的花園

艾美莉亞獨自和她的愛貓一起生活。艾美莉亞很滿意自己的生活，為她美麗的花園和得獎的雞群驕傲得意，即使有些時候，她也希望有人和她一起分享。

拼被人送的禮

有一位「拼被人」住在山上，她總是日也縫、夜也縫，不停的縫被子，很多人上山想買她的拼被，她都不賣。一年中最冷的夜，她到路上找尋睡在寒風中的人，把拼被包在他們身上。國王知道她縫的拼被很漂亮，想盡一切辦法要得到，但拼被人提出她的條件，國王能遵守嗎？

石頭湯

路邊隨手可拾的石頭，竟然可以熬煮成一鍋好湯，三個剛好打完仗要回家的士兵，一路上他們又累又餓，，他們都期待好好睡一覺，吃個飽再趕路，他們來到一個村莊，大家都把食物藏起來，三個士兵只好討論著來煮石頭湯，村人們都睜大眼睛的想把石頭湯如何煮看個明白……。

美好的一天

賣雞蛋糕的老伯伯，每天下午都會烤出香噴噴的雞蛋糕，吸引了放學及下班的人潮，但是一隻小狗牠好想吃，到處翻著垃圾桶，小男孩看見了請牠吃，哇！聞起來有很甜的奶油味，小狗覺得真是好吃極了，並過了快樂的一天。

古利和古拉

古利和古拉是兩隻最喜歡做菜和吃東西的小田鼠。有一天，他們無意發現了一顆好大好大的蛋。他們想盡辦法要把蛋扛回家，但都沒成功，最後他們就在森林裡做起蛋糕，和森林的動物們共用。

🎵 快樂的真諦

　　很久以前，在一個遙遠的地方，住著一位很有錢的商人－羅沙‧得‧卡沙。羅沙是整個國家最富有的人，擁有金錢所能買到的一切，但他就是不快樂；羅沙如何才能尋找到快樂的真諦呢？

🎵 找回真愛

　　真愛是什麼？真愛就是分享、真愛能治癒所有的傷痛、真愛給你力量。爸爸媽媽有了新的小寶寶，就不要「真愛」了嗎？真愛想靠近他愛的人，卻被摔到地上！真愛為他愛的人大聲歌唱，卻被趕出家門！真愛好難過，他決定離家出走。

🎵 愛心樹

　　從前有一棵樹，它好愛一個小男孩。小男孩每天都會跑來蒐集它的葉子，爬上樹抓著葉子當鞦韆、吃蘋果，日子一天天過去了，小男孩長大了。有一天男孩來向它要錢，樹讓他摘下蘋果去賣錢；之後男孩來要房子，樹讓他砍了它的樹枝去蓋房子；後來，只剩下老樹根陪著老人在一起。

🎵 愛書人黃茉莉

　　黃茉莉從小喜歡看書。平常她都是在閱讀，到鎮上去不為別的事，只是買書；她不管運動或倒立都在看書，她家的書已經堆到不能再堆了。於是她把這些書都捐給了鎮上，而有了黃茉莉圖書館，她仍然每天一頁又一頁的看書。

🎵 我們是好朋友

　　阿德跑來告訴康康：「我要搬家了。」康康說：「你怎麼可以搬家！我們是最要好的朋友啊！」阿德還是搬走了。少了阿德，康康什麼事都不想做、不想玩，沒有人與他分享，他覺得好無聊。

🎵 蠶豆哥哥的床

　　蠶豆哥哥有一張寶貝床，任何豆子來借他都不肯借，有一天他的床不見了，其他豆子朋友紛紛把床借給他，可是那些床都不適合他，他決心找回他的床，發現他的床竟被鵪鶉媽媽借來孵蛋，這時在一旁觀看的他，體會到分享的樂趣，當床還回來時，他也請大家一起來睡這張舒服的床。

千千想要吃葡萄

葡萄成熟的時候，小麻雀千千飛到葡萄架上吃葡萄，看見蝸牛慢慢爬上來，牠說：「等你上來我已經吃完了」，牠又騙朋友說這葡萄酸死了，以及裝作中毒死了。後來大家發現被牠騙了，便打成一團，這時農夫也採收完了，大家發現地上有葡萄，便一起分享。

我希望我弟弟是一隻狗

當你心愛的玩具正被弟弟玩著，心情如何？你會告訴他：不要碰我的玩具，這時你會想，要是他是一隻狗多好，會有好玩的事情發生，總之就沒人可以破壞，但他終究還是我弟弟。

關懷

威威找記憶

一個關心老人、喜歡與他們做朋友的小男孩威威，運用自己的方式去幫助失去自己記憶的南西奶奶，找回她的記憶……。

我不要……

小女孩不管穿什麼、吃什麼、做什麼、玩什麼，甚至是用自己的零用錢買東西，媽媽都要來干涉，原因只是因為媽媽覺得：「這個比較好。」最後，小女孩生氣了，她決定要自己來做選擇。

一個奇特的蛋

石子兒島上住著三隻青蛙，賈思嘉生性好奇，喜歡到處去探險搜集，有一天牠帶回來了一個白得像雪、圓滾滾的大石頭。馬麗蓮一看到，斷定它是一個蛋……。

阿倫王子歷險記

小青蛙阿倫一直認為自己是一個王子，但是大家都不相信，於是牠開著心愛的車子，出門尋找配得上牠的公主。

●天空在腳下

米瑞在守寡的媽媽開的小旅店工作，有一天旅店來了一個享有盛名的走鋼索特技員，米瑞深深被吸引，希望拜他為師。

●第一百個客人

大熊阿比和鱷魚阿寶兩人一起經營披薩屋，一天來了一對祖孫，他們身上的錢只夠吃一塊披薩，奶奶疼孫子，把披薩讓給孫子吃，阿比和阿寶很感動，於是再送給老奶奶一個披薩，並告訴他們這是送給今天第一位客人的禮物。隔天，孫子想成為第一百個客人，阿寶和阿比就找了親朋好友來，讓祖孫兩人可以成為第一百個客人。

●卡夫卡變蟲記

卡夫卡早上起床，發現自己變成甲蟲，可是他身邊的人都沒有注意。從孩子的角度出發，在令人意想不到的幽默情節中，告訴我們：「習以為常」使我們往往忽略了身邊最親近的人。

●偉偉找快樂

偉偉生日的時候，收到一件禮物，那是一隻黃色的金絲雀——小啾。偉偉非常喜歡，他想讓小啾能快快樂樂的，可是要怎樣才能讓他心愛的金絲雀快樂呢？

●野馬之歌

一個喜愛野馬的印地安少女，寧願放棄安定的生活，跟隨野馬自由自在的生活在原野上。最後印地安少女也變成一匹野馬。

●祖母的妙法

阿力很福氣，他什麼東西都有：有愛他的爸爸媽媽、有一隻會說話的鸚鵡，有常常送他禮物的祖母……還有好多好多玩具，可是阿力並不快樂。

●愛織毛線的尼克先生

尼克先生愛織毛線，他和裘麗太太每天在火車上一起織毛線，一邊欣賞窗外的風景。有一天裘麗太太生病了，尼克先生把風景織成一條毯子，送給躺在病床上的裘麗太太。

●我永遠愛你

有位小朋友照顧一隻狗，雖然他的家人也喜歡這隻狗，但是都沒有小朋友喜歡。小朋友他會對狗說：「我愛你。」他會容忍狗的頑皮，他特別照顧狗，有一天，他的狗死了……。

🥁 我會把你醫好的

小老虎生病了！因為，牠身上的一條虎紋歪了！別擔心，因為小熊胸有成竹的說：「我會把你醫好的！」

🥁 永遠愛你

作者以簡潔的文字，細膩而生動地描繪出父母對子女永遠的愛。靜靜的夜裡，一個媽媽抱著她剛出生的小寶寶，輕輕的把他摟在懷裡，輕輕的搖啊搖，輕輕的唱著……我永遠愛你，我永遠疼你，在媽媽的心裡，你是我永遠的寶貝。

🥁 不過生日也快樂

書中的人物因煩惱著該送什麼給心中思念的人而大傷腦筋。害羞、不好意思的、怯於啟口，你是不是也常會面臨相同的窘狀？

🥁 愛在我身邊

小小熊乘著海風，追尋著夢中渴望的愛，經過期待、失望、比較、想念，原來愛像空氣，自然的存在，卻不曾被察覺，愛一直在身旁。

🥁 下雨天接爸爸

小香帶著雨傘，一個人去車站接爸爸，等呀等，卻遇到一隻橘色貓。橘色貓會帶她去哪兒？會經歷什麼樣的旅程？故事描寫孩子獨自一個人去接爸爸時忐忑不安的經驗。

🥁 小寶寶

媽媽的肚子裡有一個小寶寶，他會不會跳舞？會不會溜滑梯？會不會聽媽媽講故事呢？

🥁 我愛小不點

小不點是一隻很小很小的貓，從來沒有人看過這麼小的貓。牠被小主人莉莉發現後，受到了家人無盡的喜愛與呵護。可是，小不點一天一天長大、愈長愈大，大到從來沒有人看過。牠不小心便會把花踩扁，把小寶寶嚇哭，大家變得不喜歡牠。爸爸媽媽決定要把牠送給馬戲團老闆，深愛小不點的莉莉要如何留住牠呢？

🥁 明天你還愛我嗎

小熊愈來愈破舊，他害怕著將被拋棄，他疑慮、憂傷、不安，直到他收到一套紅衣裳，他才明白，真愛不會被取代。

我最討厭你了

有兩個好朋友，其中有一個開始覺得不滿另一個人。想到他不分享、愛惡作劇，而且每次都要當王，就決定不再和他當朋友。

我的妹妹聽不見

我有位非常特別的妹妹，就像一般的小女孩，她也喜歡跑跳、翻滾和攀爬。雖然妹妹聽不到曲調，也不會唱歌，但是她會彈鋼琴。雖然妹妹從來不知道電話在響，或是否有人敲門；但是貓咪坐在她懷裡喵喵叫時，她會知道。

大姊姊小妹妹

從前有一個大姊姊和小妹妹，大姊姊時時刻刻的照顧小妹妹，大姊姊什麼事都處理得好好的，但有天小妹妹聽煩了大姊姊的嘮叨和指揮，想要一個人靜一靜，於是偷溜出家門躲在草叢中，大姊姊找不到哭了，兩人因此更懂得去照顧別人。

獾的禮物

獾離開了牠的身體，也離開了所有的動物朋友。雖然獾說過，牠死了以後，牠希望大家不要太難過，但是，在寒冷的冬天裡，這對大家而言，實在好難。

莎莉，洗好澡了沒？

莎莉快樂的洗著澡，儘管媽媽在浴室外面對莎莉說話，莎莉卻乘著小鴨到水管的另一端去遊玩了，莎莉在這裡玩得很快樂，國王及其他人也吹隻鴨子和她打水仗，看誰先被擊落水裡。

先左腳，再右腳

小包的名字是爺爺取的，小包學走路是爺爺教的，爺爺抓著他的小手說：「先左腳，再右腳。」爺爺生病了，他與小包的角色互換，他餵爺爺吃飯、說故事給爺爺聽……他還教爺爺走路。

我希望我也生病

哥哥生病了。媽媽、爸爸忙著照顧他，奶奶、姑姑和姑丈也都關心他，咪咪生氣的說：「真不公平！」「我希望我也生病了！」

阿吉的眼鏡

雖然阿吉生下來時，看起來跟其他的兔寶寶沒有什麼不同，可是牠的確不一樣。醫生說：「阿吉有很嚴重的近視眼。」阿吉喜歡和哥哥姊姊出去玩，但常會跟丟。牠總是會絆到東西，老是出差錯，媽媽安慰阿吉：「忍耐一下，等你再長大點兒，我就帶你去配副眼鏡。」

一覺到天亮

小邦尼說：「媽媽，媽媽！今晚不包尿片好不好？我不要再當小娃娃。」媽媽笑：「你當然不是小娃娃，可是過一陣子比較好。」邦尼想要試一試。夜很深，天很黑，邦尼夢見他在飛，咦！是什麼？濕濕又冷冷的？邦尼覺得好不舒服。

合作

好暖好暖的被子

蚱蜢、蜘蛛、蝸牛及螞蟻一家人住在柳樹下，冬天快要到了，大家要一起去找床好被子，路上先救出蠼螋，牠帶大家找到蘿摩果，並靠著其它朋友合力拖回柳樹下，途中下雪了，小老鼠也來幫忙拖，最後大家決定一起過冬。

螢火蟲的旅店

夏天的時候，阿亮和柳樹村的朋友合開旅店，每個人都會做出自己特色的床舖，一開張一下就住滿了，夜晚來臨旅店大放光明，這時來了隻大青蛙，大家慌了，螳螂集合大家用葉子做了一幅鬼臉，把青蛙給嚇跑了。

沙拉和魔法的店

青蟲阿默到柳樹村開一家店，牠做的沙拉非常好吃大家都來吃，可是幾天來阿青都沒有開店，原來牠已經變成蝴蝶了。一星期後阿默要結婚了，但是要到阿默家，大家還得合作過河，到阿默家為牠慶祝，回家時又發生狀況，靠著彼此合作回到家。

沒有聲音的運動會

老鼠爺爺的生日到了，全家人決定要合力作一個蛋糕，當作驚喜禮物。因此牠們以「做運動」為幌子，偷偷摸摸各展神通，完成了大蛋糕。

古利和古拉

古利和古拉是兩隻最喜歡作菜和吃東西的小田鼠。有一天，牠們無意中發現了一顆好大好大的蛋。牠們想盡辦法要把蛋扛回家，但都沒成功，最後牠們就在森林裡做起蛋糕，和森林的動物們共用。

吉吉和磨磨

吉吉和磨磨是朋友。吉吉是小兔子，磨磨是小烏龜。吉吉住在大樹下面，磨磨住在小溪旁邊。吉吉說話好快好快，磨磨說話好——慢，好——慢；吉吉喜歡種長得好快好快的花，磨磨喜歡種長得好慢好慢的花；吉吉和磨磨約會，磨磨知道自己動作慢，天剛亮就出發。吉吉把家事做好才出發，他走得很快。他們同時到達，都很守時。

武士與龍

從前，有一隻龍和一個武士，他們從來沒有一起比武，所以他們遍尋古書，並照著書打造兵器、操練各種比武的招式，終於他們約定好一起比武。

朱家故事

朱太太每天忙著照顧先生、兩個兒子，而且還要上班，但是先生和兒子把一切照顧都當成理所當然，不但不幫忙，反而製造垃圾髒亂。終於，有一天朱太太失望的離家出走。

●14隻老鼠吃早餐

這是廚房。柴火燒得好旺，大家在忙什麼呢？麵包烤好啦！爸爸煮的湯裡有蘑菇，麵包、湯、樹莓、果汁、果醬，好豐富的早餐喔！

●14隻老鼠大搬家

為找尋新家，可愛的十四隻老鼠一家老小，背著行李一起向森林深處出發。路上有好多危險，牠們要攀山越嶺，要注意躲避黃鼠狼，還要拉著繩索渡河。

●14隻老鼠挖山芋

秋天到了，森林裡的果實都成熟了。十四隻老鼠出發，要去挖山芋嘍！先把落葉掃開，毛毛蟲和瓢蟲嚇得到處逃。快挖到底了，當心別把根挖斷！爺爺和老大都是挖山芋的高手呢！預備，起！嘿喲，嘿喲，和山芋拔河，大家要用力呀！

●14隻老鼠洗衣服

大家快把襯衫、褲子、床單、睡衣拿出來。我們要去溪邊洗衣服嘍！今天天氣好熱，我們可以順便玩玩水！老四把衣服浸濕，老五把衣服打得啪啪響，老三吧嘰吧嘰用力踩。

●14隻老鼠過冬天

北風吹，雪花飛。寒冷的冬天來臨了。火爐裡升起火，房間裡暖洋洋的，大家正在做些什麼呢？點心做好了，大家快來吃喲！吃完點心，大家開始玩帽子棋遊戲。咦，太陽出來了，雪大概停了吧！滑雪真好玩。晚上，又開始飄雪了。雪人靜靜的站在門外，看守著十四隻老鼠的家。

●14隻老鼠賞月

拉呀！拉呀！老九坐在籃子裡，愈升愈高，到樹上做什麼？賞月台終於搭好了，可以看到好遠好遠的地方呢！快把月餅和果子擺整齊，月亮就快出來了。

合作、友誼

旋風起，小蟲急

夏末初秋，狂風突如其來，蚱蜢緊緊抓住柳枝，蜘蛛吐出蛛絲將自己綁在柳葉上，蝸牛縮進殼裡、螞蟻躲進地下……；一場龍捲風吹得個個昏頭轉向，卻又不忘鄰居安危。

鱷魚放假了

每天早上，鱷魚阿雄都會載青蛙胖子、小鴨子阿黃和兔子小寶，到對岸去上學，阿雄牠自己再回去睡大覺。每天下午，阿雄再把牠們接回來。一天清晨，青蛙胖子他們找不到阿雄，就在河邊一直叫著阿雄、阿雄，最後阿雄浮出水面，告訴牠們：「我在放假。」

友誼

超棒貓迪西

這個故事是描述一隻超棒的貓咪迪西和主人間的溫馨故事。

最好的朋友

潔西和詹姆斯的農場裡，有牛、狗、馬、雞，但詹姆斯還是最寵愛他的貓。威廉當然知道男主人詹姆斯的疼愛，不過牠也知道女主人潔西可就不那麼喜歡牠，儘管牠對她一樣處處體貼，她卻從來不加以注意。直到詹姆斯突然去世，潔西決定用懷念詹姆斯的心情照顧他生前的最愛，她相信她和威廉一樣可以成為最好的朋友。

合作、團結

🥁 和甘伯伯去遊河 　　有一天，甘伯伯要去遊河，他的朋友都要求一起去。可是一上船，大家就忘了甘伯伯的叮嚀，豬開始亂晃、狗追貓，貓捉兔子……，最後船翻了。	

勇氣

🥁 小波的新玩具 　　猴子小波，在森林裡撿到一把小提琴，他把小提琴帶回家努力練習後竟然能拉出一首優美的旋律。可是有一天小提琴被鱷魚給吃掉了，為了再找一把新的小提琴，小波必須冒險去森林的另一端……。	**🥁 三個我去旅行** 　　三個「我」要一起去旅行，「擔心的我」帶著世界地圖，「害羞的我」帶著小熊，「快樂的我」打包行李。旅行途中的遭遇，會讓他們各自有什麼體會？會改變他們嗎？
🥁 尼可萊的三個問題 　　小男孩尼可萊想成為好人，但不知道如何才能做到。他相信如果能找到三個問題的答案，就可以完成心願。三個問題是：什麼時候是做事的最佳時機？什麼人是最重要的人？什麼事是最應該做的事？	

夢想

花婆婆	跳舞吧！小雅
小女孩答應爺爺要做一件讓世界變美的事情，她一步一步地努力完成她的夢想。	小雅偷偷跟著學芭蕾舞的姊姊一起跳舞，但是她年紀太小了，不能上芭蕾舞課，讓她覺得好沮喪。有一天她自己穿起芭蕾舞衣，幻想自己正像天鵝般跳著舞，小雅跳得好極了，大家都驚訝的鼓掌叫好。
奇幻的晚宴	誰的翅膀掉了
狐狸女兒對人類充滿嚮往，一如狐狸爸爸年輕時也會有過卻未曾實現的夢想（好比想和人類一起玩耍，上人類的學校，或者娶人類的新娘），於是狐狸爸爸決心為女兒圓夢，邀請人類到家裡來作客。	奇奇是個愛做夢的小孩，他每天晚上都和貓咪到夢裡玩。他的夢，是個好玩的地方。霜淇淋山可以吃，草原上可以和貓咪賽跑。有一天，奇奇來到了海邊，撿到一雙翅膀，他把翅膀黏在身上說：「貓咪，我們到天上去玩。」「咦，那是什麼？──是鬧鐘！」鈴──鈴──翅膀嚇跑了，奇奇一直往下掉……。
瓶子裏的小星星	小狗阿疤想變羊
小正正沒有哥哥姊姊，也沒有弟弟妹妹。媽媽想養一隻小狗陪他，小正正搖搖頭；養貓咪，小正正也搖搖頭；那小白兔呢？小正正說：「媽媽，媽媽，我想養的是──你知不知道，我想養的，就是天上的小星星！」	小狗阿疤是隻孤伶伶的小可憐，他沒有朋友、沒有家，還常常被其他的狗兒們嘲笑。因為他長得不好看，額頭上還有一條又大又醜的疤，所以其它狗兒們給他起了一個綽號，叫一阿疤。阿疤多想要有朋友啊，他總是遠遠地望著綿羊村那些和樂融融的羊群。阿疤好想成為那個大家庭的一份子，可是他的願望卻只能在綺麗的夢裡實現。

奇幻精品店

　　愛麗絲的生日到了，她的朋友都在煩惱該送什麼禮物？因為她什麼都不缺。這是探討「擁有」與「夢想」的書，你可能已經擁有一切，還會有夢想嗎？

夢想、愛心

黃色的小雨傘

　　下雨了，一把黃色的小雨傘躲進了小狗、小兔子、小松鼠、貘媽媽和貘寶寶，連長頸鹿都可以躲進去黃色小雨傘中，啪啪啦啦啪啪啦啦，雨聲聽起來好快樂喔！

誠實

用愛心說實話

　　媽媽厲聲告誡莉莉：「不可以說謊」。但是當她開始說實話之後，卻得罪了許多好朋友，這令她難過且困惑極了。看來，說實話似乎沒有這麼容易⋯⋯。

阿寶的大紅花

　　有一天，老師帶著小朋友在操場做遊戲，阿寶回教室喝開水。有位叔叔在教室裏修電燈，他的梯子能摸到牆上的小飛船呢。阿寶爬上梯子，啊，櫃子上有一大盒塑膠片，能做朵好大的紅花呢。阿寶抓了一把，塞進口袋裡⋯⋯。

臘腸狗	我撒了一個謊
小狗的新家是臘腸店，沒想到小狗一來，店裡的臘腸越來越少，小狗的身體卻越來越長，越來越像臘腸？小狗還想繼續偷吃，但是牠的身體已經沒辦法再幫牠說謊！	如果你撒謊會有怪物如影隨形時該怎麼辦？小男孩對爸爸撒謊說他沒吃餅乾，他去玩時便發現妖怪跟著他，他要妖怪快點走開，可是就是無法擺脫，而且愈來愈大，他回家向爸爸承認，妖怪總算不見了。

同理心

愛蓋章的國王	可憐的鴨子
有個國王真奇怪，不管看到什麼東西，第一件事就是——蓋——印——章。他有沒有想過，別人喜不喜歡他這樣亂蓋？有時候，我們的好心，反而給別人很大的壓力。最後，聰明的國王用了什麼方法，讓結局皆大歡喜呢？	有一隻苦命的鴨，牠每天從早到晚地工作，還要做飯給懶惰的農夫吃。農夫越吃越胖，也越來越懶。他只會躺在床上問鴨子：工作做好了沒？其他的動物看不慣，於是大夥祕密商量一個計畫……。
小曼的生日禮物	小木偶
小曼的生日到了，她想了許多願望，其中最希望得到一件美麗的黃洋裝。但她卻只得到一件由媽媽舊衣服改成的洋裝，讓她有點失望。然而，當她想起爸爸媽媽維持生活的辛苦及媽媽在夜深人靜時一針一線縫著洋裝的情景，深刻體會到爸媽對她的疼愛，生日那天她高高興興的穿上這件洋裝和家人共渡了快樂的一天！	故事中的小朋友十分入戲的看著街頭的小木偶表演，眼看大野狼就快要吃掉小木偶時，小朋友竟忍不住出手「相救」……。

幫助

兔寶寶不見了

　　兔子、松鼠和大灰熊是鄰居。松鼠和大灰熊時常發出嘈雜聲，吵得兔媽媽很不高興，便搬家了。後來，兔寶寶被狐狸捉走了，兔媽媽只有找松鼠和大灰熊幫忙，才找回兔寶寶。

凱琪的包裹

　　第二次世界大戰之後，歐洲國家的物資匱乏，住在荷蘭的凱琪收到一個包裹，是住在美國的黛西寄給他巧克力和香皂、一封信，凱琪立刻分送給大家，並且寫信感謝黛西，之後黛西了解凱琪的狀況後，利用教會及當地鄰居的力量，募集到很多的物資，協助了凱琪該鎮的居民，他們回敬了鬱金香球根。

滿足

會愛的小獅子

　　小獅子李歐只喜歡和動物們一起玩，但媽媽很擔心，牠不學會捕捉動物，就無法生存，可是牠不想這麼做，只好離開獅子家族。牠希望可以利用自己的愛，在動物世界中生存，牠曾幫助或救過的動物，在牠遇到危難時。都來救牠，這是牠得到最珍貴的禮物。

找回真愛

　　有一隻小狗名叫真愛，牠的主人有了小寶寶後，就不太理牠了，但真愛覺得愛使人溫暖，且可以治癒所有的傷痛，真愛決定離家出走，尋找真正的愛。

妮娜的奶嘴

妮娜的奶嘴不離口，媽媽說等她長大就不能再吸了，妮娜說，她隨時隨地都要吸，散步時、游泳時、上班時、結婚時都要吸，嘴裡含著奶嘴，講話講不清楚，她照樣要吸。她出門散步，在森林裡遇到一隻大野狼。大野狼張開大嘴要吃她，她趕緊把奶嘴塞進野狼的大嘴裡。果然，野狼不再發脾氣了，心滿意足的回到森林去。

美德教育

我自己做

小兔子想自己端可可、自己畫圖、自己踩著雨水玩，可是爸爸媽媽都覺得他太小了。有一次郊遊，他才發現，他的能力其實比他的爸爸媽媽想像的還要好，就開始要求自己動手做事。

美德教育、惜物

喬瑟夫有件舊外套

喬瑟夫有一件舊外套，隨著時間流逝，外套變得又舊又破，但喬瑟夫仍想盡辦法廢物利用，於是長外套變短外套，短外套變小背心，小背心變長圍巾，到最後只能做成小鈕扣，喬瑟夫仍不捨棄，直到小扣子不見了為止。

安娜的新大衣

這是第二次世界大戰後的故事。媽媽沒錢為安娜買大衣，就用家裡的東西換羊毛，請人紡紗織布，裁成一件紅大衣。藉由一幅幅描繪詳細的圖畫，建立小讀者的惜物觀。

接納

艾比的新朋友

艾比是一隻受寵的小狗，他最喜歡和主人一起划著船去釣魚。有一天當他們釣魚的時候，一隻雁鵝飛到了船頭。艾比的主人覺得這隻雁鵝很可愛，就把他帶回家。可是艾比很討厭這隻雁鵝，牠心裡希望雁鵝趕快離開，有一天雁鵝真的不見了，但艾比心裡卻一點也不高興……。

飢餓狄狳之國

凱斯最討厭照顧妹妹，因為她老是大哭大鬧，還喜歡告狀，常害凱斯挨媽媽罵。一天，凱斯又為了妹妹受到媽媽的責怪，他十分生氣這種不公平的待遇，當晚他做了一個夢，飢餓的狄狳來到他的夢中，他一時脫口把妹妹送給了狄狳……。

寶兒：穿背心的野鴨

寶兒生來就和別的野鴨不一樣，牠身上光禿禿的沒有毛。天涼時，其他野鴨遷徙到溫暖南方，寶兒只好留下來。牠遇見一隻友善的狗和許多友善的人，他們收留牠，後來被送進有各式各樣鴨子的植物園，大家都熱誠的接納寶兒。

耐心

雪花人

有一個男孩愛雪勝過世界上其他的東西，一下雪他就好快樂，當別的孩子在玩堆雪城堡遊戲時，他都在研究雪的結晶，連續三個冬天他利用顯微鏡畫著雪花，但常來不及畫完。媽媽為他買了一台照相機，他拍了許多雪的結晶，並且終其一生研究雪。

鬆餅生日會

可蕾和媽媽要在兒童劇場幫奶奶慶生，他們要吃鬆餅，但爸爸還沒來。可蕾吵著要吃，奶奶要她等一等，她只好到處晃晃，她每做一件事就問爸爸來了沒？奶奶和媽媽總是要她再忍耐一下。

好乖的 paw

　　本書的主角是一位叫 paw 的狗，你可以叫牠波或ㄆ，牠的主人是一位獸醫，而且會幫牠做十項健康檢查，看看眼睛、耳朵、鼻子，幫牠刷刷牙使牙齒好堅固，當然牠也是動物醫院中的好幫手，幫其他動物打氣並陪牠們聊天，牠真是好乖的 paw。

安娜的新大衣

　　在戰爭結束後，每個人都沒有錢，但安娜需要一件新大衣，媽媽只好想辦法，用爺爺金錶換羊毛，用檯燈請老婆婆織成毛線，再用越橘染成紅色，用項鍊交換織成布，用瓷茶壺做成一件大衣，聖誕節邀請大家來過節，大家都看到安娜的新大衣好漂亮。

耐心、信心

胡蘿蔔種子

　　有一個小男孩種了一顆胡蘿蔔種子在土裡，媽媽、爸爸、哥哥都一直告訴他，種子不會發芽，但是，小男孩每天都拔雜草、為種子灑水。終於，有一天……。

友誼

嘟嘟和巴豆

　　豬嘟嘟（Toot）愛旅行，巴豆（Puddle）喜歡待在家裡，兩人各有所好，可是並不影響他們的友情，因為他們讓朋友作他們自己喜歡的事。除了給對方自由的選擇外，他們更會彼此分享。

和事佬彩虹魚

　　彩虹魚和朋友們和樂地生活在大海中，有一天來了一隻大鯨魚，魚兒們擔心大鯨魚會把賴以為生的浮游生物吃光，於是把他視為敵人看待，直到愛好和平的彩虹魚把大家擔心的事告訴了鯨魚後，大海又恢復了平靜。

🪘 小根和小秋

　　小根是隻狐狸布偶，在小秋還小的時候，就陪伴著她，小秋把小根當作最好的朋友。有一天他們要回沙丘村探望奶奶，於是坐上了火車，他們能順利到達奶奶家嗎？

🪘 你是我的朋友嗎？

　　小狐狸和大熊是很要好的朋友，他們一起玩，一起睡覺，當小狐狸遇到困難，大熊也會不顧一切幫助他。他們已經建立了深厚的友誼，可是有一天因為小狐狸的惡作劇而破壞了友誼……。

🪘 蝴蝶與大雁

　　毛毛蟲飛飛麗娜和小雁馬賽兒是好朋友，一起玩遊戲、談天、散心。有一天，飛飛麗娜覺得身體有些變化，便到樹上休息，馬賽兒找不到她，只見一隻蝴蝶在身邊飛來飛去。後來他們發現原來對方就是自己一直等待的好朋友。

🪘 我是老大

　　呂西安孤零零的在學校中庭，他既生氣又難過。以前不是這樣的，他還是同學的老大呢！那時大家都很喜歡和他一起玩，後來究竟發生了什麼事？

🪘 南瓜湯

　　樹林裡有一幢小白屋，裡面住著鴨子、貓還有松鼠，他們每天分工合作，一起煮最美味的南瓜湯，直到有一天……。

🪘 咪嗚與阿旺

　　咪嗚與阿旺是一對個性不同，但感情超好的好朋友。阿旺的個性穩重成熟，充滿安全感。他總是非常平穩而直接的表達他對朋友的關懷與友誼。而咪嗚則是活潑直率，直接而毫不保留的做一些希望朋友開心的事情。

🪘 我的兔子朋友

　　小兔子天生心腸好，但不管他做什麼事、走到哪裡，就會惹出一大籮筐的麻煩。小兔子和小老鼠這場飛機救難記，讓我們看到，唯有接受朋友的缺點，才會成就一段長長久久的友誼。

🪘 暴風雨的夜晚

　　暴風雨的夜晚暴風雨的夜裡，黑漆漆的小屋中，大野狼與小山羊，不知不覺的聊起天來……。

我最討厭你了

吉姆和我曾是最要好的朋友,我們一起過生日、吃圈圈餅…可是,現在不是了。吉姆最討厭了,每次都想當王、都要拿旗子、不肯借我蠟筆、還用沙子丟人……所以,我最討厭他了。

貓臉花與貓

貓兒和貓臉花是好朋友,可是習性、個性截然不同。他們喜歡對方,卻也想改變對方,問題終於發生了,他們的友誼還能繼續維持下去嗎?

喬治與瑪莎(全套七冊)

喬治與瑪莎是兩隻大河馬,他們感情非常要好,這系列是描述兩個好朋友的友情故事,溫馨而感人。

狐狸

鵲鳥在一場火災中傷了翅膀,再也不能飛了。狗照顧她,並讓她乘騎背上,宛若飛翔,他們成為好朋友。但生性孤僻、寡情的狐狸卻看不順眼,想盡辦法破壞他們的友誼。

信心

做得好,小小熊!

小小熊想去探險,他走在大大熊前面帶路,一會兒爬上岩石往下跳,一會兒在樹上盪鞦韆……。

神奇變身水

一隻不喜歡做自己的小老鼠,找巫師幫忙,巫師隨手塞了一瓶沒有標籤的「神奇變身水」給牠。最後小老鼠下了一個決定……。

我會用筷子

兩歲的孩子可以開始學拿筷子了,而且愈早使用雙手的孩子,腦部的神經會愈發達。用遊戲的方式,讓孩子輕鬆自信的學會用筷子。

狗兒小丑魯巴

狗兒魯巴的主人是馬戲團裡知名的小丑,每天看著主人表演,既崇拜又佩服,日子久了也學會了各種雜耍的技巧。就在聖誕節這天,主人給了魯巴首次登台表演的機會,讓他成了真正的小丑且是獨一無二的狗兒。

古倫巴幼稚園

大象古倫巴做的餅干、盤子、鞋子、汽車全都是大象的尺寸而賣不出去，他沮喪的帶著巨無霸成品離開了，卻在路上遇見一位帶著 12 個小孩的媽媽，她請古倫巴幫忙照顧孩子，於是大鞋變成小朋友的溜滑梯，盤子變成游泳池⋯⋯。

艾蜜莉的畫

艾蜜莉喜歡畫畫，想像力很豐富，但參加學校畫圖比賽時，因評審的偏好，由原先的第一名變落選。灰心的艾蜜莉會就此放棄畫圖嗎？她是不是很難過？她會不會因一次的挫折，而告別畫圖的樂趣。

威斯利王國

威斯利被家人和同學視為異類，因為他的個性、髮型、興趣都和其他人不同。暑假作業給了他一個靈感：他要在自家後院，種自己的農作物，建立自己的文明王國。

你很特別

微美克人整天只做一件事，而且每天都一樣：他們互相貼貼紙。木質光滑、漆色好的漂亮木頭人總是被貼上星星，木質粗糙或油漆脫落的就會被貼上灰點點。

愛你本來的樣子

小女孩在生活中是一無可取的「弱勢」，她的才華和能力都比不上哥哥姊姊，聽說國王要來鎮上領養他們，大家都竭盡心力，想給國王好印象。國王要的是什麼樣的孩子呢？

潔西卡和大野狼

一個持續夢見大野狼的小女孩，如何在父母的協助、朋友泰迪熊的支援下，逐漸發現自己的勇氣和力量，而得以個人的「魔法」趕走大野狼的經過。

信心、傳承

小莫那上山

小莫那第一次隻身帶著弟弟上山，他們倆要送鹽巴和鹹魚給獨居山中的爺爺。上山的路，莫那從小就和爸爸一起走過，但這次他得全程自己來，完成他成人禮的第一步。

信心、勇氣

鴨子騎車記

　　農場的鴨子突然有個瘋狂的主意，牠心想：「我敢打賭，我會騎腳踏車哩！」鴨子愈騎愈順，愈踩愈快……。突然，一大幫孩子騎著腳踏車呼嘯而來，停好車進屋了。現在，所有的動物都有腳踏車可以騎！

我能做什麼事

　　象弟弟好想找事做。送信？又沒有袋鼠的口袋。賣牛奶？象弟弟不像牛媽媽擠得牛奶。粉刷屋頂？牠又缺乏長頸鹿的高度。那牠能做什麼呢？

小黑鳥

　　小黑鳥好寂寞喔！牠長得黑漆漆的，牠漂亮的兄弟都不喜歡跟牠玩。一天，牠的兄弟被捉走了，小黑趁黑沒有人看得見牠，救了牠的兄弟。從此小黑不再寂寞，不再討厭自己黑了。

利兒找到了路

　　爸爸在耙樹葉，媽媽在晾衣服，小熊利兒追著一片好大的黃樹葉，牠追下了山坡，繞過茂密的樹叢，穿過枝幹彎彎的樹下，不知不覺中，利兒迷路了……。

明鑼移山

　　中國的寓言故事「愚公移山」，我們也看到猶太文化中對長老的絕對信任。將人與自然的關係，嵌入了主動協調的智慧，這個智慧以「移山舞」來呈現，──面對無法克服的困難時，能夠閉起眼睛，跳著舞往後退，不只是智慧，更是信任與勇敢的表達。

藍弟和口琴

　　有一個男孩住在美國的俄亥俄州奧托鎮，他叫做藍弟。在他的生活中，教他不快樂的事情只有一件──就是他想唱歌，卻不會唱！因為他一開口唱，就會發出怪聲音……。

哪裡來的眼淚魚了

　　很久沒有下雨，精靈王國的湖水都乾掉了。精靈大王著急對小精靈凸凸說：「你比較聰明，快想想辦法呀！」凸凸只好揮揮翅膀，到外面去想辦法了。

責任

安娜想養一隻狗

　　安娜有各式各樣的狗娃娃，但她想養一隻真正的狗，爸爸不放心的告訴她許多養狗的問題，例如：小狗需要吃、運動、照顧、訓練……但安娜仍想養狗。

小小大姊姊

　　原本有三個人的家，爸爸沒變，媽媽的肚子卻愈來愈大。沒多久爸爸帶她到醫院，她看見自己多了個新弟弟。爸爸說：「妳已經是大姊姊了」，可是她不開心，大家都只注意到弟弟，而且弟弟年紀小也不能陪她玩，但弟弟漸漸長大後，兩人的感情愈來愈好。

小蠑螈睡哪裡了

　　小男孩在森林裡發現了一隻橘紅色的小蠑螈，媽媽問他：「小蠑螈要睡哪裡？」小男孩運用豐富的想像力，在與媽媽一問一答中，為小蠑螈營造一個最美好的生存空間。

不是我的錯

　　小男孩被欺侮，一個人默默的掉眼淚。班上的同學們都撇清自己和這件事無關，每個人都說：「也許該怪他自己吧！」

佳佳的妹妹不見了

　　媽媽出門了，由佳佳照顧妹妹，但因她一時的疏忽，竟然讓妹妹不見了，她好緊張，四處尋找……，終於在公園的沙堆上找到妹妹了。

愛

你們都是我的最愛

　　熊爸爸和熊媽媽每天都告訴三個熊寶貝：「你們是世界上最棒的熊寶寶。」但是有一天小隻熊寶寶開始好奇，到底爹地和媽咪最喜歡誰呢？他們不可能都是爸爸和媽媽的最愛呀。

外公

　　外公是小孫女的好玩伴，他們時常一起玩家家酒，一起唱遊，有時也會一起鬧彆扭。祖孫的年齡、想法雖然沒有交集，但是親情仍然在生活中，點點滴滴地累積下來。

爸爸永遠會在那兒

　　不管是在自己的房間讀書、玩積木，甚至騎單車跌倒受傷了……，小女孩知道爸爸永遠在身邊守護著她。

外婆萬歲

　　一個與眾不同的生日晚會，慶祝凱薩琳外婆七十八歲的生日，外婆覺得自己什麼都不缺，不要生日禮物，只想要煮羅宋湯、做薄餅請大家吃。但是大家卻想出了更好的方法，送她「不是禮物」的禮物，而是為凱薩琳做一件令她開心的事。

飛天計畫

　　這是以愛為出發點的故事。一群熱愛下西洋棋的夥伴們，把自己打扮成棋子，用木頭和石板在廣場佈置了一個超大型棋盤，在黑白方格中盡情遊玩。有一天，他們碰到了全世界最偉大的魔術師畢達哥拉斯，加入了西洋棋隊。

春天，兔子來！

　　這是一個愛與春天的故事。兔子小莫沒有兄弟姐妹，大家都說：「等春天來吧！」小莫等不及，在森林裡到處找尋。

拍我

拍拍！拍拍！拍拍是媽媽打給我的暗號，只要媽媽對著我兩手拍拍，我就知道是什麼意思，我喜歡這個暗號，就是媽媽和我兩個人的秘密。

看我

有的媽媽遠遠的喊著，有的媽媽後面追著，我的媽媽面對我，我喜歡她溫柔的眼睛，我喜歡她兩隻手扶在我肩上，高興時翹起來的嘴角，喜歡她的長耳環，隨著故事搖啊搖。

牽我

媽媽牽著我的手，我不會跌倒，再也不怕鄰居的大黑狗，一步就跨過小水溝。我最喜歡媽媽爸爸牽著我的手，雙腳盪起來喲！

數我

我很小很小的時候，爸爸媽媽最喜歡把我抱在懷裡，他們輪流的「數」我。媽媽數我的手指頭，一邊數，一邊唱；爸爸數我的腳趾頭，一邊數，一邊唱；我長了牙齒，他們就喜歡數我的牙齒，爸爸數上面的，媽媽數下面的。

誇我

媽媽常常誇獎我，說我好可愛，自己會穿衣服，扣扣子，繫鞋帶；說我是乖姐姐，聰明會數數，聽話吃青菜，伶俐最會找東西；說會自己玩，記性好，會認路；說我不到三歲就會認字了。

愛是什麼

本書討論「愛」的真義。

原諒

五彩鳥

故事發生在很早以前，一個巨人和一個小矮人合力救了一隻五彩鳥。巨人和小矮人因此看到了對方的優點，化解了彼此的成見和誤解。

寬容

丹丹玩遊戲

　　在遊戲中，丹丹與朋友間的對話，帶出人與人之間互相體諒，尊重的重要性，而且也讓讀者們聞到純純的友誼的芬芳。

彼得和野狼

　　本書用優美的插圖代替普羅高菲夫的音樂，為孩子演出彼得和小鳥智取野狼的好戲。

我和小凱絕交了

　　男孩和小凱起了摩擦，他既想繼續跟小凱玩，又不想讓對方占便宜。怎麼辦呢？

敵人派

　　這原本應該是個完美的暑假，直到小傑搬到附近變成頭號大敵人，就完全變樣了。幸好爸爸有消滅敵人的必勝絕招──敵人派。但是這個派其中一個祕方，竟然是必須和敵人相處一整天。

幫忙

叔公的理髮店

　　叔公常常幫爸爸剪頭髮，也幫我剪頭髮，剪完後他會抱起我，告訴我他想蓋一個什麼樣的理髮店，他一直在努力存錢。我五歲那年生了一場大病，叔公把他的錢拿出來給我看醫生，他的理髮店計畫只好延期，終於在他七十九歲那年實現了自己的夢想。

給小熊的吻

　　小熊畫了一幅畫要給奶奶，牠請母雞幫忙把畫送去給奶奶，奶奶很高興，便要母雞把吻送給小熊，母雞在路上遇到朋友便聊起來，牠請青蛙送，青蛙又請貓送，貓又請臭鼬送，⋯⋯最後母雞乾脆把吻要回來自己送。

八郎

在日本秋田的山上住著一個叫八郎的巨人，雖然他長得跟大樹一樣高，但仍希望自己可以再長得更高更壯。鳥兒在八郎的頭髮中築巢，八郎不以為意；海邊的男孩哭著訴說稻田即將被淹沒，八郎努力移山，和海神搏鬥⋯⋯。

聽葛鸝兒的鳥叫聲

葛鸝兒是世界上最會模仿鳥叫聲的人，世界野鳥協會派他到喜馬拉雅山去呼喚這世界上最稀有且少見的鳥類——粉頭鴨。但是，想抓粉頭鴨的壞人一路尾隨他，看葛鸝兒如何救粉頭鴨呢？

一位溫柔善良有錢太太和她的一百隻狗

有一位溫柔善良有錢的太太，她收養了一百隻流浪狗，她非常愛她的狗兒們，為牠們取名為：大饅頭、圓圓、布丁、小泡芙、鐵蛋、披薩、糖果、粉圓、肉包、吐司、鳳梨和黑輪等等，她用一百個盤子餵牠們，並且陪牠們說話、梳毛，跟牠們玩。

古利和古拉遠足記

小田鼠古利和古拉背著背包要去旅行，牠們走到草地上時，離中午還有一些時間，牠們做運動並且比賽賽跑，結果一不小心被地上的毛線給絆倒了。牠們滾著毛線找到了毛線的主人，原來那是大熊的毛衣。

借你一把傘

下雨了，糟糕！娜娜沒有傘。借你一把傘，小螞蟻的傘真小；青蛙的傘是漏斗傘；兔子的傘會漏雨；小狸的傘是不是剛剛好呢？大熊的傘，好大好重啊！小狗強強帶著傘跑過來了。啊！那就是娜娜的傘嘛！

第一次上街買東西

小惠的媽媽，請她幫忙去買弟弟的牛奶，這是五歲的她第一次自己去買東西，路上的點點滴滴都十分有趣又新鮮。

● 誰要我幫忙了

有一天，家人都在為明天的事情忙碌，而小榮想活動手腳，主動要幫大家做點事，但是沒有人需要他，小榮覺得難過，於是離家出走。

● 蘇菲的傑作

蘇菲不是一隻普通的蜘蛛，牠是位藝術家，牠能織出非常奇妙的網，但長大的牠必須到公寓中獨立生活，可是牠到那織網總是不受歡迎，漸漸牠老了，有一天牠遇見一位年輕女子，她看到牠只有微笑，她在織即將出世的孩子衣服，而且她沒有錢，蘇菲用盡畢生的力氣加上銀白星光及自己的心，這是蘇菲的最後一件作品。

● 小斑馬找媽媽

小斑馬花花和爸媽生活在大草原上，一天獅子來攻擊，花花和爸媽分散了，牠著急著邊哭邊喊叫，幸虧有長頸鹿媽媽的安慰，鴕鳥的幫忙，羚羊媽媽餵牠奶，在大家的幫助下，終於重回爸媽的懷抱。

● 小海狸的房子

小海狸在湖邊蓋房子，一不小心跌了一跤，自己受傷了，房子也塌了，刺蝟和大熊把小海狸抬到大熊家擦藥，刺蝟和大熊趁小海狸睡著，準備給牠一個驚喜，兩人合力把小海狸的房子蓋起來，小海狸好喜歡這房子。

熱忱

● 愛火車的小孩

大清早路燈還亮著，小男孩醒了，他騎上自行車，他要去一個他每天都會去的地方，快！快！快！我不要遲到，小男孩坐在小山上看什麼？他在等誰？喀搭喀搭喀搭來了，火車再見！火車我明天還要來，喀搭喀搭的聲音真好聽。

● 大腳丫跳芭蕾

貝琳達最喜歡跳芭蕾，她想加入芭蕾舞蹈團，可是評審一看到她的大腳丫就不讓她參加表演，她只好到餐廳當服務生，後來餐廳來了樂團，她不禁跳起舞來，大家都來看她跳舞，她被邀請到大都會劇院表演，讓大家見證了她的熱情、專注、自信，她知道自己在乎的是什麼了。

熱忱

🎯 最想做的事

卜克・華盛頓年幼時家境非常貧困，即使吃不飽他都想閱讀。他每天都必須到鹽田裡工作，有一次他看到一個人正在朗誦報紙，決定請他教他讀會媽媽送他的藍色書，並學會寫自己的名字。

習慣

🎯 大狗醫生

甘家的大狗是一個醫生，藉大狗醫生為甘家一家人看病的過程，敘述各種常見病症的起因，並讓讀者了解健康和生活習慣的因果關係。

🎯 皮皮放屁屁

小青蛙皮皮遇到一個問題，他停不住要放屁屁。妹妹覺得好玩，爸媽和老師卻不高興。醫生說：「這只是肚子臭氣，慢慢會好起來。」但似乎好得太慢。

🎯 挖鼻孔好好玩

小象、小青蛙和小老鼠都喜歡挖鼻孔，可是青蛙媽媽卻嚴禁小青蛙這麼做，於是他們決定去問個清楚，可是得到的答案讓他們既覺得挖鼻孔好可怕，卻又仍舊有些懷疑……。

🎯 我們來洗手

「吃東西以前，先把手洗乾淨。」王后說。「為什麼？」小公主問。「因為你剛剛在外面玩耍。」王后說。「去把手洗乾淨。」大廚師說。「為什麼？」小公主問。「因為你剛剛和小狗玩，洗完以後，還要把手擦乾。」

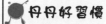 丹丹好習慣

　　在日本家喻戶曉的小貓咪丹丹，活潑又可愛，可是半夜會尿床，還尿成小魚兒的形狀呢！牠不喜歡洗澡，而且當大家都呼嚕呼嚕睡覺時，牠還想要出門去玩耍。看丹丹及牠的朋友小豬、小熊、小兔子等等，如何在輕鬆愉快的氣氛下，把好習慣及自省的能力穿戴在身上。

最喜歡洗澡

　　以可愛小男孩喜歡洗澡為故事的主題，唯妙唯肖的畫法將小男孩在浴缸裡和其他的動物一起共享洗澡的樂趣，表現得淋漓盡致。藉此將小孩子最討厭洗澡的事變得生動有趣，閱讀本書可幫助孩童養成良好的生活習慣。

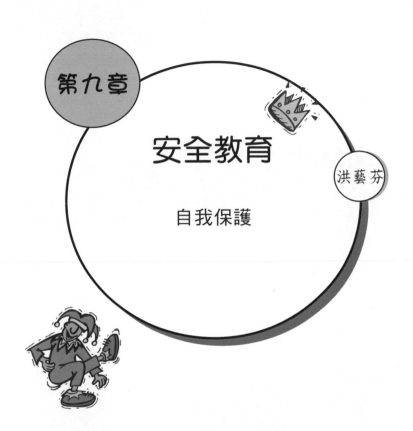

第九章

安全教育

自我保護

洪藝芬

根據衛生所統計，九十年度一至十四歲兒童十大死因中「事故傷害」高居第一位，警政署最新資料統計，零至十二歲失蹤的兒童人口，目前未尋獲的尚有1251人，這種種數據警示了「兒童安全」的重要性。兒童年紀小，本身較無安全認知又缺乏危機意識，身處於目前複雜的社會環境中，他們的安全便成為現代父母的隱憂，所以如何讓孩子擁有一個安全的生活學習環境、如何教導他們能自我保護，並進而有危機處理的能力，是每一位父母、老師應該深加思索與學習的重要課題。

一般而言，幼兒的自我保護可分為自身安全的保護、社會安全的自我保護及心理的保護。所謂自身安全的保護，包括遵守各種常規、正確使用各種器材、器具、意外災害時的應變常識；社會安全的自我保護，例如：維護身體的隱私、不接受陌生人的物品、不告訴陌生人自家地址和電話號碼以及危險時的應變與尋求協助等。而心理的保護，則是在維護幼兒身體安全的同時也應關注其心理安全，使其免於對環境產生恐懼及畏縮。因此，平日我們應把安全教育融入於生活中，透過故事、電視新聞、電影的劇情隨機教學，和孩子討論其發生危險的原因、狀況及思考應變方法；另一方面讓孩子有角色扮演的機會來體驗緊急狀況及演練危機處理的方法；而父母在充分與孩子溝通安全規範時，自己身體力行以身作則也是相當重要的。

兒童是國家未來的主人翁，也是父母心中的最愛，但生活中有太多潛在的危機，我們無法時時刻刻跟在孩子的身旁保護他們、警告他們，唯有對他們施以自我保護的安全教育，加強他們對危機的判斷力和面對危險時的應變能力，如此才能使兒童避免受到傷害，並能安全快樂的成長。

繪本主題教學資源手冊

「101本好書」主題分類

分類	書名	作者	繪者	譯者	出版社
自我保護	我們的媽媽在哪裡？ Where's Our Mama	Diane Goode	Diane Goode	余治瑩	上堤
	怪叔叔	李瑾倫	李瑾倫		信誼
	我和我家附近的野狗們	賴馬	賴馬		信誼
	巴警官與狗利亞 Officer Buckle and Gloria	Peggy Rathmann	Peggy Rathmann	任芸婷	格林

「推薦好書」主題分類

分類	書名	作者	繪者	譯者	出版社
自我保護	莎莎奇遇記 Agathe	Pascal Teulade	Jean-Charles Sarrazin	邱孟嫻	上誼
	地震王國	崔永嬿	崔永嬿		上堤
	不要隨便跟陌生人走 Get mit niemandem mit，Lena!	Patra Mőnter	Sabine Wiemers	林硯芬	大穎
	黛絲，趕快跟上來 Come On, Daisy!	Jane Simmons	Jane Simmons	賴美伶	台灣 麥克
	小傑出門找朋友 Taro's Pleasant Visit	Keiko Murayama	Seiichi Horiuchi	嶺月	台英社
	小美一個人看家 Hajimete No Orusuban	Michio Shimizu	Matsuko Yamamoto	文婉	台英社

不愛上學的皮皮 Nigedashita Pyon	瀨上昭廣	瀨上昭廣	文婉	台英社
和甘伯伯去遊河 Mr. Gumpy's Outing	John Burmingham	John Burmingham	林良	台英社
家庭相簿 Das Familienalbum	Sylvia Deinert Tine Krieg	Ulrike Boljahn	洪翠娥	和英
帕拉帕拉山的妖怪	賴馬	賴馬		和英
難過的絨毛狗—兒童 性侵害 The Sad Worried Cuddly Toy	Katrin Meier	Anette Bley	春池 編輯部	春池 文教
小瓢蟲迷路了 Suzette Got Lost	Quentin Greban	Quentin Greban	春池 編輯部	春池 文教
小心大野狼 Beware Of The Storybook Wolves	Lauren Child	Lauren Child	楊令怡	格林
狼婆婆	Ed Young	Ed Young	林良	遠流
讓路給小鴨子 Make Way For Ducklings	Robert McCloskey	Robert McCloskey	畢璞	國語 日報
小熱熱又來搗蛋了	崔永徽	高玉菁		陽光 基金會
爸爸走丟了 とぅさんしまいご	Taro Gomi	Taro Gomi	漢聲 雜誌	漢聲
佳佳的妹妹不見了 Asae and Her Little Sister	Yoriko Tsutsui	林明子	漢聲 雜誌	漢聲
百貨公司遇險記	簡麗華	林傳宗		賢志
糖果屋的秘密	許玉敏	張麗真		賢志
馬桶上的一枚指紋	簡麗華	張振松		賢志

問題與討論

一、你到百貨公司或其他地方時，如果不小心和媽媽走散了，你該怎麼辦？

二、爸媽不在家，有人來按門鈴，你要怎麼辦？

三、你知道什麼是「綁架」嗎？壞人常用什麼方法騙小孩呢？

四、當你迷路時，該怎麼辦？想一想有誰可以幫助你？

五、身體上有哪些地方是不可以隨便被人摸的呢？你要如何保護自己？

六、住家附近有哪些地方容易發生危險呢？

七、說一說，要怎麼才能避免燙傷？

八、燙傷了要怎麼處理呢？

九、地震時，要怎麼逃生保護自己呢？

十、平時，我們要如何防止火災的發生呢？

延伸活動

活動一：我該怎麼辦

㈠準備材料

　　傀儡台一個、不同角色的人偶數個。

㈡活動過程

　　1.內容簡介：

　　　　狀況 1：爸媽不在家，有人打電話找他們。

　　　　狀況 2：爸媽尚未回來，有陌生人來按門鈴。

狀況 3：到公園玩的路上遇見有人問路。

狀況 4：陌生的叔叔要送東西給你，請你跟他走。

狀況 5：不認識的人要摸我的身體。

2. 老師自編故事，故事情節串聯以上五個狀況，以人偶扮演故事內容。

3. 人偶可請問台下的小朋友，遇到以上狀況時該怎麼辦？由小朋友為他想辦法。

活動二：防震演練

(一)準備材料

　　大鼓、鼓棒。

(二)活動過程

　　1. 師生共同討論，地震發生時的應變措施及逃生方法。

　　2. 老師以敲大鼓代表發生地震（當鼓聲慢而小聲表示輕微有感地震，鼓聲愈大且急促代表地震愈強烈），幼兒須自己尋找安全的地方逃生。

　　3. 活動檢討。

活動三：小小救護站

(一)準備材料

　　大臉盆、安全剪刀、紗布、毛巾。

(二)活動過程

　　1. 設置五個救護站（沖、脫、泡、蓋、送），每個救護站各由二位小朋友扮演醫護人員，其他小朋友當燙傷患者。

　　2. 扮演傷患的小朋友自己假設身體的某部位被燙傷了，按照沖、脫、泡、蓋、送的順序到救護站尋求急救，醫護人員須按照正

確的方法，為他們急救。

活動四：煙霧火場逃生

(一)準備材料

手帕或毛巾。

(二)活動過程

1. 師生共同討論，火災發生時火場的情景及逃生的方法。
2. 關掉電源，使活動室變暗，請小朋友將身體蹲低，一手以手帕摀口鼻，沿著牆邊爬行逃生。
3. 活動結束後發表感想。

相關網站

一、學習加油站交通安全教育 http://content.edu.tw/primary/traffic/tn_dg/safemain.htm

內容有學習活動設計、快快樂樂上學去、教材教具實作、交通安全短片，提供有關交通安全教學的參考。

二、陽光社會福利基金會 http://www.sunshine.org.tw/

提供有關燒燙傷之小百科、身心重建、陽光小語及活動資訊。

三、中華民國兒童燙傷基金會 http://www.cbf.org.tw/

提供預防燒燙傷、燒燙傷急救、認識燒燙傷、接納與關懷及醫療新知等相關資訊，內容包含燙燙小英雄、浴火鳳凰、兒燙問答及相關連結。

四、靖娟兒童安全文教基金會 http://www.safe.org.tw/

內容包含火線話題、兒童遊戲安全、兒童交通安全、兒童創傷服務、愛心總動員、兒童安全資源、活動快訊及社會資源連結。

五、交通安全入口網 http://168.motc.gov.tw/gip/mp

　　提供有關交通安全的教學教材、安全宣導動畫影片、交通標誌下載、交通法規介紹及交通安全的線上遊戲……等內容。

六、居家安全網 http://www.995991.com.tw/

　　介紹各種意外傷害的急救處理方法、防災知識及提供醫療資源查詢。

七、內政部兒童局 http://www.cbi.gov.tw/

　　提供法規查詢、兒童福利數據、優質網站登錄、兒童人權公約等相關資源。

「101本好書」內容簡介

自我保護

我們的媽媽在哪裡？	**怪叔叔**
藉著警察叔叔帶著兩個小孩找媽媽的過程，讓小孩說出他們對媽媽的印象。雖然一次一句，卻也逐漸勾勒出媽媽完整的形象。本書教導孩子在走失時的解決方法。	小豬胖臉兒和牠的朋友小領結，非常擔心會碰到怪叔叔，牠們絞盡腦汁想光了牠們可以想到的辦法，要去對付不懷好意的怪叔叔……。
我和我家附近的野狗們	**巴警官和狗利亞**
取材自現代大街小巷常見的「野狗」，很能引發幼兒們閱讀的興趣。「裝作是一棵樹以避免被狗咬」，以及畫一地圖表明要「找一條沒有狗的路」，都是神來之筆，很有創意。	巴警官比誰都了解安全守則，但他到學校解說守則時卻沒人想聽。有一天，他與新搭檔警犬狗利亞聯手出擊，竟得到熱烈的回應，原來……。

「推薦好書」內容簡介

自我保護

莎莎奇遇記	**地震王國**
螞蟻一家人到海邊散步，莎莎興奮的遠遠跑在最前面，當牠回頭時，一個人也看不到了……，牠會遇到什麼事呢？	暗暗住在一個黑暗且常會地震的地方，這裡幾乎照不到陽光，而且只要一有地震，總是會把房子震倒，這麼差的生活環境裡，暗暗鼓起勇氣做了什麼事？
不要隨便跟陌生人走	**黛絲，趕快跟上來**
蕾娜上學時，她獨自站在紅綠燈前等著過馬路，突然看見一輛又黑又大的車子，裡面還坐著一個看起來很像壞人的人，她很害怕趕快到學校並告訴同學這件事。沒想到她和同學一起放學時又發現早上的「壞人」仍在那裡，於是他們七嘴八舌的討論處理方式，最後他們會決定用什麼方法來保護自己呢？	「黛絲，趕快跟上來。」鴨媽媽一直提醒黛絲，要緊緊跟著媽媽才安全，可是黛絲卻不聽，牠忙著看魚、追蜻蜓，追到青蛙不見了，才發現媽媽也不見了……。
小傑出門找朋友	**小美一個人看家**
小傑、小狗、小豬都急著去芳芳家，可是大家都叫小傑慢慢走。本書以自然體貼的內容讓孩子了解如何遵守交通規則。	媽媽要出門，小美一個人看家，叮咚！每一次門鈴響起，都不是媽媽約定的暗號，小美還是記住媽媽的話沒有開門，她期待媽媽趕快回來。

🪁 不愛上學的皮皮

皮皮趁著別人不注意時偷偷溜進森林，精靈的警告他不聽，陌生的狐狸他也跟，最後迷路了……

🪁 和甘伯伯去遊河

有一天，甘伯伯要去遊河，他的朋友都要求一起去。可是一上船，大家就忘了甘伯伯的叮嚀，豬開始亂晃、狗追貓，貓捉兔子……，最後船翻了。

🪁 家庭相簿

小妮絲最喜歡一個人翻看家庭相簿，裡頭有爸爸、媽媽、兩個姊妹及瓦堤亞叔叔的有趣故事。瓦堤亞叔叔對小妮絲很好，可是他們之間卻有不能說出去的祕密……。

🪁 帕拉帕拉山的妖怪

白豬魯魯從山上滾下來，結果摔斷了腿，很多人都來探望他，他便一一述說他看到妖怪的情形，一下子事情傳開了，大家害怕妖怪會跑下山來，因此開始想各種辦法保護自己，直到兩隻從帕拉帕拉山下來的豪豬出現並說明經過，一切才真相大白。

🪁 難過的絨毛狗—兒童性侵害

這是一本關於性侵害為主題的繪本。小女孩貝堤娜心中藏了一個可怕的秘密，她只敢告訴絨毛狗蘭朵林，原來有一位叔叔現在和他們住在一起，他說喜歡貝堤娜並常緊緊的抱住她、把她抱到床上要和她玩，還用力的按住她的嘴巴，貝堤娜很不喜歡也感到很害怕，所以常常掉眼淚。絨毛狗聽了很難過，它鼓勵貝堤娜勇敢的把這個壞秘密說出來，並求助於瑪莉阿姨。

🪁 小瓢蟲迷路了

愛畫圖的小瓢蟲在迷路時，藉著畫出媽媽的圖像來拜託螞蟻、蜻蜓、青蛙、水獺找尋媽媽。

小心大野狼

皓皓很喜歡聽「小紅帽與大野狼」的故事，但是又很怕故事書中的大野狼，所以每天晚上他都要求媽媽在講完故事時記得把書帶走。但是有一晚媽媽卻忘記把書帶走了，故事中的大野狼及封面的小野狼通通都跑出來了，怎麼辦？皓皓要如何化險為夷呢？

狼婆婆

有一天，媽媽要去看外婆，出門前叮嚀三個女兒要把門關好。媽媽離開後，狼婆婆來敲門了，牠想盡辦法要騙他們三個開門，三姐妹要如何才能躲過這場危機呢？

讓路給小鴨子

野鴨馬拉太太在波士頓城外的一個小島上產下了八隻小鴨，當小鴨學會走路後，馬拉太太帶領牠們準備回波士頓公園定居，牠們能安全穿過城裡繁忙的交通十字路口嗎？

小熱熱又來搗蛋了

自從燙傷以後妹妹就常夢到小熱熱和熱熱地獄，還好每次蒙面俠都會來救她。媽媽買了一把急凍槍給她，她能消滅小熱熱嗎？

爸爸走丟了

站在孩子的立場，描述爸爸不知什麼時候走丟了，他以爸爸的一些外表特徵來尋找爸爸。

佳佳的妹妹不見了

媽媽出門了，由佳佳照顧妹妹，但因她一時的疏忽，竟然讓妹妹不見了，她好緊張，四處尋找……，終於在公園的沙堆上找到妹妹了。

百貨公司遇險記

星期天，小傑和媽媽到百貨公司買東西，結果和媽媽走散了，有一位自稱警衛的叔叔要幫他找媽媽，結果，卻把他推上車載走了，他能安全回家嗎？

糖果屋的秘密

隔壁的叔叔在學校附近開了一家糖果屋，放學後，小君和一群小朋友前往糖果屋玩，叔叔要小朋友脫光衣服玩打水戰的遊戲，並幫大家拍照。咦！叔叔為什麼要拉著小盼到另一個房間呢？

馬桶上的一枚指紋

　　社區的一位小朋友在放學途中遭壞人綁走了。媽媽特別請舅舅每天去學校接冬冬回家，可是，第二天舅舅到校門口時，才知道冬冬已經跟一位先生走了，他會有危險嗎？

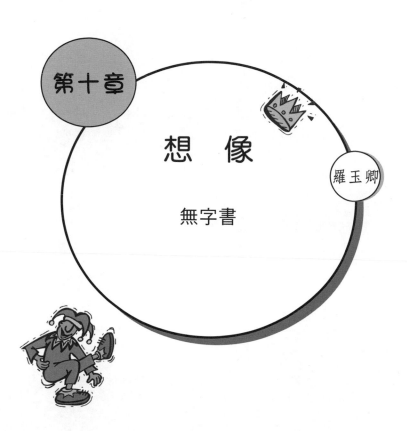

第十章

想　像

無字書

羅玉卿

　　一個兩歲半的孩子會利用真的盤子和杯子玩辦家家酒,而四歲的孩子,可以拿著一塊積木當成一支大哥大在講電話,也可以手握成圓柱狀當成是杯子在喝水,對孩子而言,想像都是與自己的生活實物有關。

　　在幼兒園中,不論在積木角或是在娃娃家,活動本身就富有非常多的想像力,其中有很多虛擬的情節,包括孩子衍生的新想法、人際互動及語言的表達。透過這類的想像遊戲,孩子可以很自由的、愉悅的進出幻想與現實之間;以有限的知識來解決目前所遇到的問題,並紓解難以表達的情緒問題。所以在孩子的世界裡,想像與真實幾乎只有一線之隔,任何想像都有可能成真。

　　無字書能讓孩子更清楚的看到書中所要傳達的訊息,而不拘泥思考於文字中。孩子可結合自己過去的經驗,試圖了解書中圖像所傳達的意義,並從中激發更多的想像,只要能讓想像自由的在自己腦海中翱翔,也是一種享受,一種樂趣。

　　培養想像力就從圖畫書開始吧!

「101本好書」主題分類

分類	書名	作者	繪者	譯者	出版
想像	魔法糖球	安房直子	いもてようこ		人類
	第五個 Funfter sein	Ernst Jandl	Norman Junge	高玉菁	三之三
	鯨魚 Kujirada	Taro Gomi	Taro Gomi	余治瑩	三之三
	田鼠阿佛 Frederick	Leo Lionni	Leo Lionni	孫晴峰	上誼
	我的好夢床 My Dream Bed	Lauren Child	Lauren Child	劉清彥	和英
	發現小錫兵 Der Standhafte Zin- nsoldat	Jörg Müller	Jörg Müller		和英
	我自己玩	顏薏芬	顏薏芬		信誼
	我的小書包：為什麼 不能	王淑芬	何雲姿		信誼
	逃家小兔 The Runaway Bunny	Margaret Wise Brown	Clement Hurd	黃迺毓	信誼
	假裝是魚	林小杯	林小杯		信誼
	為什麼·為什麼不	王淑芬	何雲姿		信誼
	大猩猩 Gorilla	Anthony Browne	Anthony Browne	林良	格林
	月光男孩 The Boy in the Moon	Ib Spang Olsen	Ib Spang Olsen	管家琪	格林
	小熊奇兵 Bear Goes to Town	Anthony Browne	Anthony Browne	黃鈺瑜	格林
	哈囉！你要什麼？ The Little Bear Book	Anthony Browne	Anthony Browne	黃鈺瑜	格林
	野蠻遊戲 Bear Hunt	Anthony Browne	Anthony Browne	黃鈺瑜	格林

當熊遇見熊 A Bear-y Tale	Anthony Browne	Anthony Browne	黃鈺瑜	格林
當冬天開始歌唱 A Long Long Song	Etienne Delessert	Etienne Delessert	郭恩惠	格林
月亮先生 Moon Man	Tomi Ungerer	Tomi Ungerer	幸佳慧	格林
強尼強鼻子長 Johnny Longnose	Cruise Louis	Stays Eidrigevicius	郝廣才	格林
7號夢工廠 7 Sector	David Wiesner	David Wiesner	＼	格林
黃金夢想號 Le Train Jaune	Fred Bernard	Francois Roca	任芸婷	格林
廚房之夜狂想曲 In the Night Kitchen	Maurice Sendak	Maurice Sendak	郝廣才	格林
莎麗要去演馬戲 Die Sara, Die Zum Cir-cus Will	Gudrun Mebs	Quint Buchholz	袁瑜	格林

「推薦好書」主題分類

分類	書名	作者	繪者	譯者	出版社
想像	飛翔的日子	Ann Turnbul	Ken Brown	陳曆莉	人類
	錫森林 The Tin Forest	Helen Ward	Wayne Anderson	宋珮	三之三
	雪人 The Snowman	Raymond Briggs	Raymond Briggs	＼	上誼
	最奇妙的蛋 Egg Das Schönste Ei Der Welt	Helme Heine	Helme Heine	李紫蓉	上誼

你喜歡…… Would You Rather	John Burmingham	John Burmingham	上誼 出版部	上誼
阿羅有枝彩色筆 Harold and The Purple Crayon	Crockett Johnson	Crockett Johnson	林良	上誼
阿羅的童話國 Harold's Fairy Tale	Crockett Johnson	Crockett Johnson	李紫蓉	上誼
阿羅房間要掛畫 A Picture For Harold's Room	Crockett Johnson	Crockett Johnson	林良	上誼
派克的小提琴 Patrick	Quentin Blake	Quentin Blake	李紫蓉	上誼
看得見的歌 I See a Song	Eric Carle	Eric Carle	林良	上誼
晚安，猩猩 Good Night, Gorilla	Peggy Rathmann	Peggy Rathmann	郭恩惠	上誼
我的秘密閣樓 In the Attic	Hiawyn Oram	Satoshi Kitamure	劉清彥	上誼
不一樣的上學日 Once Upon an Ordinary School Day	Colin McNaughton	Satoshi Kitamura	林滿秋	上人
紗娜的紅色毛衣 Sana No Akaisêtâ	Masako Narita	Masako Narita	鄭如峰	小魯
沙的城堡 Suna No Oshiro	田村茂	田村茂	鄭明進	小魯
狐狸神仙 Kitsune No Kamisama	Kimiko Aman	Komako Sakai	陳珊珊	小魯
好餓好餓的小白熊 Harapeko Na Shirok-umakun	Masako Narita	Masako Narita	周慧珠	小魯
酷老師逛動物園 Tsuntsuku Sensei Doubutsuen Ni Iku	Hoko Takadono	Hoko Takadono	鄭明進	小魯

鯛魚媽媽逛百貨公司 Setouchi Taiko-San Depato Ikitai	Nagano Hideko	Nagano Hideko	林文茜	小魯
神奇的藍色水桶 Fushigina Aoi Baketsu	Masako Narita	Masako Narita	鄭如峰	小魯
艾蜜麗的玩具魔法 Emilie Pleine de Jouets	Gilles Tibo	Marie Lafrance	張一喬	大穎
海上小精靈 Un Gnome a Ia Mer	Marie-Dan-ielle Croteau	Roge	張一喬	大穎
米諾貓上街去買魚 Mino No Otsukai	Chihiro Ishizu	Gen Hirose	湯心怡	大穎
月光溜冰場	林小杯	林小杯		毛毛蟲
小真的長頭髮 When My Hair Grows Long…	Hoko Takadono	Hoko Takadono	汪仲	台英社
1999 年 6 月 29 日 June 29, 1999	David Wiesner	David Wiesner	曾蕙蘭	台英社
大家會喜歡獅子嗎？ Would They Love A Lion？	Kady MacDonald Denton	Kady MacDonald Denton	林良	台英社
公雞的願望 Ondori No Negai	Seiichi Yuno	Seiichi Yuno	嶺月	台英社
夏天的天空 Dreams	Peter Spier	Peter Spier		台英社
和甘伯伯去遊河 Mr. Gumpy's Outing	John Burmingham	John Burmingham	林良	台英社
小鏡頭外的大世界 Zoom	Istvan Banyai	Istvan Banyai		台英社
我的藍汽球 The Blue Balloon	Mick Inkpen	Mick Inkpen	楊茂秀	台英社
爺爺的枴杖 Ojisan No Tsue	Taro Gomi	Taro Gomi	嶺月	台英社

小丑找新家 Clown	Quentin Blake	Quentin Blake		台灣 麥克
小根與小秋 Kon and aki	Akiko Hayashi	Akiko Hayashi	蕭英哲 賴惠鳳	台灣 麥克
威利的畫 Willy 's Pictures	Anthony Browne	Anthony Browne	陳蕙慧	台灣 麥克
月亮，你好嗎？ My Friend the Moon	Andre Dahan	Andre Dahan	簡媜	台灣 麥克
最喜歡洗澡 I Love to Take Baths	Kyoko Matsuoka	Akiko Hayashi	李俊德	台灣 麥克
神奇黑板熊 You're A Genius Black Board Bear	Martha Aleander	Martha Aleander	譚海澄	台灣 麥克
洗個不停的媽媽 Washing-Crazy Ma	Wakiko Sato	Wakiko Sato	李幸紋	台灣 麥克
讓羊過去 Laissez Passer les Biquettes	Michel Piquemal	Benjamin Chaud	謝蕙心	米奇 巴克
書中之書 Das Buch im Buch	Jörg Müller	Jörg Müller	洪翠娥	和英
寇特尼 Courtney	John Burmingham	John Burmingham	李瑾倫	和英
牙齒精靈 The Tooth Fairy	Peter Collington	Peter Collington		和英
妞妞的鹿角 Imogene's Antlers	David Small	David Small	柯倩華	和英
嘉嘉 Jessica	Kevin Henkes	Kevin Henkes	李坤珊	和英
蝸牛屋 The Snail House	Allan Ahlberg	Gillian Tyler	周逸芬	和英
不肯睡覺的小男孩 The Baby who Wouldn't Go To Bed	Helen Cooper	Helen Cooper	柯倩華	青林

越飛越高 Up And Up	Shirley Hughes	Shirley Hughes		青林
拼被上散步 Peter's Patchwork Dream	Willemien Min	Willemien Min	林芳萍	東方
葉子小屋 Small House of Leaves	Kiyoshi Soya	Akiko Hayashi	游珮芸	信誼
白石山歷險記	孫晴峰	陳志賢		信誼
元元的發財夢	曾陽晴	劉宗慧		信誼
帶我走吧！火車	林宗賢	林宗賢		信誼
皇后的尾巴	陳璐茜	陳璐茜		信誼
葉子鳥	孫晴峰	睡眠		信誼
小魚散步	陳致元	陳致元		信誼
啊！腳變長了！	柯宛妮	柯宛妮		信誼
小狗想飛 Dog Story	Gary Bayliss	Gary Bayliss	陳怡芬	格林
小柏想做一件特別的事 Jot	Klaas Verplancke	Klaas Verplancke	洪翠娥	格林
漢堡小精靈 Jethro Byrde, Fairy Child	Bob Graham	Bob Graham	楊惠如	格林
傻呼呼黏答答臭ㄉㄨ ㄉㄨ毛茸茸的書 The Silly Slimy Smelly Hairy Book	Babette Cole	Babette Cole	董霈	格林
海盜要搬家 Kapitan Wirbelwind zieht um	Jean-Pierre Jaggi	Alan Clarke	張莉莉	格林
天使玩具兵 The Angel and the Soldier Boy	Peter Collington	Peter Collington		格林

不睡覺的小孩 Insomnio	Antonio Skarmeta	Alfonso Ruano	湯世鑄	格林
金色翅膀 Kiniro No Hane	Shinsuke Tanaka	Shinsuke Tanaka		格林
小羊的寵物 Josef Schaf Will Auch Einen Menschen	Kirsten Boie	Philip Waechter	葉慧芳	格林
豬頭三兄弟 The Three Pigs	David Wiesner	David Wiesner	黃筱茵	格林
想生金蛋的母雞 Vom Hühnchen, das goldene Eire legen wollte	Hanna Johansen	Käthi Bhend	張莉莉	格林
神奇馬戲團 Halloween Circus At The Graveyard Lawn	Charise Neugebauer	Robert Ingpen	董霈	格林
好大的風 The Powerful Wind	Chiara Mennini	Cinzia Ratto	謝佩璇	格林
當天使飛過人間 Shiawase No Hane	Shinsuke Tanaka	Shinsuke Tanaka		格林
瘋狂星期二 Tuesday	David Wiesner	David Wiesner		格林
羽毛羽毛飛 Sofia	Cinzia Ratto	Cinzia Ratto	郁千儀	格林
我有一隻狗 Madelenka's Dog	Peter Sis	Peter Sis	黃聿君	格林
奧莉薇拯救馬戲團 Olivia saves the circus	Ian Falconer	Ian Falconer	郝廣才	格林
誰的小布偶？ EL Pequeño Títere	Michael Ende	Alfonso Ruano	張莉莉	格林
誰怕大壞書 Who Afraid of the Big Bad Book	Lauren Child	Lauren Child	黃聿君	格林

野狼對月亮説什麼 Was Der Wolf Dem Mond Erzahlt	Lucia Scaberi	Lucia Scaberi	何珮瑩	鹿橋
小狗藍藍 Dog Blue	Polly Dunbar	Polly Dunbar	郭恩惠	維京
三隻玩具熊養大的小 孩 The Boy who was brou- ght up by Teddy	Jeanne Wills	Susan Varley	賴慈芸	經典 傳訊
莎莉，離水遠一點 Come Away From The Water，Shirley	John Burmingham	John Burmingham	林真美	遠流
夢幻大飛行 Free Fall	David Wiesner	David Wiesner		遠流
我的衣裳	Kayako Nishimaki	Kayako Nishimaki	林真美	遠流
我的秘密朋友阿德 Aldo	John Burmingham	John Burmingham	林真美	遠流
雲上的小孩 Cloudland	John Burmingham	John Burmingham	林真美	遠流
莎莉，洗好澡了沒？ Time to Get Out of The Bath, Shirley	John Burmingham	John Burmingham	林真美	遠流
大巨人約翰 Giant John	Arnold Lobel	Arnold Lobel	楊茂秀	遠流
月亮晚上做什麼？ Que Fait Ia Lune Ia Nuit？	Anne Herbauts	Anne Herbauts	陳香菌	遠流
魔樹 L'arbre Merveilleux	Anne Herbauts	Anne Herbauts	陳香菌	遠流
時間有空 L'heure Vide	Anne Herbauts	Anne Herbauts	陳香菌	遠流

藍房子 La Maison Bleue	Anne Herbauts	Anne Herbauts	陳香菌	遠流
我討厭書 The Girl Who Hated Books	Pawagi	Leanne Franson	蔣家語	遠流

問題與討論

一、請小朋友表演一個動作,讓大家猜猜這是什麼動物。

二、老師可以先起頭,大家輪流說文字接龍,變成一段故事。

三、如果今天有一個仙女想讓你許一個願望,你會許什麼願望呢?

四、以「如果太陽不下山……」或是「我是大富翁……」等狀況,發揮一下你的想像力。

五、繪本中常會運用動物作主角,如果你今天要作書中的主角,你希望用什麼動物代表自己,為什麼?

六、如果你現在是一個有魔法的人,你會利用魔法作什麼事情?為什麼?

七、如果你現在是一個隱形人,別人看不到你,你看得到別人,你會去作什麼事?為什麼?

延伸活動

活動一：看圖說故事

(一)準備材料

　　圖片一式數張。

(二)活動過程

　　1. 全班分成若干組，每組均有相同的材料，讓孩子自己排列組
　　　合，說出故事內容，每組限時五分鐘。

　　2. 讓孩子分組分享故事的內容。

活動二：猜猜看

(一)準備材料

　　利用教室中五至十樣的物品，如彩色筆、膠帶、籃子……。

(二)活動過程

　　1. 先介紹所有物品。

　　2. 在團體中請一個孩子到教室外面等待。

　　3. 在教室中的孩子，則決定要讓外面等待的孩子猜哪一件物品。

　　4. 請孩子進來之後，先給一個提示，之後由猜題孩子發問，而團
　　　體再回答，看看問幾個問題才答對謎題。

活動三：讓想像飛起來

(一)準備材料

　　空地板。

（二）活動過程

    1. 請孩子躺在地板上，眼睛閉起來，老師開始用輕柔的聲音，說出放鬆身體的動作，孩子則憑著想像做出動作

    2. 老師可以讓孩子想像，現在處在一個森林中，看到了什麼、聽到了什麼，來引導孩子放輕鬆及感覺舒服。

活動四：想像世界

（一）準備材料

    一條線或是一長條紙（長約八公分，高二公分）、圖畫紙、彩色筆。

（二）活動過程

    1. 讓孩子自己設計如何應用這長條紙，貼在紙上並畫出色彩，如天橋、櫃子……。

    2. 給孩子一條線，他可以隨意的彎曲、貼在紙上畫出他所要表達的事物。

活動五：來！演戲

（一）準備材料

    音樂帶。

（二）活動過程

    1. 老師進行一段默劇的表演，放一些輕鬆音樂，如老師扮演一個正在吃麵的人，接著讓孩子插入默劇，他要如何的做出接下來的動作，可以有幾位孩子一起和老師來完成即席創作的默劇。

    2. 由一個孩子開始演默劇，其他孩子插入默劇看自己要演什麼樣的默劇角色。

活動六：月亮陪我

(一)準備材料

　　黃色的汽球、綁汽球的桿子、不同顏色大小的圓形貼紙、打氣筒、油性麥克筆。

(二)活動過程

　　1. 老師買洞口大一點的黃色汽球，讓孩子自己去打氣或是用吹氣的方式也可以，之後綁起來。

　　2. 把汽球、桿子給孩子，讓孩子自己去玩。

　　3. 讓孩子利用麥克筆在汽球上面畫月亮，力道要小心控制。

　　4. 把貼紙給孩子，讓孩子自由創作。

　　5. 利用此汽球做默劇表演，讓孩子利用汽球做一些動作，大家猜表演者在做什麼事，如把汽球當棒棒糖舔，或是汽球帶我飛起來等動作。

相關網站

一、兒童文化館 http://www.cca.gov.tw/children/

　　每月書選是為配合當月節日精心安排或是特別的書，都會以動畫方式呈現，還設計好玩的遊戲，故事接龍歡迎上網者來挑戰，在互動區還可以針對書選內容做線上討論，最新消息掌握繪本新資訊。

二、格林繪本網 www.Grimmpress.com.tw/

　　主題閱讀中隨每個月介紹不同的作畫家的故事及作品，讓大家有近距離的了解。主題娛樂中有每月的新畫介紹，讓大家一睹為快看到新的書問世。活動快訊中告訴大家最近格林近期所舉辦的活動，歡迎大家一起來。本月主題的心理教室邀請大家進入繪本中的世界。

三、聽故事遊世界 http://www.pts.org.tw/~web02/26_animation/even.htm

公視集結十三個國家的動畫卡通所推出的,介紹一系列世界各國的故事,每個故事都有來自的國家、故事敘事風格與創意、內容簡介、各國文化與地理特色,帶你走一趟世界了解許多國家的不同故事,還可接受闖關考驗,看你是不是故事世界的小神通。

四、童書榨汁機 http://books.wownet.net/

網站內容包含作繪者的特寫、活動訊息、書評導讀、童書新聞、新書資訊等,讓您隨時掌握市場的脈動,了解目前最新獎項的得主及其介紹,並發表個人對繪本主題的討論,是個隨時都能掌握新知的優質網站。

五、幾米網站 http://www.jimmyspa.com/

在這裡可以觀賞到幾米的畫作,及他的新作品出版的消息,還有每月桌布可供下載,重要日子也可選張祝福的賀卡,喜歡幾米作品的人千萬不要錯過了。

六、台灣社會人文電子影音數位博物館計劃 http://www.sinica.edu.tw/~video/

在影音主題展示中包含原住民人物館、文化館,介紹原住民文學和部落主義、母語重振等,有相關精采的內容。台灣社會運動館則介紹婦女、勞工、原住民、環保的運動。

「101本好書」內容簡介

想像

● 魔法糖球

瑄瑄要搬家了，他把小貓丁丁送給糖果屋奶奶，但是丁丁很想念瑄瑄，糖果屋奶奶如何幫助牠去找瑄瑄呢？

● 第五個

這本書具有認知上極大和極小的微妙弔詭——它說得很多，也說得很少。說明五個受傷的玩具要去看醫生的故事，它們在等待進去和出來的表情不同，也說明每個玩具在等待看醫生時的心情。

● 鯨魚

有一隻候鳥飛到湖的上空時，大叫鯨魚！但沒人理牠，一位老先生拿出書來告訴大家什麼是鯨魚，整個村莊的人都在湖面上湖面下找鯨魚，都找不到，小男孩要求候鳥帶他去看，真的看到好大一隻鯨魚。

● 田鼠阿佛

當所有的人都忙著蒐集糧食，阿佛卻在蒐集冬天可用的顏色、字、陽光。阿佛利用藝術和想像力讓大家在寒冬裡獲得更大的溫飽。這個故事幫助孩子體認精神生活的重要。

● 我的好夢床

當你在被窩裡怎麼也睡不著，想一想你的好夢床，它是軟綿綿的？還是很有彈性？它會搖搖晃晃？還是飄來飄去？

● 發現小錫兵

你曾經把不要的玩具丟掉嗎？你知道他們會發生什麼事嗎？錫兵與芭比娃娃展開一段長程旅行，漂流到非洲被做成一個很不同的玩具，又輾轉回到城市博物館。

我自己玩

大家都出門了，媽媽正在忙，我去幫媽媽的忙，但媽媽要我乖乖的自己去玩，我拿出我最喜歡玩的遊戲，努力自己一個人玩，時間很快，一下子全家人都回來了。

我的小書包：為什麼不能

本書內容針對三至八歲小朋友，設計了親子共玩遊戲頁，讓孩子學習日常生活經驗。

逃家小兔

想像力十足的小兔以玩捉迷藏的逃家語文遊戲表達了他的獨立需求，而堅持愛他且不厭其煩找到牠的母親提供了小兔深深的安全感。在一抓一逃之間，故事充滿了溫馨幽默的對話。

假裝是魚

小女孩和她的狗在草原上遇到一隻迷路的小鯨魚，善良的他們，幫忙做了一只找媽媽的風箏，鯨魚媽媽來了，小女孩假裝自己是魚，到鯨魚家玩，鯨魚媽媽還送了她彩虹。

為什麼·為什麼不

本書分為三部分，共十二首，充分展現想像力、童心、創意。第一部分從幼兒的角度來聊天，第二部分以小故事來呈現，第三部分「這就是我」，值得玩味。

大猩猩

安娜很喜歡大猩猩，卻從來沒見過一隻真正的大猩猩。如果能到動物園去看猩猩，那該多棒！安娜的夢很難實現，但她的玩具猩猩突然變成真的猩猩，並且穿著爸爸的衣服帶她到動物園去看猩猩，並且又和她一起去看電影、吃東西、到公園跳舞，回家後道聲晚安，第二天……。

月光男孩

月亮先生想見水中的另一個月亮，拜託小男孩幫忙。月光男孩從天上坐著白雲滑下去找，一路遇到風箏、汽球、皮球，終於在海裡尋找到，原來是鏡子，把它帶回天上。月亮先生照著鏡子說：這是他所見過帥又和氣的月亮了。

小熊奇兵

小熊是個小奇兵，勇敢有智慧，牠有一支奇妙的魔法鉛筆。牠到城市中遇見一隻貓而被捉走，也因此救了豬、牛、羊、公雞，卻被發現。牠要如何解圍呢？又要如何帶著筆繼續前進？

哈囉！你要什麼？

小熊在森林裡散步，牠遇到猩猩、鱷魚、獅子、大象，牠好心的為每個動物畫一個禮物送給牠們。

野蠻遊戲

小熊遇到大危險了，兩個獵人正想抓牠呢，不過小熊有魔法鉛筆，牠會畫什麼樣的東西來為自己解圍呢？到底牠被獵人抓走了，還是牠抓到獵人呢？

當熊遇見熊

當小熊遇到吃掉小紅帽和三隻小豬的大野狼，還有傑克與巨人中的壞巨人，牠會用魔法鉛筆送他們什麼禮物呢？遇到熊爸、熊媽和熊弟弟，又給他們什麼樣的禮物呢？

當冬天開始歌唱

在寒冬裡，一個魔法師將冷冰冰的雪變成一幫活潑的音樂小怪物。他們躲過獵人的槍口，越過蕭瑟的冰原，興高采烈地唱出冬天的歌曲。

月亮先生

月亮先生羨慕地球上的人生活得快樂，利用彗星來到地球，結果大家把它當成地球的入侵者、恐怖份子，而將他關起來。月亮先生逃出來後，老科學家用太空船送它回家去了。

強尼強鼻子長

強尼強的長鼻子能做什麼呢？寫字、蓋房子、做橋樑、把泥土挖鬆、幫小熊支撐受傷的手臂、當小提琴的弓……還有好多好多不可思議的用途唷！

7號夢工廠

如果讓你身在五里雲霧中你會有何感覺？雲的朋友帶你去認識做雲的工廠，裡面還有設計雲形狀的部門，如果是你，你會想造什麼樣的雲呢？天空會變得如何呢？

黃金夢想號

一輛背負著開發新城鎮使命的火車，仍一點一滴燃燒自己的生命，擊退了種種的困難，因為……。

繪本主題教學資源手冊

廚房之夜狂想曲	**莎麗要去演馬戲**
黑夜，常常是小朋友最害怕的時刻；但是在莫里斯桑達克的筆下，黑夜卻是充滿歡笑與冒險奇遇的快樂時光……	莎麗一直夢想能夠加入馬戲團，有一天鎮上來了馬戲團，她能成為馬戲團的團員嗎？

「推薦好書」內容簡介

想像

飛翔的日子	**錫森林**
今天的天氣很好，媽媽把很多東西都拿出來洗，衣服床單被風吹得像一波波海浪，襯衫被風吹得鼓鼓的在空中飛啊飛。襯衫說：「我想要飛翔」，衣夾被吹掉了，襯衫自由自在的飛啊，它遇見了貓咪、鴿子、海鷗，結果被菜園主人做成稻草人。	一個老人寂寞的住在垃圾堆中，白天努力整理著別人不要的東西，夜晚則夢想自己生活在熱帶叢林中。一天，一個小而破碎的電燈泡讓老人突發奇想，他開始用垃圾建造森林，一座錫製的森林……。
雪人	**最奇妙的蛋**
這是本無字書，述說一個男孩子在冬天下雪的天氣中，在家門口堆了一個雪人，雪人夜晚到男孩家玩，遇到很多的新鮮事，雪人還帶男孩在空中飛行，結束後彼此再見，第二天……。	有三隻母雞都說自己很漂亮，每天吵個不停，只好找國王來主持公道，國王說誰能生出最奇妙的蛋就能當公主。第一隻雞的羽毛很漂亮，生的蛋又圓又滑；第二隻長直腿，生出一個好大的蛋；第三隻雞冠最漂亮，生出一個四方形的蛋，到底誰能當公主呢？

你喜歡……

你喜歡住在什麼樣的地方？你喜歡怎樣洗澡、睡覺？你喜歡怎樣玩遊戲？你喜歡怎樣吃飯？你喜歡花錢做什麼事？你喜歡怎樣吵別人？你喜歡被什麼追著跑？你喜歡迷失在什麼樣的地方，你喜歡……。

阿羅有枝彩色筆

阿羅帶著他的彩色筆想到月光下走走，可是沒有月光。他自己畫一個月亮，又畫棵樹，上面有蘋果，怕蘋果被偷吃就畫可怕龍在守候，下海爬山，驚奇冒險的事不斷的發生，他靠著筆解決問題，並且用筆找到家回家睡覺。

阿羅的童話國

阿羅拿著筆和月亮到魔法花園去散步，可是那裡什麼都沒有，他決定去問國王，他用彩色筆畫了一個巨大的城堡，並畫一個門，又畫樓梯、寶座、國王，及有很多花的花園，最後他畫一個飛天毯回家。

阿羅房間要掛畫

阿羅想要在房間掛一幅畫，他用筆畫了房子、樹林、小山，還有月光，他覺得自己在這小鎮好像一個巨人，他畫了大海，又畫了一座山爬到山上……。

派克的小提琴

派克買了一把二手的小提琴，走到田野中去拉琴，琴音所到之處都染上不同的鮮豔色彩，不管是魚、樹、鴿子、牛，連流浪漢的煙斗都會噴出火花，而且琴音還能治癒病人。

看得見的歌

我看見一首歌，並畫出音樂，你可以聽到顏色的演奏聲音，用音樂說話，用顏料跳舞。來，用心靈的眼睛和耳朵，自己看自己的歌。

晚安，猩猩

動物園管理員和動物們一一道晚安後，就回家睡覺了。當他和太太說晚安時，為什麼同時聽到了好多動物的聲音對她說：「晚安」？猩猩趁著管理員不注意時，拿走了鑰匙，所有的動物便跟著管理員回家了，管理員太太只好送大家回去，為什麼只有猩猩還是跟著管理員太太呢？

我的祕密閣樓

小男孩有好多的玩具喔！但他還是覺得很無聊，他爬進閣樓中，先發現老鼠一家人，再是一群甲蟲，在涼爽安靜的地方遇見蜘蛛織網。後來他飛上天空了，他找人分享這一切，他找到老虎並發現有趣的遊戲，讓他可以一直玩下去，因為他會不停的改變。

繪本主題教學資源手冊

不一樣的上學日

　　非常平常的一天，小男孩一樣的起床，一樣的去上學，走一樣的路，但是在學校卻來了一位新老師帶來不平常的事情，老師要他們聽音樂想想，這是什麼動物，大家的講法都不一樣，老師要大家聽著音樂畫出心中所想，也因此帶給小男孩不一樣的刺激，使他過了一個很不一樣的上學日。

紗娜的紅色毛衣

　　紗娜收到奶奶寄給她的毛線衣，可是毛衣太小了，紗娜只好想辦法，朋友也來幫忙。拉啊拉！袖子變長，可是衣服卻沒有變大，那拉拉領子和下擺，卻變的好大件，像是毛衣妖怪一樣，大家建議拿去洗，結果變的更小件，該如何是好呢？最後毛衣是否如願穿在紗娜身上呢？

沙的城堡

　　小男孩在沙灘上堆起沙城堡，沙裡居然冒出一個勇士，帶著他一起拜訪奇妙的沙堡，還遇見會變魔法的國王，國王非常熱心的接待他在沙的城堡中玩的盡興，並且玩的開心，但當海水沖刷城堡時，男孩夢醒了回到現實，他下次一定還要再蓋沙的城堡。

狐狸神仙

　　理惠把跳繩忘記放在公園裡了，她和弟弟回去找，但是卻看到一群狐狸在玩跳繩，狐狸們大方邀請理惠和弟弟一起玩，過程中理惠發現那跳繩是自己的，但是狐狸卻說是自己的，原來狐狸的名字也叫理惠，理惠把跳繩留下跟狐狸說了再見。

好餓好餓的小白熊

　　紗娜和魯魯在草原上玩，遇見了小白熊，小白熊好餓好餓，紗娜和魯魯忙著幫小白熊抓白雲給他吃，吃著吃著大夥飛到天空上，一起做白雲船，小白熊吃好多的雲，結果吃壞肚子，下起大雨來，紗娜和魯魯在大雨過後找不到小白熊。

酷老師遊動物園

　　酷老師帶孩子參觀動物園，猴子、猩猩、長頸鹿、大象她都批評的一無是處，她最喜歡貓熊，使得動物們展開整人計畫，大家讓貘去和貓熊交換位置，結果貘用泥巴球丟向酷老師，一連串的驚險，讓酷老師對所有動物改觀，也贏得孩子的心。

鯛魚媽媽遊百貨公司

生活在海裡的鯛魚泰子高興的逛著百貨公司，試用化妝品，試穿鞋子，坐電梯，逛內衣店、領帶店，她看了好多東西都想試試看，好想穿穿看，逛到賣魚店時她驚慌的跑走了，遺留下帽子及鞋子，她覺得還是在大海最好了。

艾蜜麗的玩具魔法

本書為奇幻故事。如果隨意伸出手就可以變出玩具來，一定帶給人驚喜，艾蜜麗就有這樣的天賦，但也因為如此玩具卻愈堆愈多，她把它們送給需要的人，讓大家有被需要及愛的感覺，一天爸爸發生海難，她利用此天賦救回了爸爸，至此之後她的手就和正常人一樣了。

米諾貓上街去買魚

當老爺爺有氣無力的拜託米諾貓上街幫他買魚，米諾可是隻貓，牠一路上擔心自己把魚吃了，想了好多理由或是想好如何跟老爺爺道歉，但牠還是完成艱鉅的任務，使得爺爺吃了魚之後變成一位年輕人，令牠驚訝不已。

神奇的藍色水桶

沙娜到公園玩，看到一個藍色的水桶裡面裝滿水，手放進去好舒服喔！腳放進去水桶變大了，貓也來玩，水桶又變大了，其他的朋友也一起跳進水裡，水桶愈變愈大，水桶裡好熱鬧，連鯨魚也來了。咚一聲水翻倒了，大家不見了，又變回原來的小水桶。

海上小精靈

來場驚奇的閱讀遊戲，尼可拉整天都跟爸爸在海上旅行，無聊時把破舊的書拿出來看，精采之處卻中斷了，他問爸爸但爸爸已經忘記，有天在夢中他與精靈相遇，精靈帶著他玩了很多遊戲，他相信精靈的存在，直到一天他的耳邊響起……你會如何幫他編故事呢？

月光溜冰場

鎚子和小狗在海邊玩得正高興，發現海岸立著牌子「溜冰場」。他過去玩，休息時卻找不到路回家，正當不知如何是好時，海豚告訴他們晚上會有月光溜冰場可以回家。

小真的長頭髮

小真留著一頭短髮，當大家討論著頭髮到底要留多長才算長時，小真想著她可以把留長的頭髮拿來做什麼，可以釣魚、拉牛、當被子、曬衣服，洗髮時像冰淇淋，沖水時像海帶，還可以當大樹供小鳥、松鼠休息。

大家會喜歡獅子嗎？

安娜夢到自己是一隻鳥，醒來之後，她說我一定會變成鳥，之後她又想變成狗熊、大象、恐龍、兔子、小貓咪等，她決定變成獅子，但大家會喜歡獅子嗎？

夏天的天空

夏天時躺在草地上看著天空，白雲幻化千軍萬馬，又變成各式各樣的動物，變成一條龍與武士決鬥的驚險場面，中古時期人們的悠閒生活，海底世界的魚也來湊熱鬧，又變成交通工具，最後變成兩個大巨人等著抓我們。

小鎮頭外的大世界

本書是無字書，是一本可以從前面翻起或後面翻起的圖畫書，藉由一幕幕的點漸漸地看清一個外在的大輪廓，讓你有不同的意外驚喜。

1999 年 6 月 29 日

荷莉精心研究和計畫把蔬菜種苗發射到天空，她想了解外太空的環境對蔬菜的生長和進化有什麼影響，事隔一個多月後，不同的地方空中漂浮著不同的蔬菜，可是荷莉種的蔬菜到哪去了……。

公雞的願望

公雞常帶小雞出去玩，牠仰望著天空，因為翅膀太短了所以牠沒有辦法飛，麻雀又常偷吃牠的飼料，牠多想飛上天看高山。月亮姑娘幫牠忙，讓牠飛一天的時間，於是牠翅膀長長了，帶著一家人翱翔於天空中，原來世界如此奇妙啊！

和甘伯伯去遊河

有一天，甘伯伯要去遊河，小孩子、動物們都要求一起去，可是一上船，大家就忘了甘伯伯的叮嚀，豬開始亂晃，狗追豬，貓逗兔子……，最後船翻了。

我的藍汽球

普吉在花園中撿到一個藍汽球，可以把它吹得很大，再放氣來玩，擠它、壓它、打它、踢它、碾它、拉長都不會破，有天它消失了，再出現時變成四方形了。帶它去散步，它會帶你飛上天空，真是好玩的旅行。

爺爺的枴杖

爺爺的枴杖可以做什麼呢？當煙斗、吸管吸果汁、電話、空中纜車、當雪橇，不小心滑進泥巴裡了當水龍頭洗乾淨，走路當枴杖，到山洞當手電筒，遇見獅子當槍桿兒，夜晚可以放出煙火，還可以當望遠鏡看星星。

小根與小秋

小根是個布偶狐狸，牠陪著嬰兒小秋長大。有天小根的手臂破裂了，他們準備回沙丘村找奶奶把手臂縫合好，路上發生了一段事情，小秋背著小根終於到奶奶家了。

月亮，你好嗎？

男孩在水上划船並向月亮問好，月亮正高興的玩著，一不小心撲通掉進水裡。男孩救起月亮帶他回家休養，最後他也把太陽帶回去和月亮做朋友。

神奇黑板熊

月球上好像很好玩，我們可以去那裡嗎？可是爸爸不會建太空船。夜裡睡著時，畫在黑板上的黑板熊跑出來了，教我如何建太空船，教我帶指南針，我還要帶衣服、睡袋、手套、水、吃的東西，但太空船裝不下⋯⋯。

小丑找新家

這是一本無字書。小丑被人丟棄在垃圾桶中，它到外面積極的尋找新家，可惜的是孩子喜歡它，但是大人都不喜歡它，最後被扔到一個有嬰兒的家庭。它會逗嬰兒笑，又會幫忙整理家裡，改善這一家人的生活，也為自己找到新的家。

威利的畫

威利很喜歡畫圖，而每一幅都有不同的故事。作者利用名畫作品把自己放入其中當主角，利用不同的想像作畫，讓你認識名畫。

最喜歡洗澡

你在洗澡時都發生了什麼事？如果有烏龜、企鵝、海狗、河馬、鯨魚陪你一起洗澡，你會不會很高興呢？

洗個不停的媽媽

有個喜歡洗東西的媽媽，家中所有的東西都洗的乾乾淨淨，包括貓、狗、雞、雨傘、鞋子等，常嚇的大家紛紛逃跑，洗好後通通曬在曬衣繩上，一天雷神來了，也被她洗乾淨，雷神滿意的回去並帶更多的雷神給媽媽洗，一切都沒問題。

讓羊過去

牧羊人老布決定要帶他的羊群去戶外教學，他想讓羊群知道牠們所產的羊奶用來做什麼。遊覽車司機不願意載，老布付了兩倍的錢他才肯。羊群在搭車時都非常的乖，到了乳酪工廠老闆不願意讓羊群進去，老布又付了兩倍的價錢，終於使羊群非常高興的了解到羊奶的用途。

書中之書

當你打開一本書，你期待看見一個什麼樣的世界？小女孩收到了奇妙的禮物，是一本書！書中無限重複的畫面，激起小女孩的好奇心，她用鏡子、放大鏡和 3D 立體眼鏡，嘗試找出答案……。

寇特尼

孩子盼了很久，終於有心愛的寵物老狗寇特尼。牠很厲害，會燒飯、會打掃、還會逗小寶寶開心、拉小提琴，對兩個小主人來說，牠就像家人一樣。

牙齒精靈

可曾想過脫落的乳牙可以拿來作什麼呢？牙齒精靈專門蒐集掉落的乳牙，她會先鑄一個紀念幣，趁你睡著時和你交換放在枕頭下的乳牙收藏盒中的乳牙。帶回乳牙後，牙齒精靈還必須加工，猜猜看乳牙可以做成什麼呢？

妞妞的鹿角

星期四早上起床，妞妞發現頭上長出兩隻鹿角，她得動腦筋才能出得了門。媽媽看見了昏倒，醫生看不出她有什麼毛病，到廚房去露西還把毛巾晾在上面，還可以掛甜甜圈餵鳥。星期五早上起床，鹿角不見了，卻換成孔雀的尾巴。

嘉嘉

林小如有一個只有她自己才看得見的朋友嘉嘉，不管小如走到哪她也跟到哪，並且和她分享生活上一切的事情。後來小如上學了，她認識了一位新朋友也叫嘉嘉。

蝸牛屋

有一天身體突然變小了，住在蝸牛屋裡面，蘋果突然掉在蝸牛屋旁，就會發生大地震。有一天一隻畫眉鳥飛來了，想吃掉蝸牛，這時又出現一隻貓，這下該怎麼辦呢？

不肯睡覺的小男孩

當爸媽都累到眼睛快闔上眼時，孩子卻還精力旺盛時該如何呢？小孩開著他的車到處找人陪他玩，老虎、士兵、月亮、車子都告訴他快回去睡覺吧！因為大夥都要各自休息了，但是有一個人必須等到小孩休息他才能休息，小孩被媽媽抱著終於想睡覺了。

越飛越高

你會嚮往如鳥兒般的在空中飛翔嗎？小女孩試了很多辦法都飛不起來，一日她收到神秘包裹，當她吃掉了包裹中的東西後，竟產生意想不到的事情，她終於飛上了天空了，也因此發生一連串驚喜有趣的事，雖然經歷了這一次事件，她又開始想著下次想要做什麼了。

拼被上散步

彼得生病了，除了聽媽媽的話多休息多喝水，他還是覺得無聊，這時他的拼被就變成了他戶外踏青的好去處了，他摘了好多小紅莓，小鳥們也一起來分享，之後他去摘蘋果，小兔子也來一起分享，最後他決定摘花回家給媽媽，滿足了一趟野外之旅，這時他的朋友都來探望他了。

葉子小屋

有天小馨在院子裡玩耍，啵一聲小雨打在她的臉頰，哇！好冰喔！接著雨滴打到她的手、腳、鼻子。小馨躲進用葉子做成的躲雨的房子，這時螳螂、白粉蝶、小金龜、瓢蟲，大家都一起躲雨，好像一家人，螞蟻也進來休息一下，天氣晴了……。

百石山歷險記

你曾在吃飯的時候，幻想著眼前的食物嗎？亞亞處在一個奇怪的情境中堆軟綿綿的城堡，一下又坐著車去探險，一時不察石頭飛來，連巨人也要吃他……。

繪本主題教學資源手冊

🌀 元元的發財夢

　　放羊小孩元元喜歡做白日夢，一天到晚想著變成有錢人。有次睡著，夢中起了濃霧他被吸進古塔，變色龍告訴元元發財的方法，因此元元做了很多犧牲自己而換得金錢的事，最後在他自己的眼淚中恢復過來。

🌀 帶我走吧！火車

　　小潔跟媽媽坐火車到外婆家，火車經過大海時，小潔告訴媽媽她想到海邊玩，媽媽說只要你閉起眼睛說：「帶我走吧！火車。」當她睜開眼睛時火車已經停在沙灘上，還認識大螃蟹，太陽下山該回家了……。

🌀 皇后的尾巴

　　在綠龍國裡，正在舉行一場遊行，皇后又長又大的尾巴絆倒好多人，把隊伍搞得亂七八糟。皇后好難過，到街上去大家都嘲笑牠，皇后想盡辦法，都沒辦法使尾巴消失。有一次草莓派不小心打翻在尾巴上，卻長出好多的草莓，大家才發現皇后的尾巴真是特別。

🌀 葉子鳥

　　一隻鳥停在樹上，突然狂風一吹，所有的葉子都掉落地面，只剩下一片葉子，落下來的葉子彼此聊著天、玩遊戲、跳舞，小鳥決定找爸爸來看，結果又吹起一陣風，什麼都沒有了。

🌀 小魚散步

　　主角小魚要上街去買雞蛋，他沿巷道走到雜貨店，途中他的奇想，跟著貓的影子走在屋頂上，接著撿到一顆藍色的彈珠，從珠子中看到一片藍藍的大海，踩著落葉就像吃餅乾的聲音，還假裝像媽媽的樣子買雞蛋，回家的路上摘兩朵花送給爸媽，並帶回一隻狗哈利。

🌀 啊，腳變長了！

　　小女孩早上醒來發現自己的腳變長了，開心之餘進行一連串計畫幫媽媽清客廳、晾衣服，和朋友玩跳繩都是容易事，還可以餵長頸鹿吃東西，這些玩過後，把大家的衣服拿來做一條長褲給自己穿，真希望明天手也能變長，可以摘到星星。

小狗想飛

有一隻小狗長的小，志氣卻很大，牠有一個心願就是飛上天空，雖然朋友都不看好牠是否會飛，但牠每天認真的練習飛，並打造很棒的飛行器，一天終於飛上天空，但是卻嚇壞居民，小狗就這樣不能飛行。女皇愛貓奶油受困於高處，小狗飛行救了奶油，從此擔任訓練其他動物的飛行訓練師。

漢堡小精靈

安娜一直想要找到小精靈，爸爸覺得那是不可能，一個下午她聽到聲音，探頭一查發現小精靈一家人，他們的漢堡車翻覆了，安娜幫他們扶起來，並招待茶點給他們，小精靈趕著參加野餐會，最後安娜真的捨不得他們，小精靈送她一只手錶，讓安娜知道精靈的時間，留給她美麗的回憶。

海盜要搬家

海盜要搬家了，海盜船長龍捲風和他的水手們即將搬到另一個新的小島，他小心翼翼的把東西打包上船，重要的東西可是不能忘記的喔！依依不捨的揮別舊居，向新的小島前進，海盜船搖搖晃晃往目的的去，新的岩洞好大，這真的適合海盜們居住。

小柏想做一件特別的事

小柏成天想著要做一件大事，並且是別人沒做過的，他想很多，如發明音符、字母等，大家都不看好，一天他突發奇想造一座高塔，大家一定會崇拜他，他爬的太高了呼喊傳不到塔底下，而路過的人也不曾抬起頭，小柏決定下去，大家正歡迎著他呢！大家都覺得他好棒，他自己也很高興。

傻呼呼黏答答臭兮兮毛茸茸的書

這是一本四合一的書，呈現另類思考的空間。傻呼呼中有爆笑的耳朵，超級大暴牙，小嬰兒抓著蟲蟲吃。黏答答的書中滑溜的蚯蚓與黏稠的蟑螂是絕配，圓滾滾的肚子吃下什麼呢？臭兮兮的書中臭鼬的超級臭砲彈，包著臭尿布的嬰兒，哇哇哭著。毛茸茸的書中有腿毛、捲髮、絡腮鬍、胸毛。

天使玩具兵

小女孩有兩個好朋友，玩具兵和天使，一天夜裡海盜船裡的海盜來偷小女孩撲滿裡的錢，玩具兵出來搶救主人的錢卻被海盜綁架了，天使鼓起勇氣到海盜船裡營救出玩具兵，並把小女孩撲滿中的錢搬回來，在小女孩尚未起床前，把它再度放回撲滿中歸位。

繪本主題教學資源手冊

不睡覺的小孩

　　小男孩不想睡覺，深怕一睡著就錯過很多的事情，如魚缸裡的魚飛起來，起司把老鼠吃掉，火山海報噴出岩漿來，找來的醫生也被他弄哭了，這時小男孩打起哈欠，第一個哈欠吞了一艘船，第二個哈欠……，直到打八個哈欠他才睡著，第二天他告訴爸爸還要說更有想像的故事才行。

金色翅膀

　　一隻會飛的小狗無意間被老爺爺郵差撿回家，牠開始幫著老爺爺送信，一日飛行中發現有人生病，牠飛著帶著他去看醫生，醫藥費就用牠的金色羽毛，從此後大家都拔了他的羽毛，使牠難過不已，最後牠金色的羽毛改變了大家的疏離。

小羊的寵物

　　小羊好不容易要求爸媽答應讓牠養個小小人，養了小小人之後，牠才知道這不是一件簡單的事，因為牠必須餵他吃東西及帶他散步，還得保持籠子的乾淨，有天小小人溜走了，牠好擔心小小人在外頭生活，這下牠該如何是好呢？

豬頭三兄弟

　　大衛威斯納藉《三隻小豬》的經典故事，完全顛覆故事的發展與可能。三隻小豬一樣是小豬三兄弟，一樣蓋自己的小房子，大野狼還是來敲門。但是這次大野狼不是從煙囪裡掉進滾燙的湯裡，而是把三隻小豬吹出故事了。

想生金蛋的母雞

　　一隻小母雞對大家說：只要我長大，我要生金雞蛋。但是雞舍的環境並不好，牠都辦法鑽出去學飛、學游泳，搞得養雞場的主人把所有的雞都抓回來。小母雞長大了，牠真的生出金雞蛋了嗎？

神奇馬戲團

　　這是一本特別的書，蝴蝶頁上下均可攤開成為一幅大畫，視覺效果強烈。令人害怕的萬聖節之夜，亡靈、白骨、巫婆、怪獸全都聚集在墳場，大家都準備好了，要展開身手盡情玩樂，群魔亂舞的世界，歡迎到神奇馬戲團。

好大的風

　　這是個奇幻的風城，月夜狂風不斷地吹著，一個被父母關在高牆裡的男孩，決定乘風飛過高牆去看外面的世界。他遇到一個很會說故事的女孩，他和她一起編故事、講故事，有天風停了，他又回到高牆內……。

當天使飛過人間

　　老公公騎著單車，發現路旁的箱子裡裝著一條狗，小狗跟在老公公的後面，老公公發現後只好把牠帶回家，老婆婆也喜歡牠。小狗身上有一對翅膀，當老公公要出門，牠載老公公飛到天上去，天空中的景色老公公從來沒看過，後來發生一連串事情，牠的翅膀只好被綁起來……。

瘋狂星期二

　　這是本無字書，描述星期二所發生的奇妙事情。晚上快八點時，天空漂浮著青蛙，到晚上十一點二十一分時，世界到處充滿著青蛙，天亮了又恢復以往，下個星期二晚上七點五十八分，這次換成豬出現了……。

羽毛羽毛飛

　　在寒冷冬天的晚上，好心的女裁縫收留一隻野鵝，第二天大野鵝走了，留下一封感謝信和一顆蛋，不久蛋孵出了一隻小野鵝，女裁縫教牠說人話和裁縫的技巧，沒想到小野鵝所做出的衣服、圍巾等，竟讓穿的人心中充滿幸福的感覺。

我有一隻狗

　　瑪德蓮想要養隻小狗，可是爸爸媽媽都不准。她該如何是好呢？突然，一隻隱形的小狗出現了！瑪德蓮高興的牽著牠在紐約街上溜達。他們一路上遇到了麵包師傅、消防隊員、園藝店老闆、音樂家、畫家……大家都發揮想像力，陪瑪德蓮玩有趣的遊戲。

奧莉薇拯救馬戲團

　　奧莉薇上台告訴大家她放假做了些什麼事，她說媽媽帶她去看馬戲團，但是團員生病了，幸好她什麼都會，當小丑、走鋼索、空中飛人，彈簧床皇后……。

● 誰的小布偶了

小男孩以前常被小布偶逗得很開心，但是小男孩有許多的玩具，漸漸地小布偶吸引不了他的目光，於是小男孩把小布偶丟出窗外，先被狗咬得爛爛的，再被撿破爛的撿走。後來收破爛的人又用小布偶和老奶奶交換布，老奶奶把小布偶整理乾淨，寄給小男孩，當小男孩打開七層的箱子發現是小布偶時，不禁呵呵地笑起來。

● 誰怕大壞書

皓皓是個愛看書的小男孩，可是他卻不懂得愛惜書本，不是亂剪一通，就是一邊吃東西一邊看書，搞得書本髒兮兮的。一天他睡著了，進入了童話故事裡，書中的人物一一找上他，這下他該怎麼辦呢？後來幸虧神仙教母救了他，回去後他趕緊把書整理乾淨恢復原狀。

● 野狼對月亮說什麼

野狼為什麼常在夜裡吼叫？因為一次睡醒時覺得很餓，結果吞下了綿羊，還是餓又吃了雞、豬、老鼠、小鳥，但這些動物都在他肚子聊天，他看到兔子追趕過去，不小心被樹根絆倒，肚子的動物全吐出高掛樹上，沒人願意下來，從此他只能對月亮說這些事。

● 小狗藍藍

波弟最最想要的就是一隻藍色的狗，他常假裝自己是一條狗，他拍拍狗、餵牠吃飯、帶牠散步，有天他真的有一條狗，可惜不是藍色，為牠取名藍藍，藍藍常搖尾巴或是抓自己的尾巴逗主人開心，牠最喜歡是丟出棍子時，主人跑去撿。

● 三隻玩具熊養大的小孩

想像一下被三隻玩具熊養大的孩子，會變的如何呢？從前有三隻熊在森林裡撿到一個嬰兒，大玩具熊問：他的媽媽呢？中玩具熊問：他的爸爸呢？小玩具熊說：都沒看見。他們便把小孩帶回他們的家裡，玩具熊看見小孩哭了，該怎麼辦呢？最後小孩要如何回到媽媽的懷抱呢？

● 莎莉．離水遠一點

莎莉的爸爸和媽媽帶著她一起到海邊玩，莎莉到了海邊划船時開始想像起來，她被抓上海盜船，如何從海盜手中拿到藏寶圖，趁亂逃走，找到藏寶的地點發現，發現了珠寶，她帶回皇冠，也該是和爸媽回家的時候了。

● 夢幻大飛行

　　小男孩做了一個夢，夢見他飛進城堡、飛入樹林，發現許多神奇新鮮的事物，充滿冒險與刺激，他能從夢境中出來嗎？

● 我的衣裳

　　小兔子自己裁縫了一件白衣裳，牠穿起衣裳到外面去。到花園中，花跑到衣裳上，還有雨、稻草、小鳥……，牠飛到天上，星星、彩虹也飛到牠衣裳上。

● 我的秘密朋友阿德

　　我平常都是獨自一個人，但我有一個特別的朋友阿德，在學校被欺負了，他會出現並帶我到好多地方去玩，他只屬於我。我知道有時候我會忘記他，但我遇到麻煩他一定會出來。

● 雲上的小孩

　　和父母親一起爬山的艾伯特，一不小心從懸崖摔了下去，正當危急之際，雲上的小孩念起咒語，接住身體變得輕飄飄的艾伯特……。

● 莎莉，洗好澡了沒？

　　莎莉快樂的洗著澡，儘管媽媽在浴室外面對莎莉說話，莎莉卻乘著小鴨到水管的另一端去遊玩了，莎莉在這裡玩得很快樂，國王及其他人也吹隻鴨子和他打水仗，看誰先被擊落水裡。

● 大巨人約翰

　　從前在一座迷你的森林中住著一位大巨人約翰。小精靈也住在這裡，每當小精靈演奏音樂，約翰就會跳個不停。約翰家已經沒有錢，他去幫國王做事，他會做很多事，國王一家都很喜歡他，這時小精靈來找他，又開始演奏音樂，結果……。

● 月亮晚上做什麼？

　　月亮白天睡覺，那晚上要做什麼？它醒來時忙著為天空畫星星，也把城市的吵鬧聲帶走了，讓我們好好睡覺，也把惡夢關起來，月亮照著池塘打扮愛漂亮，等到太陽出來，它又回家睡覺了。

● 魔樹

　　一本循著會發明故事巫婆婆的魔線發展出雜蕪、荒謬的書……，我讓一成不變和小妖精咕嚕咕嚕在這樣的樹裡迷路了。

● 時間有空

從前白天一過，立刻就是黑夜，有天來個奇怪的人他叫時間有空，不管他到了哪裡白天的太陽王或黑夜的月后都不歡迎他，他趁機潛進了白天之後黑夜之前的路燈裡，小鳥告訴他前面有位公主，是清晨公主，時間有空望著她，她像是……。

● 藍房子

看法人人不同，就是鳥也一樣……。

本書要表達的是人是渺小的、世界是寬闊的這種對應關係，也談亙古不變的大海。

● 我討厭書

米娜生活在一個書堆成災的家庭，父母都非常喜歡讀書，但是米娜就是不喜歡看書，一天因為貓的關係，書全都倒了下來，書中主角都跑出來，把家裡弄得亂七八糟，米娜只好把書本打開來唸，才讓他們回到原來的位置。

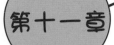

第十一章

認知學習

陳司敏、
洪藝芬

兒歌、身體、概念書
（形狀、顏色、大小）、
數（數數、邏輯推理）、
季節、語言

前言

　　認知學習涵蓋在所有的學習活動中，從身體、語言、自然、數數、社會、美勞等等，不管在學習活動中或遊戲裡，我們多多少少都會訂定一些認知學習的指標，總期望透過學習活動，讓孩子學會些什麼。而今天，在教育制度的調整及九年一貫課程的實施、幼兒出生率逐年降低、生活環境的改變等等外在與內在因素下，父母親更重視幼兒智慧的開發與學習，只希望孩子不要輸在起跑點上，也期待孩子擁有多元的智慧與發展。但在過度的認知取向學習下，反而造成孩子的負擔，喪失了原有的創意，也剝奪孩子童年成長該有的快樂。任何的學習活動安排，都應考量到幼兒的能力發展與指標，更應注重趣味性與遊戲性，當然更要是孩子喜歡的。如何讓學習成為一件快樂自然的事，才是正確的引領方向，讓孩子的童年多采多姿外，別忘了培養孩子健康的體能，才是他最大的學習資產！

「101本好書」主題分類

分類	書名	作者	繪者	譯者	出版社
兒歌	說說唱唱唸童謠：螢火蟲	陳良真	曹俊彥		企鵝
	大頭仔生後生（台語創作兒歌）	簡上仁	曹俊彥		青林
	一放雞二放鴨	林武憲（編選）	趙國宗等		青林
	我愛玩	林芳萍	劉宗慧		信誼

		喵喵喵喵鵝游水	謝武彰	陳維霖	紅蕃茄
		嘰嘰喳喳蟲蟲飛	謝武彰	鍾偉明	紅蕃茄
		綠綠大樹香香花	謝武彰	林鴻堯	紅蕃茄
		脆脆蔬菜甜甜果	謝武彰	龔雲鵬	紅蕃茄
		靜靜悄悄雪花飄	謝武彰	段勻之	紅蕃茄
		肥豬齁齁叫	王金選	李漢文	格林
身體		有趣的身體感官——觸覺 The Senses—Touch	Parramon's Editorial Team	Maria Rius	林文玲	台灣麥克
		有趣的身體感官——視覺 The Senses—Sight	Parramon's Editorial Team	Maria Rius	林文玲	台灣麥克
		有趣的身體感官——嗅覺 The Senses—Smell	Parramon's Editorial Team	Maria Rius	林文玲	台灣麥克
		有趣的身體感官——聽覺 The Senses—Hearing	Parramon's Editorial Team	Maria Rius	林文玲	台灣麥克
		有趣的身體感官——味覺 The Senses—Taste	Parramon's Editorial Team	Maria Rius	林文玲	台灣麥克
概念書		拼拼湊湊變色龍 The Mixed-up Chameleon	Eric Carle	Eric Carle	林良	上誼
		棕色的熊、棕色的熊，你在看什麼？	Bill Martin Jr.	Eric Carle	李坤珊	上誼
		巫婆與黑貓 Winnie the Witch	Valerie Thomas	Korky Paul	余治瑩	三之三
		千變萬化 Changes, Changes	Pat Hutchins	Pat Hutchins		上誼
		晶彩概念書：點心時間	Chuck Murphy	Chuck Murphy		台灣麥克

	晶彩概念書：形狀	Chuck Murphy	Chuck Murphy		台灣麥克
	晶彩概念書：扮演時間	Chuck Murphy	Chuck Murphy		台灣麥克
	晶彩概念書：遊戲時間	Chuck Murphy	Chuck Murphy		台灣麥克
	晶彩概念書：睡覺時間	Chuck Murphy	Chuck Murphy		台灣麥克
	晶彩概念書：相反詞	Chuck Murphy	Chuck Murphy		台灣麥克
	我的第一本數數書	法蘭斯瓦茲・歐布里—依吉克	伽里・古坦	陳衛平	小魯
	我的第一本形狀書	法蘭斯瓦茲・歐布里—依吉克	伽里・古坦	候秋玲	小魯
	我的第一本 ABC	瑪莉—安雅思・歌達	伽里・古坦	沙永玲	小魯
	我的第一本色彩書	瑪莉—安雅思・歌達	伽里・古坦	沙永玲	小魯
數	一片披薩一塊錢 One Pizza, One Penny	郝廣才	Ginliano Ferri		格林
	智慧樹 123（下一個是什麼）	Richard and Nicky Hales	Rebecca Archer	光復編輯部	光復
季節	在秋天：中秋月，真漂亮	洪志明	韓舞麟		小魯

繪本主題教學資源手冊

「推薦好書」主題分類

分類	書名	作者	繪者	譯者	出版社
身體	認識自己的身體—我的第一本人體圖畫書 My First Body Book	Melanie and Chris Rice	Ellis Nadler	李愛卿	上誼
	莎莎奇遇記 Agathe	Pascal Teulade	Jean-Charles Sarrazin	邱孟嫻	上誼
	肚臍的秘密 A Story of the Navel	Genichiro Yagyu	Genichiro Yagyu	蔣家鋼	上誼
	唉唷唷唷 Watching Carefully	Genichiro Yagyu	Genichiro Yagyu	信誼 出版部	信誼
	血的故事 The Story of Blood	Seiichi Horiuchi	Seiichi Horiuchi	漢聲 編輯部	漢聲
	手和手指頭 Our Hands and Fingers	Seiichi Horiuchi	Seiichi Horiuchi	漢聲 編輯部	漢聲
	眼睛的故事 My Eyes, Your Eyes	Seiichi Horiuchi	Seiichi Horiuchi	漢聲 編輯部	漢聲
	骨頭 The Story of Bones	Seiichi Horiuchi	Seiichi Horiuchi	漢聲 編輯部	漢聲
	我們的頭腦 What Happens in My Head	Yuji Takahashi	Genichiro Yagyu	漢聲 編輯部	漢聲
	鼻孔的故事 The Story of the Nostrils	Genichiro Yagyu	Genichiro Yagyu	漢聲 編輯部	漢聲

	腳丫子的故事 The Story of the Sole of a Foot	Genichiro Yagyu	Genichiro Yagyu	漢聲編輯部	漢聲
兒歌	語言圖鑑 KOTOBA ZUKAN	Taro GOMI	Taro GOMI	鄭明進等	上誼
	我們要去捉狗熊 We're Going on a Bear Hunt	Michael Rosen	Helen Oxenbury	林良	台英社
	傳統閩南兒歌：火金姑		王金選		台灣麥克
	傳統兒歌：繞繞繞繞口令		施政廷		台灣麥克
	創作兒歌：老手杖直溜溜	潘人木	曹俊彥		台灣麥克
	創作兒歌：花花果果	洪志明	林鴻堯		台灣麥克
	創作兒歌：小松鼠呼嚕呼嚕	謝武彰	陳光輝		台灣麥克
	創作客家兒歌：第一打鼓	馮岳輝	陳維霖		台灣麥克
	滾球滾球一個滾球	潘人木	賴馬		民生報
	春天在哪兒呀！	楊喚	黃小燕		和英
	會畫畫兒的詩	林芳萍	陳璐茜		信誼
	親子遊戲動動兒歌：小綿羊	李紫蓉	曲敬蘊		信誼
	親子遊戲動動兒歌：小鴨子	李紫蓉	曲敬蘊		信誼
	親子遊戲動動兒歌：小猴子	李紫蓉	曲敬蘊		信誼
	親子遊戲動動兒歌：小兔子	李紫蓉	曲敬蘊		信誼
	手指遊戲—動動兒歌：猴子跳	游淑芬	嚴凱信		信誼

手指遊戲—動動兒歌：啄木鳥	李紫蓉	崔麗君		信誼
手指遊戲—動動兒歌：小白鵝	游淑芬	陳維霖		信誼
小吊橋	李紫蓉	鍾偉銘		信誼
嘰哩呱拉	林武憲	陳永勝		信誼
拍花籮	潘人木	曹俊彥		信誼
好寶貝	曹俊彥	曹俊彥		信誼
全都睡了 100 年	林小杯	林小杯		信誼
牛來了		張振松		信誼
小鈴鐺	李紫蓉	賴馬		信誼
火金姑（台語傳統兒歌集）	林武憲 李紫蓉（賞析）	曹俊彥	徐素霞等	信誼
紅田嬰（台語傳統兒歌集）	莊永明（賞析）	曹俊彥 徐素霞	劉伯樂等	信誼
紅龜粿（台語創作兒歌集）	王金選	曹俊彥		信誼
小胖小創作兒歌集				
小胖小：連鎖歌	潘人木	曹俊彥		信誼
你幾歲：問答歌	林良	趙國宗		信誼
走金橋：連鎖遊戲歌	潘人木	曹俊彥		信誼
顛顛倒：顛倒歌	華霞菱	張振松		信誼
綠驢子：繞口歌	李紫蓉	陳永勝		信誼
荷花開，蟲蟲飛	中國傳統兒歌	楊傳信等		信誼
指甲花	王金選	洪義男		信誼
月兒亮（月兒亮，花滿天創作兒歌集）	李紫蓉	卓昆峰		信誼

	花滿天（月兒亮，花滿天創作兒歌集）	方素珍 王金選	林芳萍 華霞菱 鄭榮珍等	章毓倩	信誼
	蜘蛛先生要搬家（套書）	汪敏蘭	趙國宗		信誼
	動物的歌	謝武彰	張正成		信誼
	客家兒歌：逃學狗、火焰蟲		陳維霖		紅蕃茄
	聽我為你唱童謠	克利斯汀		郝廣才	麥田
	十二月水果歌	林武憲	洪義男		農委會
	猜謎旅行 Nazo Nazo No Tabe	ISHIZU Chihiro	ARAI Ryoji	米雅	經典 傳訊
	花蕊紅紅‧葉青青		林鴻堯		稻田
	風婆婆趣味兒歌		陳巽如		親親
	趣味數數兒歌		蔡靜江		親親
	水果們的晚會	楊喚	黃本蕊		和英
	夏夜	楊喚	龔雲鵬		親親
	一年一年十二月	謝武彰	曹俊彥		親親
概念書	阿羅有枝彩色筆 Harold And The Purple Crayon	Crockett Johnson	Crockett Johnson	林良	上誼
	為什麼蚊子老在人們耳邊嗡嗡叫 Why Mosquitoes Buzz in People's Ears	Verna Aardema	Leo and Diane Dillon	鄭榮珍	上誼
	黃色的小雨傘 Little Yellow Umbrella	Kayako Nishimaki	Hisashi Mori	游珮芸	上誼
	神秘的生日禮物 The Secret Birthday Message	Eric Carle	Eric Carle	柯清心	上誼

衣裳小公主 Princess Dress	Sue Heap	Sue Heap	沙永玲	小魯
顏色女王大考驗 Die Konigin Der Farben	喬塔‧鮑爾	喬塔‧鮑爾	巨河文化	巨河文化
色彩的翅膀 Pêcheur de Couleurs	Michel Piquemal	Éric Battut	謝蕙心	米奇巴克
變色鳥	趙天儀	矢崎芳則		信誼
阿蘭和彩線	鄭惠英	呂游銘		信誼
棒棒天使	楊月秀	趙國宗		信誼
我來畫你來看	李南衡	趙國宗		信誼
三角形 Triangles	山本忠敬	山本忠敬	鄭明進	信誼
七隻瞎老鼠 Seven Blind Mice	Ed Young	Ed Young	馬景賢	台英
小黃和小藍 Little Bule And Little Yellow	Leo Lionni	Leo Lionni	潘人木	台英
好紅好紅的紅毛衣 Makkana Seetaa	岩村和朗 Kazuo	岩村和朗 Kazuo	台英	台英
有色人種 Homme de couleur	Bilboquet - Valbert	Bilboquet - Valbert	張淑瓊	和英
夢遊彩虹國	蘇振明	林正義		光復
畫圓	曹俊彥	曹俊彥		光復
上下裡外	許玲惠	曹俊彥		光復
穿衣服出門去	戴文青	陳永勝		光復
國王的長壽麵	馬景賢	林傳宗		光復
圓圓國和方方國	張秀綢	陳維霖		光復
白色、灰色和黑色 Blanc et Gris et Noir	Gèrard Moncomble	Zaü	徐素霞	青林
跳不停的紅球 Min Bold	Spang Olsen	Spang Olsen	張玲玲	格林

	蠟筆小黑 Kureyon No Kuro- Kun	Miwa NAKAYA	Miwa NAKAYA	游珮芸	經典 傳訊
	自己的顏色 A Color Of His Own	Leo Lionni	Leo Lion- ni	林真美	遠流
	兔子先生幫幫忙好 嗎？ Mr. Rabbit And The Lovely Present	Charlotte Zolotow	Maurice Sendak	林真美	遠流
	火車快跑 Freight Train	Donald Crews	Donald Crews	劉思源	遠流
	有誰看見我的書 Stella Louella's Run- away Book	Lisa Campbell Ernst	Lisa Cam- pbell Er- nst	鄭榮珍	遠流
	在一個晴朗的日子 裡 One Fine Day	Nonny Hogro- gian	Nonny Hogro- gian	林苑玲	遠流
	蠟筆盒的故事 The Chalk Box Story	Don Freeman	Don Free- man	林真美	遠流
	魔數小子：貪心的 三角形 The Greedy Triangle	Marilyn Burns	Gordon Silveria	吳梅瑛	遠流
	彩虹村	謝佳玲	謝佳玲		國語 日報
	顏色是怎麼來的 The GreatBlueness and Other Predica- ments	Arnold Lobel	Arnold Lobel	漢聲 編輯部	漢聲
數	有一個下雨天 One Rainy Day	Valeri Gorbachev	Valeri Gorba- chev	林芳萍	上人
	數學詩 Mathematickles！	Betsy Franoo	Steven Salemo	林良	三之三

	書名	文	圖	譯者	出版社
	1，2，3 到動物園 1,2,3 To The Zoo	Eric Carle	Eric Carle		上誼
	創意遊戲書 Game Book	Taro GOMI	Taro GOMI	編輯部	上誼
	兔子錢 Bunny Money	Rosemarry Wells	Rose-marry Wells	張淑瓊	上誼
	奇妙的種子 Fushigina Tane	安野光雅 Mitsumasa Anno	安野光雅 Mitsum-asa Anno	鄭明進	上誼
	十個人快樂搬家 Jù-nin No Yukaina Hikkoshi	安野光雅 Mitsumasa Anno	安野光雅 Mitsum-asa Anno	鄭明進	上誼
	壺中的故事 Tsubo No Naka	安野雅一郎 Masaichiro Anno	安野光雅 Mitsum-asa Anno	吳家怡	上誼
	好餓的毛毛蟲 The Very Hungry Caterpillar	Eric Carle	Eric Carle	鄭明進	上誼
	一條尾巴十隻老鼠	陳木城	曹俊彥		光復
	雙雙對對	黎芳玲	嚴凱信		光復
	加倍袋	曹俊彥	曹俊彥		信誼
	撞沙球	鄭榮珍	陳苓		信誼
	綠豆村的綠豆	李紫蓉	張振松		信誼
	誰要來種樹	黃郁欽	黃郁欽		信誼
	金老爺買鐘 Clocks And More Clocks	Pat Hutchins	Pat Hu-tchins	陳木城	台英
	數數看 Anno's Counting Book	安野光雅 Mitsumasa Anno	安野光雅 Mitsum-asa Anno	黃郁文	台英

	書名	作者	繪者	譯者	出版社
	數學魔咒 Math Curse	Jon Scieszka	Lane Smith	黃聿君	格林
	門鈴又響了 The Doorbell Rang	Pat Hutchins	Pat Hutchins	林真美	遠流
	魔數小子：國王的超級特派員 The Kings Commissimers	Susan Guevara	Aileen Friedman	吳梅瑛	遠流
	數我	潘人木	鍾偉明		國語日報
	100 隻飢餓的螞蟻 One Hundred Hungry Ants	Elinor J. Pinczes	Bonnie Mackain	林良	經典傳訊
	我是第一個	Taro Gomi	Taro Gomi	漢聲雜誌	漢聲
	算算看 A Let's Count Book	松井紀子 Noriko Matsui	松井紀子 Noriko Matsui	漢聲編輯部	漢聲
季節	陀螺，轉轉轉 （在春天）	馮輝岳	韓舞麟		小魯
	滿天星，亮晶晶 （在夏天）	杜榮琛	韓舞麟		小魯
	躲貓貓，抓不到 （在冬天）	林芳萍	韓舞麟		小魯
	為什麼會有不同的季節變化 Why do Seasons change	Christopher Maynard	Christopher Maynard	招貝華	上誼
	春天來了 Spring is Here	Taro Gomi	Taro Gomi	吳宜真	信誼
語言	水果們的晚會	楊喚	黃本蕊		和英
	夏夜	楊喚	黃本蕊		和英

問題與討論

一、你知道我們常說的五官，是指哪些嗎？

二、我們要學習保護自己，你知道你的身體有哪些地方，別人是不可以碰的？

三、家裡有爺爺、奶奶嗎？問問他們小時候唱的歌謠是什麼？把它錄音下來，與班上的小朋友一起分享。

四、你會唱哪些兒歌歌謠？試著唸或唱一首與身體有關的兒歌歌謠吧！

五、當你的身體感覺不舒服時，你該怎麼辦？

六、洗手人人會，你知道如何正確洗手才能預防腸病毒嗎？

七、說說看，你認識哪些形狀？平常，這些形狀在那裡可以看得到呢？

八、你喜歡什麼顏色？說說看，當兩種顏色混在一起，會有什麼不同的色彩變化呢？

九、你會用什麼方法去比較東西的長短？

十、十元可以換成十個一元，說說看，還可以怎麼換呢？

十一、兩個三角形拼在一起，會變成什麼形狀？四個、六個又會變成什麼形狀？

十二、有沒有注意到路上的廣告招牌，它們是什麼形狀？什麼顏色？

延伸活動

活動一：認識自己

(一)準備材料

小鏡子、圖畫紙、黑色奇異筆。

(二)活動過程

1. 請每位小朋友拿著小鏡子看著自己的臉，讓他們說說看到自己臉上有哪些器官？
2. 觀察討論後，請小朋友從鏡子中的觀察，畫出自己的臉畫像。
3. 畫好之後，請小朋友為自己作個介紹。

活動二：戲劇：怪叔叔

(一)準備材料

故事書：《怪叔叔》，裝飾道具、扮演衣物、化妝道具，書面紙、彩色筆或蠟筆，舞台布置。

(二)活動過程

1. 老師先說個故事：怪叔叔。
2. 與小朋友討論：當你遇到奇怪的人時，該怎麼處理或反應呢？
3. 依據書中的故事主要內容架構，重新編排、安排角色，請小朋友做戲劇的演出。
4. 經過排演後，請小朋友製作戲劇演出海報，邀請園內其他班級小朋友觀賞演出。

活動三：兒歌朗讀

㈠準備材料

錄音帶、錄音機、麥克風、舞台、書面紙、畫筆。

㈡活動過程

*1.*活動前，老師先回顧小朋友所學過之兒歌，請每位小朋友選出自己最喜歡的一首。

*2.*每位小朋友選擇自己最喜歡的一首，上台表演。

*3.*表演時，老師協助錄音，讓小朋友可以帶回家與爸爸、媽媽分享。

*4.*每位在場參與的聽眾，在票上畫出自己認為讀唱最好或最喜歡的一位小朋友。

*5.*經票選產生之前幾名，可以公開鼓勵，並邀請幾位票選他們的聽眾，說說為什麼會投票給他。

活動四：環島旅行

㈠準備材料

台灣四季出產水果之兒歌、台灣大地圖、台灣水果月曆。

㈡活動過程

*1.*老師先介紹台灣一年四季的水果，哪些水果是當地之特產。

*2.*老師以地圖為藍本，向小朋友說明那些出產之縣市所在位置圖。

*3.*介紹過後，以水果兒歌朗讀，加強小朋友對四季產出及產地之水果印象。

*4.*將台灣大地圖放置地上，小朋友唸著水果兒歌繞著地圖外圍走動。

*5.*當老師說：台灣的××水果是哪一個地方的特產時，小朋友必須走到地圖上那個地方的所在位置。

活動五：醫生護士

(一)準備材料

醫護人員看診之道具、服裝，看診台。

(二)活動過程

1. 團體討論時，請小朋友說說自己生病時看醫生的經驗。分小組進行：2.5.7 之活動演出。

2. 邀請小朋友扮演醫師、護士、病人及陪診人之角色。

3. 進行生病看診之模擬活動。

4. 小朋友扮演爸爸、媽媽及生病的小朋友。

5. 進行生病時，父母親照護小朋友之情形模擬。

6. 小朋友扮演老師、生病之小朋友、其他同伴。

7. 進行小朋友在園內發燒或意外受傷時，老師的處理方法模擬演出。

8. 每組模擬演出之後，全部小朋友在一起討論，生病或意外受傷時，自己可以如何照顧自己？可以如何幫助、安慰、關心生病或受傷的小朋友？

活動六：彩色世界

(一)準備材料

玻璃紙（紅、黃、藍、綠）、水彩、滴管、小容器。

(二)活動過程

1. 玻璃紙遊戲：

(1)發給每位幼兒紅、黃、藍、綠四張玻璃紙，請幼兒分別將各色玻璃紙，逐一放在眼睛前，讓他們說說所看到的是什麼顏色的世界。

(2)請幼兒分別以不同顏色的兩張玻璃紙，重疊放在眼睛前，讓他們體會兩色混合所看到的效果。

(3)請他們分別以三張或四張玻璃紙，重疊放在眼睛前，看看效果是否有所不同。

2.水彩遊戲：

(1)準備紅、黃、藍、綠四色水彩顏料，並以水稍加稀釋。

(2)指導幼兒以滴管吸取等量的顏料，加在另一顏料上，並觀察顏色的變化情形。

3.幼兒經驗分享。

活動七：形狀變變變

(一)準備材料

各色大小不等的形狀色紙。

(二)活動過程

引導幼兒利用各種大小不等的圖形，自由黏貼設計成美麗的圖案。

活動八：同心合力

(一)準備材料

呼啦圈、玩具。

(二)活動過程

1.幼兒分成數組，每組一個呼啦圈。以教室內的玩具為尋寶範圍。

2.老師發號口令，各組幼兒須合力尋找，老師所指定的顏色、數量的玩具到呼啦圈中。

3.最先收齊的一組得一分，遊戲結束後，師生共同統計得分結果，分數最高的那一組為優勝。

活動九：比一比

㈠準備材料

落葉。

㈡活動過程

1. 師生共同到校園或附近公園撿拾不同的落葉。
2. 請幼兒依落葉的大小分類。
3. 比較落葉的大小、形狀的不同。
4. 排一排，數一數，比較看看，哪一種落葉較多呢？

活動十：跳蚤市場

㈠準備材料

玩具、故事書。

㈡活動過程

1. 請幼兒在家和父母商量，家中過時或閒置不用的玩具或故事書
   等，帶一、兩樣到校，並事先標示價格（十元以內）。
2. 師生共同把幼兒帶來的東西分類，並布置成數個攤位。
3. 請班上的愛心家長協助或有意願的幼兒擔任老闆，其他的幼兒
   擔任顧客。
4. 老師發給顧客適當的買賣遊戲代幣，讓幼兒進行十元以內換算
   的買賣交易活動，並藉此交換家中的玩具或書籍。

活動十一：迷宮遊戲

㈠準備材料

紙、色筆。

（二）活動過程

1. 老師介紹自製的迷宮地圖，並請小朋友以手指依路線走走看。

2. 請小朋友在紙的一端先標示出「入口」記號，另一端為達到目標的終點，老師引導孩子在入口和終點的途中，再設計更多不同的路線及陷阱。

3. 完成後將迷宮圖捲起到「入口」處，並鼓勵小朋友互相接受挑戰。

相關網站

一、台北市政府教育局性別教育網 http://w3.tp.edu.tw/gender/

　　以兩性教育相關資訊為主的網站，提供行政組織、法令政策、教材、研究園區、教學資源、諮詢服務、留言板及兩性聊天室等。

二、台北市政府衛生局 e 情網站 http://cdc.health.gov.tw/

　　本網站提供最新消息、傳染病處理流程、預防注射醫院、常見傳染病、天然災害、防疫法規等。

三、健康久久─衛生教育網站 http://health99.doh.gov.tw/

　　內有健康手機、熱門事件大家談、健康新聞、遊戲天地、健康連線、衛教宣導品索引、健康民調等。

四、動動網 http://www.justsports.net.tw/

　　由行政院體育委員會委託蕃薯藤數位科技製作，顛覆傳統運動觀念的整合型運動入口網站，有運動新聞、專題報導、運動訓練場、體育典藏小百科，集合國內國外的活動行事曆等豐富有趣的內容。

五、數學小飛俠 http://www.tces.chc.edu.tw/math/small/

　　內容提供幼兒數學概念的介紹、親子數學遊戲、圖畫書學數學、數學網站連結及參考資料的推薦。

六、優生媽媽 http://www.enfamama.com.tw/stage4/interact/ s4q_index.asp

　　內容分為媽媽百寶箱、婆婆媽媽、親子互動區而親子互動區包含了與寶寶對話專欄中的 IQ 智能、身體智能、人際關係發展介紹及提供線上的遊戲等資源。

七、有愛無礙 http://kids:dale.nhctc.edu.tw/

　　提供各科教材生動活潑的多媒體教學及遊樂天地。

八、未來教室 http://www.928n.com/index.htm

　　內容有教學小故事、鄉土教材、教育網路及有關繪畫、遊戲等的才藝教室，提供各種的教學資源。

九、童年網事 http://www.kidsworld.com.tw/

　　內容分為兒童樂園、家長園地、親子天地、購物廣場、時事專欄。提供家長、兒童掌握有關教育、心理、健康、書籍等方面的資訊及自我成長的機會。

「101 本好書」內容簡介

認知學習

說說唱唱唸童謠：螢火蟲	大頭仔生後生
包含十五首童謠：螢火蟲、減肥、賞月、洗刷刷、猜拳、蘋果、放學、遊梅領、鬧鐘、找朋友、老榕樹、學走路、賽龍舟、數星星、做早操等。	「大頭仔生後生」詞句有趣、生動活潑，運用長短轉調，節奏靈巧輕快，易於琅琅上口，小朋友在吟誦時彷彿可以嘗到台灣小吃的絕佳美味。

🥁 一放雞二放鴨

包含台灣的遊戲兒歌十五首：囝仔你幾歲、放雞鴨、蟲蟲飛、打電話、挨嘘嘘、一的炒米芳、點點篤篤、西西西、掩嘓雞、搖搖踏踏、小蟑螂、賣雜細、小郵差、荷花幾月開、丟手帕等。

🥁 我愛玩

本書的主題很清楚，以童玩為主軸，發展成一本可讀可玩、好看好玩的作品，是一本結合兒歌與遊戲的書。如跳房子、捉迷藏、打水漂兒、烤番薯等等。

🥁 喵喵喵喵鵝游水

動物兒歌：雞、小老鼠、袋鼠、獅子、老虎、河馬、水牛、長頸鹿、貓、螃蟹、綿羊、鴨子、羊、企鵝、天鵝等。

🥁 嘰嘰喳喳蟲蟲飛

動物兒歌：小瓢蟲、竹節蟲、跳蚤、蚱蜢、螞蟻、蟬、蝴蝶、螳螂、蜻蜓、鷺鷥、塘鵝、九官鳥、啄木鳥、小水鴨、麻雀等。

🥁 綠綠大樹香香花

植物兒歌：鳳凰花、菊花、康乃馨、杜鵑花、睡蓮、荷花、鬱金香、水仙、朱槿、蒲公英、聖誕紅、菩提樹、柳樹、酒瓶椰子、牽牛花等。

🥁 脆脆蔬菜甜甜果

水果兒歌：稻子、草莓、枇杷、芒果、西瓜、洋蔥、油菜、苦瓜、冬瓜、茄子、楊桃、葡萄、檸檬、蓮霧、石榴等。

🥁 靜靜悄悄雪花飄

自然兒歌：風景、瀑布、山、小溪、冬天、秋天、夏天、春天、雷、陽光、霧、雲、雪、雨、山洞等。

🥁 肥豬齁齁叫

包含二十一首台語兒歌：肥豬齁齁叫、載雞載羊、厝鳥仔、黑貓黑唑唑、狐狸子、山頂一隻猴、一陣虎、土狗仔、目睭花花、田蛤仔、憨水牛、獅去剃頭、餓鬼貓、趣味歌、老鼠撞著鐵、大豬公、黑猩猩、黑墨水、虎姑婆、鸚哥鳥、不得了等。

身體

有趣的身體感官（觸覺、視覺、味覺、嗅覺、聽覺、味覺）

我們是用什麼方式來感受這個世界呢？答案就是用觸覺、嗅覺、味覺、視覺和聽覺。靠著這五種感官，我們就能去探索生活周遭的世界。

概念書

拼拼湊湊的變色龍

有一天，變色龍來到動物園，見到許多漂亮的動物！變色龍希望自己能變成北極熊、長頸鹿……。

棕色的熊、棕色的熊，你在看什麼？

「棕色的熊、棕色的熊，你在看什麼？」「我看見一隻紅色的鳥在看我。」「紅色的鳥、紅色的鳥，你在看什麼？」「我看見一隻黃色的鴨子在看我。」……隨著這樣一問一答的句子、重複的韻律與節奏，一本充滿各種動物與色彩的圖畫書在孩子面前慢慢展開。

巫婆與黑貓

巫婆和他心愛的黑貓小波，住在所有的東西都是黑色的黑屋中。

千變萬化

本書不用文字，僅用圖畫就能表現千變萬化的想像力、創造力和震撼力，帶給孩子巨大的驚喜。書中有一對聰明可愛的積木人，只用二十七塊積木，就解決了他們遇到的所有問題：沒房子時蓋房子；房子著火了，就把房子改成消防車來救火……

晶彩概念書——點心時間

　　寶寶可以從這本令人眼睛一亮的書裡，認識點心的種類。

晶彩概念書——形狀

　　寶寶可以從這本令人眼睛一亮的書裡，認識形狀。

晶彩概念書——扮演時間

　　寶寶可以從這本令人眼睛一亮的書裡，認識時間。

晶彩概念書——遊戲時間

　　寶寶可以從這本令人眼睛一亮的書裡，認識遊戲活動。

晶彩概念書——睡覺時間

　　寶寶可以從這本令人眼睛一亮的書裡，認識睡眠活動。

晶彩概念書——相反詞

　　寶寶可以從這本令人眼睛一亮的書裡，認識相反詞。

我的第一本數數書

　　1 是小雨傘，2 是美天鵝，3 是三層架，4 是一張帆……這本書充滿豐富有趣的聯想，讓小朋友在輕鬆活潑的認字遊戲中，享受數數兒的快樂，並為小朋友打下紮實的算術基礎，為將來學習加、減、乘、除運算而鋪路。

我的第一本形狀書

　　方形、圓形、三角形……各式各樣的形狀全在這裡大集合！讓小朋友在千變萬化的形狀王國中，展開奇妙的探索之旅。一邊玩，一邊認知，在遊戲中學習，小寶貝最聰明。

我的第一本 ABC

　　小朋友，大家一起來練字母操，大 A 先來劈劈腿，大 E 向前伸伸手，大 I 立正站很久……ABC……所有字母大集合。這本書讓小朋友經由模仿每個字母的形狀，來學習 ABC……記住二十六個字母，真是新鮮有趣！

我的第一本色彩書

　　紅、藍、黃、綠、粉紅、橘、橙……所有的基本顏色全都出來亮相了！讓小朋友在五彩繽紛的色彩世界中，經歷神奇的發現之旅，小鴨鴨、大乳牛、胖河馬、粉紅豬……全都出動了，一起幫助小朋友叫出各種顏色的名字。

數

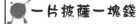 **一片披薩一塊錢**

　　一隻最會做披薩的熊和一隻最會做蛋糕的鱷魚一起做生意,是熊賺的錢多,還是鱷魚賺的多呢?

 **智慧樹 123**

　　書中內容提出各種有關「序列」和「關係」方面的問題,讓幼兒從已知的系統來推斷未知的事物關係、事件發生先後及因果關係。增進幼兒的邏輯推理能力。

季節

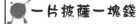 **在秋天:中秋月,真漂亮**

　　詩歌,是兒童文學花園中的百靈鳥,為天下的孩子婉轉吟唱,陪伴小朋友快樂長大。本書含小小百靈鳥、荷花、白雲翻跟鬥、圓仔花、中秋月、牽牛花、菊花等二十二首兒童詩歌。

「推薦好書」內容簡介

身體

認識自己的身體－我的第一本人體圖畫書 　　真實的圖片與插圖幫助孩子了解身體系統，如何的互相合作，鼓勵孩子探索自己身體如何運作，為什麼肚子會咕嚕咕嚕的響？你知道早晨起床的身高比你睡前還高一公分嗎？書中可以找到一些趣味問題與答案。	**莎莎奇遇記** 　　莎莎和家人一起到海邊來玩，她自己一個人先跑去玩，她看見紅色、粉紅色、藍色的山，還有柔軟的洞穴，全身長毛的大蟲子，大大的圓球，一隻沒有嘴巴、眼睛的怪物，天啊！這真是一個可怕的經歷，莎莎到底遇到什麼使她這麼驚險的哭了起來，並回家說給爸爸聽。
肚臍的秘密 　　媽媽，我的營養都是您給我的！大家的肚子上都有肚臍，有些形狀還都不一樣，肚臍是什麼？是肚皮上的附件，是媽媽懷我的時候繫在我身上以免我迷路的繩子，肚臍真的是什麼？……肚臍是我們待過媽媽肚子裡的證據。	**唉唷唷唷** 　　媽媽笑嘻嘻的臉，唉唷唷唷！我的手指上有一圈圈細細的紋路，腳指頭也有，媽媽的跟我不一樣，唉唷唷唷！剛剛走過去的雙胞胎長的好像一模一樣，仔細一看長痣的地方不一樣，唉唷唷唷！這裡好癢被蚊子叮到了，仔細一看左手肘被叮。
血的故事 　　唉啊！不小心摔了一跤，跌破了皮流血了，血黏黏的一會兒就會乾了，這是因為血通過的小管子破掉了，在身體裡面有很多的小管子就是血管，書中說明血如何在身體中運行，什麼是心跳？可不可以聽到心臟送血的聲音，血對人和動物都一樣重要。	**手和手指頭** 　　在玩遊戲的時候你會用到你的手，但在吃東西時不能用手你可能會很難過，每個手和手指頭都有自己的名字，兩手還可以合起來，大拇指可以捏住東西、扣鈕扣、用力壓東西，手和手指頭可以騷人癢、搓圓球、挖洞、觸覺，出門跟媽媽手拉手。

🔵 眼睛的故事

　　人類和一般動物一樣都有兩個眼睛，把眼睛閉起來什麼都看不見了，書中並對眼睛的構造做一番圖解，瞳孔周圍的虹膜，因頭髮顏色的不同，也會有不同顏色，你知道為什麼要有睫毛嗎？你該如何保護你的眼睛呢？

🔵 骨頭

　　喜歡吃魚嗎？你能把魚吃的乾乾淨淨的嗎？魚的骨頭很硬，要小心不要吃下去，章魚沒有骨頭，如果你的身體裡面沒有骨頭也會軟趴趴，人會跑會跳全靠骨頭和關節，骨頭的架上有肉及皮膚和其他組織，人藉由研究骨頭化石了解以前的人類。

🔵 我們的頭腦

　　身體的頂端是頭，頭的裡面是頭腦，頭腦裡面是皺皺的，又像饅頭一樣軟軟的，但外表有堅硬的頭骨保護，腦在做什麼，裡面接了很多的神經有眼睛、耳朵、指頭等身體的許多部分，裡面許多的訊號傳來傳去，如放屁、想哭、呼吸、想法等。

🔵 鼻孔的故事

　　和小美比起來我的鼻孔比較大，但我的鼻孔沒有爺爺大，把臉仰起來，每個人的鼻孔大小、形狀都不一樣，大部分動物有兩個鼻孔，海豚的鼻孔在頭頂上，鼻孔可以呼吸，嘴巴也可以，但鼻塞就聞不到味道了，說話還會含糊不清。

🔵 腳丫子的故事

　　和爺爺比比看誰的腳丫子大，腳丫子有多大呢？畫畫看跟嬰兒比一比，我們做很多事情都會用到腳丫子，如爬樹、爬杆、玩遊戲，並且踩到草或沙會有感覺，跑步的時候你知道腳丫子如何著地嗎？每個人的腳掌心也不同喔。

兒歌

語言圖鑑	**我們要去捉狗熊**
本書共有三集，在各式各樣的名字中，生活中包羅萬象許多的名詞都有名字，如椅子、風、方向等。在有趣的形容詞中，藉由詞語的涵義知道更多的適切形容事物，如神奇的、懷念的、難纏的。在話中有話中，可以體會語言的含意和暗示。內容豐富一定可以給孩子趣味的閱讀。	透過一家人要一起去捉狗熊的過程中，反覆的語句讓讀者容易進入狀況，並配合情境發出聲音來，感受到他們的心情及期待，最後再次的重複語句，會有令人覺得好玩的過程。
傳統閩南兒歌：火金姑	**傳統兒歌：繞繞繞繞口令**
在唱唸中認識語言、文字、想像、韻腳，更可以認識民俗節令、遊戲、生活、動物、植物等，內容均從家庭關係出發擴至鄰里關係，如天烏烏、月娘娘、嬰仔搖、換金子、火金星、火金姑……。	書中共十五首繞口令兒歌，繞口令是必須反覆唸、反覆唱、反反覆覆，其特色是愈唸愈熟，書中兒歌有「白布包白果」、「牆上落下一個瓜」、「四和十」、「猴和狗」、「喵喵廟廟」、「六合縣的陸老頭」、「灰雞上飛機」等。
創作兒歌：老手杖直溜溜	**創作兒歌：花花果果**
一書共十五首兒歌，全書均以祖孫之情為主軸，親子間的兒歌，插圖畫出優美的詮釋，包含「呼嚕呼嚕」、「姥姥的抽屜」、「我和奶奶翻箱底」、「跳跳跳」、「正月初七」、「老手杖直溜溜」等。	一書共十五首，文中兒歌如同書名以「花」和「水果」為主，並搭配兩個孩子嬉戲之插畫風格，包含有「燈籠花」、「夜來香」、「薔薇」、「大西瓜」、「紫葡萄」、「橘子」等。

◉ 創作兒歌：小松鼠呼嚕呼嚕

一書共十四首，內容以孩子生活中常接觸的昆蟲或可愛動物為主，包括「小蝸牛」、「鴨子」、「螞蟻」、「小狗」、「大白鵝」、「金龜子」內容是：金龜子，金龜子，亮晶晶，像寶石……。

◉ 創作客家兒歌：第一打鼓

一書共十五首，並說明其國語的翻譯及解說，包含「細雕仔」其意是鴿子、「雞公」、「豬麻」其意是母豬、「僕姑仔」其意是斑鳩、「包黍」其意是玉蜀黍、「第一打鼓」是屬於數目歌。

◉ 滾球滾球一個滾球

本書共分兩個部分，一部份是關於動植物，如我在動物園、黃金鼠、老小孩、五隻猴子沒事幹等，共二十一首。第二部分是大自然時序，春風、白雲天上飄、太陽紅似火、下雨啦、雪花飄等，共三十三首。

◉ 春天在哪兒呀！

本書採用了楊喚詩集中的「春天在哪兒呀！」，由圖文搭配的相當合宜。春天在哪兒呢？在天空裡、在田野裡、在學校、工廠裡，原來春天穿過了大街小巷，輕輕的爬進你家裡喔！

◉ 會畫畫兒的詩

以簡單的圖形為框，營造「畫中填詩」的趣味感，文圖配合的巧妙，以具象的「物」，裝抽象的「情」，抓住你的視覺影像，讓人印象深刻。

◉ 小綿羊

四首呵癢的兒歌，四首臉部遊戲兒歌，可以一邊唸唱兒歌，一邊用手指在孩子臉上游走，或是搔搔癢，增加親子互動的快樂時光。

◉ 小鴨子

八首不同的手部遊戲兒歌，父母可以握著孩子的小手，一邊唸兒歌，一邊和孩子玩各種手部遊戲，增加親子互動的快樂時光。

◉ 小猴子

四首腳部遊戲兒歌，四首騎乘遊戲兒歌，可以一邊唸兒歌，一邊陪孩子玩玩腳趾頭的遊戲，或讓孩子騎乘在身上玩遊戲增加親子互動的快樂時光。

小兔子

　　八首全身律動的遊戲兒歌，可以一邊唸兒歌，一邊和孩子一起動一動活動筋骨，增加親子互動的快樂時光。

猴子跳

　　利用手指體操和手指兒歌，可以做一個輕鬆愉快的遊戲轉換工作，如雙手、大木桶、種子、蜜蜂、小白兔等。

啄木鳥

　　配合兒歌的內容設計一些手指的遊戲，使孩子對自己的感覺可以更敏銳，也利用肢體傳達情意，如蓋房子、含羞草、啄木鳥打、電話、小蝸牛等。

小白鵝

　　藉由寓教於樂的遊戲，提供家人一些新的遊戲內容，增進親子間的情感溝通，如湯圓、敲門、小白鵝、好朋友、小河等。

小吊橋

　　右搭橋，左搭橋，搭了一座小吊橋，搖啊搖，搖啊搖，斷了再搭一座橋，藉由手指搖的遊戲兒歌，孩子在唸唱中透過生動有趣的手部遊戲，幫助孩子肌肉發展及反應能力。

嘰哩呱拉

　　小金魚力氣大，大鯨魚力氣小，鯨魚怕金魚，金魚不怕鯨魚，有趣的繞口令歌，可以增進孩子在發音、辨音的能力，是幫助孩子學習語言的工具。

拍花籃

　　你拍幾呀？我拍一呀，一隻蝸牛上樓梯啊！這是一本數數的遊戲兒歌，在拍手、跺腳、拉手、轉圈等遊戲中，練習孩子的語言、動作與協調能力。

好寶貝

　　一根長竹竿可做什麼樣的事情呢？本書用輕鬆的方式介紹，體會其中的惜福、愛物、助人等，文字並帶有韻腳，跟著圖文一起來欣賞。

全都睡了 100 年 　　本書呈現出相當清新的文字風味，描述出孩子生活中場接觸的事物，化為幽默有趣的口吻。書中的字型排列也有其特別的地方，本書為信誼文學獎佳作的作品。	**牛來了** 　　本書蒐集中國傳統兒歌共十一首兒歌，以描述周遭的事物為主，如青蛙、蝌蚪、大姆哥、月亮、小老鼠、黑貓白貓、蟲蟲飛、小鴨子、牛來了等。
小鈴鐺 　　這本書是針對○至三歲的孩子所寫的兒歌，讓孩子和媽媽一起快樂唸兒歌，也以生活中熟悉事物為主，文字淺白且短，大人還可以想些動作來配合，如小汽車、小鈴鐺、紅蕃茄、甜甜圈、小青蛙、小魚、吹泡泡、手牽手等，共十一首。	**火金姑** 　　富含語言的趣味，每一首兒歌皆以流暢的韻腳、多變的形式、逗趣的內容，展現語文豐富的內涵。
紅田嬰 　　充滿台灣民間生活的情味，每一首都揀選了一個精采有趣的活動為主題，表達台灣百姓豐饒的生活習俗。	**紅龜粿** 　　以動物為主題的二十首兒歌，內容親切有趣，字辭生活化，淺顯易懂，呈現出台語的幽默逗趣，讓幼兒體會台語的聲韻之美。
小胖小創作兒歌集（五書） 　　採用了傳統兒歌的基本形式，如連鎖歌、連鎖遊戲歌、問答歌、顛倒歌、繞口歌，特邀知名的兒童作、畫家聯合創作而成。每一本兒歌內容，都以輕鬆活潑、簡單明快、順口易學為原則。	**荷花開，蟲蟲飛** 　　精選代代相傳兒歌，包含繞口歌、連鎖歌、數字歌、搖籃歌、遊戲歌……，在不同的句型變化中，幼兒可充分感受到中國語言的節奏感、音樂性。

繪本主題教學資源手冊

指甲花

　　是王金選再度為幼兒撰寫的台語創作兒歌，共有二十首。內容是以台灣常見的蔬果、植物為主題，以趣味化的方式介紹主題的特性，充滿唸唱的樂趣。

月兒亮，花滿天創作兒歌集

　　輕快的兒歌是幫助孩子語言發展的大利器，因為它押韻、句子短、音節響亮，孩子易念易記，也樂於一再吟唸。以現代語彙編成的創作兒歌，不僅承續傳統兒歌的形式，也反映了孩子現代化的生活，更能貼近孩子的心。

蜘蛛先生要搬家

　　蜘蛛先生為什麼要搬家？牠要搬到哪裡呢？牠用什麼蓋新房子呢？讓我們一起來看看蜘蛛先生的新家。

動物的歌

　　用十一首可愛的兒歌，介紹十一種動物的特性。孩子學會了優美的兒歌，也認識了許多動物。

客家兒歌：逃學狗、火焰蟲

　　本書共三十六首客家兒歌，客家用語有六聲和七聲，且富於音樂性，因此朗誦起來韻味濃厚，趣味十足，如羊咩咩，羊咩咩，七八歲，坐火車，轉妹家，兩斗米，打齊粑，無糖好搵，搵泥沙。

聽我為你唱童謠

　　全書共十二首，配合優美淡彩細緻的插畫風格，如我要買陽光、三隻麻雀、大耳朵池塘、小狗帶領帶等，介紹大象胖胖：大象胖胖不是豬，三姑管牠叫叔叔，大象胖胖愛散步，走來走去壓馬路。

十二月水果歌

　　台灣真是個寶島，每個月都會有不同的水果等你品嚐，作者利用水果創作兒歌，包括芒果、荔枝、鳳梨、楊桃、橘子、蓮霧、木瓜、草莓、葡萄、香蕉，並介紹每種水果它的產期在幾月，還有該水果分布於哪些縣市生產。

猜謎旅行

　　本書共有一百個猜謎的遊戲，非常有趣，提供孩子思考想像的空間，如第八十七題：入口只有一個，出口卻有三個，是什麼東西呢？答案是毛衣。第三十三題：一被搔癢就唱歌，答案是吉他。

花蕊紅紅・葉青青

用春夏秋冬四季來區隔，帶領孩子吟誦，共四十首，每一季共十首，如春季—找春天，夏季—日頭花，秋季—菊仔花，冬季—水仙花等。

風婆婆趣味兒歌

本書採集了大陸各地的兒歌，包含湖南的風婆婆、浙江的黃狗抬轎、福建的月光光、北平的顛倒歌、廣東的天皇皇等，共十一首各地方趣味兒歌。

趣味數數兒歌

本書蒐集了十一首的數數兒歌，依照數字的順序排列而成，包含一隻手拍不響、五指歌、六字歌、七個仙女來摘果、八條腿等，藉由唸兒歌讓孩子與數字親近。

水果們的晚會

除了水果的色香味之外，作者也為水果添加美麗的彩衣，使水果更呈現出豐富的生命力，水果的晚會透過想像及幽默傳達出不同的美感。

夏夜

瀰漫著濃厚的田園氣息，真實的生活和優美的想像、文字的運用、節奏的安排，使這首詩呈現趣味化，對於現今社會的快速變遷，有著不同的懷念風格。

一年一年十二月

一年一年十二月原是先民智慧的結晶，各地風俗或多或少有些不同，作者賦予新詞使孩子閱讀方便，從文中體會先人足跡、智慧、經驗，對大地有更深刻的體會。

概念書

阿羅有枝彩色筆

阿羅有枝彩色筆，透過他不斷的思考、想像，繪出了多采多姿的世界。

為什麼蚊子老在人們耳邊嗡嗡叫

有一天早上，蚊子對大蜥蜴說：我看見一位農夫在挖蕃薯，那個蕃薯幾乎和一樣大，因惹火了大蜥蜴而導致了一連串的因果連鎖反應。

🎨 黃色的小雨傘

　　小南拿著媽媽送給他的黃色小雨傘去散步，走著走著下起雨來了，許多的小動物都跑來傘下躲雨，小南的傘夠大嗎？

🎨 衣裳小公主

　　小公主要過生日了，生日當天要舉辦一場派對，但是公主卻十分煩惱，因為她不知道要穿什麼顏色、什麼款式的衣服才好？

🎨 色彩的翅膀

　　一隻白色的牛幸福的在草原上生活，但牠一直想去看看外面的世界，一隻會捕捉色彩的鳥決定帶牠去旅行，一路上白牛見識到大地的各種顏色和美景，從白天到晚上，從雪地到海洋，牠滿心歡喜的享受著一趟美麗的色彩之旅。

🎨 阿蘭和彩線

　　這是一則台灣山地布農族的古老傳說，內容敘述彩虹的由來。

🎨 神秘的生日禮物

　　本書藉由讓讀者隨著故事中小男孩尋找一份生日禮物的過程，去觸摸符號形狀的裁切設計，而藉此認識與體驗各種圖形符號。

🎨 顏色女王大考驗

　　梅琳達從城堡中走出來，她呼喚僕人藍色，灑向天空、呼喚紅色變成馬，再呼喚溫暖黃色……。本書透過故事內容及內附的彩虹DIY光與顏料三原色圖，十二色相環，色彩轉盤等，讓孩子了解什麼是顏色的三原色？什麼是光的三原色及如何發展十二色相環來建構彩色的世界。

🎨 變色鳥

　　一隻白色的鳥，不停的吃下各種顏色的果子時，卻變成了黑鳥，但黑鳥在空中唱歌，唱出彩色的音符並把大地變成了彩色的世界。

🎨 棒棒天使

　　在簡單的故事情節中，讓孩子有高矮、胖瘦、大小……相反詞的基本概念。

我來畫你來看

本書引導孩子從相同東西的「比較」中，認識多、少，遠、近，長、短……等。

三角形

把三角形變成魚，變成一隻張開大嘴的魚……。本書利用大大小小不同的三角形及顏色組合而成各種圖案，創造了一些不同的視覺效果。

七隻瞎老鼠

七隻瞎老鼠發現了一個怪東西之後，每天由一隻瞎老鼠前往調查，但是它們所得的結果都不同，直到第七隻瞎老鼠向大家解說是一隻大象，大家才全數同意了。

小黃和小藍

小黃和小藍不小心抱在一起，變成了小綠，結果雙方的父母都認不出他們，他們傷心的哭了，變成了兩堆黃眼淚和藍眼淚，才又變回了自己。

好紅好紅的紅毛衣

冬天快來了，松鼠媽媽幫小松鼠們各打了一件紅色的毛衣，他們高興的跑到外面去玩，沿路上他們發現了紅菇、紅的葉子……。

有色人種

作者透過一則非洲口傳的故事，探討白人和黑人的膚色在面對生、死及各種情緒變化時的差異性，藉此讓孩子認識顏色，也了解白種人和黑種人的相異處。

夢遊彩虹國

一位小朋友晚上作夢，進入各種顏色的地方，他覺得彩虹王國真美妙！醒來後，發現早餐也是彩色的。

畫圓

本書教孩子許多畫圓的方法，並增進幼兒對形體的認識。

上下裡外

引導孩子如何由一塊木板、兩塊木板到六塊木板，玩出許多空間的遊戲，進而慢慢建立起空間的概念。

穿衣服出門去

小豬準備和媽媽出門買東西，他隨著媽媽對顏色、形狀、特徵的提示來選衣服，藉此引導孩子分類的概念。

繪本主題教學資源手冊

國王的長壽麵

　　這個國家的國王喜歡什麼東西都是長長的、高高的，連動物園裡養的動物也都是長長的脖子、長長的腳、長長的尾巴。國王的生日到了，廚師做出好長好長的壽麵給國王，國王一個人吃不完，後面還排著長長的隊伍等著幫忙吃呢!

圓圓國和方方國

　　圓圓國的人都姓圓，所使用的東西都必須是圓的，包括文字也是一樣。相反的，方方國什麼都是方的。兩邊的人民都很不快樂，因為許多東西受限於形狀而使用時很不方便，阿不加請兩位國王過去，他讓他們了解不論是圓形或是方形都是一樣的美麗和有用的。兩位國王回去後會做什麼改變呢？

白色、灰色和黑色

　　在這個地方冬天是白色、灰色和黑色。妮卡從學校回來，看到整個村莊的景象，令她害怕，回到家裡後，她一點也不害怕了。就在每日的上下學中，妮卡對看到的景象漸漸地產生了不安，看在眼裡的爹地，決定為房子披上彩衣，村人覺得妮卡的房子像是在跳舞，第二天整個村莊都披上不同的彩衣，妮卡終於不再害怕。

跳不停的紅球

　　有一顆小紅球整天蹦蹦跳跳四處去冒險，它一路上到處惹禍，直到住進皇宮成為十一位王子的寶貝，它終於有了落腳的地方。

蠟筆小黑

　　一盒全新的蠟筆，無聊的跑到紙上畫畫，他們開心的揮灑自己的顏色，只有小黑因自己的顏色不受大家歡迎而難過，鉛筆哥哥想辦法讓小黑上場，為大家製造新的效果。

自己的顏色

　　所有的動物都有他們自己的顏色，只有變色龍例外，他們走到那兒顏色就變到那兒，他們有沒有辦法擁有自己的顏色呢？

🍭 兔子先生幫幫忙好嗎？

　　媽媽生日快到了，小女孩想送一份禮物給媽媽，所以請兔子先生幫幫忙想辦法，而媽媽喜歡紅、黃、綠、藍色，到底送什麼東西好呢？

🍭 有誰看見我的書

　　拉拉還書的日期到了，但從圖書館借回來的那本書卻找不到，由於爸爸的引導，讓拉拉懂得以倒推的方式，回到最後一次看見書的現場……。

🍭 蠟筆盒的故事

　　蠟筆盒中有八枝不同顏色的蠟筆，有一天，盒子打開了，八枝蠟筆跳出來合力畫了藍天、大海、男孩、烏龜……，可是男孩因回不了家愁眉若臉，怎麼辦呢？

🍭 彩虹村

　　七座不同顏色的山中，住著七種顏色的龍，他們接受米克的請求，來到米克被黑巫婆詛咒而失去的色彩村莊，他們要如何幫村民把顏色找回呢？

🍭 火車快跑

　　火車向前走，它以豐富的色彩，帶你走過城市和小橋、走過白天和夜晚……。

🍭 在一個晴朗的日子裡

　　狐狸偷喝了老太太的牛奶，老太太非常生氣，割掉狐狸的尾巴，狐狸為了要回尾巴，沿途去求母牛、草原……的幫忙，它能取回它的尾巴嗎？

🍭 魔數小子：貪心的三角形

　　這是一本介紹形狀的入門書，讓孩子想想貪心的三角形多一個邊的和一個角會變成什麼樣呢？三角形好忙喔！一下子化身成三明治，一下子是風帆又是三角鐵，三角形厭倦了這樣的生活，整形師把他變成四邊形，再厭倦變成五邊形、六邊形……，直到有一天他無法分辨上下左右。

🍭 顏色是怎麼來的

　　魔術師調製顏料把大地從原本灰灰的顏色變為全藍、全黃、全紅，但這些單一的色彩令人不舒服，後來三原色的混合，為世界帶來美麗的色彩。

數

●有一個下雨天

　　午後下起大雨，小豬趕緊跑到樹下躲雨，後來老鼠、刺蝟、水牛、花豹、鱷魚、獅子、犀牛、河馬、大象也都陸陸續續躲到大樹下避雨，請大家數數看樹下到底躲了多少隻動物呢？

●數學詩

　　數學是一種詩，詩也是一種數學。作者用數學符號來代表四季變化，藉此風景來欣賞數學詩，如楓葉加糖水等於紅色的小船，螢火蟲乘以玻璃罐等於夏天的燈籠，書中提供很多的聯想。

●1，2，3到動物園

　　大家一起搭火車到動物園囉！一隻大象、兩隻河馬、三隻長頸鹿……，不同的動物其數量亦不相同，請你數一數有多少隻動物？

●創意遊戲書

　　本書共有五本，包含數、量、圖形與空間、邏輯推理等認知概念，內容有走迷宮、數數、比長短、遠近、換算、數的合成與分解、比高矮、寫前準備等，內容豐富又好玩，對孩子的小肌肉發展、視覺辨識、手眼協調均有助益。

●兔子錢

　　露比姊姊帶著自己存的錢及弟弟麥斯準備去買奶奶的生日禮物，但是麥斯一路上頻頻出狀況，一下子口渴，一下子肚子餓，一下子又要買糖吃，這下子露比錢包裡花費的只剩下五元了，她只好買一個會唱歌的藍鳥耳環和一個吸血鬼假牙當做禮物，此時連坐車的錢都沒有了，只好請奶奶來接，但是奶奶還是很高興收到這份禮物。

●奇妙的種子

　　懶惰的男人得到仙人的二顆種子，其中一顆煮來吃，另一顆埋入土裡。一顆種子可以變二顆種子，二顆種子可以變四顆……。藉由孩子數著種子的生長，增進其對數數及數的合成、分解概念。

十個人快樂搬家

以十個孩子搬家的故事，來引導孩子認識數與量的概念，並了解數字是可以合成、分解的。

壺中的故事

有一個造型雅緻的壺，壺中有水，水中有一個島，兩個國家，每個國家有三座山……，以此呈現階層概念，數目不斷增加，帶領孩子進入數學的神祕和驚奇中。

好餓的毛毛蟲

一隻又小又餓的毛毛蟲，週一吃一顆蘋果，週二吃二顆梨子……它不停的吃，到了週六晚上毛毛蟲終於鬧肚子疼了。

一條尾巴十隻老鼠

敘述一隻黑貓所經歷的事情，內容串連了一到十的數字。一隻黑貓，一條尾巴兩個眼睛，啪啪啪三個芒果往下掉，小黑貓嚇一跳，拔起四條腿往前跑，還使五棵大樹倒下來，吵醒六隻斑鳩，最後遇到十隻可愛的小老鼠。

雙雙對對

平平只穿了一隻襪子，趕緊找找看另一隻在哪裡；翹翹板好好玩但要有兩個人分別坐在兩邊才能玩；用筷子吃東西也要雙雙對對；剪刀、蝴蝶、響板、鈸，都是雙雙對對，還有什麼東西是雙雙對對的呢？

加倍袋

兩個小孩搶著一個紅通通的柿子，老公公將柿子放入花布袋裡，一個變兩個，一匹馬兒載貨爬坡不容易，放進花布袋裡，變成兩匹馬來幫忙，原來花布袋是加倍袋。貪心的人偷走了花布袋，結果會發生什麼事呢？

撞沙球

描述沙灘上一個有趣的撞沙球遊戲過程中，孩子利用一對一的對應來比較數量的多少及分配的情形。

綠豆村的綠豆

喜歡吃綠豆的王老爹和陳老爹，他們把全村的綠豆都買光時，兩人開始爭辨誰的綠豆多，於是決定要好好的比一比，他們要用什麼方法來量綠豆的多少呢？

誰要來種樹

月亮照大地，大地光禿禿，是誰要來種樹呢？敘述小動物的種樹情形，隨著小樹一棵棵的增加，增進孩子對數數的概念。

金老爺買鐘

金老爺想知道閣樓上的鐘時間準不準，於是他陸續買了一座座的鐘，分別放於臥室、客廳、廚房，但奇怪的是每個鐘的時間都有差異，到底怎麼回事呢？

數數看

透過每一幅美麗生動的圖畫，引導孩子仔細去觀察、數數，隨著數的增加，圖中的內容也隨之更為豐富，增進孩子數與量的概念。

數學魔咒

「生活處處皆數學」。自從數學老師說了這句話，小主角就沉溺於數學的世界中，她發現生活的每一分鐘都脫離不了數學，小至普通的數學問題，大至荒謬無厘頭的問題，無論穿衣服、吃早點、去學校，都要加減乘除，要如何解開這個數學魔咒呢？

門鈴又響了

媽媽烤的餅乾好好吃，和奶奶烤的一樣香，維多利亞和山姆本來一個人可以吃六個，但是門鈴陸續的又響了，客人愈多，他們所能分到的餅乾也愈來愈少了。

魔數小子：國王的超級特派員

國王有很多的特派員，專門幫他解決大大小小的麻煩事，但是太多的特派員他實在搞不清楚，也讓他很困惑，聰明的公主想出想出好辦法，可以計算出到底有幾位特派員，當然方法是不只一種。

數我

爸爸媽媽喜歡數我，他們數我的手指頭、腳趾頭、牙齒，數我學走路的步數……，他們不斷的數，我也日漸長大了。

100 隻飢餓的螞蟻

100 隻飢腸轆轆的螞蟻唱著「嗨滴歐呀嘿嘿嘿！」它們排成長長的一排向食物前進，但是排成一排實在太慢了，一路上大家吵著該如何排隊會比較快，每隊五十隻？二十五隻？二十隻，或是五隻就好呢？等到大家的意見決定好了，食物也已經沒有啦！

我是第一個

　　小元早上第一個醒來；第一個穿衣服、刷牙、洗臉；第一個把早餐吃乾淨；第一個離開家；第一個跑上溜滑梯但也第一個跌倒；開口笑、打架、唱歌、倒立……也全部都是小元第一個。

算算看

　　讓孩子從圖畫中仔細觀察，算一算有多少數量並引導對數的合成與分解概念。

季節

陀螺，轉轉轉（春）
滿天星，亮晶晶（夏）
躲貓貓，抓不到（冬）

　　本套書在春、夏、秋、冬四季童詩歌中，領著孩子進入單純的、韻律的、想像的多元學習園地。向小朋友展示著大自然的多姿多彩，讓孩子體會歲時傳承與生活趣味，使人明白學習除了認知，多識草木蟲魚之名外，還要有一顆柔軟的心。

為什麼會有不同的季節變化

　　為什麼冬天這麼冷？為什麼月亮的形狀不停的改變？為什麼一年只能過一次生日？

春天來了

　　春天來了，小草發芽、大地一片清新；夏日來了，小花朵朵開，蝴蝶紛飛；秋天來了，秋風吹、狂風嘯，正是秋收季節；秋天一過，雪花紛飛的冬天又來到。

繪本主題教學資源手冊

語言

水果們的晚會	夏夜
當水果店裡的鐘噹噹敲過十二下，水果們的晚會開場了，香蕉及鳳梨姑娘的高山舞，龍眼先生翻筋斗，西瓜甘蔗演雙簧，芒果楊桃叫好的鼓掌，最後水果的大合唱，唱醒了黑夜雲彩，唱出美麗的早晨。	繪者採多層次的色彩，突顯靜瑟的田園景象，當街燈亮起來向村莊道晚安，夏天的夜就輕輕的來了，來了！來了！從山坡上輕輕的爬下來了，來了！來了！從椰子樹梢上……，灑了滿天的珍珠……。

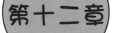

第十二章

自然觀察

陳司敏

地球、環境、動物、植物、四季、
自然元素（雷、雨、風、雲、
土、空氣、水、火）、
生態保護、環保

前言

　　生活在二十一世紀的孩子們，對自然環境的體驗，似乎愈來愈少。曾經有過這麼一說：「美國的孩子，爸媽帶著他們去運動；而台灣的孩子，爸媽是忙著帶他們趕著上才藝課！」我們經常忽略了，對孩子而言，最好也最容易的生活教材，其實都在大自然的環境中。

　　大自然的環境，是給孩子最佳的教材；大自然的體驗，是告訴孩子生命的意義；大自然的視野，是提醒孩子世界之寬廣；大自然的生態，是讓孩子感受美的事物。如何帶領孩子親近大自然，學習保護自然生態，懂得珍惜資源，比起擁有一身的才藝專長，要來得真實且美好。

　　認識社區環境，也是大自然的體驗！知道自己的社區裡有些什麼植物、花卉，街道樹上常有什麼鳥的叫聲等，了解自己周遭的人文環境與特色，也透過對社區的觀察、了解與記錄，才會讓我們珍惜、保護我們居住的地方，愛我們的家。

「101本好書」主題分類

分類	書名	作者	繪者	譯者	出版社
地球	月亮、地球、太陽 La Lluna, La Terra i El Sol	Juame Escala	Carme Sole Vendrell	郝廣才	格林
環境	鯨魚 Kujirada!	Taro Gomi	Taro Gomi	余治瑩	三之三
動物	穿花衣服的國王	Moira Butterfield	Wayne Ford	徐素玫	人類

森林裡的大力士	Moira Butterfield	Wayne Ford	徐素玫	人類
草原上的巨人	Moira Butterfield	Wayne Ford	徐素玫	人類
黑夜裡的獵人	Moira Butterfield	Wayne Ford	徐素玫	人類
沼澤裡的殺手	Moira Butterfield	Wayne Ford	徐素玫	人類
池塘裡的泳將	Moira Butterfield	Wayne Ford	徐素玫	人類
草原上的跳躍者	Moira Butterfield	Wayne Ford	徐素玫	人類
雨林中的美仙子	Moira Butterfield	Wayne Ford	徐素玫	人類
天空中的霸王	Moira Butterfield	Wayne Ford	徐素玫	人類
洞穴裡的嬌客	Moira Butterfield	Wayne Ford	徐素玫	人類
竹林裡的隱居者	Moira Butterfield	Wayne Ford	徐素玫	人類
草原上的守望者	Moira Butterfield	Wayne Ford	徐素玫	人類
躲在哪兒好？	ステーアフ	なかのひらたか	晧如 主編	人類
我要買泥沙	黃淑慧主編	羅門美術中心		人類
我和我家附近的野狗	賴馬	賴馬		信誼
費得 Fred the Fish	王蘭	張哲銘		童話 藝術
快樂的小青蛙 The Happy Little Frog	王蘭	張哲銘		童話 藝術

植物	樹真好 A Tree is Nice	Janic May Udry	Marc Simont	劉小如	上誼
	春天的小草躲貓貓 夏天、草兒來接龍 秋冬、加油吧！小草 （向小草問好1-3冊）	李偲華、 林大成	陳貞芳、 楊慶誠 （審編）		企鵝
	媽媽買綠豆	曾陽晴	萬華國		信誼
	大樹 The Big Tree	王蘭	張哲銘		童話 藝術
四季	春天來了 Spring is Here	Taro Gomi	Taro Gomi	吳宜真	上誼
自然元素	雷公生氣了	ステーアフ	なかのひらたか	訾如主編	人類
	颱風要來了	ステーアフ	なかのひらたか	訾如主編	人類
	小水滴旅行	黃淑慧主編	羅門美術中心		人類
	風娃娃在哪裡	黃淑慧主編	羅門美術中心		人類
	彩色的雲	黃淑慧主編	羅門美術中心		人類
	奇妙的自然元素—— 土 The Elements—Earth	Parramon's Editorial Team	Carme Sole'等	林文玲	台灣麥克
	奇妙的自然元素—— 空氣 The Elements—Air	Parramon's Editorial Team	Carme Sole'等	林文玲	台灣麥克
	奇妙的自然元素—— 水 The Elements—Water	Parramon's Editorial Team	Carme Sole'等	林文玲	台灣麥克
	奇妙的自然元素—— 火 The Elements—Fire	Parramon's Editorial Team	Carme Sole'等	林文玲	台灣麥克

生態保護	白鴿少年 Michael Bird Boy	Tomie dePaola	Tomie dePaola	謝佩璇	格林
環保	企鵝阿比：垃圾收集器	王蘭	張哲銘		童話藝術

「推薦好書」主題分類

分類	書名	作者	繪者	譯者	出版社
地球	地球 Earth	Satoshi Kako	Satoshi Kako	漢聲編輯部	漢聲
環境	米羅和發光寶石 Milo and the Magical Stones	Marcus Pfister	Marcus Pfister	朱昆槐	上誼
	小豆芽，你住在哪一個星球上？ What Plant are you From, Clarice Bean?	Lauren Child	Lauren Child	柯倩華	上誼
	鱷魚先生遊巴黎 Krokodil Krokodil	Peter Nickl	Binette Schroeder	高明美	台英社
	挪亞博士的太空船 Professor Noah's spaceship	Brian Wildsmith	Brian Wildsmith	張劍鳴	台英社
	1999 年 6 月 29 日 June 29, 1999	David Wiesner	David Wiesner	曾蕙蘭	台英社
	現代原始人 Kuki, Mizu, Tabemono	遠藤一夫	佐藤守	黃郁文	台英社
	咱去看山	潘人木	徐麗媛		台英社
	沙灘上的琴聲	鄭清文	陳建良		台英社

白鷺鷥來了 The Village Where White Egrets Visit	Tomiko lnui	Kazuho Hieda	汪仲	台英社
森林裡的迷藏王	末吉曉子	林明子	嶺月	台英社
騎車去郊遊 My Favorite Bike	Yuichi Kasano	Yuichi Kasano	嶺月	台英社
小莫那上山	劉曉蕙	温孟威		台英社
沙灘寶瓶	小安	徐麗媛		台英社
地下鐵開工了 How The Subway Is Constructed?	Satoshi Kako	Satoshi Kako	黃郁文	台英社
可愛的地球 Wonderful Earth	Nick Butterworth & Mick Inkpen	Nick Butterworth & Mick Inkpen	陶淘	宗教教育中心
奇妙的創造 The Story of Creation	Stephanie Jeffs	Doug Hewitt	陶淘	宗教教育中心
元元的發財夢	曾陽晴	劉宗慧		信誼
滅龍行動	王金選	陳維霖		信誼
太陽石 Die Menschen im Meer	Verlag Sauerlander	Jorg Muller	林海音	格林
森林大熊 Der Bar, derein Bar bleiben wollte	Verlag Sauerlander	Jorg Muller	袁瑜	格林
再見！小兔子 Die Kanincheninsel	Verlag Sauerlander	Jorg Muller	薇薇夫人	格林
我愛大自然 Conservation	瑪格麗特唐寇	Robert Ingpen	馬景賢	格林
春神跳舞的森林	嚴淑女	張又然		格林
大海動物園	盧演花	沈辯		國語日報

	傑克教授的菜園 Jack and the Mean stalk	Brian Wildsmith & Rebecca wildsmith	Brian Wildsmith & Rebecca wildsmith	劉恩惠	鹿橋
	我砍倒了一棵山櫻花	劉伯樂	劉伯樂		新學友
	跟我一起看地球 Whadayamean	John Bur-mingham	John Bur-mingham	林真美	遠流
	喂！下車	John Burmingham	John Burmingham	林真美	遠流
	殺麻雀	孫婉玲	劉伯樂		親親
動物	迷糊的小企鵝 The Puzzled Penguin	Keith Faulker	Jonathan Lambert	余治瑩	三之三
	男孩家的小訪客 Nella Tana Bamaino	Beatrice Masini	Franca Trabachi	唐琮	三之三
	長頸鹿喔喔叫 The Giraffe Who Cock-A-Doodle-Doo'd	Keith Faulker	Jonathan Lambert	賴靜雅	上人
	猜猜誰在動物園 Guess Who at the Room	Keith Faulker	Daniel Howarth	賴美伶	上人
	好餓好餓的毛毛蟲 The Very Hungry Cat-erpillar	Eric Carle	Eric Carle	鄭明進	上誼
	好安靜的蟋蟀 The Very Quiet Cricket	Eric Carle	Eric Carle	幸蔓	上誼
	好忙的蜘蛛 The Very Busy Spider	Eric Carle	Eric Carle	鄧美玲	上誼
	小窗子系列——大海裡 Little Window: In the Sea	Dawn Sirett	Dawn Sirett	楊純青	上誼
	小窗子系列——農場上 Little Window: On the Farm	Dawn Sirett	Dawn Sirett	楊純青	上誼

寶寶的第一本動物圖畫書 Baby's Book of Animals	Roger Priddy	Jonathan Heale	李紫蓉	上誼
比一比，誰是飛毛腿 How Fast is a Cheetah	Jinny Johnson	Tudor Humphries	呂穎青	上誼
張開大嘴呱呱呱 The Wide-Mouthed Frog	Keith Faulker	Jonathan Lambert	陳淑惠	上誼
長鼻子豬 The Long-Nosed Pig	Keith Faulker	Jonathan Lambert	詹美娟	上誼
月下看貓頭鷹 Owl Moon	Jane Yolen	John Schoenherr	林良	上誼
恐龍王國歷險記 A Night in the Dinosaur Graveyard	A. J. Wood	Wayne Anderson	鄭榮珍	上誼
親愛的動物園 Dear Zoo	Rod Campbell	Rod Campbell	鄭榮珍	上誼
小羊和蝴蝶 The Lamb And The Butterfly	Arnold Sundgaard	Eric Carle	蔣家語	上誼
大家來逛動物園 The First Zoo Guide for Small Children	Hiroshi Abe	Hiroshi Abe	鄭明進	上誼
我是大象 I'm A Giant Elephant	Taro Gomi	Taro Gomi	蔣家鋼	上誼
動物的手 How Animal's Hands Work？	Atsushi Komori	Keiko Kanao	蔣家鋼	上誼
162隻螳螂 The Future of 162 Mantis Babies Born From An Egg Case	Yuihisa Tokuda	Yuihisa Tokuda	蔣家鋼	上誼

我家是動物園 Zoo , My Family	Kaoru Shodo	Taeko Oshima	游珮芸	上誼
從頭動到腳 From Head To Toe	Eric Carle	Eric Carle	林良	上誼
你看到我的貓嗎？ Have You Seen My Cat?	Eric Carle	Eric Carle	林良	上誼
比一比，誰是巨無霸 How Big is a Whale	Jinny Johnson	Michael Woods	呂穎青	上誼
動物的腳印	加藤由子	久邦彥	張碧員	大樹
雁鴨與野狐 The Sly Fox and The Clever Duck	Risako Uchida	Sabubo Yamada	嶺月	台英社
晚安，貓頭鷹 Good -Night，Owl！	Pat Hutchins	Pat Hutchins	高明美	台英社
旋風起，小蟲急 Golden Storm	Kazuko G Stone	Kazuko G Stone	汪仲	台英社
動物園 Animals in the Zoo	Atsushi Korori	Shuji Kimura	黃郁文	台英社
鳥兒的家	何華仁	何華仁		台英社
猜猜看：這是誰的手和腳 How Did Animal's Hands and Feet Change	Masao Kawai	Masayuki Yabuuch	黃郁文	台英社
晚上的朋友 Yoru No Tomodachi	Kazuo Iwamura	Kazuo Iwamura	嶺月	台英社
森林裡的鳥寶寶 Mori No Akachan	Kazuo Iwamura	Kazuo Iwamura	嶺月	台英社
動物的媽媽 Animal Mothers	Atsushi Komori	Masayuki Yabuuchi		台英社
蜘蛛小姐蜜斯絲白德開茶會 Miss Spider's Tea Party	David Kirk	David Kirk	林良	台灣麥克

小河的故事	鄭明進	洪德麟		光復
第一次狩獵 The First Hunt	Toshi Yoshida	Toshi Yoshida	鄭明進	青林
找不到媽媽的小牛羚 Where Is Mother	Toshi Yoshida	Toshi Yoshida	鄭明進	青林
彩虹不見了 The RainBow That Went Away	Toshi Yoshida	Toshi Yoshida	鄭明進	青林
可怕的回憶 Memories	Toshi Yoshida	Toshi Yoshida	鄭明進	青林
愛的呼喚 A Voice Calling	Toshi Yoshida	Toshi Yoshida	鄭明進	青林
哎呀，誤會啦！ The Quarrel	Toshi Yoshida	Toshi Yoshida	鄭明進	青林
小島上的貓頭鷹	何華仁	何華仁		青林
小白和小灰	許玲慧	江彬如		青林
星月 Stellaluna	Janell Cannon	Janell Cannon	楊茂秀	和英
綠笛 Verdi	Janell Cannon	Janell Cannon	楊茂秀	和英
小蠑螈睡哪裡？ The Salamander Room	Anne Mazer	Steve Johnson & Lou Fancher	林芳萍	和英
小蟲兒躲躲藏	郭玉吉	郭玉吉		信誼
小螞蟻回家	葉香	邱清剛		信誼
蜘蛛先生要搬家	汪敏蘭	趙國宗		信誼
啊！不可思議—人類 與動物的行為觀察 Illustrated Dictionary of Human & Animal Behavior	Hiroshi Ikeda	Gen'ichiro Yagyu	游珮芸	信誼

大象的時間老鼠的時間 The Time of an Eleph-ant and The Time of a Mouse	Tatsuo Motokawa	Hiroshi Abe	高明美	信誼
2 條腿與 4 條腿 Animails and Human Being-From Legs To Arms	Yukinari Kohara	U.G. Sato	蔣家鋼	信誼
小燕子和他的朋友	莊永泓、麥嫣寶	劉伯樂等		信誼
螢火蟲之歌	陳月文	陳燦榮		紅蕃茄
我們一家都是狼	Melinda Julietta	Lucia Guarnota		棠雍
蝸牛去散步 Snail Trail	Ruth Brown	Ruth Brown	經典傳訊童書部	經典傳訊
森林大會 Another Day	Marie Hall Ets	Marie Hall Ets	林真美	遠流
和我玩好嗎？ Play With Me	Marie Hall Ets	Marie Hall Ets	林真美	遠流
手套	烏克蘭民間故事	Ebrehnn M. Payeb	林真美	遠流
安靜的故事 Camyhn Mapwak Bnaohmhp Negeoeb	Samuil Marshak	Vladimir Lebedey	林真美	遠流
奇妙的尾巴 How Animal's Tails Work？	Ken Kawat	Masayuki Yabuuchi	漢聲雜誌	漢聲
貓咪你好 We Are Cat's	Masako Numano	Masako Numano	漢聲雜誌	漢聲
地底下的動物 Creatures Under The Ground	Masao Ohno	Tastuhida Matsuoka	黃郁文	漢聲

	海邊的生物 Creatures by Seashore	Minoru Asai	Tastuhida Matsuoka	黃郁文	漢聲
	雨靴裡的麻雀 Sparrows WhoNested in a Boot	Jo Yokouchi	Jo Yokouchi	漢聲 雜誌	漢聲
	龜甲 The Turtle Shells	Itaru Uchida	Itaru Uchida	漢聲 雜誌	漢聲
	小狗出生了 My Puppy is Born	Joanna Cole	Jerome Wexler	漢聲 雜誌	漢聲
植物	罌粟花裡的驚奇 Papavero Con Sorpresa	Alessia Garilli	Anna Laura Cantone	張黛琪	三之三
	我們的樹 Night Tree	Eve Bunting	Ted Rand	柯倩華	上堤
	小種籽	Eric Carle	Eric Carle	蔣家語	上誼
	花城 Die Blumenstadt	Eveline Hasler	Stepan Zavrel	王真心	上誼
	喬爺爺的花園 Georges Garden	Gerda Marie Scheidl	Bernadette Watts	高明美	上誼
	奇妙的種子 Fushigina Tane	Mitsumasa Anno	Mitsumasa Anno	鄭明進	上誼
	草莓 A Story of Strawberry	Kazuko Hirayama	Kazuko Hirayama	鄭明進	上誼
	蒲公英種子飛飛飛 Journey of Dandelion's	Yuriika Suzuki	Natsuko Gonmori	黃郁文	上誼
	尋找哪一棵樹	潘美慧	莊河源		小小 天地
	林中的樹 The Tree in the wood	Christopher Manson	Christopher Manson	林丹	大樹
	第一座森林的愛 The First Forest	John Gile	Tom Heflin	林丹	大樹
	我的蘋果樹 Apple Tree	Peter Parnall	Peter Parnall	林丹	大樹

叢林是我家 The Jungle is my Home	Laura Fischetto	Letizia Galli	林丹	大樹
被遺忘的森林 The Forgotten Forest	Laurance Anholt	Laurance Anholt	林丹	大樹
樹逃走了 La arbo...kiu forkuris	Martin Burkert	Martin Burkert	張碧員	大樹
樹木之歌 L'albero	Iela Mari	Iela Mari		台英社
給森林的信 Letters to Friends in the Grove	Reiko Katayama	Ken Katayama	汪仲	台英社
種子	高森登志夫	古矢一穗	黃郁文	台英社
長不大的小樟樹	蔣家語	陳志賢		東方
咬人花 Elizabite	H. A. Rey	H. A. Rey	李苑芳	東方
大樹	劉宗銘	劉宗銘		信誼
誰要來種樹？	黃鬱欽	黃鬱欽		信誼
種蘿蔔	王金選	楊雅惠		信誼
如果樹會說話	郝廣才	Carme Sole Vendrell		格林
我是一棵樹 Filio, der baum	Dimiter Inkiow	Ivan Gantschev	劉恩惠	鹿橋
蓮！真好	陳玉珠	許文綺		農委會
阿長伯的斗笠	劉伯樂	劉伯樂		農委會
香噴噴的蕃薯	朱秀芳	鍾易真		農委會
十顆種子 Ten Seeds	Ruth Brown	Ruth Brown	經典傳訊童書	經典傳訊
在森林裡 In the Forest	Marie Hall Ets	Marie Hall Ets	林真美	遠流
約瑟夫的院子 Joseph's Yard	Charles Keeping	Charles Keeping	林真美	遠流

	可以吃的植物 Plants We Eat	Akira Moriya	Ryuichi Terashima	漢聲雜誌	漢聲
	豆子 Peas and Beans	Kazuko Hirayama	Kazuko Hirayama	漢聲雜誌	漢聲
	蒲公英 Dandelions	Kazuko Hirayama	Kazuko Hirayama	漢聲雜誌	漢聲
四季	快樂的貓頭鷹 Eulengluck (Happy Owls)	Celestino Piatti	Celestino Piatti	鄭如晴	上誼
	無聊的下午	曹昌德	曹昌德		台英社
	熱呼呼的下雪天 Yukinohi Wa Atsui At-sui	Kazuo Iwamura	Kazuo Iwamura	嶺月	台英社
	春天到了 Mou Harudesune	Kazuo Iwamura	Kazuo Iwamura	嶺月	台英社
	夏日海灣 Time of Wonder	Robert McCloskey	Robert McCloskey	林良	國語日報
	稻草人	林秀穗	小料		國語日報
	快樂的一天 The Happy Pay	Ruth Krauss	Marc Simont	郝廣才	遠流
	四季遊戲 Discover the Seasons	Diane Iverson	Diane Iverson	林雄	遠流
自然元素	雪花人 Snowflake Bentley	Jacqueline Briggs Martin	Mary Azarian	柯倩華	三之三
	雪人 The Snowman	Raymond Briggs	Raymond Briggs		上誼
	夏天的天空 Dreams	Peter Spier	Peter Spier		台英社
	下雨天 Rain	Peter Spier	Peter Spier		台英社
	誰來買東西?	角野榮子	田精一	嶺月	台英社

書名	作者	繪者	譯者	出版社
西北雨來囉 Paro Poro no Yundachi	Kazuo Iwamura	Kazuo Iwamura	嶺月	台英社
好紅好紅的紅毛衣 Makkana Seetaa	Kazuo Iwamura	Kazuo Iwamura	台英編輯小組	台英社
颱風	Joseph Conrad	Paolo D'Altan	郝廣才譯寫	台灣麥克
下雪了 Snow	Uri Shulevitz	Uri Shulevitz	簡媜	台灣麥克
下雨了	施政廷	施政廷		信誼
風姐姐來了	邵檢	呂游銘		信誼
大雪 Der Grosse Schnee	莎琳娜柯恩思	Alois Carigiet	張莉莉	格林
好大的風 The Powerful Wind	Chiara Mennini	Cinzia Ratto	謝佩璇	格林
掃帚雪人和眼鏡雪人 Besenmann und Brillenmann	Hanspeter Schmid	Hanspeter Schmid	劉恩惠	鹿橋
風到哪裡去了 When the Wind Stops	Charlotte Zolotow	Stefano Vitale	林真美	遠流
雲上的小孩 Clovdland	John Burmingham	John Burmingham	林真美	遠流
風喜歡和我玩 Gilberto and the wind	Maria Hall Ets	Maria Hall Ets	林真美	遠流
奇妙的自然，奇妙的你 Wonderful Nature, Wonderful You	Karin Ireland	Christopher Canyon	涂淑芳	遠流
14 隻老鼠去郊遊	Kazuo Iwamura	Kazuo Iwamura	漢聲雜誌	漢聲

問題與討論

一、小朋友，你知道塑膠袋、保麗龍用品，對我們住的地球，會造成什麼影響嗎？

二、台灣最近這幾年來，只要下大雨或颱風來襲，常會發生「土石流」，你知道為什麼嗎？

三、你留意過常在你身邊出現的鳥類嗎？牠們的叫聲有什麼不同？

四、一年有四個不同的季節，你知道怎麼形容每個季節的不同嗎？

五、你知道什麼是昆蟲？牠們有幾隻腳？你看過且認識的昆蟲有哪些呢？

六、蜘蛛是不是昆蟲？你是怎麼知道的？牠結網的目的是什麼？

七、你爬過山嗎？在山上你可以看到什麼？有什麼不一樣的感覺？

八、你知道為什麼在城市的晚上，不容易看到星星嗎？

九、請你仔細觀察月亮的變化，並畫成觀察紀錄，與你的好朋友分享。

十、你種植過花或菜嗎？請你說說種植時，該注意的事情有哪些呢？

延伸活動

活動一：色彩遊戲

㈠準備材料

　　廣告顏料（或水彩）彩虹七種色系、水盤、水彩筆（大）、圖畫紙。

(二)活動過程

1.將小朋友分成組別,每組約三至五人。

2.老師將準備好的顏料、水彩筆、水盤及圖畫紙分別給各小組成員。

3.小朋友利用顏色的呈現,可隨事前約定的方式,一次兩種顏色混合。

4.小朋友利用實作,觀察並記錄小組在實作時所產生的顏色及呈現出來的顏色。

5.依顏色相近的方式,說出正確的顏色名稱。

6.利用顏色來呈現季節的不同特色,並分享所代表季節的原因。

活動二:故事劇團

(一)準備材料

故事書《大海動物園》(故事書亦可自己挑選)、各式裝扮材料、多樣紙品及美勞創作用具、背景音樂(如:海浪聲)。

(二)活動過程

1.老師說故事給小朋友聽。

2.說完故事後,透過分享及團體討論的方式,與小朋友一起討論如何演出故事。

3.全體小朋友做演出的角色分工。

4.分工後進行造型的創作與裝扮。

5.重新與小朋友一起討論演出劇本。

6.全體演出。

活動三：愛心天使

(一)準備材料

　　粉紅、紅愛心卡，米白色粉彩紙天使翅膀、聖誕樹（或壁畫大樹）、彩色筆、剪刀、膠水或漿糊、金色線等。

(二)活動過程

1. 透過團體討論時間，小朋友們討論如何幫助需要幫助的人。
2. 帶領小朋友拜訪特殊教育相關機構，並藉此參訪認識並了解該如何幫忙。
3. 鼓勵小朋友發揮愛心，勸募、捐玩具、圖書、衣物等方式，請爸爸媽媽協助。
4. 完成一件愛心工作的小朋友，老師給他一張愛心卡及一對天使翅膀，讓小朋友自己完成造型、畫圖裝飾並在卡上簽名，再將完成的愛心天使卡掛在聖誕樹上，與別人一起分享當愛心天使的喜樂。
5. 此活動尤其適合在歲末或聖誕節前進行。

活動四：認養路樹

(一)活動準備

　　老師先對園所附近的路樹進行觀察記錄，並與當地鄰里長（或公園管理處聯繫）取得認養活動的同意，並準備相關樹名卡及插示卡。

(二)活動過程

1. 小朋友先到園所附近的社區做觀察記錄。
2. 透過資料搜尋，確認樹名，並由小朋友自己選擇認養的樹。
   （可依園所周邊的路樹量、小朋友人數等，再分組認養或個人認養。）

3.小朋友設計自己的認養卡，並由老師或父母加入正確樹名。

4.利用插示卡將認養卡插在路樹的旁邊，或利用掛線懸掛（引導
幼兒保護路樹，不用捆綁或敲釘方式）。

5.鼓勵小朋友畫出自己認養的路樹，與家人分享自己的寶貝樹。

相關網站

一、行政院農業委員會特有生物研究保育中心 http://dns.tesri.
gov.tw/content6/index.htm

包括保育資訊專欄、國內外保育組織、保育法規及保育類野生動
植物名稱等查詢。

二、國立海洋生物博物館 http://www.nmmba.gov.tw/

包括展館與服務、科學教育、兒童網站、網路課程及出版品介紹等。

三、行政院環保署全球資訊網 http://www.epa.gov.tw/

包括環保署介紹、污染防治、環境管理、環保教室及環保主題區等。

四、中央研究院植物研究所 http://botany.sinica.edu.tw/botany-
c.shtml

包含中央研究院植物研究所簡介及出版品、研究資料及學術研究
等。

五、國立自然科學博物館 http://www.nmns.edu.tw/

包含科博館服務項目及科學教育、終身學習，並可連結天文教育
網，並為一科學自然學科的資料搜集庫。

六、行政院農委會──自然保育網 http://www.coa.gov.tw/ex-
ternal/preserve/preserve/

介紹目前台灣自然保育概況，內容包括對生物種類與其棲息地的

保育措施；自然保育相關之訊息與網站；自然保育業務相關之行政單位與法規、公約等等。

七、中華民國自然步道協會 http://naturet.ngo.org.tw/

中華民國自然步道協會是以推廣自然步道、落實生態保育為目標。研發郊山與社區自然步道，提供專業知識，培訓解說員及師資，協助國民妥善經營管理社區自然資源，達到全民參與生態保育的目的。本網站有協會及相關資訊的介紹。

八、臺北市大自然教育推廣協會 http://www.neat.org.tw

網站中有許多生態自然活動的相關訊息。

九、奇妙的自然世界 http://home.kimo.com.tw/fredn3210/

此為個人網站，內容有政府單位的介紹、國內外網站連結，及個人生態攝影圖片等。

十、臺北市立天文科學教育館 http://www.tam.gov.tw/

臺北市天文科學館之介紹，希望藉由展示，視聽解說及觀測，以不同角度、不同表示法讓民眾能身歷其境，共同參與並引發興趣深入天文領域，充分達到天文科學教育成果，奠定國人科學基礎知識。

十一、財團法人自然環境保護基金會 http://www.e-land.gov.tw/nepg/

環保領域的消基會，以環境保護、維護生態平衡及提升環境品質為目的。

十二、清蔚園自然保護區 http://vm.nthu.edu.tw/np/index.html

「Teens'清蔚園」是由國內兩大知名的教育性網站——「Teens網路教育園區」與「清蔚園網際網路知識園區」基於理念與宗旨結合的成果。

十三、SciScape全方位自然科學新聞網 http://www.sciscape.org/about.php

　　Sciscape由留美台灣研究生成立於一九九九年四月，為一非營利的專業科學新聞網站，目前由數十位各科學領域的研究生擔任義務編輯。

「101本好書」內容簡介

地球

月亮、地球、太陽	
「我好孤單啊！」地球悲傷的對月亮說。月亮也覺得難過，不知如何安慰他。這時太陽來了，他看看月亮和地球，想了很久。終於，他想出一個好方法……。	

環境

鯨魚	
有一隻候鳥飛到湖的上空時，大叫鯨魚！但沒人理牠，一位老先生拿出書來告訴大家什麼是鯨魚，整個村莊的人都在湖面上湖面下找鯨魚，都找不到，小男孩要求候鳥帶他去看，真的看到好大一隻鯨魚。	

動物

穿花衣服的國王 　　我有一雙閃亮的眼睛，我有兩排尖銳的牙齒，我身上穿著條紋的衣服。森林裡的動物，一聽到我的吼叫聲，都嚇得發抖！因為，我就是森林之王。	**森林裡的大力士** 　　我的身上有柔軟的棕毛，我的腳掌有尖利的爪子，我的力氣很大，我經常在森林裡徘徊覓食，誰要是惹怒我，我就會對誰咆哮。
草原上的巨人 　　我的身體圓又胖，我的鼻子粗又長，我的皮膚厚又皺，我的耳朵像扇子，這就是我的長相，我是草原上的巨人。	**黑夜裡的獵人** 　　我有一個尖尖的嘴，我身上長滿了羽毛，我腳上有長長的爪子，我圓圓的大眼睛會在黑暗裡閃動，人類說我很聰明。
沼澤裡的殺手 　　我的尾巴很長，我的皮膚很厚，當我張開大大嘴巴，露出裡面尖尖的牙齒時，沒有人敢靠近我。	**池塘裡的泳將** 　　我的皮膚濕濕滑滑的，我的前腳有趾、後腳有蹼，我很會游泳和跳高。我有長長捲捲的舌頭，很會抓小蟲哦！
草原上的跳躍者 　　我的脖子長，我的個子高，我最喜歡吃樹葉，我可以把脖子伸得長長的去吃樹頂上的樹葉。	**雨林中的美仙子** 　　我的羽毛像彩虹，有紅色、黃色、藍色、綠色，我的嘴巴彎彎厚厚的，我的翅膀展開時很長，我最愛吃堅果和水果。猜猜看，我是什麼動物呢？

🔴 天空中的霸王

　　我的樣子兇猛，我的動作敏捷，我有勾狀的嘴巴，我有長長的翅膀，我有銳利的眼睛，我會在飛行時捕捉獵物。猜猜看，我是什麼動物呢？

🔴 洞穴裡的嬌客

　　我有長長的耳朵，我有棕色的毛皮。我住在地下洞穴，我喜歡蹦蹦跳跳，可是敵人追來時，我會飛快的逃跑！猜猜看，我是什麼動物呢？

🔴 竹林裡的隱居者

　　我有白色的肚子，我有黑色的耳朵，還有一隻黑色的眼睛，我的動作很緩慢，我的個性安靜又害羞，我最喜歡吃竹子。猜猜看，我是什麼動物呢？

🔴 草原上的守望者

　　我的脖子長，我的個子高，我最喜歡吃樹葉，我可以把脖子伸得長長的去吃樹頂上的樹葉。猜猜看，我是什麼動物呢？

🔴 躲在哪兒好了

　　今天，森林裡的好夥伴在玩躲迷藏！獅子宗宗當鬼，在樹蔭下，石影下，花叢中……一一找出了牠的好朋友，現在，只剩下小老鼠冬冬還沒有找到，奇怪了！這小傢伙是躲到哪兒去啦？

🔴 我要買泥沙

　　猴小弟星期天一大早就出門了，原來是大街上有熱鬧的市集，有許多好吃的食物。可是河馬哥哥挑著兩個大桶子，一個是泥一個是沙，猴小弟覺得很奇怪，泥和沙怎麼也能吃呢？

🔴 我和我家附近的野狗

　　取材自現代大街小巷常見的「野狗」，很能引發幼兒們閱讀的興趣。「裝作是一棵樹以避免被狗咬」，以及畫一地圖表明要「找一條沒有狗的路」，都是神來之筆，很有創意。

🔴 費得

　　小小魚兒費得，有一個小小的願望。看著大魚們從水面躍起，一口咬住可口的食物，「如果我能像牠們跳得一樣高，快樂的吃個飽，那該有多好呀！」這就是牠的心願

快樂的小青蛙

快樂的小青蛙住在美麗的荷花池裡，可是有一天，所有的朋友都不見了，這到底是怎麼一回事？原來，荷塘裡的水變得又臭、又髒……。

植物

樹真好

樹是我們的好朋友、好鄰居。它給我們好吃的水果、提供小鳥住的地方、替小寶寶遮太陽……，樹與我們的生活是如此的緊緊相扣，有樹在我們身邊是多麼的好啊！

春天的小草躲貓貓、夏天、草兒來接龍、秋冬加油吧！小草（向小草問好 1—3 冊）

這套書是以校園中常見的小花小草為主角，讓大家欣賞小草們的美妙。本書分八個部分，帶領大、小朋友們認識每種小草的萬種風情。

媽媽買綠豆

買綠豆，洗綠豆，煮綠豆湯、綠豆冰，種綠豆，屬於童年的純稚情懷，藉由溫馨細膩的圖畫，展現濃郁的母子互動親情。

大樹

山坡上有一棵非常茂盛的大樹，動物們喜歡到它這裡玩遊戲。但是有一天，大樹受不了，生氣的大聲一吼，所有的動物都嚇得搬家了。

四季

春天來了

春天來了，小草發芽，大地一片清新；夏日小花朵朵開，蝴蝶紛飛；秋風吹、狂風嘯，秋收季節轉眼到；秋天一過，雪花紛飛的冬天又來到。以牛的成長，配合豐富的色彩變化，串連出四季孕育大地的多變景象。

自然元素

雷公生氣了

　　毛毛走在冷清的路上，心裡一直納悶：為什麼雷公一來，大家都要躲在家裡呢？就在這時候，一道電光劃破天空，轟隆隆響起了巨大的雷聲……。

颱風要來了

　　氣象報告說：「颱風要來了。」外面的風吹得咻嚕咻嚕響……。毛毛希望自己能變成一塊軟綿綿的雲，被颱風吹到天空上去……。

小水滴旅行

　　小水滴每天都和朋友們一起順著水流跑呀跑，到處去旅行。太陽公公起床了，笑嘻嘻的看著小水滴們，小水滴們的身體就變輕了，飛呀飛，飛上天空，但是天上太冷了，小水滴又掉回地面上。

風娃娃在哪裡

　　風娃娃最喜歡和小朋友玩捉迷藏的遊戲了，它一會兒躲在樹葉裡、小草裡，一會兒又躲在白雲裡、風箏裡，叫小朋友找不著。風娃娃真是個頑皮的孩子呀！

彩色的雲

　　小兔子、小花貓、小猴子和小鳥，牠們要幫天空布置幾朵彩色的雲，讓天空看起來更好看。紅的雲、黃的雲、藍的雲、綠的雲，把天空變好看了，但是……。

奇妙的自然元素——土、空氣、水、火

　　可不要小看土、空氣、水、火這四種自然元素，雖然只有四種，但它們是無所不在的。讀過這套書，小朋友們會發現到這四種元素是如何存在、如何相互影響；有時候它們可以一起發生作用，有時候卻又彼此對抗。

生態保護

白鴿少年

　　白鴿少年麥克住在美麗的鄉村，那裡的鳥兒唱歌，花朵兒飄香，到了晚上，還有數不清的星星和月亮，麥克一直都很快樂。可是，有一天……。

環保

企鵝阿比：垃圾收集器

　　企鵝阿比發明了垃圾收集器，幫大家收垃圾，街道一下就變美了，但卻造成大家把垃圾往外丟。有一天垃圾收集器壞了，靠大家一起努力才把街道變乾淨整潔。

「推薦好書」內容簡介

地球

地球

　　地球上有哪些東西呢？地球最外面的一層叫做地表，地表下面是一層又一層的泥土，植物的根部深入泥土裡，對小草大樹而言是非常重要的，植物也應生長的地點不同，所吸收的養分、水分也不同，你知道地底下還蘊藏著什麼嗎？

環境

米羅和發光寶石 　　在海中間的小島上，住著一隻叫米羅的小老鼠。有一天，米羅發現了一個非常不可思議的東西……一顆發光寶石。	**小豆芽，你住在哪個星球上？** 　　這本書的內容以環保為主題，故事描寫小鎮上的一棵百年大樹要被砍掉了，小豆芽全家人和鄰里都氣憤不已，於是大家決定搖身一變為環保戰士，不但在樹上吃飯，在樹下搭帳篷，還寫標語抗議，展開了一場有趣又另類的救樹行動。
鱷魚先生遊巴黎 　　鱷魚歐曼住在尼羅河畔，聽說巴黎有家鱷魚商店，特地乘船換車的直奔巴黎，卻看到了人們以文明殘害自然。	**挪亞博士的太空船** 　　動物們居住的森林，遭受人類嚴重的破壞，於是牠們決定乘著挪亞博士的太空船，去尋找可以居住的新星球。
1999 年 6 月 29 日 　　荷莉精心研究和計畫把蔬菜種苗發射到天空，她想了解外太空的環境對蔬菜的生長和進化有什麼影響，事隔一個多月後，不同的地方空中漂浮著不同的蔬菜，可是荷莉種的蔬菜到哪去了……。	**現代原始人** 　　王先生一家人搬到小島過原始生活，食衣住行全靠雙手做，全家共同體會如何愛護自然，過簡單的生活。
咱去看山 　　爸爸帶著我去看山，在芒草海中，看不到登山的路，但眼睛看見的、腳下踩著的和手能摸到的，全是大大小小的卵石和礫石。那是火炎山「自然保留區」，……。	**沙灘上的琴聲** 　　大海上，一群白鯨帶著子女，尋找著牠們記憶中會發出優美琴聲的白沙灘，可是……。

白鷺鷥來了

每逢夏季，南移的白鷺鷥就會進入小方的生活圈。某一年，一隻小白鷺鷥因緣際會，與小方的生命有了短暫的交錯，牽動了小方的感情，也豐富了他的暑假生活。

騎車去郊遊

小宏騎上藍色小越野車，和爸爸享受難得踏騎的郊遊。他們穿過了原野、森林，最後來到了海邊……。

沙灘寶瓶

捷運系統在地底下、在河流下奔馳，地下鐵到底是如何建造的呢？本書有清楚剖面的解說讓孩子明白施工方式及過程，以及與生活息息相關的捷運系統所需動用的人力和物力的種類，一窺工程建構的面貌。

可愛的地球

地球本是奇妙可愛的！是上帝完美的創造。只是，許多時候我們忘記了，竟親手破壞它。要明白地球是怎樣一塊好地方，而我們何幸居於其中，最好的方法是回到那始創的一刻……。

森林裡的迷藏王

小惠在森林裡遇見一個身上長滿枝葉，名叫「迷藏王」的男孩。他們在森林裡和大熊、貓頭鷹、小鹿一起玩捉迷藏。可是一眨眼，迷藏王和動物們怎麼都不見了？

小莫那上山

小莫那第一次隻身帶著弟弟上山，他們倆要送鹽巴和鹹魚給獨居山中的爺爺。上山的路，莫那從小就和爸爸一起走過，但這次他得全程自己來，完成他成人禮的第一步。

地下鐵開工了

地下鐵就是捷運系統，它可以解決都市人車愈來愈多的問題。但是，地下隧道是怎麼挖堀的？工作人員在地底下做些什麼事？本書為孩子掀開地層，把地下各種施工方法以及設備的用途，以圖文並茂的方式，讓您先睹為快。

奇妙的創造

小朋友，只要你按箭頭指示，慢慢轉動書中的輪子，輕輕把紙條拉出，就會發現天父一樣又一樣的奇妙創造：樹木花草、太陽、月亮、星星……。

元元的發財夢	滅龍行動
元元為了實現發財夢，不惜犧牲自己的耳朵、鼻子、眼睛，甚至好朋友……這是一本富有環保意識的圖畫書。	什麼是滅龍啊！什麼是龍啊！是恐龍嗎？正當大家議論紛紛時，老虎村長說：「不是恐龍，是保麗龍，請大家一起來撿拾，分工合作來清除。」只有青蛙國國覺得很髒，不願幫助大家。環境變乾淨了，大家一起來慶祝，卻沒人歡迎青蛙國國。
太陽石	森林大熊
從前有兩個島，大島上的人追求物質享受，小島上的人喜歡自然。作者透過兩個島上人民對自然的不同看法，講述了人與土地不可分割的關係。	一隻冬眠的熊一覺醒來發現自己的洞穴已經變成了工廠，而且工廠的領班還要他打卡上班。不明究理的大熊還以為自己真的是工人而不是一隻熊。
再見！小兔子	我愛大自然
兩隻兔子要到外面去探險。外面的世界自由但也隱藏危機。最後大兔子和小兔子各自選擇了什麼樣的生活？	這是一本探討環保問題的書，讓小朋友了解到「愛護地球」的重要性；同時檢討人類的生活方式，提醒兒童要愛惜大自然，尊重生命。
春神跳舞的森林	大海動物園
阿地手中捧著奶奶給他的櫻花瓣，奶奶說這是一群特別的朋友送他的，小火車載著爸爸和阿地來到阿里山，隨著櫻花瓣阿地找到這群特別的朋友，牠們要為櫻花精靈找到銀光珍珠才能讓春天回到山上來，卻發現被破壞的大自然，阿地哭了，天空飄起櫻花雨，春神在森林飛舞著。	作者以具有趣味、韻律的兒歌，簡潔的刻劃出海洋裡的生物萬象。

🪐 傑克教授的菜園

傑克教授是位農業專家，他研究出如何使蔬菜長得更大，但卻破壞了自然生態，引起許多的災難。

🪐 我砍倒了一棵山櫻花

小時候，山上沒有什麼玩具，男孩在山坡上玩滑板，女孩在頭上插野花，到了清明節時，滿山遍野的找野莓、百香果，村子裡只有一條彎彎山路通往山下，兩旁種滿山櫻花，一天我為了做玩具，砍了一棵山櫻花，結果……。

🪐 跟我一起看地球

我們只有一個地球，但長期遭到我們的破壞，已經讓它傷痕累累，上帝再也看不下去了，派了兩個孩子去告誡濫砍樹木、污染水源、空氣的人，還有自以為是替天行道終日爭論不休的人，遇到這樣的孩子一定要虛心聆聽教誨，其實每個孩子都可以做一個環保小尖兵。

🪐 喂！下車

藉著一趟夢幻火車之旅，滿足了孩子對旅遊的憧憬，在「真實」與「想像」間，故事是真是假已不重要，但卻看到遭到獵殺或破壞環境而瀕臨滅絕的動物，了解到環境保護的重要。

🪐 殺麻雀

鄉村國的人民很勤奮，每當稻穀收成時，就會有麻雀來啄食，國王心想要是沒有麻雀收成會更好，便下令趕走或殺死麻雀有重賞。春天到了，大家心想收成一定會更好，可是蝗蟲卻把稻穀啃光了，國王才明白麻雀不只吃稻穀，牠也會吃小蟲。

動物

迷糊的小企鵝

當小朋友打開這本書，就會有一隻一隻大凶猛的動物蹦出來，除了帶給孩子無限的驚奇，更可以讓他們了解寒帶地區的動物和特色。

男孩家的小訪客

好奇的小兔子不小心闖入男孩家，剛開始牠對周遭的一切感到新鮮，不久後牠開始覺得不快樂，牠的毛色和嘴鼻看起來都不健康，牠再也無法像以前一樣做兔子喜歡做的事情，有一天牠偷偷溜走了，體會到回到合適的環境，才能快樂的生活。

長頸鹿喔喔叫

有一天早晨，叢林裡的動物從睡夢中醒來，卻發現自己的聲音都變了！只有長頸鹿最高興，因為他本來就沒有什麼特別的叫聲。

猜猜誰在動物園

可愛又有趣的「小寶寶驚奇立體書」，在每個內頁設計立體造型，讓整隻動物瞬間逼真鮮活的站起來，大鯨魚、大鯊魚、漂亮的蝴蝶這些原本隱藏的動物又大又美麗的呈現在孩子面前時，發現、驚喜已成為閱讀的一大享受。

好餓好餓的毛毛蟲

小毛毛蟲從蟲卵中孵出後，就開始找東西吃；星期一吃了一個蘋果；星期二吃了二個梨子……毛毛蟲愈變愈大，然後牠躲進繭裡，猜猜看，牠會變成什麼？

好安靜的蟋蟀

一個暖和的日子裡，小蟋蟀出生了。許多朋友包括大蟋蟀、螳螂、蝗蟲等都熱情的向牠打招呼，小蟋蟀很想回答，牠用力摩擦翅膀，卻發不出聲音。直到有一天，牠長大了……。

好忙的蜘蛛

敘述一隻鍥而不捨，忙著織網的蜘蛛一天。

小窗子系列——大海裡

小藍魚想要玩遊戲，可是有人忙著找吃的，有人忙著跳舞或睡覺，也有人忙著躲起來，結果來了一大群魚要來追牠了。

🎯 小窗子系列——農場上

　　小雞毛毛迷路了，找不到媽媽。牠問小豬、小羊、小牛，都沒有人看見媽媽，可是牠們都很願意讓毛毛加入牠們，可是毛毛就是想跟媽媽在一起，最後終於找到媽媽了。

🎯 寶寶的第一本動物圖畫書

　　屬於幼兒認知的圖畫書，特別是三歲前的孩子。指著書上動物命名，對於書中的動物，親子之間還可以玩配對遊戲，很有趣喔！是本適合幼小孩子的圖畫書。

🎯 比一比，誰是飛毛腿

　　你知道獵豹跑多快嗎？猜猜看，袋鼠可以跳多遠？你認為樹獺的動作到底有多慢？哪一種海洋生物游得最快？

　　在這本精美的圖畫書中，你可以找到以上問題的答案和很多動物世界裡「贏家」的驚人紀錄。本書用你所熟悉的事物來與這些動物做個比較，使你了解牠們的能耐。你可以發現旗魚的游泳速度比潛水艇還要快，叩頭蟲跳離地面時所使出的力氣比火箭衝離地面時的力量還要大。書中還有許許多多令人難以置信的事實，等著你來發掘喔！

🎯 張開大嘴呱呱呱

　　大嘴蛙喜歡四處問人家，最愛吃什麼東西。沒想到，竟有人回答牠，最愛吃大嘴蛙……。在誇張的動作造型及立體嘴巴的搭配下，每一頁都會在掀開的剎那，帶給讀者莫大的驚奇，是一本故事與畫面都充滿幽默感的立體玩具書。

🎯 長鼻子豬

　　情節簡單、句型重複，加上每頁蹦出的立體長鼻子，讓閱讀充滿驚奇。

🎯 月下看貓頭鷹

　　為了看貓頭鷹，小女孩跟著父親，穿過白雪皚皚的冬夜深林，忍受寒冷、黑暗、疲累與危險，卻始終懷抱著信心和希望，最後終於完成心願。詩一般的文字，帶領孩子欣賞與大自然的愉悅相遇，也分享了走入大自然的探索心情。

🦕 恐龍王國歷險記

安安和小魯陪同他們的祖父一起去尋找化石，沒想到卻遇到了更精彩刺激的事——在恐龍墓園裡待了一夜！在這個情節進展快速、內容驚險刺激的歷險故事中，搭配了十張神奇眩目的立體雷射圖片，讓棘龍、劍龍、三角龍、暴龍以及其他許許多多的史前恐龍，活活生生的重現在你面前。

🐑 小羊和蝴蝶

小羊和蝴蝶是好朋友，小羊希望蝴蝶留下來陪伴他，但蝴蝶喜歡自由自在的飛向海闊天空……

🐘 我是大象

大象到底有多大，該怎麼衡量？可是有許多方法呢！

🦗 162 隻螳螂

一書中，從卵鞘裡蹦出一百六十二隻螳螂寶寶，最後竟然只剩下一隻可以活下來，自然界生存競爭的慘烈，在書裡生動的呈現！

🦁 親愛的動物園

有一個小小孩想要養寵物，於是寫信向動物園要，沒想到，動物園寄來各式各樣的寵物，就是沒有他要的，直到動物園寄來一隻狗，小小孩終於找到剛剛好適合他的寵物。

🐵 大家來遊動物園

一本「讀起來很有趣，走進去很快樂」的書，一本會讓你從頭微笑到尾的書，從常見的小兔子、烏龜、獅子、老虎和大象，到企鵝、北極熊與臭鼬，書中包括了二十種以上的動物，以其最有趣、最特殊的一個特徵，做為介紹的切入點。

🐾 動物的手

先以「局部」的觀察，進而介紹動物的「整體面貌」，引發孩子的好奇心，也發現了不同動物的「手」各自具有的個別功能與通用性。

🐒 我家是動物園

「我是個小男生。事實上呢……我是隻小猴子」。透過小男生，他向大家介紹了他的家人，「爸爸事實上，是隻大獅子；媽媽事實上……」他們各自有不同的個性，勾畫出了驚喜的內容。

從頭動到腳

邀請小朋友加入大象、猴子等動物的行列，大家一起來動一動。 艾瑞·卡爾以鮮豔的彩繪拼貼畫，畫出了十二種不同動物的「招牌動作」，這些動作「從頭頂到腳趾」每一個部位都有，在每一個跨頁的圖畫中，都有一種動物和一個小朋友搭檔，以「我會……，你會嗎？」和「這個我會」的重複句型，邀請小讀者們轉頭、彎脖子、擺動胳臂或拍拍手。

你看到我的貓嗎？

一個小男孩的貓不見了，於是出發去找他的貓。這一路上，他遇見了很多不同國家的人，還有許多同貓科的動物。像是老虎、獅子、或是豹等，但是沒有一隻是他的貓……。最後，小男孩終於找到了他的貓，而且還發現了一個驚喜呢！

比一比，誰是巨無霸

什麼昆蟲長的最大？最大的蝴蝶有多大？翅膀張開有二十八公分大。最大的魚有多大？想想看大象到底有多大？哪一種蛇最長？長頸鹿到底有多高呢？牠的舌頭到底有多長呢？等著你來探索。

動物的腳印

你知道動物的腳底板長什麼樣子嗎？現在我們就要跟著動物的腳印追蹤……。

雁鴨與野狐

雁兒要南飛了，野狐想趁機逮一隻雁，飽餐一頓。孤獨的雁兒知道野狐的心機嗎？牠能躲過狐口嗎？

晚安，貓頭鷹

藉書中了解很多動物的叫聲。貓頭鷹想要睡覺，但是有蜜蜂、松鼠、烏鴉、啄木鳥、椋鳥、布穀鳥、知更鳥、麻雀、鴿子的叫聲，吵得貓頭鷹再也睡不著了，等夜裡大家睡著後，貓頭鷹放聲大叫。

旋風起，小蟲急

夏末初秋，狂風突如其來，蚱蜢緊緊抓住柳枝，蜘蛛吐出蛛絲將自己綁在柳葉上、蝸牛縮進殼裡、螞蟻躲進地下……；一場龍捲風吹得個個昏頭轉向，卻又不忘鄰居安危。

動物園

在這本有趣的靜電貼紙書中，一共有一百二十張以上的貼紙，可供小朋友在書中不同的背景，隨心所欲的玩黏貼遊戲；或是，也可依書中提示的畫面，將貼紙貼到指定的位置上。除了享受玩貼紙的樂趣外，也可以拿出色筆，玩著色、配色遊戲喔！

鳥兒的家

鳥兒的家是哺育雛鳥的地方。每種鳥兒築巢的地方都不一樣；有的在樹上，有的挖土洞，有的在很高的懸崖，有的浮在水面。本書都是台灣常見的留鳥，是孩子賞鳥的好圖鑑。

猜猜看：這是誰的手和腳

馬為了跑得更快，只剩下一根腳趾；鼴鼠為了鑽地洞，前腳大，後腳小。手和腳是動物生存的基本工具，認識牠們手腳的特點，才能更了解他們。本書用猜謎的方式，從銳利的爪子，到扁平的指甲，從指頭的數目看奔跑速度。看完本書，孩子也能成為小小動物博士！

晚上的朋友

小松鼠晚上睡不著覺，於是決定跑出去找小貓頭鷹玩。小貓頭鷹玩得正高興，小松鼠卻一個一個睡著了，為什麼到了晚上就要睡覺呢？

森林裡的鳥寶寶

在樹林裡玩耍的波波、咪咪和樂樂，無意間發現了一隻正在哭泣的鳥寶寶。鳥寶寶可能是肚子餓了，所以他們決定要找東西給牠吃。可是拿松果給牠，牠不要，摘櫻花給牠，牠又搖搖頭，到底鳥寶寶喜歡吃什麼呢？

動物媽媽

不同樣的動物，牠是如何跟著媽媽行走的，小貓和獅子是用嘴巴叼著孩子走的，猴子和猩猩媽媽適用抱的方式帶走孩子，無尾熊媽媽背著小無尾熊，袋鼠媽媽把孩子放進袋子裡，大象媽媽用長鼻子帶著小象走，小斑馬跟在媽媽後面走。

蜘蛛小姐蜜斯絲白德開茶會

蜘蛛小姐蜜斯絲白德很寂寞，她很想交朋友，卻沒有一隻昆蟲敢靠近她。直到一隻飛蛾溼透了翅膀，認命栽在蜘蛛小姐的手上，才意外發現蜘蛛小姐一點也不可怕。

小河的故事

本書藉由一條河流的起源到流往大海的過程中，介紹許多種的魚類，突顯台灣河川魚類的特色，書中詳實的畫出讓大家知道，如香魚、吳郭魚、鯽魚、泥鰍、白鰻、草魚、彈塗魚、烏魚等，牠們是生存於一條河川中的哪一段呢？

第一次狩獵

三隻小獅子想著該如何獵取食物呢？看到犀牛、水牛、斑馬及黑斑羚羊，如何的守護自己，這時看見一隻落單的牛羚，想著如何捕捉牛羚，發現脫逃快速小獅子追趕不到，直到太陽下山了，這一路上的學習，三隻小獅子終於回到家了，媽媽會慢慢的教導他們該如何去狩獵。

找不到媽媽的小牛羚

動物世界中的弱肉強食，維持著共存的自然法則，乾枯的草原牛羚媽媽帶著小牛羚，隨著隊伍去尋找綠色草原很多的動物一起結隊，但是大家仍和平共存，遇到鬣狗、獅子追著他們小牛羚，落單且沒有媽媽的保護他們是活不久的，最後他們還是找到自己的媽媽。

彩虹不見了

小獅子如果沒跟在媽媽身旁失去保護，就發生自然界不可抗拒的下場。獅妹妹想學狩獵，卻沒注意被鬣狗盯上，在她想捕捉駝鳥時，被駝鳥踢了一腳，給了鬣狗機會，獅媽媽一家人擔心的到處找她，找到的卻是屍骨。獅爸爸用悲傷的嘶吼聲叫著，天色漸漸暗下來了。

可怕的回憶

成年非洲象在過去是草原上最有力氣最強壯的動物，小象就不一樣，他會受到獅子、豹的攻擊，看到目前的景象，讓曾祖母象想起小時候遇到沙漠蝗蟲的攻擊，所有的植物被吃光，大家拼命的逃命，一些象也失去蹤影，這時她回到現實，揮動她的長鼻子，非洲象的生活中也會發生一些可怕的事情。

愛的呼喚

說明公象和母象是各自生活的，並且母象必須懷胎二十二個月才會生出小象，一群母象和小象在一起，其中一隻母象對著草原發出呼叫聲，彼此情投意合的交配之後，公象就不知跑哪去了，大象一路上都在尋找水源，他們會用象牙和前腳去挖地底下看是否有水，因為有水喝他們才會有奶水。

哎呀，誤會啦！

草原上的動物，彼此保持距離互不相侵犯，一隻母犀牛帶著小犀牛在草原上玩，一隻小象以為小犀牛是他的同類，便和他玩，母犀牛以為小犀牛被欺負了衝過來，象媽媽也擔心自己的孩子也衝了過去，犀牛媽媽的背部受傷了，小犀牛好擔心喔！幸虧有小捉蟲鳥幫犀牛治療傷口，彼此互助共生多美好。

小島上的貓頭鷹

本書是以蘭嶼特有的蘭嶼角鴞為主角，書中似乎是以貓頭鷹為主角，但牠也只是串場的人物。小貓頭鷹一不小心被擠落洞穴，他只能站在樹枝上，透過牠的眼睛看到椰子蟹、白鼻心、竹節蟲、蝨斯、蚓蜒、綠蠵龜等蘭嶼的特有生物，讓大家認識蘭嶼的質樸，在書中還可看到農夫、飛魚架及獨木舟。

小白和小灰

「小白鷺喜歡白天出去找東西吃，夜鷺喜歡晚上才離開家門……，水牛在耕田，有好多小蟲可以吃啦！」藉由這個故事，讓小朋友愛護與我們一起生長的美麗生命與這塊土地。

星月

小蝙蝠還不太會飛的時候，有一天被貓頭鷹追趕，和媽媽分開了。她掉進了一個鳥巢裏，被鳥媽媽撫養，並且必須開始學習如何做一隻鳥，因此發生了許多有趣而又不可思議的事……。

綠笛

綠笛的媽媽，在牠們兄弟姊妹展開獨立生活的那一天，期勉牠們快快長大，趕快變綠。小綠笛很喜歡小小、黃黃還有閃電條紋的樣子，不解媽媽為何要牠們趕快變綠。於是，牠開始去尋求答案。

小蠑螈睡哪裡？

小男孩在森林裡發現了一隻橘紅色的小蠑螈，媽媽問他：「小蠑螈要睡哪裡？」小男孩運用豐富的想像力，在與媽媽一問一答中，為小蠑螈營造一個最美好的生存空間。

小蟲兒躲躲藏

找找看，野地的小蟲兒躲在哪裡呢？讓孩子自己去發現、自己去觀察大自然的奇妙。

小螞蟻回家

小螞蟻迷路了，該怎麼辦？還好牠遇到了一些好朋友……。

蜘蛛先生要搬家

蜘蛛先生為什麼要搬家？牠要搬到哪裡呢？牠用什麼蓋新房子呢？讓我們一起來看看蜘蛛先生的新家。

人類與動物的行為觀察

人和動物的行為有多少大同小異呢？人會裝死動物也會裝死，人懂得占位子動物也懂得用氣味占位子，你和朋友吵架用什麼方式和好，動物也有自己和好的方式呢？人可以用很多方式表達情緒，動物的尾巴也可以表達情緒喔！

大象的時間老鼠的時間

動物的食量到底是和體重有關還是和表面積有關？動物的大小和牠的食量並沒有相關，如老鼠很小食量卻很大，大象很大吃得卻不多，生命的長度是否和動物的體積大小相關呢？大象活得悠哉，老鼠卻活得匆忙，遇危險時大者有大的好處，小者也有其好處，作者提供了很多不同角度供我們思考。

2條腿與4條腿

地球上能用兩條腿走路，而且懂得利用輔助工具行走的為什麼只有人類？兩條腿站立不易，人類用兩條腿走路，手是魔術的高手，空出的兩隻手增加運用的能力，再加上大腦的靈活運用，可以使的人類的生活更舒適及更方便嗎？藉此希望大家有所省思。

🔴 小燕子和他的朋友

　　小燕子喜歡在空中和風玩遊戲，牠的嘴巴又寬又大，可以在空中抓到牠愛吃的飛蟲，每年冬天還要飛到南方去旅行，春天再回來，還有燕子的朋友，小麻雀、小山雀、啄木鳥、鷺鷥、鴨子、水鳥、老鷹，他們的嘴型及所愛吃的食物，還有如何攝食的方式。

🔴 螢火蟲之歌

　　介紹台灣最常見的五種螢火蟲。

🔴 我們一家都是狼

　　我們是天生的觀察家，我們用心的觀察事物，也是天生的旅行家、傾聽者學習隨時聆聽、狩獵者輕輕走路壓低身體、守護者，高興時向天空嚎叫，我們都屬於狼的家族，我們一家都是狼。

🔴 蝸牛去散步

　　陽光輕灑在大地上，一隻背著大大殼的蝸牛，正從牆角邊爬了出來，好奇的望著前方，原來是蝸牛黏巴拉先生正準備出發去散步呢！牠緩慢的移動身體，吃力地爬上一座小山，又穿過了陰暗的隧道。牠迎著陽光，來到靜謐的森林，躲在樹幹後東張西望。接下來，牠施展倒掛金勾的絕技，通過一座窄橋……

🔴 森林大會

　　一個男孩和森林裡的動物在互比絕活。作者以她對動物的熟悉和知解，把每種動物的生態，處理得可以說是既生動又有趣。

🔴 和我玩好嗎？

　　這是一則小女孩和林中小動物的「安靜」對話。

手套

老公公到森林裡散步，掉了一隻手套。小老鼠看手套好暖好舒服，於是用樹枝架起來，住了進去。可是，陸陸續續地，愛跳的青蛙、長腿兔子、愛漂亮的狐狸、大灰狼、暴牙山豬、慢吞吞的熊都想進到手套裡。正當手套被這七隻動物擠得水泄不通、搖搖欲墜時，老公公也發現他的一隻手套不見了，趕緊回頭去找……

安靜的故事

本書附 CD 一片，包含台語及客語的故事聲音。刺蝟一家人在夜裡散步，哆嘆哆嘆的腳步聲，發現兩隻狼跟蹤他們，立刻豎起刺來身體捲成球狀，並告訴小刺蝟如何做，還要靜靜的不動，這兩隻壞蛋一直在牠們的旁邊踱來踱去不甘心離去，聽到槍聲夾著尾巴逃走了。

奇妙的尾巴

動物過的生活不一樣，所需要的尾巴也各不相同。因此，才會發展出這麼多不同的尾巴。想想看，奇妙不奇妙。

貓咪你好

你喜歡貓咪嗎？一隻貓一個樣子，就像一個人，一個樣子。本書透過介紹，讓你認識貓咪吃東西的樣子、喜歡的地方、習慣等等。

地底下的動物

一本從孩子生活出發的科學圖畫書。一開始，擅長畫細緻精密科學插畫的松岡達英，就以孩子手拿著小鏟子，挖開泥土的畫面，將「自然」拉到最接近兒童實際生活的角度；再以剖面插畫形式，在連頁的視覺圖像中，一路穿過院子、草地、樹林到池塘的對岸，將地底下難得一見的動物世界，一一活現出來。

海邊的生物

海邊有數不清的生物，可是不了解海邊的生態環境，就不知怎麼接近牠們。讓本書當孩子的嚮導，到岩礁、潮池、海中去拜訪牠們。全書包含十一類一百九十五種海邊生物，實際的比例，逼真的插畫，是兼具圖鑑與導覽的實用百科。

雨靴裡的麻雀	龜甲
這是一本認識小麻雀從孵蛋到成長的圖畫書。麻雀大約是在三月的時候開始做窩，四月初生下四到七個蛋，雌雄交替孵蛋，在第十二天孵出小麻雀，小麻雀經過了兩個星期才會出窩，而雌麻雀在五月底會再生蛋。	烏龜可以生活在大海、沙漠、河川、池塘、沼澤、草原和森林等不同的環境，為了要活得更久，烏龜便產生各式各樣的龜甲。下次你再看到烏龜，可別忘了，牠曾經和恐龍同時生活在地球上的喔！
小狗出生了	
這本書以說故事的方式，將小狗的誕生一五一十的呈現在孩子的眼前；當孩子看了這本書之後，可能就會想知道有關於自己出生的事了。	

植物

罌粟花裡的驚奇	我們的樹
小女孩從池塘裡帶回一朵漂亮的罌粟花，送給媽媽當生日禮物，豈知一到晚上，花裡傳來蟋蟀唧唧唧的聲音；換爸爸生日了，小女孩這回改送荷花，荷花卻傳出……	本書為創造人與自然間的和平親善，提出仁慈智慧又實際的構想。它將「用樹來慶祝的觀念」轉化為「和樹一起來慶祝」，讓我們體會宗教節日的基本精神，也提醒人類反省對自然生態的方式。
小種籽	花城
小種籽們乘風飛向遙遠的地方，在沿途中，有的被太陽燒掉，有的被海洋淹沒，有的被動物吃掉……，小種籽能順利找到安全的生長地方嗎？	嚴厲的市長下令把全城的花和蝴蝶都關起來，人們失去了笑容，小城也變得黯淡無光。彼得和卡琳是勇敢的孩子，他們要如何拯救花和蝴蝶呢？

喬爺爺的花園

愛慕虛榮的小雛菊，看不起喬爺爺的小花園，它總希望自己是住在隔壁華麗的花園裡，當它真的住到華麗的花園時，才發現自己只不過是大花園裡的一株野草。

草莓

這是一本屬於科學類的圖畫書，作者擅長細膩生態插畫；加上生活化的語言文字，讓小朋友以明朗的心態及眼光，瞭解草莓的成長過程。

尋找哪一棵樹

大樹生產食物供給小動物，保護很多的小生物，給牠們一個家。就像家護衛著每一個家庭成員，每個人都像是其中的一個枝幹與葉。

第一座森林的愛

作者約翰吉爾以豐富的想像力告訴我們樹的四季變化及生長過程，以寓言的方式訴說「自私」與「貪婪」所造成的傷害……。

奇妙的種子

在大自然的運作下，種子會發芽生長、增量，從一顆變成二顆；三顆變成四顆……有的種子要儲藏起來，有的要賣出去，剩餘的再種植。

蒲公英種子飛飛飛

蒲公英是大家熟悉的植物，這本書以十分簡潔的文字，描述蒲公英有趣的開花、結果和散佈種子的過程。透過一幅幅描繪得極細膩、鮮明的圖畫，孩子們可以深切的感受到時序變化與自然的奧妙。

林中的樹

原是一首法國童謠，以反覆循環的主題，把自然界中生命的生長與變化十分生動的描繪出來。

我的蘋果樹

昆蟲、鳥、動物、地衣、苔蘚及一棵根瘤盤錯的蘋果樹，自成一個小小又生趣盎然的世界，是自然觀察的樂園，也是孩子悠遊的天堂。

叢林是我家

叢林是個奇妙無比的地方,那裡雨水充沛,卻不容易被淋濕,茂密的樹林形成一個完整的樹冠層,保護所有住在裡面的生物。

被遺忘的森林

一個以前都是樹的鄉間,因為城鄉快速的發展,森林逐漸消失了,最後只剩下一片被圍起來的森林樂土,這座幾乎被遺忘的森林是和平而安靜的……。

樹逃走了

在一個灰色的城鎮裡,住著一個打出生便孤伶伶站在馬路一隅的樹,冷默的高樓林立在四周,行經的路人總是行色匆匆的走過,沒有人停下來瞧它一眼。某天晚上,寂寞的樹終於下定了決心,逃走吧!

樹木之歌

本書描述樹木在四季變換著不同的風貌,松鼠在樹下過著秋收冬藏的生活,候鳥春來冬去,繁衍後代,從四季變化的色彩中,感受自然的奧妙。

給森林的信

冬天時,寬寬把對森林裡動物朋友的思念,轉換成一封封問候和「在春天見面」的邀請函,請森林中的大樹傳遞。動物們收到信了嗎?牠們會應邀前來嗎?

種子

小小的種子想搬新家,開始發芽長大,所以利用不同的方法去旅行。松樹的種子有翅膀、荷花的種子能浮在水上、有的種子長著勾刺,可以沾在動物身上搭便車呢!

長不大的小樟樹

小樟樹以為只要自己的根延伸,就會不停的生長,誰知道卻被石頭、水泥和無土壤的原因影響,而無法長大。

咬人花

白博士把一株奇特的植物帶回家,但是沒想到的是白博士拿起熱狗想給小狗吃時,植物竟和狗搶奪起來,小狗的尾巴竟被咬掉一段。一次咬人花竟咬倒一個小偷,立下功勞,最後他被送到動物園,成了人人都想看的最愛。

大樹

森林裡的大樹都快被砍光了，有什麼方法，可以讓砍樹的大個子改變主意呢？

誰要來種樹？

月光照在一片光禿禿的土地上，於是大家萌生了種樹的念頭！先是小狗種下了一棵樹，還給小樹澆澆水；小兔子也來種下一棵樹，有兩棵樹正好可以繫上軟軟的吊床；小猴子接著也種下一棵樹……。

種蘿蔔

豬小弟的家門前有塊空地，媽媽想在上面種東西，心想豬小弟喜歡吃蘿蔔糕，就種蘿蔔吧！但要鋤草怎麼辦？除完草上面有石頭怎麼辦？石頭不見了又要翻土怎麼辦？這些問題豬小弟想辦法假手他人的完成，種出蘿蔔後請大家吃。

如果樹會說話

樹為什麼不說話？如果樹會說話，它會告訴我們什麼？畫裡所蘊含的情感絲絲入扣，燦爛繽紛的樹洋溢著大自然最原始的美麗與豐富的本質。

我是一棵樹

樹自己從它小的時候說起：小樹很寂寞，孤伶伶的生長在空曠的地方，後來漸漸的長大，小鳥開始來作窩，松鼠也來玩，許多動物都群聚過來，它就不會寂寞了。

蓮！真好

暑假到了，我回鄉下看蓮花，吃到一碗冰冰涼涼的蓮子湯暑氣全消，在這裡了解蓮花的害蟲，也了解蓮花的生態，明白採蓮人的裝備，及採蓮搖的歌，蓮的營養素包含哪些呢？蓮藕如何生長，讓我們一起來畫蓮花蓮葉及蓮蓬，你知道蓮可以做什麼樣的菜呢？

阿長伯的斗笠

阿長伯要出門了，他扛著鋤頭要去菜園裏工作。不論晴天或雨天，阿長伯出門總是戴著一頂竹子編成的帽子，叫做「斗笠」，又叫做「瓜笠仔」。小朋友，阿長伯的日常生活和竹子有密切關係，從這本書的每一幅圖畫裡，你能找出竹子和竹製品，並說明它的用途嗎？

香噴噴的番薯

爺爺說：「番薯有很多不同的顏色喔！除了紅心番薯，還有黃心、白心……，各種不同的顏色。」透過爺爺的帶領，小朋友可以一起走訪番薯田、烤番薯，認識從前都用來餵食豬隻的番薯，為什麼現在會變成大家都愛吃的點心食品呢？

十顆種子

藉由向日葵種子的生長變化，讓孩子一方面觀察種子生長的變化，一方面了解植物在自然環境下和不同動物之間的供需關係。

在森林裡

一個戴紙帽、拿著喇叭的男孩獨自到森林裡散步。但走沒多久，就遇到了獅子、灰熊、袋鼠等動物，於是，散步的隊伍愈來愈長……。

約瑟夫的院子

約瑟夫把樹苗種在院子。經過風吹、日曬、雨淋，樹苗逐漸長大，冒出花苞，開出美麗的花朵。可是，約瑟夫因為太喜歡那朵花，很快將它摘了下來，而使得花枯萎。第二次，約瑟夫雖不再動手摘花，卻因為嫉妒花朵引來了小蟲、小鳥、小貓，而用外套蓋住植物。於是，花又凋謝了……

可以吃的植物

本書以圖片、文字介紹一些可以吃的植物。種子播種以後，會長出根、莖，莖上再長出綠葉，然後開花、結子，這就是植物。蔬菜也是植物，我們吃的就是這些植物的根、莖、葉、果實或種子。

豆子

你喜歡吃豆子嗎？透過圖畫、文字，讓你認識各種不同的豆子，也能瞭解豆子的成長過程。豆子其實就是種子它的莖和葉枯乾了，小小的豆子，還能堅強的活下去，因為豆子裡面躲著小小的嫩芽，還有很豐富的營養。有一天，它會吸收那些營養，長出新的莖、葉和豆子。

蒲公英

你認得蒲公英嗎？在那裏看過它呢？蒲公英開的花大都是黃色的，但是也有白色的喔。晴朗的春天，蒲公英的花苞慢慢張開，張開，綻放出美麗的花朵。仔細看看蒲公英的花，每一朵花，其實都是好多好多小花合成的，每一朵小花都帶有一粒種子。

四季

快樂的貓頭鷹

有兩隻貓頭鷹，牠們認定快樂的理由是：敞開胸懷欣賞周遭的事物和四季的變化，就可以每天擁有幸福。

無聊的下午

四月的花園新城，美麗的油桐花落滿地，無聊的小貓走進屋後的林子，咦！牠發現了什麼？透過小貓好奇、安靜的本性，帶領孩子以「近焦點」細看周遭自然景物。

熱呼呼的下雪天

下雪了，好冷！不過還是想出去玩滑雪橇。不怕冷的小松鼠樂樂，興高采烈出了門，卻發現需要爸爸幫忙推重重的雪橇。誰知把爸爸找出來之後，爸爸卻玩的比任何人都開心，害得樂樂都翹起嘴巴，嘀嘀咕咕的說：「怎麼還輪不到我們啊！」

春天到了

春天到了，野鴨飛回天上去了，那雪呢？松鼠爸爸說：「雪也回到天上去了。」小松鼠都很好奇，決定去探險，看看雪到哪裡去了？

🍭 夏日海灣	🍭 稻草人
從充滿濃霧的初春，到颱風來襲的初秋，作者以如詩般的散文及優美的圖，成功地描繪出對小島生活的摯愛。	從稻草人在春天換上新裝開始，一身七彩的衣服和鞋帽，在照顧老爺爺的稻田時竟然大有用處。
🍭 快樂的一天	🍭 四季遊戲
寒冬裡，有一些動物在冬眠，有些動物醒了，且開始在雪地上朝同一方向奔跑，在雪地上留下不同的足跡。	本書以豐富的插圖和動人的詩文，生動的呈現春、夏、秋、冬四季所具有的獨特風貌，並針對季節設計可以「動手做」的遊戲和食譜。

自然元素

🍭 雪花人	🍭 雪人
有一個男孩愛雪勝過世界上其他的東西，一下雪他就好快樂，當別的孩子在玩堆雪城堡遊戲時，他都在研究雪的結晶，連續三個冬天他利用顯微鏡畫著雪花，但常來不及畫完。媽媽為他買了一台照相機，他拍了許多雪的結晶，並且終其一生研究雪。	這是一本完全沒有文字的圖畫書。藉由粉蠟筆溫柔的筆觸，讓孩子靜靜去體會畫中小男孩和雪人之間，細緻溫馨的友情。
🍭 夏天的天空	🍭 下雨天
夏天天空的雲層，有不同的變化，在觀察記錄中，給孩子很棒的聯想。	兩個小孩在大人的鼓勵與包容下，欣悅的走進自然而又新奇的雨中世界。這是一本沒有文字，完全透過長短鏡頭、分格畫面將雨中景色、趣味細膩呈現的書。

誰來買東西？

下雨天孩子可以玩什麼遊戲呢？介紹如何利用現成的玩具，加上想像力，來玩開雜貨店的遊戲。

西北雨來囉

夏天的午後，突然下起一陣大雨，正快活玩耍的小松鼠來不及跑回家，趕緊躲進小石洞裡，結果認識了新朋友。

好紅好紅的紅毛衣

寒冷的冬天到了，全部的東西都變成紅色，小松鼠也穿上媽媽連夜織好的紅毛衣去森林裡玩，一點也不冷，因為媽媽的愛把他們緊緊的包住了。

颱風

英國新型小說的創始人之一康拉德，在展現主題與方法方面極具影響力，《颱風》充分表露這一特色，繪者羅保艾坦則完整掌握了大師的風格。

下雪了

城市一片灰灰的，帶狗的小男孩說下雪了，一片雪、兩片雪，根本沒有人會在意，而且新聞及收音機都說沒下雪，但雪花不懂這一些東西，雪花只知道繼續飄啊飄，漸漸屋頂變白了，整個城市都是白色的，小男孩說是雪耶！

下雨了

這是一本表現大自然生生不息現象的無字圖畫書。全書呈現了大自然寧靜與風暴並蓄的本質。

風姐姐來了

風姐姐來了，樹葉快樂的拍著手，草兒笑彎了腰……讓風姐姐帶領孩子進入美好的想像世界。

大雪

冬天到，又是賽雪橇的好季節，烏斯利為了把自己的雪橇裝飾得最美麗，就請妹妹去拿彩帶，沒想到遇到大雪，烏斯利會想出什麼方法去解救困在雪中的妹妹呢？

繪本主題教學資源手冊

好大的風

在一座成天颳大風的城市中，一個從來沒有離開家的小男孩，決定乘著風去冒險。他遇上了一個非常會講故事的神秘小女孩，他們一起玩遊戲、分享喜怒哀樂，他喜歡和小女孩一起講故事，小女孩的故事有一種魔力，讓人只要閉上眼睛，就像變成一條魚在大海中自由自在的游水。有一天，這座已經颳了七年七個月又七天大風的風城，突然間平靜無風。小男孩再也不能日日乘著風去找小女孩，他是多麼想念小女孩啊……。

掃帚雪人和眼鏡雪人

下雪的日子，孩子們在雪地上玩，他們堆了兩個好大好大的雪人，一個是驕傲的掃帚雪人，一個是更驕傲的眼鏡雪人。

風到哪裡去了

小男孩問：「為什麼白天會結束？」媽媽回答：「白天並不會結束，它會在別的地方重新開始。」透過和媽媽之間的一問一答，小男孩學到了自然界永無休止的循環。

雲上的小孩

和父母親一起爬山的艾伯特，一不小心從懸崖摔了下去，正當危急之際，雲上的小孩念起咒語，接住身體變得輕飄飄的艾伯特……。

風喜歡和我玩

吉勃特和風整天玩在一起。風把吉勃特的氣球吹到樹上，還讓吉勃特的雨傘開花。他們也會一起玩小風車、吹肥皂泡……最後，他們都累了，就在楊柳樹下睡午覺。

奇妙的自然，奇妙的你

以輕鬆愉悅的筆調、令人驚嘆的精細繪圖，揭露自然中可供你我學習的課題，巧妙的將大自然的特性轉化為積極正面的譬喻。

14 隻老鼠去郊遊

今天是個大晴天，十四隻老鼠要到草原上郊遊。包起飯糰，把水壺裝滿水，野餐準備好就要出發！

第十三章

世界觀

世界、聖誕節、萬聖節

陳司敏

前言

科技的發展迅速，讓「全世界」人們的距離縮短，經驗交流的機會增加，資訊的傳達快速，因而形成了所謂地球村的概念。而現今的孩子們，擁有許多機會拜訪世界各地，體驗不同的景觀、文化、民族與美食。但當大人們把「美語」列入地球村的重要溝通語言及必修之課程時，孩子的世界之旅，往往可能也是一個學習的旅程，甚至可能只局限在美語系的國家中。但世界上的語言不只有「美語」，值得造訪的國家，也不僅是美語系的國度；如何讓孩子真正擁有「世界觀」，或許是大人們該深思的問題。建立孩子愛家、愛國的心，並說好屬於我們的母語，從認識、了解自己的國家，再去體驗世界大大的不同吧！

而孩子的想像世界裡，有些節慶活動與特色，是陪伴他們成長與築夢的動力，發展創造與表現的能力，更讓孩子的心靈世界裡，擁有希望與期待。

「101本好書」主題分類

分類	書名	作者	繪者	譯者	出版社
世界	花婆婆 Miss Rumphius	Barbara Cooney	Barbara Cooney	方素珍	三之三
	我在幼稚園的日子 Our Peaceful Classroom	Aline D. Wolf	全球蒙特梭利學校四至十二歲兒童	陳明珠	及幼
	世界為誰存在？ Who is the world for	Tom Pow	Robert Ingpen	劉清彥	和英

	小女兒長大了 Madlenka	Peter Sis	Peter Sis	小野	格林
聖誕節	聖誕老爸渡假去 Father Christmas Goes on Holiday	Raymond Briggs	Raymond Briggs	吳倩怡	格林
萬聖節	巫婆與黑貓 Winnie the Witch	Valerie Thomas	Korky Paul	余治瑩	三之三

「推薦好書」主題分類

分類	書名	作者	繪者	譯者	出版社
世界	海底的星星 Una stella in fondo al mare	Gayle Ridinger	Andreina Parpajla	劉思源	三之三
	世界上最美麗的村子 Sekaiichi UtsukusHii Boku no Mura	Yutaka Kobayashi	Yutaka Kobayashi	黃宣勳	小魯
	環遊世界做蘋果派 How to Make an Apple Pie and See the World	Marjorie Priceman	Marjorie Priceman	李永怡	台灣麥克
	乳牙掉了該怎麼辦？ Throw Your Tooth on the Roof	Selby B. Beeler	G. Brian Karas	和融出版部	和融
	搬到另一個國家	林芬名	林芬名		信誼
	潔西過大海 When Jessie Came Across the Sea	Amy Hest	P.J. Lynch	趙美惠	格林
	小活佛達西	陳・凱絲汀	陳建江		格林

	書名	作者	繪者	譯者	出版
	和平在人間 Peacetimes	凱薩琳舒勒絲	Robert Ingpen	薇薇夫人	格林
	鴿子的羅馬 Rome Antics	David Macaulay	David Macaulay	吳倩怡	遠流
	小尚的巴黎 Petits Bleus Dans Paris	Veronique Willemin	攝影者 Joelle Leblond	邱瑞鑾	遠流
	貝克的紐約 My New York	Kathy Jakobsen	Kathy Jakobsen	鍾文音	遠流
	世界的一天 All In A Day	安野光雅等	安野光雅等	漢聲雜誌	漢聲
	人 People	Peter Spier	Peter Spier	漢聲雜誌	漢聲
聖誕節	平安夜 Silent Night	Sandy Turner	Sandy Turner		三之三
	不一樣的聖誕禮物 Das Schonste Weihnachtsgeschenk	Charise Neugebauer	Barbara Nascimbeni	顏秀娟	上人
	我們的樹 Night Tree	Eve Bunting	Ted Rand	柯倩華	上堤
	北極特快車 THE POLAR EXPRESS	Chris Van Allsburg	Chris Van Allsburg	張劍鳴	上誼
	不一樣的聖誕節	Russell Johnson	Bernadette Watts	余仁祥	上誼
	窗外送來的禮物 Santa Through the Window	Taro Gomi	Taro Gomi	鄭明進	上誼
	神秘的生日禮物	Eric Carle	Eric Carle	柯清心	上誼
	兩顆草莓	Akiko Hayashi	Akiko Hayashi	游珮芸	上誼

聖誕老公公和小莉	Akiko Hayashi	Akiko Hayashi	游珮芸	上誼
褲子的聖誕節	Akiko Hayashi	Akiko Hayashi	游珮芸	上誼
威比豬拆禮物	Mick Inkpen	Mick Inkpen	馮欣儀	上誼
皮皮熊過聖誕	Lee Davis		郭恩惠	上誼
麥斯的聖誕節 Max's Christmas	Rosemarry Wells	Rosemarry Wells	鄭榮珍	上誼
送什麼生日禮物好呢？	日本聖保祿孝女會	岩本康之亮	台灣聖保祿孝女會	上智
幸福的小驢	Shiro Fujimoto	Shiro Fujimoto	劉思愛	上智
奇妙的耶誕街車 Das Marchen-Tram	羅夫克瑞瑟	席塔加克	張劍鳴	台英社
好忙好忙的耶誕老公公 In Sauta's Land	Ken Kuroi	Junko Kanoh	嶺月	台英社
波利，耶誕快樂！ Frohliche Weihnachter, Pauli!	Brigitte Weninger	Eve Tharlet	李紫蓉	台灣麥克
一隻聖誕雞 What's cooking Jamela？	Niki Daly	Niki Daly	方素珍	台灣東方
快樂郵差過聖誕 The Jolly Christmas Postman	Janet & Allan Ahlberg	Janet & Allan Ahlberg	林麗雯	正傳
聖誕夜驚喜 Plotter wants a Christmas present	Hilde Schuurmans	Hilde Schuurmans	邱孟嫻	艾閣萌
耶穌的禮物 Child in a crib	艾閣萌編輯部	Liesbet Slegers	邱孟嫻	艾閣萌

諾弟與耶誕老人 Noddy and Father Christmas	Enid Blyton Cimited			艾閣萌
一個不能沒有禮物的 日子	陳致元	陳致元		和英
哈維‧史藍芬伯格的 聖誕禮物 Harvey Slumfen- burger's Christmas Present	John Burmingham	John Burmingham	李瑾倫	和英
明星引路──到伯利 恆去 Follow the Star—All the way to Bethlehem	Hunt & Thorpe, Alresford, Hants, U.K.		陶淘	宗教教 育中心
伯利恆城的嬰孩	Sally Owen	John Hayson	呆呆	宗教教 育中心
聖誕節的故事 What Happened at Christmas?	Hunt & Thorpe, Alresford, Hants, U.K.		陶淘	宗教教 育中心
小天使安琪 God's us Little st A	Hunt & Thorpe, Alresford, Hants, U.K.		譚淑芳	宗教教 育中心
搖籃裡的耶穌	Linda Parry	Linda Parry	馬鎮梅	宗教教 育中心
聖誕頌	Linda Parry	Linda Parry	譚淑芳	宗教教 育中心
聖誕樹 A Chistmas Tree	Satoshi Kako	Satoshi Kako	信誼 編輯部	信誼
心肝寶貝 Precious Gift	寶貝小組	蔡兆倫		美語 世界

書名	作者	繪者	譯者	出版社
聖誕老爸（聖誕老公公） Father Christmas	Raymond Briggs	Raymond Briggs	洪妤靜	格林
聖誕小子 Peter Claus and The Naughty List	Lawrence David	Delphine Durand	郭恩惠	格林
秘密筆記 Mon Carnet Secret， Le Père Noël	Didier Levy	Nathan/ UUEF, Paris-France	殷麗君	格林
開門開門送蛋糕 Weihnachtskuchen Für Alle	Francesca Bosca	Giuliano Ferri	劉嘉璐	格林
雪從遠遠的天上來 Leise Rieselt der Schnee		Quint Buchholz 等	張莉莉	格林
聖誕老公公	村上征夫	村上征夫	容容	理科
一個聖誕節的故事	Brian Wildsmith	Brian Wildsmith	劉恩惠	鹿橋
親愛的聖誕老人—— 今年請不要來	Michael Twinn	Patricia Ludlow	劉恩惠	鹿橋
聽，天使在唱歌 Hark! The Herald Angels Sing	郭恩惠 （主編）	林俐		彩虹兒童
最好的禮物	Rita Van Bilsen	Cornels Wilkeshuis	余治瑩	智茂
聖誕襪 A Christmas Stocking Story	Hilary Knight	Hilary Knight	劉清彥	維京
古強森的聖誕奇蹟 The Christmas Miracle of Jonathan Toomey	Susan Wojciechowski	P. J. Lynch	劉清彥	道聲

	真的有聖誕老公公嗎？ Daddy, Is There a Santa Claus?	Itsuko Teruoka	Hanmo Sugiura	漢聲 雜誌	漢聲
萬聖節	萬聖節大遊行 Halloween Parade	Harriet Ziefert	Li Hie James		東西

問題與討論

一、小朋友，你知道你住的地方是哪裡嗎？你可以在地球儀（或世界地圖）中找到你住的地方嗎？

二、你曾和誰一起出國旅遊？說說你在國外看到、聽到、吃到最特別的東西？

三、你知道耶誕節的由來嗎？耶穌是在哪裡誕生的？

四、你相信世界上有耶誕老公公嗎？

五、你最想要的耶誕禮物是什麼？

六、你如何向外國的朋友介紹你住的地方呢？

延伸活動

活動一：北極特快車

(一)準備材料

彩色小鈴鐺、紅或綠緞帶、小紙盒及繪本圖畫書《北極特快車》。

(二)活動過程

1. 老師事先將彩色鈴鐺兩個一組串上緞帶，打蝴蝶結後放置在小紙盒內。

2.透過故事分享，將小鈴鐺當成禮物分送給小朋友（在耶誕節前夕安排此項活動，更具意義）。

活動二：聖誕劇場

(一)準備材料

　　耶穌誕生的故事、製作道具的相關材料、耶誕節相關音樂等。

(二)活動過程

　　1.先與小朋友分享耶穌誕生的故事，並強調其特別之處，如：小天使報佳音、小耶穌誕生的地點、牧童、三王朝拜及禮物等。

　　2.與小朋友討論角色扮演及準備工作。

　　3.製作角色所需的道具，如：小天使頭飾、服裝、馬槽、小綿羊頭飾、三王頭飾、禮物等等。

　　4.依據耶穌誕生劇本排演練習。

　　5.於耶誕節前活動中演出。

(三)道具製作參考書籍

　　《面具集錦》、《演劇服裝》（金培文編譯，大光出版）

(四)故事劇參考圖書：

　　《聽，天使在唱歌》（郭恩惠主編，林俐圖，彩虹兒童文化出版，含歌曲CD）；《聖誕節兒童短劇》（王玉編劇，上智出版社。）

活動三：環遊世界

(一)準備材料

　　準備世界各國國旗（含國名）圖片及閃示卡三組以上、進行曲旋律之音樂帶。

(二)活動過程

　　1.老師先介紹各個國家的國旗（含國名）。

2.將各國圖片放置地面上，放進行曲音樂，小朋友跟著音樂在圖片邊自由行走。

3.音樂停止時，小朋友必須站在老師閃示卡的國家旗幟圖卡上（老師可以同時閃示兩個國家的圖卡）。

4.小朋友必須說出那是哪一個國家的國旗標誌。

活動四：化妝舞會

(一)準備材料

1.多種材質、顏色的紙張，塑膠類之資源回收瓶罐、多顏色塑膠袋或垃圾袋、收集多種碎布或零頭布、亮片、珠珠及緞帶等可用來裝扮、製作之材料。

2.剪貼及黏貼縫製工具、裝扮舞會之參考工具書。

3.活動之背景音樂及舞台準備、布置。

(二)活動過程

1.老師先與小朋友討論「萬聖節」的由來及相關活動。

2.與小朋友共同計畫舉辦化妝舞會，並設計邀請函，邀請父母親到幼兒園觀賞。

3.小朋友想好自己要裝扮的角色，利用美勞活動的時間，進行裝扮的服裝或道具製作（老師可以透過故事或編劇方式，協助選擇、製作所需的道具或裝扮）。

4.舉辦化妝舞會，展示小朋友創作的成果。

相關網站

一、教育部未來小子哈書網 http://www.reading.edu.tw

教育部網站之下的未來小子哈書網，讀者可在「一起讀好書」的

項目下，獲得好書大家讀的相關資訊，內容包括：圖畫書類、科學讀物類及文學綜合類的書單及書目資料。

二、宗教教育中心 http://www.rerc.org.hk/

　　出版宗教教育、公民教育課程、生命教育、親子教育及兒童圖書等書籍，另有製作多媒體教材和舉辦培訓課程。

三、聖誕節教學活動 http://www.chinesewaytogo.org/waytogo/idea/xmas/xmas.html

　　提供聖誕老人及馴鹿的製作方式。

四、信望愛聖誕專刊 http://www.fhl.net/main/christmas/

　　內容包括耶穌出生的日子、瑪利亞的心路歷程、伯利恆城介紹、紀念聖誕節的意義。

 「101本好書」內容簡介

世界

花婆婆	我在幼稚園的日子
小女孩答應爺爺，長大後要做一件讓世界變得更美麗的事。而後她實現承諾，散播滿山滿谷的魯冰花。	在世界各地不同的蒙特梭利環境中成長的每個孩子，很早就學習互助合作以及和平共處的社交技巧；這些孩子在「和平教育」的薰陶下，已確實知道如何建立一個更好的明日地球村。

世界為誰存在？

「世界為誰而存在？」熊寶寶問爸爸。

「呃，看看你的四周。」爸爸回答。

這個世界有那麼多綠油油的草原，讓你跑跳奔放，每一隻斑馬、羚羊與大象，幫助你成長茁壯，每一塊聳立平滑的岩石，讓你享受陽光。世界為你存在！

小女兒長大了

有一天，瑪德蓮發現她有一顆乳牙快掉了，興奮的跑到街上，告訴所有的好朋友：有濃濃法國味的麵包師傅、愛說故事的德國奶奶，和怪怪園藝店的拉丁美洲老闆……對她來說，這就好像環遊世界！

聖誕節

聖誕老爸渡假去

夏天到了，不用工作的聖誕老爸坐上由雪橇改裝的拖車，帶著兩隻麋鹿去旅行囉！來到法國，可憐的聖誕老爸卻因吃不慣當地的奶油料理、露營區不乾淨，落荒而逃到擁有乾淨水質的蘇格蘭，但又因受不了溼冷的鬼天氣，而落跑到拉斯維加斯的尼綠大飯店。在那裡，有聖誕老爸愛吃的薯條，及暖和的氣候，他這下可樂歪了！

萬聖節

巫婆與黑貓	
巫婆和她心愛的黑貓——小波，住在所有東西都是黑色的黑屋中……可以讓小朋友經由故事，體會愛要用對方法，並豐富孩子的想像力與應變能力。	

「推薦好書」內容簡介

世界

海底的星星	世界上最美麗的村子
海星一心嚮往飛到天上，與天上的星星共舞，當牠費盡心思飛上天且完成夢想後，開始想念海底的世界與朋友……。	小男孩亞摩代替去打仗的哥哥，獨自幫父親到城裡賣水果，但一點也賣不出去。當他很頹喪時，卻有人開始向他買櫻桃，而且顧客愈來愈多……。後來他們用賣水果得來的錢，買了家裡的第一隻小綿羊，亞摩為牠取名為「春天」；因為他聽說，哥哥將在春天從戰場歸來。

🔵 環遊世界做蘋果派

這本書帶我們認識一件物品背後龐大而複雜的製作過程，以及各國的風貌與特色，然而它最有趣之處，卻是那種隨心所欲帶著讀者一起遨遊世界的想像力。

🔵 搬到另一個國家

這本書敘述一個住在台北的小女孩，和一個住在美國洛杉磯的小女孩，同時為將要「搬到另一個國家」而煩惱，兩個人都有類似的掛慮和胡思亂想，後來兩個人都搬到新的地方了，才發現事實沒那麼糟。

🔵 小活佛達西

自從西元一九五九年，西藏的政治及宗教領袖達賴喇嘛從中國出走，西藏頓成全世界的焦點。本書以達賴喇嘛為創作藍本，描述一位小喇嘛的成長、培育，將時空帶回一百年前的西藏。

🔵 鴿子的羅馬

有一隻鴿子必須循著「老路」回去完成任務，可是在路上牠一時興起，想到處走走看看。於是，我們也乘著鴿子的翅膀，和世界各地的孩子一樣，第一次看見這麼雄偉、這麼平易近人的羅馬。

🔵 乳牙掉了該怎麼辦？

世界各地每天都有人在掉乳牙，但是大家都怎麼處理呢？本書蒐集世界各地六十四個地區，共六十六種風俗，由圖畫表現出世界各地的特色。

🔵 潔西過大海

潔西常聽人提起美國是富裕的國家，一天她意外獲得前往美國的船票，依依不捨的她離開疼愛她的奶奶，來到美國紐約。她努力的工作、學習、存錢……希望有一天，也能讓奶奶來美國。

🔵 和平在人間

本書用雋永的散文關心人類生存的和平，不同於一般有故事情節的繪本，從一對男女孩子餵海鷗的溫馨情境開始，每幅畫都配合文字內容，選取孩子生活上充滿快樂、活力、溫馨或憐憫的情態，淋漓傳達和平的迫切需要。取材深切，構圖尤其巧妙，幅幅都是精采的安排。

🔵 小尚的巴黎

聖心堂、聖母院、艾菲爾鐵塔……，好美好美的風景名勝喔！但是鴿子知道更多好玩的地方，因為巴黎的鴿子，可是聞名全球的喔！所以，小尚也和世界各地的孩子一樣，第一次看見這麼廣、這麼遠的巴黎。

貝克的紐約

　　貝克的好友馬汀，就要到紐約來了。貝克寫了一封信，要先帶領馬汀來一趟紙上遊，貝克可是「老紐約」喔！所以馬汀也和世界各地的孩子一樣，第一次看見這麼深入、這麼親切的紐約。

世界的一天

　　小孩和小狗在海上出事了，落難於無人島，不斷向世界各地的小朋友發出求救訊號。從每天發出的訊號中，看到世界各地元旦那天的情形。

人

　　想想看地球上有那麼多人，每個人的長相、個性、體型均不相同，每個種族的膚色、語言、信仰也都不一樣，人的世界也因此變得多采多姿，藉由作者的眼睛來看看大家的相同或相異之處吧！

聖誕節

平安夜

　　聖誕夜，家裡的小狗不停的叫著，爸爸、媽媽和兩個孩子用哄的、用罵的都沒有用。當他們都上床睡覺後，聖誕老人乘著一輛由馴鹿駕駛的電動雪橇來了，在他工作的時候，小狗在他腳邊瘋狂的叫著。最後，爸爸醒了，但他看不見聖誕老人，讓小狗大失所望。當聖誕老人爬上煙囪時，小狗卻咬住他的褲子……

不一樣的聖誕禮物

　　自私的小貓最期待聖誕節的到來，結果聖誕老公公卻送給牠一個不一樣的禮物，讓牠覺得很倒楣。到底是什麼禮物呢？

我們的樹

每年耶誕節的前夕，有一家人會開車前往路加森林，拜訪住在森林裡的老朋友；沒有豐盛的大餐，也沒有喧鬧的舞會，他們只帶著感恩的心，以及簡單的食物，與動物們一起享受一段歡樂的時光。

北極特快車

懷著滿心的期待，小男孩坐上北極特快車，拜訪了聖誕老人的住所，並且獲得了他今年的第一份聖誕禮物……。這是一個溫馨的聖誕故事，敘述孩子對聖誕佳節的美好期待，精緻細膩的畫面，帶給讀者美好的想像空間。

不一樣的聖誕節

聖誕夜，馴鹿抱怨工作太辛苦，自行放假，聖誕老公公只好招兵買馬，請驢子、駱駝、大象、兔子、火龍、獅子來拉雪橇。

窗外送來的禮物

在書中，作者挖了大大小小的洞當作窗子，聖誕老公公就是從窗口看看屋子裡住的是什麼小動物，才決定要送什麼禮物。然而，畢竟視覺也有意外與差錯的時候，所以，書中的情節充滿了遊戲般的樂趣與驚喜。

神秘的生日禮物

小男孩在聖誕夜晚上收到一封神秘的信，上面的某些文字都用符號代替，並要他跟著指示做，就可以找到聖誕禮物。

兩顆草莓

媽媽買了三顆草莓來做蛋糕，因為家庭成員是五個人，聰明體貼的姐姐小霞，為了讓每個人都可以吃草莓，所以全副武裝的去森林裡找草莓。

聖誕老公公和小莉

小莉苦等不到聖誕老公公，而在夜裡出外尋找聖誕老公公，原來聖誕老公公的禮物袋破了，全部的禮物都掉出來了……。

褲子的聖誕節

小毛因為拿到聖誕老公公的禮物——車車，而想留在家玩，不想和爸爸媽媽去阿公阿媽家。當全部的人都出門，留下小毛一個人在家時……。

威比豬拆禮物

專為幼兒製作的圖書,尺寸適中的硬頁設計,貼近生活經驗的故事內容及簡潔生動的版面構圖,再加上可愛討喜的角色安排,充分掌握幼兒的發展需求與翻閱樂趣。

皮皮熊過聖誕

皮皮熊正在倒數計時,等待聖誕節來臨!小朋友們,你們一定也想和皮皮熊還有牠的朋友們一起慶祝聖誕節吧!一起猜猜熊奶奶寄來的包裹裡裝的是什麼?看看皮皮熊和牠的朋友怎麼把雪堆變成一隻雪熊喔!

麥斯的聖誕節

比麥斯稍大的姐姐露比,對麥斯預告聖誕夜、聖誕老公公的到來。但原先對聖誕節毫無記憶與概念的麥斯,並不知道什麼是聖誕節、聖誕老公公,因此一直問興奮陳述的露比:「什麼?」「誰?」「為什麼?」。最後牠決定自己守候,等待聖誕老公公的來臨。

送什麼生日禮物好呢?

驢子、牛、綿羊、鴿子、小鳥、小雞和小鴨鴨,就是每一個獨特的你我,我們每一個人雖不相同,送給耶穌的禮物更是五彩繽紛,但在愛的共融中,每一份禮物都是寶貝且唯一的!這本可愛的小書,原作是十二世紀英國有名的聖誕歌謠。

幸福的小驢

聖經裡記載很多顯赫的人物,然而,載著耶穌基督進入聖城耶路撒冷的驢子、背著受了傷的撒瑪莉亞人的驢子,卻被人忘記。牠把懷了孕的瑪利亞和若瑟帶到伯利恆去,長途跋涉,路途崎嶇,牠只默默地工作,並無怨言,而且感到能為主工作而開心。

奇妙的耶誕街車

湯姆的爸爸是街車司機,聖誕節將至,他裝扮成聖誕老人開著耶誕車載小朋友,但是想搭車的小孩太多了,得等好久才輪到。

好忙好忙的耶誕老公公

耶誕老公公為了一年一度的耶誕節，一年十二個月都忙個不停：過完年，三月要開始種禮物樹；四月大角鹿要開學了……。本書用童話的方式，為孩子介紹耶誕老公公一年十二個月的生活情形。

波利，耶誕快樂！

耶誕節快到了，波利一家人有了足夠的存糧，可以過一個溫暖快樂的耶誕節。可是，其他在外面受寒受凍的動物們該怎麼辦呢？波利記得爸爸提過的：耶誕老人最喜歡幫助別人。於是，……。

一隻聖誕雞

聖誕節快到了，媽媽帶著潔米娜到市場挑一隻漂亮的雞，準備聖誕節時，做聖誕大餐，潔米娜每天餵雞吃飼料，也餵出感情，在準備大餐的過程中潔米娜放了那隻雞，最後雞被找回來了，但大家享用了沒有雞的聖誕大餐，大家還是很開心，媽媽把雞當聖誕禮物送給了潔米娜。

快樂郵差過聖誕

本書描述一個大雪紛飛的聖誕節前夕，一位認真負責的快樂郵差，將來自遠方的聖誕禮物即時送給大家的故事。超乎想像，處處充滿驚奇與喜樂的禮物書：不論大人或小孩，只要一打開書，取出信封（書中附有六個裝著新奇神秘禮物的信封）中的神秘禮物時，都會為其無限的想像與創意所感動。

聖誕夜驚喜

聖誕節到了，小波好高興喔，因為他可得到好多的聖誕禮物，可是今年卻有點不一樣，因為竟然沒有小波的禮物。他東找西找，怎麼也找不到他的禮物，這到底是怎麼回事？難道是爸爸媽媽忘了小波的禮物了嗎？

耶穌的禮物

你知道聖誕節的由來嗎？你知道聖誕節為什麼要送聖誕禮物呢？本書以活潑可愛的圖畫，以及簡單的文字帶孩子一同來認識聖誕節。

諾弟與耶誕老人

玩具樂園裡的耶誕節快要到了，耶誕老人要去探視所有的玩具，諾弟很興奮，迫不及待想要見到耶誕老人。很不幸的，阿呆和阿瓜這兩個壞精靈，決定要在玩具城的馬路上布下陷阱，破壞耶誕老人探訪玩具城的計畫。

一個不能沒有禮物的日子

小熊的爸爸做生意失敗了，又一直找不到工作，家裡剩的錢又不多，但是聖誕節又快到了，那是一個不能沒有禮物的日子。如何利用有限的材料佈置一個聖誕節的氣氛呢？如何將舊的禮物再重新整理，讓大家心滿意足，使他們想起一些美好的回憶。

哈維‧史藍芬伯格的聖誕禮物

聖誕老公公與馴鹿們送完禮物回家，正準備上床睡覺，卻發現袋子裡還有一個禮物，那是要給哈維的聖誕禮物。這個小男孩住在很遠很遠的山上，他的爸媽很窮，沒有錢幫他買禮物，但是有一隻馴鹿不舒服，聖誕老公公決定自己把禮物送給哈唯。一路上碰到許多好心人的幫忙，他搭飛機、吉普車、摩托車，用滑雪板、登山繩、攀岩等等，終於把禮物送到了。

明星引路──到伯利恆去

利用本書，孩子可以一面讀故事，一面拼圖、一面玩跳棋、一面翻看天使的來信，一面作掛飾、一面走迷宮，開展連環大追蹤，找到新生王。

伯利恆城的嬰孩

一本三度空間的立體圖書；把第一個聖誕節的情景活現眼前，每頁再附有兩扇小窗，帶給孩子驚喜。

聖誕節的故事

是誰告訴瑪利亞好消息？
耶穌在什麼地方誕生？
我們今天怎樣慶祝聖誕節？
只要輕輕拉出書中的紙條、依序翻開小摺頁、聆聽悠揚的樂韻，答案自有分曉。

小天使安琪

以天使安琪的角度,一路尋求天主的旨意,也終於明白了天父將獨生愛子耶穌賜給世人的計畫。

搖籃裡的耶穌

專為幼童製作的故事書,藉著特殊的設計,讓孩子摸摸羊身上的毛、找找木匠約瑟的工具、握握驢子的尾巴⋯⋯。

聖誕頌

耶穌誕生,東方三博士隨著明星前往朝拜新生王,並帶著乳香、沒藥、黃金,獻給聖嬰耶穌。

聖誕樹

聖誕節到了,大家一起裝飾聖誕樹囉!綁條彩帶,繫個彩球,再加上亮閃閃的燭光。哇!好漂亮的聖誕樹。

心肝寶貝

「聖誕節是聖誕老公公的生日嗎?」平平問媽媽,「為什麼他不收禮物,還要送給我們禮物呢?」媽媽笑著說:「平平,你弄錯了,聖誕節是耶穌的生日。」「耶穌!他是誰?他也送禮物嗎?」媽媽帶著平平到美術館,欣賞許多人為耶誕畫的畫作。一幅幅經典名作,述說著耶穌的故事。

聖誕老爸(聖誕老公公)

一年一度的聖誕夜來囉!胖乎乎的聖誕老爸為全國的小孩準備了禮物,但這趟送禮之旅卻辛苦萬分,除了大雪、狂風暴雨及濃霧外,還得在家家戶戶的煙囪口爬進爬出;而在一夜的勞累後,聖誕老爸又是如何過他溫暖的聖誕夜呢?

聖誕小子

聖誕老爸的兒子彼得克勞斯,是最不喜歡聖誕節的小孩!因為,當其他小朋友開開心心的拆開聖誕老爸給他們的禮物時,他的名字卻被記在壞寶寶名單上,拿不到任何禮物!因此,他的超級任務就是解救名單上的壞寶寶。

秘密筆記

這本書可以說是聖誕老公公的最高秘密檔案,告訴大家他是如何的潛入大夥的家中及如何偽裝才不會被認出來,還有他要送給孩子玩具的秘密基地,聖誕老公公最喜歡的照片,世界各地寄來的信及貴重資料,本書充分滿足孩子對聖誕老人的幻想。

繪本主題教學資源手冊

開門開門送蛋糕

聖維多村莊的村民，在每年的聖誕節都會吃蛋糕來慶祝，可是今年的聖誕節蛋糕都不見了村民們都感到非常憤怒及失望，烘培師父的兒子盧卡決定要查個清楚，原來是木工歐塔偷吃的，但吃完後肚子疼痛，經過盧卡的照顧，兩人成為朋友，並把所有的蛋糕重新完成分給村民。

雪從遠遠的天上來

這本書源自於一個城市的夢想。一九九六年，以保護古蹟著稱的德國根根巴赫（Gengenbach）的市民興起了一個念頭，決定自己導演一部「冬天的神話」。市民邀請藝術家們，在古老市政府的正面牆壁及二十四個窗子上繪製壁畫，製作一個巨型的聖誕日曆。從十二月一日起，每天開一個窗口，直到聖誕夜來臨，二十四個窗口全開了，拼成一幅完整的大壁畫，讓人人都有機會重溫兒時的歡欣氣氛，體驗愛與和平的聖誕意義，也讓市政府成為所有人的地方。

一九九八年，他們找到了四位畫家，配合二十四首聖誕歌謠，再一次為二十四個窗口作畫，製作聖誕日曆。

聖誕老公公

每年十二月的時候，聖誕老公公就像歡樂的天使，帶給全世界孩子許多的美夢，但是他平常都在忙些什麼呢？忙著做許多的玩具給孩子，等到開始下雪了他就要去送禮物了，每個人都歡天喜地的樣子，天漸亮，聖誕老公公該休息了。

一個聖誕節的故事

毛驢媽媽跟著約瑟和馬利亞去耶路撒冷，將小毛驢託給小女孩利百加。小毛驢想念媽媽，於是他們一起去找約瑟和馬利亞……。

親愛的聖誕老人——今年請不要來

聖誕老人和助手們聚居在城堡中，聖誕節將到，他們忙著為全世界各地的小朋友準備禮物，聖誕老人對於小朋友索求無度的信件感到厭煩，而萌生退休念頭。

最好的禮物

小王子知道父王帶著人馬要去朝見「和平之君」，他很想跟去，但是父王不許，於是他自己帶了最喜歡的三樣東西，跟著最亮的星星走。

古強森的聖誕奇蹟

當寡婦麥太太和她的兒子湯姆，在一個寒冷的冬天敲古強森的門時，他們得到冷漠的回應。因為古強森總是獨來獨往，村子裡的小孩都叫他苦先生。沒有人知道他曾經是一個有妻子和小孩的幸福男人，也不知道他是因為妻子和小孩相繼過世，才變得這麼冷酷無情。

聽，天使在唱歌

在兩千多年前的一個晚上，天使加百列按照神的吩咐，來到拿撒勒城，找一位名叫馬利亞的女孩。這個女孩就要和約瑟結婚了。天使告訴馬利亞，神要她生下一名嬰孩，並要她為他取名叫耶穌。

聖誕襪

故事開始於動物們已經變形的聖誕襪，繼而引起聖誕老公公送錯禮物給大家，大家在接到禮物時的錯愕、驚訝、憤怒、失望等，到鶴鳥決定把大家的禮物做一個交換，看到大家嬌羞、興奮，從本書中動物的肢體語言及表情一覽無疑看見大家的轉折，充滿趣味性喔！

真的有聖誕老公公嗎？

這是一本孩子與父母對談聖誕老公公的書。

萬聖節

萬聖節大遊行

　　盼望著，盼望著，萬聖節終於到來了！ALLIE有好多事情要準備，好迎接這個特別的節日。終於萬聖節大遊行的日子到了，頑皮的醜小鬼、可怕的吸血鬼、巫婆、大南瓜等紛紛現身，趕快幫忙找找，到底……。本書以說故事的手法教你萬聖節會出現的斗篷、面具、小妖精、南瓜等單字，讓孩子一同領會萬聖節的熱鬧氣氛。延伸活動中將帶孩子認識萬聖節的由來，並介紹南瓜燈籠的作法，以及萬聖節有關的各種遊戲。

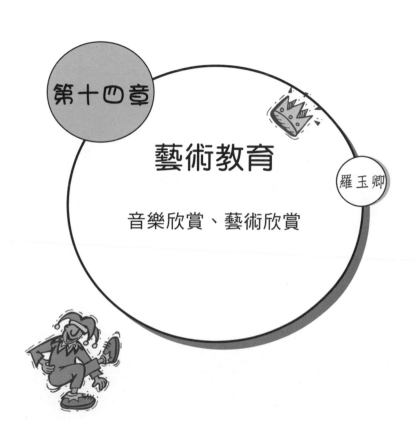

第十四章

藝術教育

羅玉卿

音樂欣賞、藝術欣賞

繪本主題教學資源手冊

藝術教育對孩子的生活有其重要影響。讓孩子多體驗生活周遭不同事物，對於觀察力的培養有很大的益處。從藝術（美術與音樂等）互動中，孩子可以增長其心智，勇於發揮自由的揮灑空間，使自己的創造更加靈活。

生活中常常有機會讓孩子欣賞藝術品，也可協助孩子表達自己的感覺及想法，從欣賞藝術作品中，孩子會去思考情感的表達方式，除了語言之外，知道原來還可以藉由畫畫和音樂等方式傳遞。只要孩子熟悉該藝術媒材，就更容易發揮創作靈感。勇於表達自己的內心世界是珍貴的，孩子的藝術創作是所思、所感、所想的表徵，它使孩子心靈平衡和諧，帶動生命的活力，充分發展個人特質及創造力。我們怎能輕忽？

一、音樂欣賞

大自然的聲音多元富變化，就是最好的音樂欣賞，孩子隨著欣賞音樂，內心靜止的節奏，身體的敏覺性會隨著旋律或演奏而喚起內在情感翩然的舞動，這何嘗不是一種生活體驗的媒介，人我世界的互動。

二、藝術欣賞

藝術欣賞除呈現畫作的視覺形象外，也是畫家自我表達內心世界的方式，大眾除了欣賞畫作外，可以了解畫家的生平背景和創作的過程，並以自己的角度去感受。

藉由這樣的學習，加上本身已有的經驗，就會不斷的累積成為心象。將來孩子在作畫時，就會具體呈現其獨特的色彩、線條及經驗。

繪本主題教學資源手冊

「101本好書」主題分類

分類	書名	作者	繪者	譯者	出版社
音樂欣賞	樂器家族	零歲教育教學中心	許慈雅		學知
藝術欣賞	兒童世紀名畫欣賞				
	風景系列	金頭腦零歲教育教學中心			學知
	城市系列	金頭腦零歲教育教學中心			學知
	城堡系列	金頭腦零歲教育教學中心			學知
	靜物系列	金頭腦零歲教育教學中心			學知
	人物系列	金頭腦零歲教育教學中心			學知
	著名系列	金頭腦零歲教育教學中心			學知

分類	書名	作者	繪者	譯者	出版社
音樂 欣賞	愛音樂的馬可 Musical Max	Robert Kraus	Jose Aruego & Ariane Dewey	柯清心	上誼
	毛兒的大提琴	汪仲	羅捷云		台英社
	大家來聽音樂會 Zin! Zin! Zin! A Violin	Lloyd Mass	Marjorie Priceman	張瑩瑩	台灣 麥克
	世界音樂童話繪本 （動物狂歡節）	Camille Saint-Saëns	Pia Valentinis	歐麗君	台灣 麥克
	世界音樂童話繪本 （波希米亞人）	Giacomo Puccini	Benoît Cieux	歐麗君	台灣 麥克
	我的鋼琴朋友 My Friend The Piano	Catherine Cowan	Kevin Hawkes	鄭榮珍	台灣 麥克
	音樂家成長的故事	Greta Cencetti	Greta Cencetti	陳綾	企鵝
	小月月的蹦蹦跳跳課	何雲姿	何雲姿		青林
	最in的賞樂繪本〈套 書〉	法蘭契斯可 ・薩維	L.R 蓋蘭特 曼維拉・卡彭	朱燕翔	青林
	嘉貝拉的歌 Gebriella's Song	Candace Fleming	Giselle Potter	柯倩華	和英
	爺爺帶我看歌劇 In Der Oper	Andrea Hoyer	Andrea Hoyer	賴靜雅	音樂 向上
	笛子、小提琴和長頸鹿 Flöte，Geige & Giraffe	Andrea Hoyer	Andrea Hoyer	賴靜雅	音樂 向上
	樂音飄揚的屋子 Ein Haus Voll Musik	Margret Rettich	Rolf Rettich	賴靜雅	音樂 向上
	叔叔帶我聽音樂會 In Konzert	Andrea Hoyer	Andrea Hoyer	賴靜雅	音樂 向上
	歐先生的大提琴 The Cello Of Mr.O	Jane Cutler	Greg Couch	楊茂秀	維京

	音樂萬歲 Vive La Musique	Les Chats Pele's	Les Chats Pele's	吳倩怡	格林
	故事與音樂遊戲（聖誕老公公的鈴鐺不見了）	林秋滿	許珮玟		鹿橋
	世界偉大的音樂家〈套書〉 （以下介紹其中兩位）				
	貝多芬 Ludwig Van Beethoven	Mike Venezia	Mike Venezia	傅湘雯	啟思
	韓德爾 George Handel	Mike Venezia	Mike Venezia	傅湘雯	啟思
藝術 欣賞	藏起來的房子 The Hidden House	Martin Waddell	Angela Barrett	宋珮	三之三
	畫家摩爾 Maler Moll	Joachin Rochnneper	Norman Junge	洪翠娥	三之三
	比比的畫 Peter's Picture	Valeri Gorbachev	Valeri Gorbachev	黃迺毓	上誼
	看畫裡的動物	林良 （修文）		鄭明進 （編選）	台英社
	你不能帶氣球進大都會博物館 You Can't Take A Balloon Into The MetroPolitan Museuen	Jacqueline Preiss Weitzman	Robin Preiss Glasser		台灣 麥克
	走進藝術的世界 Art of the World Through the Eyes of Artists	Wendy and Jack Richardson	Wendy and Jack Richardson	蔡洪波 等	宏觀
	如何帶孩子參觀美術館	鄭明進			青林

喜歡畫畫兒的貓咪	Kayako Nishimaki	Kayako Nishimaki	鄭明進	青林
美術館裡的小麻雀	林滿秋	陳盈帆		青林
第一次藝術大發現〈套書〉	湯尼‧洛斯雯堡		林達等	青林
青林兒童藝術寶盒看名畫‧動手畫〈共四冊〉	班尼‧金克萊爾‧朗德希爾		王瓊芬等	青林
青林兒童藝術寶盒〈套書〉	結城昌子	鄭明進		青林
我的莫內—陽光與睡蓮 Claude Monet-Sunshin and Waterlilies	Ture Kelley	Ture Kelley	柯倩華	青林
我的加薩特—家庭相簿 Mary Cassatt-Family Pictures	Jane O'Con-nor	Jennifer Kalis	劉清彥	青林
旅之繪本 Anno's Journey	Mitsumasa Anno	Mitsumasa Anno		青林
我的梵谷—向日葵和星夜 Vincent Van Gogh-Sunflowers and Swirly Stars	Joan Holub	Joan Holub	劉清彥	青林
我的畢卡索—不按牌理出牌的畫家 Pablo Picasso- Breaking All the Rules	Ture Kelley	Ture Kelley	柯倩華	青林

書名				
我的馬諦斯—用剪刀畫畫 Henri Matisse-Drawing with Scissors	Jane O'Conno	Jessie Hart-land	宋珮	青林
追尋美好世界的李澤藩	徐素霞	徐素霞		青林
小飛得獎了 Alfie Wins A Prize	Shirley Hughes	Shirley Hughes	劉清彥	青林
台灣仔回台灣	盧千惠	林天從		東方
艾蜜莉的畫 Emily's Art	Peter Catalanotto	Peter Catalanotto	余治瑩	東方
巴魯巴和小朋友談現代藝術	吳瑪悧			東華
點 The Dot	Peler H. Reynolds	Peler H. Reynolds	黃筱茵	和英
腳踏車輪子	陳志賢	陳志賢		和英
誰是第一名	蕭媚羲	蕭媚羲		信誼
阿非,這個愛畫畫的小孩	林小杯	林小杯		信誼
看!阿婆畫圖	鄭明振	蘇揚扼		信誼
藝術發現之旅〈共三冊〉	Frédéric Sorbier	Yan Thomas	徐孝貴	格林
娃娃入寶山——兒童遊戲區	陳慧霞	皮建良		國立故宮博物院
認識世界偉大藝術家〈套書〉 (以下介紹其中兩位)				
用顏料宣洩情感的梵谷 Van Gogh	Mike Venezia	Mike Venezia	史珊華 陳懷恩	啟思

不斷嘗試新風格的畢卡索 Picasso	Mike Venezia	Mike Venezia	史珊華 陳懷恩	啟思
小小美術鑑賞家〈套書〉	江學瀅			雄獅 美術
小蓮遊莫內花園 Linnea in Honet's Garden	Christina Björk	Lena Anderson	漢聲 編輯部	漢聲
兒童美術館　奧塞篇 〈套書〉	黃才郎			藝術家

問題與討論

一、老師可以準備一幅畫作，讓孩子欣賞名畫，之後和孩子討論畫中的顏色、形狀、設計有什麼樣的感覺？

二、你曾參加音樂演奏或是參觀美術館欣賞別人的畫作嗎？有沒有令你印象深刻的作品，說一說你的經驗。

三、進入音樂廳或是美術館時，要注意什麼禮貌？

四、在欣賞這些作品後，選擇一幅自己最喜歡的作品，說明為什麼會喜歡？

五、看過古代中國的畫作以及西洋的畫作，有什麼不同的感覺嗎？你喜歡哪一種畫作？

六、老師可以在教室中放一首音樂，大家閉眼聆聽，之後問孩子在聽音樂的過程中，感覺如何？有沒有人在過程中想起一些事情？

七、在家中，什麼時候你會想聽音樂，聽音樂過後自己會有什麼

樣的心情？

延伸活動

活動一：換我做主角

㈠準備材料

　　動物狂歡節 CD、或是王老先生有塊地、音樂中的動物圖卡。

㈡活動過程

　　1. 放 CD 中的一種動物音樂，先讓孩子猜，之後再慢慢遮掩圖卡的方式看孩子是否講對了。

　　2. 給大家聽音樂，當中有幾種動物的聲音，大家來分組，每組選擇自己想要表演的動物，當音樂演奏到自己所要表演的動物時，請孩子發出聲音及做出動作來。

　　3. 老師彈琴「王老先生有塊地」，大家依照自己的動物分組準備好，老師可以邊彈邊隨意唱，唱到哪一組動物時，就必須趕快作表演，速度隨老師調整。

活動二：名畫配對

㈠準備材料

　　利用世紀名畫中的圖片，六類中每類各取兩張。

㈡活動過程

　　1. 老師可以介紹幾位畫家的作品讓孩子欣賞，之後排開（可先放其中三類）讓孩子尋找每一幅畫應該配對的位置。

　　2. 老師可以利用上面的做法，從一位畫家中找出另一幅畫作，擺放出不同畫家的作品，讓孩子找到他手中畫家的另一個作品是哪一幅。

★利用《威利的畫》一書，老師找出原本的畫作，讓孩子去做配對遊戲，並發現安東尼布朗做了哪些修改，讓孩子找一找。

（《威利的畫》一書參考於想像篇）

活動三：生活中的聲音

(一)準備材料

錄製生活周遭中的聲音。

(二)活動過程

1. 老師可以放錄音帶讓孩子來猜一猜這是什麼聲音。

2. 老師播放錄音帶的聲音後，請孩子依照所出現的聲音做動作。

3. 讓孩子回家錄周遭的聲音約兩分鐘，和大家分享這些聲音，或是他自己最喜歡的歌曲。

活動四：向名畫學習

(一)準備材料

利用世紀名畫中的圖片。

(二)活動過程

1. 讓孩子從書本中選一幅畫作，看著書本跟著畫，臨摹畫作練習。

2. 讓孩子想一想未來的世界會是什麼樣子，請他畫出來。

3. 和孩子分享他在作畫過程中的想法，有無覺得困難之處、自己如何克服。

活動五：創意雕塑大師

(一)準備材料

金屬廢棄物（鐵罐、鋁罐、鐵絲、廢電池……）、黏著劑。

(二)活動過程

1. 分小組進行討論，可以讓孩子先做一個堅固的基底座，不限其材質。

2. 老師所提供的工具，必須先做安全教育。

3. 孩子利用蒐集而來的金屬廢棄物，思考如何把它堆疊起來。

4. 造型隨孩子自由發揮，並由小組命名其作品。

5. 彼此欣賞分享其作品，並提出其創作過程中的困難及如何解決，或分享過程中的特殊事件。

活動六：聲音配對

活動過程

1. 讓孩子圍一個圓圈，老師也坐在其中，利用簡單的聲音帶領孩子模仿。

2. 找一個孩子發明自己的聲音，如烏嘎嘎。他必須一直重複說，並去找一個孩子站在他的面前說，被選到的孩子必須學他說三次，之後第二個孩子必須再想另外一個聲音，再找另一個人對他說，一直玩下去。

活動七：協奏曲

活動過程

1. 分成小組，一組人數不超過五人。

2. 組員中，每一個人想一個聲音，如布布恰恰，並搭配一個肢體動作，如拍手、拍肩、拍膝等，組員決定優先次序為誰，之後組合起來。

3. 每組可以練習幾次，找出最順暢的優先次序，每組輪流表演讓大家來欣賞。

相關網站

一、藝術筆記網站群 http://www.wwwart.com.tw/

在「書道禪心」中可了解文字藝術的美，網站中有許多畫家的作品，包括謝淑珍、徐谷菴的國畫作品，黃金陵的書法作品，黃運祥的水彩畫及三義木雕大師的多位作品，「茶癲話茶」中有關於茶的話題。

二、濱海兒童美術網 http://yoyo.center.kl.edu.tw/

這是一個適合大人、小朋友一起看的優質網站，結合美術與昆蟲植物，「濱海焦點」中提供小品文讓人品味再三，「美勞單元」中有很多不同的創意作品，「濱海景觀」介紹很多濱海風景優美的地方，「嘎嘎蟲館驅」，介紹很多不同的昆蟲及鳥類圖片，讓大家來認識。

三、文建會網路劇院 http://www.cyberstage.com.tw/default.asp

「藝術聚焦鏡」介紹國內的藝術團體，並含有影音檔供民眾觀賞，「最新藝文活動」有藝文界的新消息及演出時間，「台灣文化地圖」有全省各縣市人文史蹟的概況介紹，「團隊月誌」讓您了解表演團隊目前有哪些活動，「影音新世界」讓您在線上就可觀賞演出。

四、台灣前輩美術家 http://www.cca.gov.tw/tdg/index1-1.htm

「台灣美術概說」中介紹台灣畫壇的發展演變階段，「巨匠足跡美術家」介紹台灣多位畫家及其作品簡介，如陳澄波、陳進、廖繼春、李梅樹、李石樵、郭柏川等，讓你目不暇給的接觸他們的畫作。

五、國立台灣美術館 http://www.tmoa.gov.tw/welcome.php

活動總覽有目前所展出的作品及近日的講習活動資訊，展覽回顧中過去所展覽過的活動其內容介紹，網路遊 e 室中有好玩的遊戲等你來上線。

六、台灣咁仔店 http://www.taiwan123.com.tw/index.htm

　　本土化是此網站的特色，音樂台灣、文化台灣、鄉土台灣、戲曲台灣、生活台灣，此次推薦以台灣歌謠資料庫為主，許多台語歌曲都蒐羅在列，並介紹歌曲的年代，詞曲創作人，提供歌詞，對歌曲作深入的介紹，還有台灣童謠，分成歌詞和試聽兩部分，歡迎喜愛台灣傳統的人來逛逛。

七、台北愛樂廣播網站 http://www.e-classical.com.tw/

　　首頁可以看到音樂家的名言錄及歷史上的今天，一生的古典音樂計劃以星座的方式分析你屬於什麼派，網路廣播可以和FM同步收聽，愛樂姊妹校讓你知道作曲家和音樂家有什麼網站可搜尋，還有電台的最新消息，讓你可隨時掌握音樂訊息。

「101本好書」內容簡介

音樂欣賞

🎵樂器家族	
本書共分為兩個部分，第一部分為西洋樂器，針對弦樂器、木管樂器、銅管樂器、電子樂器、聲樂，一一做說明及解釋。第二部分為中國樂器，如擦弦樂器、吹管、彈撥樂器、打擊和發音的原理及樂器介紹。	

藝術欣賞（兒童世紀名畫欣賞）

● 風景系列 　　蒐集名畫家作品中關於風景的部分畫作，包含高更的海灣、塞尚的馬賽港灣、梵谷的豐收景象……，最後介紹幾位畫家小傳，如梵谷、莫內、塞尚、高更……。	**● 城市系列** 　　蒐集名畫家作品中關於城市的部分畫作，包含梵谷的夜晚的咖啡館、秀拉的星期日、莫內的節日……，最後介紹幾位畫家小傳，如秀拉、克林姆、畢沙羅……。
● 城堡系列 　　蒐集名畫家作品中關於城堡的部分畫作，包含莫內的聖雷札火車站、塞尚的梅當城堡、雷諾瓦的索爾斯堡主教堂……最後介紹幾位畫家小傳，如達利、柯洛、卡那雷托……。	**● 靜物系列** 　　蒐集名畫家作品中關於靜物的部分畫作，包含梵谷的向日葵、莫內的睡蓮、塞尚的靜物……。最後介紹幾位畫家小傳，如馬諦斯、魯東、波納爾……。
● 人物系列 　　蒐集名畫家作品中關於人物的部分畫作，包含布勒哲爾的兒童嬉戲、雷諾瓦的女兒們、達利的窗旁的姑娘……。最後介紹幾位畫家小傳，如畢卡索、雷諾瓦、布勒哲爾……。	**● 著名系列** 　　蒐集名畫家作品中關於著名於世的部分畫作，包含達文西的蒙娜麗莎、狄嘉的排練、雷諾瓦的煎餅磨坊之舞。最後介紹幾位畫家小傳，如杜象、魯本斯、達文西……。

「推薦好書」內容簡介

音樂欣賞

愛音樂的馬可

馬可很有音樂天份,會演奏很多種樂器,如伸縮喇叭、低音提琴、木琴等,但是他練習到爸爸和鄰居都覺得吵,可是他就是不想停下來,有天馬可突然不練了,大家又覺得太安靜了,直到馬可聽到鳥叫聲,才又繼續練習,這會兒連鄰居都加入來練習喔!

毛兒的大提琴

「讓孩子做音樂的主人吧!」這是一本很簡單的繪本圖畫書,孩子對於音符會覺得很悠游自在,發現樂器的聲音是可以很輕鬆且悠揚的,並能利用簡單圖畫感受琴音。

大家來聽音樂會

書中可以讓你很容易的明白到一個音樂會該有的樂器成員有哪一些,及所謂的重奏又包含著哪些樂器,讓你清楚了解每個樂器該就位的地方。

世界音樂童話繪本

本書藉由不同知名畫家之手,來詮釋世界知名歌曲的意境,呈現多元豐富的表達方式,包含天鵝湖、卡門、魔彈射手、費加洛婚禮、火鳥、波希米亞人、動物狂歡節……等。

我的鋼琴朋友

我彈奏的曲子充滿感情,也讓我落淚,有時也大笑,媽媽說我是製造噪音,因為她喜歡巴哈,我喜歡交響樂,所以她常要我很認真的彈鋼琴,可是鋼琴常有狀況,修也修不好,媽媽決定賣掉它,鋼琴和我一起逃跑,最後鋼琴掉下交響樂岩下了。

音樂家成長的故事

介紹八位音樂家一生的故事,包含貝多芬、巴哈、莫札特、韓德爾、柴可夫斯基……並搭配 CD,除文字介紹並含插畫,讓您可以更了解,最後還有樂器的介紹,包括其歷史、構造等。

🎵 小月月的蹦蹦跳跳課

　　小月月第一次上蹦蹦跳跳的課，媽媽在一旁陪著她一起坐在旁邊看，老師和小朋友玩著找朋友的遊戲。內容描述老師如何進行這樣的課程，利用不同的方式道具等讓小朋友融入其中。

🎵 最 in 的賞樂繪本（套書）

　　全套共分為八本，包含古典樂派、爵士樂、巴洛克音樂、古典時期、浪漫樂派、世界音樂、搖滾樂、歌劇世界。古典樂派以莫札特為主，除介紹其生平外，並讓您了解當時的生活文化、社會，及主流樂器，圖文配合的介紹，依年代先後讓您深入了解。

🎵 嘉貝拉的歌

　　在威尼斯如果能聽到嘉貝拉的音樂是一件很棒的事。嘉貝拉邊走路邊哼著歌曲，她的歌曲遇到不同的人，有著不同的感受，有人高興、悲傷、微笑，也有人說是情歌，很多聽到的人也跟著哼唱起來，最後成為偉大的交響曲。

🎵 爺爺帶我看歌劇

　　爺爺帶著保羅進劇院，爺爺細心為他解說，休息時去了解樂團的位置，及提詞員在哪裡，之後他們參觀布景、燈光、音效人員、服裝師、及畫師等，他們的工作環境及工作內容，了解劇院是如何運作的流程。

🎵 笛子、小提琴和長頸鹿

　　戶外教學時，保羅全班到音樂博物館，參觀蒐集世界各國的樂器，本書介紹了一百零九種樂器，如日本的組鐘、丹麥的骨笛、韓國的金屬風鈴、車臣的低音直笛、墨西哥的裂縫鼓、葡萄牙的民族吉他等，會令你大開眼界。

🎵 樂音飄揚的屋子

　　查理覺得住在大城市中，實在太吵，他聽不見自己的音樂，於是他在鄉下買間房子，決定邀房客來，有弦樂、木管樂、銅管樂、打擊樂、鋼琴、豎琴等，但是各式各樣的聲音，如何相互配合，演奏出悠揚的樂聲。

叔叔帶我聽音樂會

　　這個週末保羅將去路德維叔叔家過夜，他是樂團裡的大提琴手，他帶保羅了解為何要換琴弦，並到音樂廳中，認識到一些演奏的樂器及其團員，也了解交響樂的演奏會樂器，在會場中的座位排列，還有指揮的樂譜是跟大家的不同喔！

歐先生的大提琴

　　本書是以曾經發生在波士尼亞的故事為主。這是一個小女孩為背景的故事，並述說戰爭的無情，及每個人的恐慌，小女孩跟同伴的玩聲常常吵到歐先生，一天歐先生決定在大街上拉著大提琴，撫慰著大家的心，當大提琴被炸掉後，歐先生仍然吹著口琴，化解大家的恐慌，及給人們希望。

音樂萬歲

　　書中介紹很多種的樂器，以及從古至今的樂器如何的被使用，也介紹世界各地不同風俗的特殊樂器，從管樂、弦樂……，看完後能認識很多的樂器。

故事與音樂遊戲（聖誕老公公的鈴鐺不見了）

　　這是一系列關於故事搭配音樂遊戲的書籍，書後並附音樂遊戲及詞曲。在聖誕節小朋友你聽到聖誕鈴聲了嗎？聖誕老公公好著急，他的聖誕鈴鐺卻掉了，到處的找會不會被老鼠吃掉了，沙發下、壁爐、抽屜都找不到，原來是掉到……，快聖誕老公公要送禮物了。

世界偉大的音樂家——貝多芬

　　介紹貝多芬一生的經歷，包含他的家庭、親情和情人之間的事情，以及幾首著名的歌曲的由來。

世界偉大的音樂家——韓德爾

　　介紹韓德爾一生的起伏經歷、他的友誼及學音樂的過程、他最喜歡的歌曲及創作經過。

藝術欣賞

藏起來的房子

這是一個溫馨與悲傷並存的故事，本書的文字和與圖畫帶有一種美的啟蒙，讓人感受到細膩而深刻的美感。故事描述森林中被遺忘的小屋有三個木偶，多年後一個愛與溫馨的家庭搬入後，三個木偶重新展開繽紛的未來。

畫家摩爾

畫家摩爾是真有其人，他是波蘭人師承馬蒂斯，他引領大家走過現代美術館，書中他用了十六種形式進行一場美的饗宴，包含斑點派、靜物派、印象派、寫實派、抽象派、達達藝術、表現派、新表現派、超現實主義、普普藝術、立體派等，利用兔子畫家讓我們體會更多表現手法。

比比的畫

比比在學校畫了一幅橘色的花，他很高興，在回家的路上，遇到狗太太、熊叔叔、野豬先生、鼯鼠先生，他們看待比比這幅畫的方式都不是他想要的，回到家，爸爸看見他的畫立刻裝框架，掛在牆上，比比知道爸爸了解他。

看畫裡的動物

介紹牛的銅雕和浮雕，還有很多不同表現方式表現的牛，如水彩、彩墨、油印版畫。再介紹雞，不同樣的人是如何詮釋雞的畫法，包括腳、尾巴、羽毛、嘴，都有不同的角度。

你不能帶氣球進大都會博物館

小女孩和她的祖母兩人想進大都會博物館看展覽，但是小女孩手中的氣球是不能帶入館內的，門口的守衛幫她看守著氣球，藉由氣球的飄走守衛追尋，引起一連串的慌亂，也代表著祖孫正在欣賞的作品，從中可以看到多位大師的作品。

走進藝術的世界

蒐集世界各地二百多位畫家的作品，表現手法非常多元，如油畫、水彩、版畫、素描、壁畫、刺繡，對不同的主題編排在一起，呈現豐富的感受，透過畫家的眼光來多了解世界。

🎨 如何帶孩子參觀美術館

　　介紹輕鬆參觀美術館的秘訣，及西洋藝術發展史，如何欣賞畫作，做一個基本概念的介紹。

🎨 喜歡畫畫兒的貓咪

　　貓咪很喜歡畫圖，從早到晚一直都在畫，小兔子送給牠一件衣服，狐狸送牠一條魚，猴子幫牠修理椅子，大家都對牠一直畫畫產生質疑，一天這三個朋友決定去喵咪家欣賞牠的畫，牠們覺得畫畫真的很有趣，並且喜歡畫畫是一件好事。

🎨 美術館裡的小麻雀

　　小童要去參觀美術館，這次美術館的展覽主題是「台灣之美」，小童在楊三郎的畫中感受非常深刻，並在過程中一直追尋著一隻麻雀。此書可以讓大家看到陳進的「合奏」，林玉山的「歸途」，李澤藩的「室內玫瑰」，及廖繼春的畫作。參觀完美術館也讓小童找到小麻雀。

🎨 第一次藝術大發現

　　利用透明片可以蓋和掀開的功用，讓孩子把一幅畫還原或解構，欣賞當中色彩、線條、造型的表現。

🎨 青林兒童藝術寶盒：看名畫・動手畫

　　共分為四本，有風景、人物、動物、想像，藉由中西不同的畫作風格，一一介紹並含故事性讓孩子來了解內容，再教孩子利用不同的創作工具，讓孩子自己創作。

🎨 青林兒童藝術寶盒

　　共分為十本，介紹大家耳熟能詳的畫家，如莫內、梵谷、雷諾瓦、夏卡爾、秀拉、盧梭……，以孩子的眼光、淺白的文字，並對畫中的特色採局部放大，讓孩子更洞悉畫作，更清楚技法，最後還有畫家的小秘密。

我的莫內—陽光與睡蓮

本書介紹莫內多幅畫作及生平，本書皆以孩子的口吻及筆跡，充滿童趣風味的藝術探險之旅，掌握住莫內的價值特色，從作品分析到生平背景，完整的介紹，縮短了與莫內的距離，也可以從不同角度來看名畫。

我的加薩特—家庭相簿

本書介紹加薩特多幅畫作及生平，本書皆以孩子的口吻及筆跡，充滿童趣風味的藝術探險之旅，掌握住加薩特的價值特色，從作品分析到生平背景，完整的介紹，縮短了與加薩特的距離，也可以從不同角度來看名畫。

旅之繪本

目前已出版六本，是無字書。書中是作者曾經遊歷過的歐、美等國家的精心繪畫，而且當中藉由找尋主角的足跡發現到很多有趣的情節藏在書中的角落，有阿里巴巴的情節、名畫拾穗、星期天的下午、拔蘿蔔、小紅帽與大野狼及其民俗風情，適合零到九十九歲的人觀賞。

我的梵谷—向日葵和星夜

本書介紹梵谷多幅畫作及生平，本書皆以孩子的口吻及筆跡，充滿童趣風味的藝術探險之旅，每幅畫作均做有趣的說明，畫風的轉變以直接比較的方式讓孩子了解，加上以孩子了解的角度加入插圖，使得大家可以用更輕鬆的方式來認識梵谷。

我的畢卡索—不按牌理出牌的畫家

本書介紹畢卡索多幅畫作及生平，本書皆以孩子的口吻及筆跡，充滿童趣風味的藝術探險之旅，包括藍色時期、愛情生活、立體主義大膽採用方形、經歷二次大戰時的作品，還有雕塑作品及晚年生活，在看作品中增添幽默感。

我的馬諦斯—用剪刀畫畫

本書介紹馬諦斯多幅畫作及生平，本書皆以孩子的口吻及筆跡，充滿童趣風味的藝術探險之旅，從他的畫風每每的轉變都有加以著墨，清楚的了解畫作的來由，他最後因身體狀況，而改用剪刀畫畫，不停的工作直到生命的最後一天。

追尋美好世界的李澤藩

本書藉由兩位小精靈的對話，讓大家了解李澤藩的純樸、平凡中偉大的生平故事。故事主要從求學時代說起，他所面對事情的態度，他的畫作都是到過的風景及生活週遭的人物，不論他的教學或創作的態度，都是值得敬仰及學習的對象。

小飛得獎了

學校舉辦園遊會，小飛畫一幅機車騎士參加比賽，大家都帶著各種不同的東西來參加，小飛的畫作，頒獎時他得到第三名，但是小柏和露絲卻很不高興，小飛把自己的獎品和露絲交換，也分享小柏的寵物獎，大家愉快結束園遊會。

台灣仔回台灣

有一位在美國出生的孩子，其父母來自台灣，並為他取名為台灣，描述當他回到台灣後所發生的一些趣事，書中呈現出關於台灣的文化、族群、民俗等油畫作品，讓大家可了解到台灣的一些風土民情。

艾蜜莉的畫

去參加畫畫比賽時，評審知道誰是最好的嗎？艾蜜莉是一個很喜歡畫的孩子，畫圖比賽時，因為評審的偏見造成她落選了，過程中她想到家人多麼喜愛她的畫，且她的畫流露出真實、天真、率直。調適後，她漸漸明白到畫圖的目的為何。

巴魯巴和小朋友談現代藝術

讓小朋友了解目前世界上已形成的一些美術觀念，書中有很多的不同創作風格及技法。

點

畫圖課結束了，葳葳還是無法離開位置，她的圖畫紙還是空白的，因為她說她就是不會畫圖，為了證明這一點，她在她的圖畫紙上畫了圓點，這是再普通不過的一個圓點，之後她拿起她的彩色筆畫，畫出不同風貌的點，並且開了畫展，當她遇到不會畫圖的孩子時……。

🏓 腳踏車輪子

寂寞的腳踏車輪子被放置在公園中，當成是藝術品，夜裡它與月亮對話，憶起曾經過往，點燃它對生命的希望，一次運輸中，縱身一跳展開一段冒險之旅，最後它在老師傅手中，變成了腳踏車，活回了原來的自我和快樂。

🏓 誰是第一名

大餅是一個常常得畫畫比賽冠軍的人，一次他被邀做評審，看到不同的方式來表現美，跟著他心中產生了許多疑問，一直再問自己，也藉由不同動物的視野所呈現出的不同風格的表現，讓人感覺出跟某些名畫很像，最後每個參加比賽的人都是第一名。

🏓 阿非，這個愛畫畫的小孩

阿非是一個愛畫畫的小孩，他家附近有一道牆專門給他畫，他在家裡、學校、路上都在畫，連作夢也在畫，他有幾個好朋友及一隻愛玩的狗，有時他們會跟他一起畫，阿非畫不好時，朋友會跟他一起玩，之後他又關起門來畫畫。

🏓 看！阿婆畫圖

本書的繪者是位素人畫家，書中記錄著她農村生活的點點滴滴，如耕田、種花、種瓜，反映她樸實自然的生活風格，也讓我們看見農家勤儉、知福、惜福的生活態度。

🏓 藝術發現之旅

共分為三本：線條奔放、色彩舞蹈、空間跳躍。以藝術的三大要素為出發點，讓主角 YoYo 和恐龍穿越時空來了解名畫，書中更進一步解析畫作，直接讓你和大師面對面。

🏓 娃娃入寶山——兒童遊戲區

共分為四部分來討論：姊弟相攜去玩耍、四人同把傀儡戲、騎馬打獵鬧元宵、冬日踢鞠暖暖身，這是故宮珍藏的畫作，以不同主題做區隔，為大家介紹畫作，穿插色鉛筆畫作了解古人生活情景。

🏓 認識世界偉大藝術家——用顏料宣洩情感的梵谷

梵谷是藝壇最具悲劇性的人物之一，一生多起伏。本書介紹他的生活，並介紹其作畫過程。

🏓 認識世界偉大藝術家——不斷嘗試新風格的畢卡索

本書介紹不斷嘗試新東西、新風格的著名畫家畢卡索。

小小美術鑑賞家	小蓮遊莫內花園
書中利用閱讀及遊戲設計，以輕鬆有趣的方式，讓我們認識台灣前輩的畫作及故事。	小蓮到巴黎去參觀十九世紀末法國印象派大師莫內花園，還站在時常出現在莫內畫中的日本橋上，並且看到好多的莫內真跡。
兒童美術館　奧塞篇	
介紹不同畫家的畫作，並一幅幅解釋當中的景象及時代背景、文化脈絡，讓大家深入了解畫作，對其技法、畫風均有其獨到的見解。	

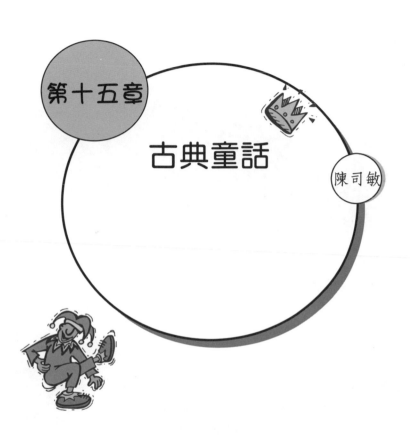

第十五章

古典童話

陳司敏

前言

　　社會的進步與繁榮，帶給了現今孩子享受文明的好處，世界各地有名的童書繪本，如雨後春筍般的呈現在孩子的身邊，陪伴他們走過成長的歲月。古典童話，往往是一代一代留傳下來，它們滿足了孩子的幻想，引導孩子走入童話世界的王國，也豐富了孩子的想像與創造能力，更深植文學的種子在孩子的內心。真正能留存在孩子或我們記憶深處，令我們感動的作品，才值得我們珍藏與細細品味。古典童話中有許多的故事，不但是帶給孩子美的幻想與期待，並能轉換到他們的生活中，故事也常含有人生的哲學，而孩子是天生的哲學家，孩子就是故事中的主角，相信童話故事不僅可以達到教育的功能，更會豐富孩子的童年，展現出他們新的創意，在幻想與現實中，享有文學之美。在王子與公主美麗幸福的結局中，也帶給孩子對世界美好的期望與感覺，有夢最美，美夢成真，在夢想中成長的孩子，才會幸福美滿！

「101本好書」主題分類

分類	書名	作者	繪者	譯者	出版社
古典童話	小美人魚	Marc Joyeux	Francesca Salucci	葉曉雯	企鵝
	三隻小豬的真實故事 The True Story of the 3 little pigs	Jon Scieszka	Lane Smith	方素珍	三之三
	伊索寓言1： 幽默25選	Aesop	Stefano Tartarotti	林海音	格林

伊索寓言 2：智慧 25 選	Aesop	Pia Valentinis	林海音	格林
伊索寓言 3：機智 25 選	Aesop	Claudine Raffestin	林海音	格林
牛津創意童話——北風和太陽 The North Wind and The Sun		Brian Wildsmith	張國禎 陳進士	新來
牛津創意童話——月亮看見什麼 What The Moon Saw		Brian Wildsmith	張國禎 陳進士	新來

「推薦好書」主題分類

分類	書名	作者	繪者	譯者	出版社
古典 童話	胡桃鉗	柴可夫斯基	英諾桑提	林珍如	台灣麥克
	灰姑娘	普羅高菲夫	英諾桑提	殷麗君	台灣麥克
	國王的新衣	Hans Christian Andersen	Edda Skibbe	趙美惠	台灣麥克
	青蛙王子	Brothers Grimm	Roberta Angeletti	郭恩惠	台灣麥克
	拇指姑娘	Hans Christian Andersen	Isabelle Forestier	劉思源	台灣麥克
	賣火柴的小女孩 The Little Match Girl	Hans Christian Andersen	Jerry Pinkney	劉清彥	青林
	睡美人 Sleeping Beauty	Mahlon F. Craft	Kinuko Y. Craft	崔蕙萍	青林
	天鵝湖	彼得‧柴可夫斯基	莉絲白‧茨威格	劉清彥	青林

童話夢想家——安徒生	維利・索倫森	羅伯英潘	黃明堅	青林
綠野仙蹤	法蘭克包姆	莉絲白威格	張玲玲	青林
愛麗絲夢遊奇境	查爾斯・道奇森	布里基特・史密斯	曹乃雲	青林
湯姆歷險記	馬克・吐溫		馬景賢	青林
拇指姑娘	漢斯・克利斯丁・安徒生	貝妮黛・華茲	林芳萍	青林
樅樹	漢斯・克利斯丁・安徒生	貝妮黛・華茲	宋珮	青林
勇敢的小錫兵	漢斯・克利斯丁・安徒生	佛瑞德・馬希裏諾	劉清彥	青林
豌豆公主	漢斯・克利斯丁・安徒生	桃樂希・唐茲	林芳萍	青林
人魚公主	漢斯・克利斯丁・安徒生	曾野綾子	魏裕梅	青林
醜小鴨	漢斯・克利斯丁・安徒生	約瑟夫・派勒契克	宋珮	青林
雪后	漢斯・克利斯丁・安徒生	貝妮黛・華茲	劉清彥	青林
小木偶	柯洛帝	羅伯英潘	郭菀玲	格林
木偶奇遇記	柯洛帝	英諾桑提	周蘭	格林
小紅帽來了	郝廣才	段勻之		格林
童話的王國——安徒生	張麗容	契魯許金		格林

豬頭三兄弟	大衛・威斯	大衛・威斯	黃筱茵	格林
三隻小狼和大壞豬	尤金・崔維查	海倫・歐森伯利	曾陽晴	格林
牛津創意童話——熊的奇遇		Brian Wildsmith	張國禎 陳進士	新來
牛津創意童話——勇敢的小裁縫		Victor G. Ambrus	張國禎 陳進士	新來
牛津創意童話——巨蟒開同樂會		Brian Wildsmith	張國禎 陳進士	新來
牛津創意童話——小木鴨		Brian Wildsmith	張國禎 陳進士	新來
牛津創意童話——富人和鞋匠		Brian Wildsmith	張國禎 陳進士	新來
牛津創意童話——真正的十字架		Brian Wildsmith	張國禎 陳進士	新來
牛津創意童話——磨坊主人・男孩和騾子		Brian Wildsmith	張國禎 陳進士	新來
牛津創意童話——米西卡 MISHKA		Victor G. Ambrus	張國禎 陳進士	新來
牛津創意童話——獅子和老鼠		Brian Wildsmith	張國禎 陳進士	新來
牛津創意童話——獵人和他的狗		Brian Wildsmith	張國禎 陳進士	新來
新雅伊索寓言繪本——龜兔賽跑				新雅
新雅伊索寓言繪本——披著羊皮的狼				新雅
新雅伊索寓言繪本——狐狸和葡萄				新雅
新雅伊索寓言繪本——烏鴉和天鵝	安徒生		張錫昌 編著	新雅

安徒生童話精選——國王的新衣	安徒生		張錫昌編著	星月
格林童話故事全集	格林兄弟		徐珞等	遠流
安徒生故事全集	安徒生		葉君健	遠流
白雪公主和七個小矮人	Nancy Ekholm Burkert	Nancy Ekholm Burkert	馬景賢	遠流
狼婆婆	Ed Young	Ed Young	林良	遠流
一千零一夜（十冊）			李唯中	遠流
夜鶯 The Nightingale	Hans Christian Andersen	Lisbeth Zwerge	林芳瑜	聯經
小紅帽 Little Red-cap	Hans Christian Andersen	Lisbeth Zwerge	文庭澍	聯經

問題與討論

一、小朋友，如果讓你選擇，你會希望自己成為童話故事中的誰呢？為什麼？

二、你最喜歡的童話故事是哪一個？請你說給爸爸、媽媽或班上的小朋友聽。

三、「小紅帽」故事中的大野狼如果是現在的壞人，你可以幫小紅帽想想該怎麼辦嗎？

四、如果你班上的小朋友中，有人像「醜小鴨」一樣長得不好看，你會不會不理他？

五、說謊的孩子會「長鼻子」，小木偶最後終於變成真正的人，如果說謊鼻子真的會變長，你該怎麼辦？

六、童話故事中的王子與公主，最後都過著幸福美滿的生活，你能說說你的感覺嗎？

延伸活動

活動一：故事劇「龜兔賽跑」

(一)準備材料

　　幼兒可以依自己喜歡之動物進行裝扮，並先推舉扮演烏龜和兔子的主角，可準備森林背景幕。可利用美勞活動時間，提供足夠的材料，供幼兒製作演出道具，老師可從旁引導。

(二)活動過程

　　1. 可利用團體討論，先推選出主角烏龜與兔子扮演之人選。

　　2. 其他動物可依孩子自己喜歡認養裝扮。

　　3. 先依出場序排練，讓孩子清楚知道出場的先後次序。

　　4. 可依故事演出，也可重編劇本。

　　5. 戲劇的劇本可依興趣選擇不同的內容。

活動二：故事接龍

(一)準備材料

　　老師可以預備動物或人物圖片、經驗圖表（空白掛圖）、奇異筆。

(二)活動過程

　　1. 老師可以先用圖片引導，作為故事接龍的開頭。

　　2. 孩子圍成半圓形，依序接下故事。

　　3. 孩子在說時，老師將孩子說的故事寫在經驗圖表上。

　　4. 故事接龍完成後，老師將記錄的故事完整的說一遍給小朋友們聽。

　　5. 經驗圖表紀錄可貼在教室角落中。

*6.*完成的故事，也可以改編成戲劇演出或小朋友故事繪本的創作
　藍本。

　　相關活動建議：許多童話故事是孩子戲劇演出的最佳腳本，可以
原版演出，也可以改編，如果再加上音樂呈現音樂劇的組合，會是美
育、創作及藝術、文學的統整，更能讓孩子的學習、成長更快樂、生
動。

相關網站

一、國立花蓮師範學院初等教育學系學期報告 http://www.
　　nhltc.edu.tw/~teresa/Childlit/90new/90spring/
　　90papers/90elemfairy.htm

　　這是一篇「童話專題報告」，讓您了解童話起源與分類、定義與
特質等等。

二、經典好書http://www.sunya.com.hk/goodbook/goodbook.
　　html

三、穿越時空而來的童話夢想——格林兄弟 http://www.ylib.
　　com/author/grimm/index.htm

四、魔法花園•安徒生童話繪本原畫展 http://www.
　　childrenpublications.com.tw/events/anderfen/painter.html
　　畫筆魔法•展出畫家簡介——青林國際出版股份有限公司。

五、青林學習樂園 http://www.childrenpublications.com.tw/
　　hot/tblina/index.html
　　青林圖畫書介紹，內含多元智慧館、科博館、藝術館、文學館、
英語館、門市館等。

六、談童話的結構與用處——洪志明 http://mail2.tmtc.edu. tw/~ge88124/%B5%A3%B8%DC.htm

七、誠品書店——圖畫書 BEST100 http://www.eslitebooks. com/topic/kids100/kids100.shtml

八、e 時代童話故事 http://netcity3.web.hinet.net/UserData/ wa1688/story/index.htm

世界童話故事，有格林童話、安徒生童話、伊索寓言等。

「101 本好書」內容簡介

古典童話

●小美人魚	●三隻小豬的真實故事
在好深好藍的海底，有一個和陸地完全不同的美麗世界！有一座用貝殼搭起的城堡，海的國王和他三個美麗的女兒就住在那裡……。	這是由一隻名叫亞力山大的野狼口述的故事，故事中娓娓的說出牠被冤枉成「壞蛋大野狼」的經過……。
●伊索寓言（第一集：幽默 25 選）	●伊索寓言（第二集：智慧 25 選）
包含寓言故事如：披了羊皮的狼、狐狸和葡萄、狐狸和山羊、老鷹、野貓和母豬、看家狗和狼、獵人和馬、牧羊人和山羊、笨驢和小狗、狐狸和鶴等二十五選。	包含寓言故事如：狼和鶴、吹笛的漁翁、救蛇的人、烏龜和老鷹、朋友和大熊、驢子和騾子、貓和鳥、小驢運鹽、農夫和兒子、母子蟹、狐狸和烏鴉等二十五選。

🌑 伊索寓言（第三集：機智 25 選）

包含寓言故事如：狼和鶴、吹笛的漁翁、救蛇的人、烏龜和老鷹、朋友和大熊、驢子和騾子、貓和鳥、小驢運鹽、農夫和兒子、母子蟹、狐狸和烏鴉等二十五選。

🌑 牛津創意童話——北風和太陽

溫暖的太陽公公和凜烈的北風叔叔，同時看中了騎士的新披風，他們各顯本領想讓騎士把披風脫下來，比賽進行中——花朵開了，昆蟲嗡嗡叫著，動物也睡著了，騎士終於脫下披風跳進河裡游泳，到底是誰的威力強呢？

🌑 牛津創意童話——月亮看見什麼

月亮看見什麼？當太陽看見了世界萬物，狂傲地展現他的所見時，月亮卻潑了太陽一身冷水，因為他看見太陽看不見的東西，他能看見什麼呢？

「推薦好書」內容簡介

古典童話類

🌑 胡桃鉗

在一個聖誕夜，小女孩瑪麗收到叔叔朱羅思索贈送的聖誕禮物——一個玩具兵造型的胡桃鉗，就在當天晚上，小女孩聽見客廳裡一陣騷動聲，她下樓一看，竟然發現那個胡桃鉗正率領玩具軍隊和老鼠們大戰！胡桃鉗會贏嗎？

🌑 灰姑娘

可憐的灰姑娘，整天被後母和兩個姊姊欺負，一天皇宮傳來王子要辦舞會找新娘的消息，灰姑娘好想去參加，可是她沒有漂亮的衣服，也沒有馬車代步，誰可以幫灰姑娘達成她的心願呢？

繪本主題教學資源手冊

🥁 國王的新衣

從前，有一個愚笨而又愛穿新衣裳的國王，一天到晚命令王宮裡的裁縫師，替他做各種不同款式的新衣，然後，穿著這些新衣裳向他的人民炫耀……

🥁 青蛙王子

有個金髮公主在井邊玩她心愛的金球。結果，有一天不小心讓金球掉近了井中，不知所措的公主傷心欲絕的在井邊哭了起來；這時候，一隻大青蛙表示願意替公主撿球，但要求和公主一起玩、一起用餐，並且睡公主的床……

🥁 拇指姑娘

從前，有個老巫婆給了想要孩子的婦人一粒大麥，婦人將大麥種在花盆，沒過多久，盆裡就長出一朵花苞。花開了，裡面居然有一個只有拇指高的小女孩，所以婦人就叫她拇指姑娘。一天晚上，拇指姑娘被一隻癩蛤蟆帶走，想給兒子做妻子，水裡的小魚兒合力咬斷荷葉梗，讓葉子順著溪水向前漂流，從此拇指姑娘開始了流浪的生活……

🥁 賣火柴的小女孩

那是一個寒冷的除夕夜。在二十世紀初美國的繁榮城市，人們緊裹大衣，匆忙趕路回家準備歡度佳節。沒有人注意到那個蜷縮在角落的可憐小女孩，正試著點燃她原本打算在街上兜售的火柴取暖。當每一根火柴閃爍火光時，她就會看見奇特的影像，並且感受充滿愛和希望的溫暖光芒。

🥁 睡美人

國王邀請了十二位巫師為剛誕生的公主慶生，每個巫師都為公主獻上祝福，但受到冷落的邪惡巫師卻帶給公主可怕的咒語：美麗的公主將被紡錘刺到，而她和她的王國陷入一百年的長睡……！

🥁 天鵝湖

「天鵝湖」一直是深受喜愛的芭蕾舞劇。安徒生大獎得主莉絲白・茨威格將自己奇特卓越的觀點，注入這本改編自描繪天鵝公主動人故事的圖畫書中。

童話夢想家——安徒生

安徒生出生於一個貧困的家庭，但他有夢想，安徒生告訴自己，「我會到很遠的地方，去做我喜歡的事情。」他央求母親讓他去首都哥本哈根，卻幾乎餓死，在貧困與嘲弄下，安徒生完成學業，「堅持，堅持，我一定要堅持下去！」他這麼告訴自己。

綠野仙蹤

當法蘭克包姆寫《綠野仙蹤》時，他的目的是要創造一個現代的幻想故事。如今這個嶄新的版本藉著精美的插畫，為這個深受世人喜愛的故事開拓了嶄新的視野，同時也保留了故事原本的風味。

愛麗絲夢遊奇境

愛麗絲無意間看見一隻盛裝的兔子，而跟牠進到洞窟中，想不到這個小小的洞穴引領她進入一個新奇怪誕的「神奇世界」……。

湯姆歷險記

在湯姆‧莎耶的眼裡，生活的每一天都是全新探險歷程的開始。他調皮搗蛋惡作劇，讓大人們哭笑不得；假扮海盜四處冒險，更讓大家提心吊膽、憂慮不已。

拇指姑娘

從前，有一個婦人非常想要一個孩子，於是她去找一個老巫婆，老巫婆給了她大麥。回到家後，婦人趕緊把大麥種在花盆裡。沒過多久……。

樅樹

森林裡有一棵小樅樹，它每天享受著陽光和微風，兔子在它的頭頂跳來跳去，孩子們也圍在它身邊玩耍，可是，小樅樹卻過得一點也不快活，它一心只想快快長大。

勇敢的小錫兵

小男孩在生日那天，收到了二十五個錫做的士兵當禮物，可是其中一個卻因為錫不夠用，所以只有一條腿。小男孩把錫兵們排在小桌上，而小桌的另一邊，放著一個單腳站立的漂亮舞蹈家，這立刻引起一條腿的小錫兵的注意……。

豌豆公主

從前有一位王子走遍了全世界，希望能娶一位真正的公主為妻。雖然他曾經遇到很多公主，但他總能發現某些不對勁的地方。不過，在一個暴風雨的夜晚，一位全身淋得濕透的美麗女孩急急地敲著城堡的大門……。

人魚公主

人魚公主的家，就在海洋的最深處，那兒有紅豔豔的珊瑚砌成的牆，還有珍珠點綴的屋頂，小花圍裡的花朵，像火焰般地開放，就連樹木結出的果實，都和金子一樣閃亮，但人魚公主最喜歡的寶物是一個大理石男孩像……。

雪后

有一天，惡魔一時興起做了一面鏡子。這面鏡子會使所有珍貴美好的東西縮小，甚至消失；那些不好和醜陋的東西照在上面，反而變得更清楚、更可怕。後來，鏡子掉到地上，破成千萬個小碎片，更糟糕的是……。

木偶奇遇記

英諾桑提的插畫無比精確的將小木偶皮諾丘好奇的眼中所見的世界傳遞給讀者。而我們在書頁間高高低低的追逐著皮諾丘的身影時，也跟著他一同經歷一段奇遇。

童話的王國——安徒生

安徒生，童話的代名詞，他所寫的「醜小鴨」、「賣火柴的女孩」、「人魚公主」、「皇帝的新衣」……等膾炙人口的故事，建立了一個偉大的童話王國。而這個王國的國王，生平也像一則童話故事。

醜小鴨

鴨媽媽孵出了一窩鴨寶寶，可是最後孵出來的那隻小鴨子，卻長得又大又醜。大家都嫌牠長得難看，欺負牠。醜小鴨心裡難過得不得了，忍不住逃離了這個讓牠傷心的地方。

小木偶

描寫小木偶如何面對現實生活的種種陷阱與誘惑，「說謊的孩子，鼻子會變長」，這似乎已變成警惕小孩要誠實的一句魔咒。

小紅帽來了

小紅帽的外婆海婆婆，好心救了一隻小狼，海婆婆教小狼看書，為牠說故事。有一天，小紅帽來信說要來探望海婆婆……。

豬頭三兄弟

大衛威斯納藉《三隻小豬》的經典故事，完全顛覆故事的發展與可能。三隻小豬一樣是小豬三兄弟，一樣蓋自己的小房子，大野狼還是來敲門。但是這次大野狼不是從煙囪裡掉進滾燙的湯裡，而是把三隻小豬吹出故事了。

三隻小狼和大壞豬

「三隻小豬和大野狼」的故事，換成了三隻小狼和一隻大壞豬。小狼為了建蓋一間舒適的房子，處心積慮的防禦大壞豬的破壞，一次又一次的失敗，最後終於讓牠們找到了好辦法，不僅有了美麗、芬芳的住居，也讓大壞豬痛改前非。

勇敢的小裁縫

小裁縫他不僅能縫製美麗的衣服，還憑著他的智慧與聰明，打敗了巨人，贏得公主的芳心。

小木鴨

一群可愛的小鴨在水中悠哉悠哉，狡猾而貪婪的狐狸在旁窺伺，不懷好意的算計著要享用一頓美味的燒鴨大餐，這時，受盡兄弟姊妹欺負的小鴨寶寶，如何使出奇招，拯救大家的性命呢？

真正的十字架

一件天使的禮物，牽引著一段奇妙的故事，可知如何才能找到真正的十字架？而什麼樣的十字架才是真正的十字架呢？

米西卡 MISHKA

一頭馬戲團中最大的象，如何馴服於一個八歲的孩子——米西卡？

熊的奇遇

一隻褐熊奇妙的出盡風頭，電視記者為什麼要訪問他？他如何參加運動會比賽的？他又是怎麼樣飛到天空去旅行的？

巨蟒開同樂會

巨蟒會開同樂會，你相信嗎？牠究竟在變什麼把戲？牠究竟是真心誠意的？還是另有居心？

富人和鞋匠

一位貧窮的鞋匠，每天快樂辛勤的工作。有一天，當隔壁的富人給了他一大把金幣之後，快樂的鞋匠卻不快樂了……。

磨坊主人‧男孩和騾子

一個人失去了自我的主意，一味只聽從他人的意見，會產生什麼樣的結果呢？

獅子與老鼠

天生我材必有用。獅子雖為萬獸之王，但在遇到困難時，反而得靠小小的老鼠伸出援手，在獅子與老鼠的故事中，可以提醒孩子，不要看不起別人。

繪本主題教學資源手冊

獵人和他的狗

一隻獵狗、一群受傷的鴨子,如何產生一段動人的故事?又是如何讓獵人感到羞愧不已呢?

龜兔賽跑

兔子和烏龜賽跑,烏龜雖然跑得比兔子慢,但最後兔子為什麼會落敗呢?本書還有許多精彩的故事,小讀者不容錯過!

披著羊皮的狼

一隻狡猾的狼披上羊皮,混進羊群裡想輕易抓到羊吃,牠的詭計可否得逞?

狐狸和葡萄

狐狸發現一棵長滿熟透葡萄的葡萄樹,牠心想這些葡萄一定很甜美,牠最終能吃到葡萄嗎?

烏鴉和天鵝

烏鴉覺得自己的黑色羽毛很難看,十分羨慕擁有雪白羽毛的天鵝,究竟烏鴉可否令自己的羽毛變成雪白呢?

國王的新衣

傳說中有一種神奇的布料,只有聰明人才看得見,愚昧的人卻永遠看不見。這種布料不單令人莫名其妙,還掀起一場皇帝赤身露體的鬧劇。

格林童話故事全集

這是德國文學最為世人熟知的作品,不僅是最常被閱讀、翻譯成最多語言,也是最常被重新配上插圖的世界文學,它的普遍性及暢銷性不只傳遍德國,傳遍歐洲,更風行世界。本套書正是德文新譯全集,純美動人的第七版定稿─《格林童話故事全集》,搭配奧圖・烏伯鏤德的鋼筆插圖,是最著名、最受歡迎的版本,它將再次煥發歷久不衰的魅力,引導孩子與成人走入夢幻的領域。

安徒生故事全集

安徒生出生於一個貧困的家庭,但他有夢想,安徒生告訴自己,「我會到很遠的地方,去做我喜歡的事情。」他央求母親讓他去首都哥本哈根,卻幾乎餓死,在貧困與嘲弄下,安徒生完成學業,「堅持,堅持,我一定要堅持下去!」直到他的詩作、劇本開始被接受,他漸漸有了名氣,也得到了丹麥國王的獎助,他開始四處旅行,把旅途中發生的有趣故事寫成一篇篇好看的作品,尤其是說給孩子們聽的童話故事。不僅是丹麥,就連歐洲、非洲、美國、印度、日本和中國,幾乎全世界都可以聽見他的名字。

🎵 白雪公主與七個小矮人

這是個家喻戶曉的故事，白雪公主在小矮人的協助下，逃過王后的追殺，但防不勝防，她終於還是吃下毒蘋果而死了。但王子的愛解除一切魔咒，從此兩人過著幸福快樂的日子。

🎵 狼婆婆

很久以前，每當媽媽出門之後，狼婆婆就會來敲門了，阿珊、阿桃和寶珠究竟能不能識破狼婆婆的陰謀呢？

🎵 一千零一夜

自古以來人人愛聽故事，因為故事中蘊涵了人生經驗，也傳達了人生智慧。《一千零一夜》包含了波斯、印度、希臘、羅馬、猶太、中國等地的口傳故事。

🎵 夜鶯

在中國有一處美麗的海邊樹林裡，住著一隻歌聲婉轉動人的夜鶯，連皇帝聽了都感動的流下眼淚。由於備受讚賞，牠天天在皇宮裡為皇帝唱歌。有一次皇帝收到一份禮物：唱不累的機器夜鶯，天天聽著牠快樂唱歌，根本忘了真夜鶯……

🎵 小紅帽

小紅帽看看周圍美麗的花朵，它們好像跟穿過樹林射下的陽光在跳舞呢。「好心的野狼先生說對極了，」她邊採花邊想。每當她採一朵花，她就瞥見更遠的地方有更美麗的花。於是小紅帽越走越深入黑暗森林……

第十六章

台灣鄉土

農村生活、地名、民俗、
民間故事

洪藝芬

　　台灣是我們生長居住的地方，它的地形東西狹而南北長，四周環海是環太平洋火山帶所形成的島嶼，島上仍有顯著後火山現象，如溫泉、硫氣孔等。島內平原較少，高山縱橫南北，地形十分複雜。又因地處亞熱帶，氣候溫和，擁有豐富的植物分布，使得寶島成為世界知名的花卉國家之一，而水果數量與種類之多也享有「水果王國」之美譽。除此之外，台灣境內還擁有豐富多樣化的昆蟲、鳥類及動物。這林林總總的景觀，造就了許多特殊的自然生態，因此台灣這片美麗的土地，素有「福爾摩沙」之美名。

　　在人文風土方面，早期不同的族群在不同的時期遷居到台灣，當時因為語言、地域文化的差異而曾有過族群間的矛盾與衝突，但經過長期的同化、政經資源的重新分配，演變到今日，目前存在的閩、客、外省、原住民間的文化差異已相當有限，慢慢融合為新台灣人，呈現出屬於自己特有的文化型態與生活方式。因此台灣各地也留下了台灣人一路走過的足跡——名勝古蹟，並在台灣各地發展出具有當地特色的特產與鄉土小吃，流傳著各種民俗藝術活動，這些都是我們寶貴的資產。

　　西方文化東進，我們在接受西方文化薰陶的同時，更應致力於台灣鄉土自然景觀、生態環境與優良文化的維護，並積極推廣鄉土教育，從孩子們的生活經驗中，引導他們認識自己鄉土的歷史文化、地理環境、自然風光、人文特色及母語。在尋根固本的同時，培養對鄉土文化的認同、情感與責任，並進而產生服務家鄉、造福社會的情操。台灣雖小，但它是我們最熟悉、鍾愛的地方，我們將對這塊土地付出更多的關懷，並能立足台灣、放眼世界。

繪
本
主
題
教
學
資
源
手
冊

「101本好書」主題分類

分類	書名	作者	繪者	譯者	出版社
台灣鄉土	台灣水噹噹 1：地理・位置	潘守芳主編	郭仁修		世一
	台灣水噹噹 2：特產・小吃	蕭淑玲主編	杜冠臻		世一
	台灣水噹噹 3：風景・名勝	許麗萍主編	劉麗月		世一
	奉茶	劉伯樂	劉伯樂		青林
	三角湧的梅樹阿公	蘇振明	陳敏捷		青林
	勇士爸爸去搶孤	李潼	李讚成		青林
	黑白村莊	劉伯樂	劉伯樂		信誼

「推薦好書」主題分類

分類	書名	作者	繪者	譯者	出版社
農村生活	小白和小灰	許玲慧	江彬如		青林
	想念	陳致元	陳致元		信誼
	家住糖廠	施政廷	施政廷		信誼
	鐵馬	王蘭	張哲銘		國語日報
	跟阿嬤去賣掃帚	簡媜	黃小燕		遠流
	姨公公	孫大川	簡滄榕		遠流
	八歲，一個人去旅行	吳念真	官月淑		遠流
	像母親一樣的河	路塞袖	何雲姿		遠流
	故事地圖	利格拉樂・阿烏	阿緞		遠流
	記得茶香滿山野	向陽	許文綺		遠流

地名	圓仔山	曹俊彥	曹俊彥		台英社
	咱們去看山	潘人木	徐立媛		台英社
	來金門作客	林淑玫 陳月文	劉伯樂 余麗婷 劉素珍 官淑月		金門縣 文化局
	屁股山	曹俊彥	曹俊彥		信誼
	草鞋墩	劉伯樂	劉伯樂		信誼
	寶島小遊記	施善繼	蘇宗雄		信誼
	燈塔	林傳宗	林傳宗		信誼
	北門	簡佳璽	葉靜穎		新學友
民俗	春神跳舞的森林	嚴淑女	張又然		格林
	天燈照平安	陳木城	孫基榮		國語 日報
	迎媽祖	李潼	張哲銘		農委會
	走，去迪化街買年貨	朱秀芳	陳麗雅		青林
民間 故事	射日	賴馬	賴馬		青林
	老鼠娶新娘	張玲玲 （改寫）	劉宗憲		遠流
	繪本台灣民間故事（套書）				
	白賊七	郝廣才	王家珠		遠流
	神鳥西雷克	劉思源	劉宗慧		遠流
	虎姑婆	關關	李漢文		遠流
	女人島	張玲玲	李漢文		遠流
	懶人變猴子	李昂	王家		遠流
	李田螺	陳怡真	楊翠玉		遠流
	仙奶泉	嚴斐琨	李漢文		遠流
	能高山	莊展鵬	李純真		遠流
	水鬼城隍	張玲玲	蕭草		遠流
	好鼻師	郝廣才	王全泰		遠流
	火種	劉思源	徐曉雲		遠流
	賣香屁	張玲玲	李漢文		遠流

問題與討論

一、說說看,台灣的地形像什麼?

二、仔細觀察地圖,你知道台灣的四周是什麼嗎?

三、說一說,你住在台灣的哪裡?爺爺、奶奶住在哪裡?

四、你曾去過台灣哪些好玩的地方呢?

五、你知道台灣出產哪些水果嗎?

六、台灣各地都有好吃的特產,你能說一說你所知道的嗎?

七、你會說閩南語、客家語或原住民語嗎?請說說看。

延伸活動

活動一:美麗的台灣

(一)準備材料

半立體地圖、旅遊照片、西卡紙、蠟筆、彩色筆、黏土。

(二)活動過程

1. 展示半立體的地圖,請幼兒仔細觀察台灣的地形。

2. 請幼兒展示旅遊照片並分享旅遊經驗。

3. 提供描有台灣地圖的西卡紙,請小朋友以著色或黏土,把台灣的地形特徵繪畫捏塑出來,完成一幅台灣風景圖。

活動二:環島一周

(一)準備材料

亮膠帶、大骰子、各縣市名稱卡。

(二)活動過程

　　1.在活動式的地上，以亮膠帶貼出台灣各縣市的輪廓。

　　2.在地圖中由北而南標示出各縣市的名稱及順序。

　　3.幼兒以擲大骰子的點數來決定走的步數，在每次停留的地方須把該縣市的名稱說出來。

　　4.看誰先依順序環島一周，回原點者則獲勝。

活動三：水果王國

(一)準備材料

　　水果、神秘箱、彩色蠟筆、紙、水果盤、台灣地圖。

(二)活動過程

　　1.師生共同討論曾吃過哪些台灣出產的水果。

　　2.展示各種水果，師生共同討論最有名的水果產地。

　　3.把水果放入神秘箱中，請幼兒拿出一種水果並說出它的產地。

　　4.請小朋友畫出自己最喜歡吃的台灣水果，並把它剪下貼在產地地圖上。

　　5.水果分享，品嚐台灣水果的美味。

活動四：特產大車拚

(一)準備材料

　　各地特產或圖卡。

(二)活動過程

　　1.師生共同討論各地知名的特產。

　　2.將幼兒分成數組，每一組自選一種特產如：淡水魚丸、台中太陽餅……等。

　　3.口訣：xx（特產名）香，xx（特產名）香，好吃的 xx 在 xx

（地名）。

4.當老師點到那一組，該組的幼兒必須把自己的特產口訣唸出來。

5.各組可推派一位組長，站在該組的最前方，當唸完自己的組別特產口訣時，組長可任選其他組，接唸該組自己的特產口訣，若反應太慢則該組暫停遊戲。

活動五：熱鬧廟會

㈠準備材料

空蛋糕盒、長布條、各種色紙、膠帶、白膠、細長布條或皺紋紙、竹筷子、空牛奶罐、麻繩。

㈡活動過程

1. 分組活動：

(1)舞獅組：請幼兒以空蛋糕盒、長布條、各種色紙製成舞獅道具。

(2)彩帶組：請幼兒以竹筷子的一端黏上各色長條皺紋紙或長布條。

(3)高蹺組：選擇兩個相同大小的牛奶罐，各在罐底兩邊各打一個洞穿上適長的麻繩。

2. 團體活動：

選擇適當的場地，請幼兒自由選擇所扮演的角色。如彩帶舞、踩高蹺、舞獅或在旁配合音樂敲鑼打鼓，來進行表演。

相關網站

一、台灣鄉土鳥類 http://taiwanbird.fhk.gov.tw/

內容有賞鳥須知、俚諺傳說典故、鳥類資料庫、生態與保育、遊戲挑戰區、鳥族樂園等豐富的相關資源。

二、台灣鄉土動物區 http://www.zoo.gov.tw/web3_formosan.htm

　　提供台灣鄉土動物之名稱、體形、形態、分類、分布等相關資料。

三、台灣咁仔店 http://www.taiwan123.com.tw/index.htm

　　內容分為音樂台灣、文化台灣、鄉土台灣、戲曲台灣、生活台灣等大項，提供了相當豐富精彩的鄉土文化資源。

四、鄉土音樂教學網站 http://mail.spps.tp.edu.tw/~amichan/

　　提供福佬篇的台灣鄉土歌謠，分為有趣歌謠、感人歌謠及可愛歌謠。

五、中央研究院文化資訊站 http://tibe.sinica.edu.tw/

　　內容提供文化傳承和鄉土關懷兩大部分，而鄉土關懷部分包含自然台灣、歷史台灣、文化台灣、關懷台灣及相關網站連結。

六、CTIN台灣旅遊聯盟 http://travel.network.com.tw/tourguide/

　　旅遊導覽中的台灣觀光部分，提供台灣各地的特產、美食及主題旅遊之介紹。

七、台北市立師院鄉土教育中心 http://www.tmtc.edu.tw/~local/

　　內容包含鄉土教育、鄉土解說、鄉賢集錦、地名集錦、進士名錄、教學景點、東北角、環境教學、鄉土民謠、影音頻道及相關網路資源。

八、鄉土教學網站 http://saturn.ihp.sinica.edu.tw/~liutk/shih/homland.htm

　　提供台灣鄉土教學資源的相關網站連結。

九、文化金銀島 http://www.cca.gov.tw/treasure/

　　在文化尋寶圖中，分為藝文空間、博物館、表演藝術、藝文活動看板、藝文活動查詢、原住民文化季、藝術節等項目。透過這些性質多元項目的連結，可認識台灣豐富的文化寶藏。

「101本好書」內容簡介

台灣鄉土

台灣水噹噹1：地理・位置	台灣水噹噹2：特產・小吃
從認識家的地址延伸至介紹行政區域的位置、特別建設、交通、地形……等。	台灣有什麼豐富的特產呢？本書以生動的圖片配合文字內容，一一介紹台灣各地的特產及小吃。
台灣水噹噹3：風景・名勝	奉茶
本書以阿丹為主角，帶著孩子一起認識與欣賞台灣的風景、名勝。	土地公在訪查百姓的生活後，發現到處都有「奉茶」來免費讓過路口渴的人喝，於是，他也裝了一壺水當禮物，準備向玉皇大帝報告人間所見。
三角湧的梅樹阿公	勇士爸爸去搶孤
介紹一位三峽畫家——李梅樹先生，他用了將近四十年的時間重建祖師廟，也讓孩子體會他對鄉土的愛和對藝術創作的執著。	搶孤是什麼呢？聰聰的爸爸要去參加搶孤，全家人從反對到支持而全家總動員，經過一連串辛苦的努力及練習，聰聰的爸爸能獲得最後的勝利嗎？
黑白村莊	
「白厝村」和「烏塗村」的居民彼此討厭對方的顏色，甚至互相仇視。這一年旱災特別嚴重，不管兩村的人各自如何拜都沒用，怎麼辦呢？黑村莊和白村莊的人，長得不一樣，住的地方也不一樣，工作的對象也不一樣，怎樣才能和他們和平相處呢？	

「推薦好書」內容簡介

農村生活

小白和小灰	想念
鷺鳥小白，兩腳細細長長的，白天喜歡踩在水田裡覓食，而身體灰藍的夜鷺小灰，兩腳短短的卻能在夜晚靠著銳利的眼睛及敏銳的動作吃到小蟲。藉由故事的描述讓小朋友能愛護這些與我們一同生活在這塊土地上的美麗生命──鷺鷥。	這是一本無字的圖畫書，透過像電影般的時空變化畫面，讓讀者重溫台灣農村的生活景觀。
家住糖廠	鐵馬
透過作者清新的文字介紹和插圖呈現，讓孩子了解台灣甘蔗種植、採收、加工、製糖的過程及台灣產業的過去。	我和哥哥對爸爸的那輛鐵馬都很有興趣，常趁著爸爸午睡或不在家時，學騎和偷騎，也因為如此，兄弟二人的感情更加的親密了。
跟阿嬤去賣掃帚	姨公公
秋天了，蘭陽平原在收割之後，曬乾的稻草充滿芳香，大家堆好草垛，小孩幫忙揀草，作者幫著母親、阿嬤綁掃帚，而且他還要跟著阿嬤去賣掃帚⋯⋯。	一則來自卑南族的童年往事。作者心中永恆的印記是姨公公的智慧與氣度，他的身影、話語。即使英雄的時代已過，但卑南族姨公公的氣概還會永久的傳下去⋯⋯。

繪本主題教學資源手冊

八歲，一個人去旅行

這一年，作者八歲，爸爸要他獨自一人坐火車到宜蘭姨婆家，他帶著一盒已用掉一半的萬金油，勇氣滿滿的上火車，車上遇到一位比祖母還要老的阿嬤……，這次的經歷讓作者永難忘懷。

像母親一樣的河

母親去世的那年，卻是作者人生記憶的開始，雖失去母愛，但童年其實是快樂的，因為大甲附近的溪流像母親一樣，可在「她」懷裡游泳、釣魚……，夜晚在夢中蒐集了他的憂歡悲笑……。

故事地圖

阿烏小小年紀常為了要宣示自己的長大並表達不滿，因此動不動就往三地門鄉「離家出走」，那條綠色的道路，沿途有美麗的風景，還有許多動人的傳說故事……。

記得茶香滿山野

描寫南投縣鹿谷鄉聞名的茶村生活和自然景觀，作者還記得茶香、書香互相交融又兼賣雜貨的小茶行，還有孩童時在田野山川享受戶外生活的童年回憶。

地　名

圓仔山

台灣南部有一座圓仔山，有一天，一個老頭在山腳下賣湯圓，一毛錢吃一碗，兩毛錢隨便吃，大家都來買湯圓，可是都沒有注意圓仔山已經變樣了……。

咱們去看山

描寫一個小女孩和爸爸去看三義火炎山的經過和情形。

來金門坐客

本書乃透過兒童文學工作者實地到金門參訪，其參觀過程中他們所問所見所知的金門地理位置、自然環境、人文景觀、風土民情、特產等，一一做介紹並集體創作而成。

屁股山

巨人西毛是幫天神看顧湖水的僕人，有一天，湖裡來了調皮的天神，玩擠大雨的遊戲，把地上的村莊都淹沒了，西毛擔心人們的安全，他能想出好辦法解決嗎？

草鞋墩	寶島小遊記
這是一個和草鞋有關的故事，介紹台灣地名「草屯」的由來。	描寫台灣這塊美麗的土地，孩子從中可認識各地的風景特色及名產。
燈塔	北門
這是一本無字圖畫書，描寫港灣的生命躍動及民情風土之美。	以簡明易懂的文字內容，敘述北門的由來及歷史。

民　俗

春神跳舞的森林	天燈照平安
鄒族的少年阿地，在奶奶去世後，帶著奶奶遺留給他的櫻花瓣重回故鄉阿里山，奇怪的是，那年的阿里山特別冷，本該開放的櫻花卻遲遲不見蹤影，阿地要怎麼讓春天重回阿里山呢？	聽說山賊會趁著年關將近時出來打家劫舍，村民們提心吊膽不知如何躲過這場即將到來的災禍，所幸，村里的長老帶著村民躲進了傳說中的石崁裡避難，等山賊離開時，再由一名壯丁下山打探消息並燃放天燈向村民報平安。
迎媽祖	走，去迪化街買年貨
描寫每年媽祖生日的這一天，台灣各地抬神轎出巡的熱鬧場面及人們對媽祖的崇敬和感謝。	藉由阿瑞和爺爺到迪化街買年貨的故事，來敘述迪化街的歷史、建築及年貨大街辦年貨的熱鬧情形。

民間故事

射日 　　有一天，金色太陽才下山，銀色太陽又跳到天上，有了兩個太陽，農作物難以生長，大家無法日出而作、日落而息，於是大家決定要去射日。	**老鼠娶新娘** 　　老鼠村長想替自己的女兒尋找最強的丈夫，牠找了太陽、風、雲、牆，最後發現原來老鼠也有別人比不上的本事，於是決定把女兒嫁給老鼠阿郎。
白賊七 　　敘述在台灣南部，有一個專門欺騙人的高手，到處招搖撞騙、惡作劇的故事。	**神鳥西雷克** 　　敘述泰雅族的先民與環境奮鬥的神話故事。
虎姑婆 　　這是一個女孩運用機智，制服了專吃小孩的老虎精的故事。	**女人島** 　　這是一個有關阿美族的故事，敘述一個男子漂流到女人島的經過情形。
懶人變猴子 　　這是一個有關賽夏族的動物故事，描述一個懶人變成猴子的經過。	**李田螺** 　　以苗栗為故事背景，敘述一個撿田螺、賣田螺的窮小子勤儉致富的故事。
仙奶泉 　　台灣南部的排灣族村落中，有一個勤奮又聰明的少年——布魯，他向太陽借金鎖到關仔嶺的山頂上，取回仙奶救治病人的故事。	**能高山** 　　描述一個巨人因犧牲自己、解救村人，而變成能高山的布農族傳說故事。

水鬼城隍	**好鼻師**
敘述一個水鬼,在漁夫朋友的協助之下,最後成為城隍爺。	一個好吃懶做的人,自稱鼻子能替人嗅出任何東西,以此來詐騙財物,最後因而自食惡果變成螞蟻的故事。
火種	**賣香屁**
敘述雅美族火種由來的傳說故事。	敘述貪心的哥哥自食惡果的故事。

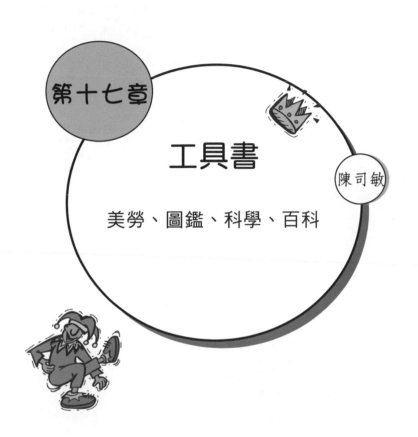

第十七章

工具書

美勞、圖鑑、科學、百科

陳司敏

前言

　　在我們帶領孩子進行閱讀活動時，其實有著另一個不同的用意，那就是讓孩子懂得從書中找尋他不知道的答案。當孩子在遊戲或學習上，遇到問題或不太清楚的地方，大人應該引導、並陪同孩子一起尋找答案，藉由各類的工具書，孩子可以為自己的問題找到答案，可以讓自己的疑惑得到印證；閱讀是要從小時候就要建立的習慣，找尋解答亦同。雖然現代科技發達，很多的資訊已經可以透過網際網路直接取得，但是對幼兒來說，工具書是輔助他們學習最好的方式，習慣養成後，孩子就會懂得更多更廣，並激發潛能與創造力。

「101本好書」主題分類

分類	書名	作者	繪者	譯者	出版社
美勞	手的遊戲			光復編輯部	光復
	臉的遊戲			光復編輯部	光復
	腳的遊戲			光復編輯部	光復
	摺紙遊戲(1)動物			光復編輯部	光復
	摺紙遊戲(2)交通工具			光復編輯部	光復
	帽子王國			光復編輯部	光復

剪紙遊戲			光復編輯部	光復
造形遊戲			光復編輯部	光復
紙的動物園			光復編輯部	光復
蠟筆遊戲			光復編輯部	光復
顏料遊戲			光復編輯部	光復
花紋遊戲			光復編輯部	光復
繪畫遊戲			光復編輯部	光復
色彩馬戲團			光復編輯部	光復
色彩魔術師			光復編輯部	光復
色彩妙妙國			光復編輯部	光復
黏土遊戲			光復編輯部	光復
紙黏土遊戲			光復編輯部	光復
趣味手工藝			光復編輯部	光復
瓶瓶罐罐變玩具			光復編輯部	光復
版畫遊戲			光復編輯部	光復
動畫遊戲			光復編輯部	光復

	卡片遊戲			光復編輯部	光復
	冰塊遊戲			光復編輯部	光復
	錯覺遊戲			光復編輯部	光復
	影子遊戲			光復編輯部	光復
	風箏遊戲			光復編輯部	光復
	結繩遊戲			光復編輯部	光復
	花草遊戲			光復編輯部	光復
	餐點遊戲			光復編輯部	光復
	我的花園	王蘭	王蘭		童話藝術
	熱帶魚	王蘭	王蘭		童話藝術
圖鑑	池塘 Pond Life	Barbara Taylor	Frank Greenaway	于婉鈴等	台灣麥克
	沙漠 Desert Life	Barbara Taylor	Frank Greenaway	于婉鈴等	台灣麥克
	雨林 Rainforest	Barbara Taylor	Frank Greenaway	于婉鈴等	台灣麥克
	珊瑚礁區 Coral Reef	Barbara Taylor	Jane Burton	陳鴻鳴等	台灣麥克
	河流 River Life	Barbara Taylor	Frank Greenaway	于婉鈴等	台灣麥克

	草原 Meadow	Barbara Taylor	Kim Taylor & Jane Burton	于婉鈴等	台灣 麥克
	樹林 TreeLife	Theresa Greenaway	Kim Taylor	藍豔秋等	台灣 麥克
	潮池 Rock Pool	Christiane Gunzi	Frank Greenaway	于婉鈴等	台灣 麥克
	森林 Woodland	Barbara Taylor	Kim Taylor & Jane Burton	于婉鈴等	台灣 麥克
	沼澤 Swamp Life	Barbara Taylor	Kim Taylor & Jane Burton	于婉鈴等	台灣 麥克
	洞穴 Cave Life	Christiane Gunzi	Frank Greenaway	于婉鈴等	台灣 麥克
	海岸 Shoreline	Barbara Taylor	Frank Greenaway	于婉鈴等	台灣 麥克
	智慧樹 1.2.3.（毛毛蟲）	Hannah E. Glease	Mike Atkinson	光復 編輯部	光復
	光復兒童百科圖鑑 （第二冊：動物的形狀）	光復書局 編輯部			光復
	光復兒童百科圖鑑 （第五冊：四季的花草）	光復書局 編輯部			光復
科學	一物剋一物：生物防治	鍾嘉綾			稻田
百科	幼兒危機處理	許麗萍主編	王瑞閔		世一
	幼兒健康 100 %	許麗萍主編	黃怡文		世一
	幼兒生活常規	許麗萍主編	黃怡文		世一

台灣小百科：台灣的蝴蝶	姜碧惠	姜碧惠		稻田
台灣小百科：台灣的鍬形蟲	朱建昇	何健鎔等		稻田
台灣小百科：台灣食用魚類1	莊健隆	李榮涼等		稻田
台灣小百科：台灣食用魚類2	莊健隆	莊健隆等		稻田

「推薦好書」主題分類

分類	書名	作者	繪者	譯者	出版社
圖鑑	光復兒童百科圖鑑（第一冊：動物的形狀）			光復編輯部	光復
	光復兒童百科圖鑑（第二冊：動物的習性）			光復編輯部	光復
	光復兒童百科圖鑑（第三冊：昆蟲的天地）			光復編輯部	光復
	光復兒童百科圖鑑（第四冊：水中的世界）			光復編輯部	光復
	光復兒童百科圖鑑（第五冊：四季的花草）			光復編輯部	光復
	光復兒童百科圖鑑（第六冊：科學遊戲與觀察）			光復編輯部	光復

494

繪本主題教學資源手冊

	書名				
	光復兒童百科圓鑑（第七冊：日常生活的工具）			光復編輯部	光復
	光復兒童百科圓鑑（第八冊：揭開物體的祕密）			光復編輯部	光復
	光復兒童百科圓鑑（第九冊：我們的地球）			光復編輯部	光復
	光復兒童百科圓鑑（第十冊：工作與育樂）			光復編輯部	光復
	小蜜蜂瑪雅歷險記 Kumada Chrkbo's Biene Maia	華德瑪爾邦塞斯	熊町佳慕	黃郁文	青林
工具書	打開小窗看世界—學校 Come Si Chiama？—Parole del Scuola	Emanuela Bussolati	Francesca Di Chiara		上誼
	打開小窗看世界—公園 Come Si Chiama？—Parole del Parco	Emanuela Bussolati	Donata Montanari		上誼
	我的大書—交通工具 The Big Book of Things That Go		Jonathan Heale	郭景宗	上誼
	蛋 The Egg Book	羅柏·柏噸		李愛卿	上誼
	我是這樣長大—小貓 See How They Grow Kitten	Angela Royston	Rowan Clifford	李紫蓉	上誼

我是這樣長大—兔子 See How They Grow Rabbit	Angela Royston	Rowan Clifford	李紫蓉	上誼
我是這樣長大— 小雞 See How They Grow Chick	Angela Royston	Rowan Clifford	李紫蓉	上誼
我是這樣長大—青蛙 See How They Grow Frog	Angela Royston	Rowan Clifford	李紫蓉	上誼
我是這樣長大—小馬 See How They Grow Foal	Mary Ling	Jane Cra- dock-Wat- son	李紫蓉	上誼
我是這樣長大—企鵝 See How They Grow Penguin	Mary Ling	Sandra Pond Will Giles	李紫蓉	上誼
我是這樣長大—小豬 See How They Grow Pig	Mary Ling	Jane Cra- dock-Wat- son	李紫蓉	上誼
我是這樣長大—小牛 See How They Grow Calf	Mary Ling	Dan Wright	李紫蓉	上誼
我是這樣長大—長頸 鹿 See How They Grow Giraffe	Mary Ling	Sandra Pond Will Giles	李紫蓉	上誼
我是這樣長大—小狗 See How They Grow Puppy	Angela Royston	Rowan Clifford	李紫蓉	上誼
我是這樣長大—蝴蝶 See How They Grow Butterfly	Mary Ling	Sandra Pond Will Giles	李紫蓉	上誼

我是這樣長大—鴨子 See How They Grow Duck	Angela Royston	Rowan Clifford	李紫蓉	上誼
進入科學世界的圖畫 書：光 My Science Book of Light	Neil Ardley	Pete Gardner	高明美	上誼
進入科學世界的圖畫 書：水 My Science Book of Water	Neil Ardley	Clive Streeter	高明美	上誼
進入科學世界的圖畫 書：顏色 My Science Book of Colour	Neil Ardley	Pete Gard- ner & Dave King	林芳萍	上誼
進入科學世界的圖畫 書：空氣 My Science Book of Air	Neil Ardley	Clive Streeter	林遵遠	上誼
進入科學世界的圖畫 書：生長 My Science Book of Growth	Neil Ardley	Pete Gardner	林芳萍	上誼
進入科學世界的圖畫 書：磁鐵 My Science Book of Magnet	Neil Ardley	Dave King	趙映雪	上誼
進入科學世界的圖畫 書：聲音 My Science Book of Sound	Neil Ardley	Dave King	李紫蓉	上誼

	進入科學世界的圖畫書：電 My Science Book of Electricity	Neil Ardley	Dave King	趙映雪	上誼
	進入科學世界的圖畫書：能量 My Science Book of Energy	Neil Ardley	Dave King	趙映雪	上誼
	進入科學世界的圖畫書：感官 My Science Book of-Senses	Neil Ardley	Dave King	許瑛瑜	上誼
	進入科學世界的圖畫書：機械 My Science Book of-Machines	Neil Ardley	Dave King	許瑛瑜	上誼
	進入科學世界的圖畫書：冷和熱 My Science Book of-Hot & Cold	Neil Ardley	Dave King	許瑛瑜	上誼
	進入科學世界的圖畫書：運動 My Science Book of-Movement	Neil Ardley	Dave King	嚴筱敏	上誼
	進入科學世界的圖畫書：重力 My Science Book of-Gravity	Neil Ardley	Dave King	圖祥仁	上誼
	進入科學世界的圖畫書：氣候 My Science Book of-Weather	Neil Ardley	Dave King	鄭榮珍	上誼

為什麼：鳳梨會有那麼多刺 Why are Pineapples Prickly？	Christopher Maynard		招貝華	上誼
為什麼：會有不同的季節變化 Why Do Seasona Change？	Christopher Maynard		招貝華	上誼
為什麼：我們會笑 Why Do we Laugh？	Terry Martin		招貝華	上誼
為什麼：火山會爆發？ Who Do Volcanoes Erupt？	Christopher Maynard		招貝華	上誼
為什麼：斑馬身上都是黑白相間的條紋？ Why are Zebras Black and White	Terry Martin		招貝華	上誼
為什麼：天空會有閃電 Why Does Lighting Strike？	Terry Martin		招貝華	上誼
光復自然科學寶庫：動物的奧秘			李雀美	光復
光復自然科學寶庫：螞蟻			林立	光復
光復自然科學寶庫：奇妙的昆蟲	梅各獻二		林立	光復
光復自然科學寶庫：秋天鳴叫的昆蟲	安富和男		李雀美	光復
世界多麼奇妙——男生女生配一對 It Takes Two	Karen Wallace	Ross Collins		台英社

世界多麼奇妙── 我的身體你的身體 My Body, Your Body	Mick Man- ning & Brita Granström	Mick Man- ning & Brita Granström	賈源愷	台英社
世界多麼奇妙── 寶寶都是這樣長大的 The World is Full Ba- bies	Mick Man- ning & Brita Granström	Mick Man- ning & Brita Granström	賈源愷	台英社
世界多麼奇妙── 再上去是什麼？ What's Up？	Mick Man- ning & Brita Granström	Mick Man- ning & Brita Granström	鄭榮珍	台英社
我想知道為什麼── 肚子會咕嚕叫	布麗姬·阿 維森		朱孟勳	台英社
我想知道為什麼── 肥皂會起泡沫	芭芭拉·泰 勒		朱孟勳	台英社
我想知道為什麼── 太陽會升起	布蘭達·沃 普		蔡正雄	台英社
我想知道為什麼── 海水是鹹的	安妮塔·加 納利		朱孟勳	台英社
我想知道為什麼── 樹會長葉子	安德魯·查 門		蔡正雄	台英社
奇妙的人體 The Amacing Body in a Book	卡洛琳·賓 漢 潘妮·史密 斯	德瑞克·馬 修斯	朱孟勳	台英社
垃圾哪裡去了 The Great Recycling Adventure	簡·邁克哈 瑞	愛德蒙·戴 維斯 皮爾斯·山 福	於幼華	台英社
水從哪裡來？ Lelivre Animé De L'eau	佛朗索瓦· 米謝	伊夫·拉荷 霍荷	嚴慧瑩	台英社
童話小劇場 Jean Claverie's Fairy Tales Theater		吉恩·克雷 維芮		台英社

怎麼做才對？ Mr. Gomi's Book of a Right Way of Living	Taro Gomi	Taro Gomi	嶺月	台英社
奇妙翻轉書：海洋、陸地	Claire Llewellyn		游嘉惠	台灣麥克
奇妙翻轉書：白天、黑夜	Claire Llewellyn		游嘉惠	台灣麥克
大科學：尾巴尾巴 Big Science：Shippo Shippo				東西
大科學：角角動物園 Big Science：Tsuno Tsuno Tsuno				東西
大科學：奇幻美術館 Big Science：Fushigi Bijustsukan				東西
大科學：麻糬打打樂 Big Science：Mo-chitsuki Pettan				東西
大科學：雙層新幹線麥克士號 Big Science：2-Kai-date Shinkansen Ma-kkusu				東西
大科學：大自然的躲貓貓 Big Science：Kakuret-eiruyo Ikimonoga				東西
大科學：消防車加油 Big Science：Hash-ire！Shoubou Jidousha				東西

大科學：月球奇異探險 Big Science：Tsuki no Fushigi				東西
大科學：挖土機戰士 Big Science：Chi-karamochi Pawa Sho-beru				東西
大科學：蕃薯蕃薯 Big Science：Oimo ga Dekita				東西
彩繪法爾布昆蟲記 1-4 Fabre Konchuki No Mushitachi	KUMADA chikabo	KUMADA chikabo	黃郁文	青林
第一個發現：恐龍的蹤跡		Donald Grant		理科
第一個發現：昆蟲的巢穴		Sabine Krawczyk		理科
第一個發現：海底世界		Pierre de Hugo		理科
第一個發現：夜行動物		Heliadore		理科
第一個發現：乳牛		Jame's Prunier		理科
第一個發現：蛋		René Mettler		理科
第一個發現：水		Pierre-Ma-rie Valat		理科
第一個發現：天氣		Sophie Kniffke		理科
毛毛蟲會變漂亮嗎？ Caterpillar Caterpillar	Vivian French	Charlotte Voake		啟思

一根奇妙的繩子 A Piece of String is a Wonderful Thing	Judy Hindley	Margaret Chamber- lain		啟思
你一定會看到一堵牆！ What is a Wall，After All？	Judy Allen	Alan Baron		啟思
誰在破舊的老屋裡？ A Ruined House	Mick Manning	Mick Manning		啟思
台灣近海的魚兒	黃郁文	張燈燻		農委會
珍貴的淡水魚	黃郁文	張燈燻		農委會
海裡的大魚	黃郁文	張燈燻		農委會
捉鎖管	劉伯樂	劉伯樂		農委會
蝦兵大集合	黃郁文	張燈燻		農委會
村童的遊戲	朱秀芳	鍾易真		農委會
台灣一億5000萬年之 謎	陳文山	江彬如		遠流
台灣鳥樂園	袁孝雄、鄧 子菁	王繼世		遠流
台灣天氣變！變！變！	陳泰然、黃 靜雅	廖篤誠		遠流
台灣海龍宮	邵廣欽、陳 麗淑	張舒欽		遠流
台灣地形傑作展	林俊全	黃崑謀		遠流
台灣森林共和國	郭城孟	陳一銘、鍾 燕貞		遠流
魔法校車—拜訪恐龍 王朝 The Magic School Bus in The Time of the Dinosaurs	Joanna Cole	Bruce Degen	游能悌 陳杏秋	遠流

魔法校車─太陽系迷航記 The Magic School Bus Lost in the Solar System	Joanna Cole	Bruce Degen	游能悌 陳杏秋	遠流
魔法校車─小水滴大旅行 The Magic School Bus At the Waterworks	Joanna Cole	Bruce Degen	冶海孜	遠流
魔法校車─聰明亮點子 The Magic School Bus Gets A Bright Idea	Joanna Cole	Bruce Degen	冶海孜	遠流
魔法校車─東浮西沉 The Magic School Bus Ups And Downs	Joanna Cole	Bruce Degen	吳梅瑛	遠流
我的第一步： 生活認知中英文圖畫書	Claire Llewellyn			新學友
我的第一步： 123 數學圖畫書	Claire Llewellyn			新學友
我的第一步： 時間圖畫書	Claire Llewellyn			新學友
我的第一步： 中英文字典圖畫書	Claire Llewellyn			新學友
我的第一步： 百科圖畫書	Claire Llewellyn			新學友
我的第一步： 世界地理圖畫書	Claire Llewellyn			新學友
自然博物館：犬科動物 Eyewitness Guides: Dog	茱莉葉·克魯頓布羅克		温淑真	漢聲

自然博物館：哺乳動物 Eyewitness Guides: Mammal	史提夫・派克		姜慶堯	漢聲
自然博物館：爬行動物 Eyewitness Guides: Reptile	柯林・麥卡錫		姜慶堯	漢聲
自然博物館：恐龍 Eyewitness Guides: Dinosaur	大衛・諾曼 安吉拉・蜜娜		溫淑真	漢聲
自然博物館：貓科動物 Eyewitness Guides:Cat	茱莉葉・克魯頓布羅克		溫淑真	漢聲
自然博物館：昆蟲 Eyewitness Guides:Insect	羅倫斯・蒙德		姜慶堯	漢聲
自然博物館：天氣 Eyewitness Guides: Weather	布萊・安・科斯格羅夫		姜慶堯	漢聲
自然博物館：植物 Eyewitness Guides: Plant	大衛・柏尼		姜慶堯	漢聲
不可思議的剖面—大自然 Nature Cross-Sections			溫淑真	英文 漢聲
不可思議的剖面—大建築			傅士玲 姜慶堯	英文 漢聲
不可思議的剖面—大迸裂			溫淑真	英文 漢聲
大自然的奧秘：善於躲藏的動物		奧布賴恩		讀者文摘

大自然的奧秘：動物的自衛本領		班普頓 錢奈爾		讀者文摘
大自然的奧秘：動物的家園		班普頓		讀者文摘

問題與討論

一、小朋友你知道什麼是「工具書」？它有什麼用處呢？

二、小朋友最常用到的「工具書」有哪些？什麼是「圖鑑工具書」？

三、如何到圖書館找到我們想要的「工具書」呢？

延伸活動

活動一：認識「工具書」

(一)準備材料

　　1. 準備小朋友較有興趣或週遭環境比較容易看到的，如：汽車、飛機、動物類、船等圖鑑工具書。

　　2. 聯絡社區之圖書館參訪。

(二)活動過程

　　1. 透過圖鑑工具書介紹，請小朋友選擇一項作為深入了解、認識的主題。

　　2. 老師藉由小朋友的討論，介紹圖鑑工具書的用途及學習參考的重要。

3. 利用圖鑑讓小朋友認識主題的類別或特色。例如：汽車，可以讓小朋友認識汽車的造型、功能及特色。

4. 小朋友可以分享自己認識的汽車，如：廠牌、顏色、造型等。

5. 帶領小朋友參訪社區內的圖書館，學習如何在圖書館尋找工具書，並且了解到圖書館時應有的禮儀。

(三)網路資源

參考工具書介紹（http://lib01.nkhc.edu.tw/powerpt/sld012.htm），包含種類、參考書的種類和用途、圖書館如何管理這類書。

活動二：認識世界各地的錢幣及郵票

(一)準備材料

1. 蒐集世界各地的錢幣。

2. 蒐集世界各地的郵票。

3. 準備世界各國的國旗圖片。

4. 色鉛筆、A4 白色影印紙、一般剪刀、鋸齒形剪刀。

(二)活動過程

1. 老師藉由本國之錢幣及郵票介紹，邀請小朋友一起蒐集世界各地的錢幣及郵票。

2. 將小朋友收蒐集之錢幣、郵票，依照國別分別展示在教室角落學習區。

3. 老師利用團體分享，讓小朋友介紹他帶來的錢幣、郵票的來源及歷史。

4. 小朋友分組進行討論，設計製作屬於自己組別的錢幣及郵票。

5. 分組展示分享作品，並由小組成員介紹。

(三)網路資源

倫敦網路發貨中心（http://www.london.com.tw/bk/bktable.asp?

page＝1），包含郵票、中國錢幣、中國紙鈔、台灣錢幣、台灣紙鈔、日本錢鈔、捷運卡、常用卡、工具書等。

相關網站

一、何謂「參考工具書」：http://lib.tngs.tn.edu.tw/d/d01/d0103.html

　　本網站內容整理自《鄉鎮圖書館參考服務學習手冊》。國立中央圖書館編印「參考工具書」，簡稱「工具書」，英文名稱為：「reference book」。

二、線上工具書：http://www.hgjh.hlc.edu.tw/tools.htm

　　網站內容有國語辭典簡編本、國語辭典、異體字字典、IBM網頁翻譯器（英譯中）、多語翻譯、74種外語通、日華字典等線上工具書。

三、台灣研究工具書資料庫：http://twstudy.sinica.edu.tw/twstudy/land/

　　台灣地權與租佃關係研究資料庫。

四、網路參考工具書：http://www.yzu.edu.tw/library/orienation/plan/3.htm

　　政府出版品、專利、工商機構名錄、統計類、法規類、資源名稱、網路位址、內容簡述、國語辭典 http://www.edu.tw/clc/dict/ ，皆由教育部國語推行委員會所錄，民國八十七年四月版。

五、圖書館利用教育——工具書 http://www.jpps.tcc.edu.tw/jp%B9%CF%AE%D1%C0]/lib97.htm

　　什麼是參考工具書呢？字辭典、百科全書、書目、索引、名錄指南、手冊、年鑑、年表、統計資料、法規資料、傳記、地理參考資料

等都屬於參考工具書。

六、布克斯島書的世界：http://w3.nioerar.edu.tw/reading/
   world/world_e.htm

　　介紹工具書的王國。

「101 本好書」內容簡介

美勞

手的遊戲 　　「手的遊戲」只要伸出雙手就可以玩了，而且大多不需要道具，即可隨時隨地進行。它對手指的發育十分有益，也拉進孩子與父母們之間的距離，並增進情感。	**臉的遊戲** 　　用臉部做各種不同的表情時，很不可思議的，心情也會隨之變化。臉的猜拳遊戲其實就是舌頭體操，「扮鬼臉逗笑」是試驗忍耐力的遊戲等等。
腳的遊戲 　　雖然總括稱為「腳的遊戲」，但內容卻包羅萬象。主要介紹的遊戲，是以由來以久的遊戲為主；也只有具親切感的遊戲，才能長久流傳下去，請保有童心一起玩！	**摺紙遊戲⑴動物** 　　摺紙是極為簡便的遊戲，只要手邊有紙並勞記摺法，隨時隨地都能摺出作品，玩起遊戲。配合摺好的作品，還可以引導孩子想故事、說故事呢！

摺紙遊戲⑵ 交通工具

在摺疊的過程中，看見作品一步一步完成，心中所洋溢的成就感與快樂是無可取代的。雖然今天孩子現成的玩具很多，但能靠一雙手，自己摺東西玩，仍是孩子們的最愛。

剪紙遊戲

在各種造形遊戲中，以剪紙遊戲最能讓幼兒隨意發揮。用剪刀不停的剪，其形狀也不斷的變化。剪紙遊戲都是用正方形色紙來製作，更適合兒童的小手來把玩。

紙的動物園

指尖的運用與大腦關係密切。手和手指靈活之後，就會隨便亂抓，拿到紙就揉成一團，或撕破、撕碎，由此發展到某個階段，就學會了摺或包及聯想。

顏料遊戲

顏料和蠟筆最大的不同，在於它不是固體的，而是將製造色彩的顏料用水熬煮成流動的液體，再裝入瓶子或管中保存。可用水調淡、黏稠到稀薄，只要適當利用，就可產生無窮變化與有趣的遊戲。

帽子王國

帽子代表著身分地位，尤其在英國工業革命前，從一個人所戴的帽子，可以判斷出他的身分地位、職業、經濟能力和種族。帽子除依照不同用途設計，也受地理環境和歷史背景、文化影響。

造形遊戲

「造形遊戲」若有媽媽陪著孩子一起玩，二歲的幼兒就可以玩了。「造形遊戲」中的摺紙步驟非常簡單，摺疊次數由一次至四次，可以將周遭的物件單純化，變成「長方形」、「正方形」和「三角形」等基本形狀，做具體表現。

蠟筆遊戲

孩子第一次拿到蠟筆盒，看到排列整齊，好像彩虹士兵的蠟筆時，一定十分驚喜且愛不釋手！「蠟筆遊戲」即是利用孩子這份初次的喜悅，讓他們在自由中，體驗繪畫樂趣，產生創作自信心。

花紋遊戲

在日常生活中，經常看到各式各樣的花紋。包裝紙、編織品、動物、植物、昆蟲、魚類和貝類等，也都有不同的顏色、紋路，尤其有毒的生物，更是具有醒目的色彩與花紋。

繪本主題教學資源手冊

繪畫遊戲

看見小孩安靜的趴在桌上或地上，把圖畫紙的每個角落塗了又塗、畫了又畫，樂在其中，好像欲罷不能。孩子們在塗塗畫畫中，漸漸的認識畫材的性質，塗的方法和要領，畫圖是件快樂的事。

色彩魔術師

本書是由三位變戲法的魔術師，針對顏色，以親切容易了解的方式解說，讓父母親陪著孩子，一起懷著輕鬆、看圖畫書的心情，來學習色彩的知識。

黏土遊戲

只要孩子願意動手，肯用心創造，一團黏土便可以被捏造成杯子、臉孔、鈴鐺……等任何造型。為孩子準備應有的材料和工具，他們才能玩得更愉快。

趣味手工藝

包含購物遊戲、娃娃夾子、卡片遊戲、小鳥素描簿、緞帶花等十三種手工遊戲。所使用的材料都很容易取得，玩法也多樣化，作品力求簡單，小朋友使用工具時，一定要從旁督導或協助。

色彩馬戲團

在我們的日常生活裡，處處充滿著色彩，孩子們總是對顏色表現出極大的興趣。本書簡單又活潑的說明色彩的圖畫書，媽媽和孩子都能在輕鬆氣氛中，對色彩有更深層的認識。

色彩妙妙國

在藍色的天空和紅色的夕陽下，能夠看見各種漂亮的花，那是因為眼睛可以把光的電磁波變成顏色。但是，就像我們對各種形狀會產生偏差的感覺一樣，眼睛對顏色也會產生錯覺。

紙黏土遊戲

紙黏土遊戲的應用相當廣泛，通常也比較費時，在製作過程中，不妨適時製造一些趣味，讓孩子輕鬆愉快的玩紙黏土遊戲。

瓶瓶罐罐變玩具

藉著日常生活中廢物的利用，可以改變價值觀念，同時製作好玩的玩具。在這些小小玩具中，呈現的科學知識包括：壓力、重力、張力的不同等等。

版畫遊戲

以輕鬆的遊戲方式，為孩子介紹簡單的版畫製作方法，淺顯易懂，讓他們可以快樂的走進版畫天地，培養藝術的創造力與美的鑑賞力。

卡片遊戲

當父母收到自己孩子做的卡片時，那種高興、滿足，是無法言喻的。自己動手做不僅可以培養孩子創造與特質，更可以讓孩子學會適時的表達自己的心意。

錯覺遊戲

我們日常所見所聞，往往與事物的客觀性大不相同。例如身體冰冷時，會覺得浴缸裡的水特別熱；吃過甜食後，會覺得咖啡一點都不甜。差異特別大時，我們稱之為「錯覺」。

風箏遊戲

風箏不僅是一種民俗藝術，它在科學上的貢獻也相當大。與孩子製作風箏時，可盡情發揮創意，並一起去放風箏。

花草遊戲

大自然裡蘊涵了無限的樂趣，田野裡青綠的小草、到處綻放的花朵，潺潺溪水中有魚兒跳躍；我們可以就地取材，利用身邊隨手可得的花草，製作成玩具嬉戲。

動畫遊戲

將動作具有連續性的圖畫連在一起觀看，因視覺暫留作用，所以看起來像會動一樣，稱為動畫。何不在紙上直接畫出自己喜歡的動畫呢？

冰塊遊戲

水在攝氏零度會結冰，水和冰是同樣東西的不同狀態。目前國人親子旅遊機會多，前往高山區或寒冷地帶，不難看到雪景，請和您的小孩一起觀察。

影子遊戲

影子遊戲既簡便又好玩，只要有足夠的光線，能夠靈活巧妙地運用肢體和手指，就可以快樂自在地與影子同樂！

結繩遊戲

結繩遊戲是既古老又新穎的遊戲，更是最早的科學。本書包含許多結繩遊戲及注意事項等。

餐點遊戲

與材料、飯菜上桌有關的種種做菜樂趣，處處可得，即使是還不會拿菜刀及調味的小孩，只要能幫上忙，也能夠體會出這份「創作」的樂趣。

我的花園	熱帶魚
童畫派：創意版，適合六至八歲兒童創作。著重實物觀察、色彩學、組合訓練、色彩與創造、媒材設計學、情境想像、創造力培養、組合與統合能力訓練等基本架構，使兒童展現新的創作及活潑的思考方式。	童畫派：幼幼版，適合三至六歲兒童創作。基礎課程六大類別：多媒材創作、彩畫、版畫、水墨、貼畫及線畫設計，以數十種繪畫及立體素材構成畫面，使兒童認識美術，從基本概念中，展現新的創作及活潑的思考方式。

圖鑑

池塘；沙漠；雨林；珊瑚礁區；河流；草原；樹林；潮池；森林；沼澤；洞穴；海岸

是一套特別為小讀者製作，嶄新的自然生態觀察叢書，大幅生動鮮活的圖片，展示出動植物的各個細節，幫助你更親近大自然。

智慧樹 1.2.3.（毛毛蟲）	光復兒童百科圖鑑
毛毛蟲是蝴蝶或蛾的小寶寶，長大後，就會變成蝴蝶或蛾。	以全套十冊的方式出版，採用真實連續動作的巨幅彩色照片，諸如鳥獸捕食、魚躍水中、蜜蜂採蜜時一連串的動作。大自然中各種生物的形態及習性，如花草的生長、開花、結果；鳥獸的覓食、自衛、生產；生長在奇妙海底世界的魚介類……等等。

科學

一物剋一物：生物防治

　　台灣人口稠密，農田面積狹小，為了在有限的土地上，種植出大量品質優良的農作物，農民普遍依賴農藥來消滅有害的昆蟲和微生物。但它卻嚴重的污染了土壤、河川、地下水，甚至間接殺害了野生動物。

百科

幼兒危機處理

　　本書提供幼兒自我保護的招式：包括提防陌生人、大聲說「不」、找人幫忙、留意住家環境、注意「吃」的安全等十二招。

幼兒健康100％

　　本書包含頭腦、眼睛、鼻子、牙齒、耳朵、胃腸、皮膚等十一項步道健康宣言。

幼兒生活常規

　　本書介紹幼兒生活常規：包括摺被子、刷牙、洗臉、穿衣服、穿褲子、扣鈕釦、拉拉鍊、繫皮帶、穿襪子等二十一種生活基本能力的培養。

台灣小百科：台灣的蝴蝶

　　蝴蝶不但有鮮艷亮麗的外表，飛舞時姿態更是優雅，因此稱牠為「大自然的舞姬」。台灣約有四百多種蝴蝶，高出鄰近國家，所以有「蝴蝶王國」之稱。

台灣小百科：台灣的鍬形蟲	台灣小百科：台灣食用魚類1
台灣地理位置正好在歐亞大陸板塊與菲律賓海板塊的交會處，形成多種不同的生態體系。鍬形蟲由於外型特殊，相當受到大家喜愛，卻也因長久大量捕捉及天然棲身地受到破壞，使牠們數量銳減。	台灣近海的魚種很多，達二千五百種以上，而台灣本土上自然分布的半鹹水魚及淡水魚，也有百餘種。 　本書包含了吳郭魚、鱸魚、帶魚、家魚、香魚、烏魚、鯧魚等魚類的介紹。
台灣小百科：台灣食用魚類2	
介紹我們經常看到、吃到的魚。牠們或許長相並不特殊，血統也不稀奇，但卻和我們的日常生活有著非常密切的關係。例如：鸚哥魚、鮪魚、鯖魚、台灣鱧、虱目魚、鰻魚、石斑魚等。	

「推薦好書」內容簡介

圖鑑

光復兒童百科圖鑑（動物的形狀）	光復兒童百科圖鑑（動物的習性）
讓孩子認識各種動物的體型、顏色和模樣等。	教導孩子觀察各種動物的生活狀況和特性。

光復兒童百科圖鑑（昆蟲的天地）

觀察各種昆蟲的各項特性，探索牠們的小秘密。

光復兒童百科圖鑑（四季的花草）

觀察常見的花草的生長過程。

光復兒童百科圖鑑（日常生活的工具）

介紹生活中的工具和機械，了解它們的功用和正確的使用方法。

光復兒童百科圖鑑（我們的地球）

帶領孩子認識我們所居住的這星球，以及山川、地形的各種變化。

小蜜蜂瑪雅歷險記

書中描寫了小生命的種種情感世界，並以極精密的科學眼光來觀察細微的一面，而不是以冷漠的視覺對待，也不以童話般的甜蜜想像來處理。

原作者將這些小生命的世界，以親切的感情，很自然的親近這些小生命。

光復兒童百科圖鑑（水中的世界）

介紹水中生物的生活和各項奧秘。

光復兒童百科圖鑑（科學遊戲與觀察）

就日常生活中的各種現象為觀察主題，加以說明和探討。

光復兒童百科圖鑑（揭開物體的秘密）

帶領孩子探討日常用品的內部構造，滿足他們的好奇心。

光復兒童百科圖鑑（工作與育樂）

介紹社會上各種行業，讓孩子們了解物質用品的由來，以及與人合群互助的重要。

工具書

因為工具書中多數是遊戲寶盒、百科全書、圖鑑，名稱與寶盒內容不是一樣就是涵蓋面極廣，所以沒做文字簡介。	

國家圖書館出版品預行編目資料

繪本主題教學資源手冊／洪藝芬, 陳司敏, 羅玉卿著.
-- 二版. -- 臺北市：心理, 2005 [民 94]
面；　公分. -- （幼兒教育系列；51082）

ISBN 978-957-702-814-3（平裝）

1.圖畫書—教學法　2.兒童遊戲　3.學前教育—教學法

523.23　　　　　　　　　　　　　　　　94013447

幼兒教育系列 51082

繪本主題教學資源手冊（第二版）

策畫主編：吳淑玲
作　　者：洪藝芬、陳司敏、羅玉卿
總 編 輯：林敬堯
發 行 人：洪有義
出 版 者：心理出版社股份有限公司
地　　址：231 新北市新店區光明街 288 號 7 樓
電　　話：(02)29150566
傳　　真：(02)29152928
郵撥帳號：19293172　心理出版社股份有限公司
網　　址：http://www.psy.com.tw
電子信箱：psychoco@ms15.hinet.net
駐美代表：Lisa Wu（lisawu99@optonline.net）
排 版 者：亞帛電腦製作有限公司
印 刷 者：博創印藝文化事業有限公司
初版一刷：2004 年 11 月
二版一刷：2005 年 9 月
二版五刷：2019 年 1 月
I S B N：978-957-702-814-3
定　　價：新台幣 500 元